헌법에서 현대사를 읽다

대한민국
현대사 2

대한민국 현대사 2

헌법에서 현대사를 읽다

2024년 5월 25일 초판 발행
2024년 5월 25일 1판 1쇄

지은이 | 주철희
펴낸이 | 이현정
편 집 | 이현정
디자인 | 주혜령
펴낸곳 | 더읽다
등 록 | 2024년 4월 23일(제25100-2024-000003호)
주 소 | 전남 여수시 대치1길 100
전 화 | 010-9642-1306

이메일 | theread2024@naver.com
블로그 | blog.naver.com/the-read

© 주철희, 2024

ISBN 979-11-987622-1-4 03910

값 24,000원

헌법에서 현대사를 읽다

대한민국 현대사 2

REPUBLIC OF KOREA

주철희

대한민국 헌법 제·개정에는
현대사의 진실이 고스란히 담겨 있다

더읽다

차 례

5부 제5공화국 전두환과 신군부

제4공화국

유신시대

우리의 헌법과 각종 법령 체제하의 냉전시대에 만들어졌고
하물며 남북의 대화같은 것은 전연예상치도 못했던
시기에 제정된 것이기 때문에 오늘과 같은 국면에 처해서는
마땅히 이에 적응할 수 있는 새로운 체제로의
일대 유신적 개혁이 있어야 하겠습니다.

박정희, <유신체제 박정희 특별담화> 중에서
1972년 10월 17일

1장
10월 유신 선포의 배경

1972년 10월 17일 저녁 7시 박정희는 대통령 특별선언을 발표하였다. 국회를 해산하고 정당 및 정치활동의 중지 등 현행 헌법 일부 조항을 정지시키는 유신체제의 선포이다. 1970년대 들어서 어떤 일들이 국내외적으로 벌어지고 있기에 헌정 질서를 정지하는 사태에 도래했던 것일까?

1970년대 초기 냉전시대는 소위 '데탕트detente'라 불리는 해빙분위기를 맞았다. 중국과 소련의 분쟁으로 인해 중국과 미국이 접촉에 나섰다. 미국 닉슨Richard Nixon 대통령의 국가안보담당 보좌관 헨리 키신저Henry Kissinger는 레알폴리틱Realpolitik으로 대표되는 미국의 대외정책 변화를 끌어내며 중국과의 화해를 시작하였다. 미국과 중국의 관계개선은 남북관계에도 분단 이후 초유의 관계 진전을 불러왔다. 1970년 박정희는 8·15선언을 통해 최초로 북한의 존재를 인정하고 평화통일 기반 조성을 위한 '체제의 경생'을 제안하였다. 이러한 조치로 1971년 대한적십자사를 통한 남북이산가족 찾기가 추진되었고, 마침내 1972년 7·4남북공동성명을 발표하기에 이르렀다.

이러한 일련의 국내외 상황에서 박정희는 느닷없이 유신체제를 선포하였다. 그 무리수의 시작은 1969년 3선개헌에서 시작되었다. 헌법 제69조 제③항의 "대통령은 1차에 한하여 중임할 수 있다"는 규정을 "대통령의 계속 재임은 3기에 한한다"고 개정하면서 4년의 시간을 벌었지만, 그래도 한창나이에 물러나야 함이 자명한 사실이다. 2차 중임이 끝난 시점에 박정희의 나이는 54살(1917년생)이다. 3선개헌은 영구집권으로 가기 위한 일련의 과정에 국민의 의중을 떠보려는 심산에서 나온 행위였다.

3선개헌의 국민투표 결과 압도적인 찬성은 아니었지만, 65.1%의 찬성으로 헌법개정에 성공하였다. 3선개헌에 앞장섰던 모든 이들에게 그 공적이 돌아가야 했다. 그중에도 중앙정보부장 김형욱의 공로는 누구보다 컸다. 김형욱도 자신이 일등 공신임을 자부하였다. 그런데 3선개헌이 통과된 3일 후 10월 21일 중앙정보부장 김형욱과 비서실장 이후락이 전격 경질되었다.

김형욱은 1963년 7월 13일 제4대 중앙정보부장으로 임명된 이후 6년 3개월 동안 제3공화국의 정치적 토대를 굳건하게 다지는데 멸사봉공滅私奉公하였다. 1963년 민정 이양과 대통령 선거, 1965년까지 한·일 수교를 둘러싼 학생시위, 1964년 통일혁명당사건, 1967년 동백림사건, 1969년 위장간첩 이수근 사건·김규남 간첩사건·제주도 등 무장간첩사건 그리고 3선개헌 파동 등이 김형욱의 중앙정보부 작품이었다. 박정희의 수족 역할을 했음에도 불구하고 3선개헌에 성공하자마자 경질되면서 김형욱은 말 그대로 충격이었다.

김형욱은 퇴임하면서 "그동안 국민들이 반공태세의 확립을 위해 적극적인 협조를 아끼지 않은 데 대해 충심으로 사의를 표한다"고 말하면서 "오래전부터 부장직에서 물러설 것을 대통령에게 간청해 왔다"고 하였다.[1] 그렇지만 그 말을 곧이곧대로 받아들일 사람은 아무도 없었다. 겉으로는 '간청'하여 물러났다고 했지만, 갑자기 경질된 것에 대한 불만은 물론이고, 다른 흑심도 품었다. 그래서 김형욱 미국 망명을 구상하고 장기간에 걸쳐 계획을 진행해 나갔다.

김형욱은 1973년 4월 대만으로 출국하여 곧바로 미국으로 갔다. 미국 망명이다. 1977년 6월 22일 미국 하원의원 프레이저가 주도한 청문회에 출석하여 유신정권의 비밀스러운 사건들을 거침없이 폭로하였다. 동년 7월 15일 "국민과 역사 앞에 참회합니다"는 제목의 특별 성명서를 통해 그는 자신이 오랜 기간 정보기관의 책임자로서 "박정희 씨에 대하여 여러분이 상상하시는 것 이상으로 많은 것을 알고 있다"고 강조하면서 "박정희씨가 유치한 방법으로 나를 계속 중상모략한다면 이를 천하에 폭로할 작정"이라고[2] 으름장을 놓기도 하였다. 그러나 김형욱의 뜻대로만 되지 않았다. 박정희는 김형욱이 알고 있는 것보다 훨씬 견고하고 주도면밀하였다. 김형욱은 1979년 10월 1일 프랑스 파리에 갔다가 실종되었다. 그의 실종은 아직도 베일에 싸였고, 이후 1991년 법원의 실종 선고를 받아 법적으로 사망 처리되었다.

김형욱처럼 수단과 방법을 가리지 않고 손발이 되었던 졸개들로 인하여 박정희에게 헌법 따위는 중요하지 않았다. 자신이 국가이고, 자기 말이 곧 법이라고 생각하였기에 주권자의 동의도 없이 또다시 헌법을 정지시키는 유신체제를 선언하기에 이른다. 박정희는 유신 선언의 중요한 명분으로 남북대화를 뒷받침하기 위한 체제의 시급한 정비라고 했지만, 그 말을 믿을 사람은 아무도 없었다. 유신선언의 가장 핵심은 권력의 유지이다. 당시 정치 상황에서 정상적인 방법으로는 국민의 지지를 얻을 수 없으며, 권력을 유지하기 힘들다고 판단하였다. 그렇게 판단한 이유가 무엇인지 지금부터 살펴보자.

1. 40대 기수론과 양김 시대

현재(2024년) 대한민국 야당으로 대변되는 '더불어민주당'의 출발은 1955년 9월 19일 민주당 창당에서 그 기원을 찾는다. 민주당은 자유당의 독재정권에 맞서 민주주의를 지키기 위한 범야권의 통합 정당이다. 하지만 대한민국 첫 야당은 1949년 2월 10일 창당한 민주국민당(민국당)이다. 민국당은 미군정과 이승만 정권의 집권당과 같은 노선을 걸었던 한국민주당(한민당)에서 당명을 바꿔 야당으로 선언하기에 이르렀다. 그런데도 민국당을 야당의 출발로 보지 않는 게 일반적인 경향이다. 여하튼 민국당이 야당으로 자리매김하면서 이승만 정권을 비판하자, 이승만도 자파(自派)를 중심으로 정당 창당에 나섰다. 대한민국 정당사상 최초 여당인 자유당이다. 자유당은 1951년 12월 17일 창당하여, 민국당과 함께 대한민국의 헌정사에 여야 양당 체제를 형성하게 되었다.

이승만의 영구집권을 위한 개헌(1954년 11월 27일, 일명 사사오입 개헌) 저지에 실패한 민국당은 강력한 야당의 필요성을 절감하였다. 당시 민국당의 의석은 14석에 불과하였다. 민국당·무소속구락부·순수 무소속 의원 등 60명을 규합하여 호헌동지회를 결성하고, 국회에 원내교섭단체 등록을 마쳤다. 호헌동지회의 지도위원에는 윤병호·장택상·조병옥이 선임되었다. 이들을 중심으로 신당운동이 활발히 전개되는 가운데 소위 야당 인사들에 대한 '불온문서투입사건'이 발생하였다.

1954년 12월 19일 밤 야당의 중진의원 정일형·김준연·김상돈·신익희·곽상훈·소선규 등 집으로 '북괴' 중앙위원회 발신으로 된 '남북협상운동' 호소문이 신문 배달에 끼어 있었다. 야당에서는 경찰의 조작으로 몰아갔고, 내무부에서는 경찰의 조작이 아니라고 맞섰다. 국회는 '불온문서투입사건위원회(위원장 유진산)'까지 구성하였다. 수사 결과 이 사건은 헌병총사령부 원용덕 중장의 직접 지시로 헌병총사령부 소속 김진호 중령과 이예택 소령과 문관 2명(이형진, 권석인)의 소행으로 밝혀졌다.

야당 중진의원의 집에 불온문서를 투입 후 신고가 안 들어오면 가택을 수색하여 찾아낸 문서로 이들이 공산당과 내통하고 있다는 혐의를 씌울 계획이었다. 야당은 비민주적이고 비인도적인 처사라고 비난하였다. 하지만 조사에 응한 헌병총사령관 원용덕은 "지금 세계 형편이 군인이 오직 총만 쏘느냐, 혹은 정치와 밀접한 호흡을 하고 있느냐는 삼척동자도 아는 것이고…… 특수 부문의 군인은 정치에 관여할 수 있는 것으로 믿는다"고 답변하였다. 그러면서 그는 "야당계 의원의 충성심을 테스트하려는 것이 불온문서를 두입한 이유"였다고 밝혔다. 불온문서 투입을 주도한 김진호 중령 역시 "정치인의 동향이 군에게 영향을 주는 것이므로 이에 대한 사찰은 헌병총사령부의 권한에 속한다"고 주장하면서 "이 박사의 노선에 반대하는 자를 반정부 분자로 보며 정부를 반대하는 자는 없애야 한다고 믿는다"고[3] 진술하였다. 이승만의 노선만이 옳다는 신념이 낳은 촌극을 원용덕과 김진호는 군인으로서 당연히 할 수 있는 일이라 강변하고 있다.

국회조사단은 이승만 대통령에게 책임을 추궁하였다. 1955년 3월 23일 이승만은 담화를 발표하여 "불온문서 투입사건은 헌병사령부가 국회의원의 태도를 알기 위한 목적에 행한 것으로, 헌병총사령관의 직접 지시로 이루어진 만큼 모두 석방해야 한다"고 밝혔다. 이승만의 담화로 관련자는 모두 석방되었고, 원용덕은 그의 말대로 소위 '특수 군인'의 위치로 되돌아갔다. 군인이 국회의원의 사상을 검증하는 어처구니없는 일을 이승만은 당연하다면서, 국회를 경시하고 있다.

1) 야당의 이합집산과 해산

야당은 더 강한 결집이 필요하였다. 호헌동지회를 모태로 1955년 9월 19일 민주당을 창당하였다. 새로운 야당을 선언했지만, 대체로 민국당 중심으로 자유당 탈당파, 기타 무소속 정치인이 참여하는 정도에 그쳤다. 민주당 창당 과정에서 조봉암의 입당 문제를 두고 난관에 부딪혔다. 조봉암은 1955년 2월 22일 성명을 통해,[4]

> 이번 조직될 신당은 발안자인 호헌동지회에서 누차에 성명한 바와 같이, 반공산 반독재투쟁을 위한 재야 민주세력의 총집결을 기도하는 것이니만큼 정권 담당을 목표로 하는 구체적인 정강정책 그것보다도 법질서의 유지와 개인의 창의가 존중되는 합리적 경제정책의 시행을 위한 구국운동인 것이며 조직의 성격 규정이 이렇듯 명확히 된 점에서 우리는 이 운동을 높이 평가하는 것이다. 이 운동의 주도체인 호헌동지회의 중요한 분들이 이 운동을 위하여 나의 협조를 구하기에 비롯 미력이기는 하지만 지팡이를 짚고서라도 따라갈 것을 작정하는 바이다.

조봉암은 신당운동에 "미력이기는 하지만 지팡이를 짚고서라도 따라갈 것을 작정하는 바이다"고 발표하였다. 조봉암은 당시 정치권에서 보기 드문 혁신적이고 진보적인 견해를 표방하였다. 호헌동지회의 주요 인사들은 매우 보수적이었다. 신당운동의 주요 쟁점은 조봉암의 입당 문제였다. 민국당의 주요 인사인 신익희·조병옥·곽상훈 등의 보수파는 입당 반대, 장택상·신도성 등의 대동파는 입당을 찬성하였다. 결국 민주당은 당시 조봉암으로 대표되는 혁신계와 이범석의 족청계 (조선민족청년단 계열)를 배제하면서 한민당 → 민국당으로 이어지는 보수정당의 맥을 그대로 유지하며 창당하였다.

1960년 4·19혁명으로 1960년 7월 29일 실시된 제5대 국회의원 총선거에서 민주당은 전체 의석 233석 중 175석(75.1%)을 차지하면서 역사상 처음으로 정권을 쟁취하였다. 하지만, 민주당의 신파(장면)·구파(윤보선) 갈등은 내각을 구성하는 과정에서 분당으로 이어졌다. 윤보선을 중심으로 구파는 1960년 10월 18일 신민당을 창당하면서 민주당과 갈라섰다. 수많은 시민의 희생 대가로 집권한 민주당의 분당은 한심 그 자체였으며, 5·16쿠데타 세력은 이를 빌미로 삼았다.

5·16쿠데타로 집권한 군정은 정치활동정화법을 만들어 야당 인사들의 정치참여를 규제하면서, 야당은 암흑기로 접어들었다. 1963년 정치활동이 허용되고 제5대 대통령 선거(1963년 10월 15일)가 임박하면서 야당 정치인이 기지개를 켰다. 동시에 각 계보를 중심으로 창당이 줄을 이었다. 1963년부터 3김시대 막이 오른 1969년까지 야당의 변천사를 보면 다음 표와 같다.[5]

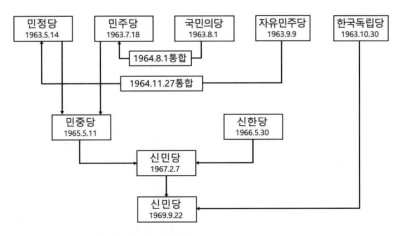

1963년~1969년까지 야당의 변천사
출처 : 권영달 외, 『한국정치론』

야당 인사 정치 해금과 함께 윤보선 중심의 민정당을 시작으로, 박순천 중심의 민주당, 허정 중심의 국민의당, 김준연 중심의 자유민주당, 김학규 중심의 한국독립당 등이 각각 창당되었다. 1963년 10월 15일 대통령 선거에서 박정희에게 패배한 야당은 다시 이합집산하였다. 허정이 이끌었던 국민의당은 민주당과 통합했으며, 자유민주당은 민정당과 통합하였다.

1955년 9월 19일 민주당을 창당 그리고 1960년 신민당과 민주당으로 분당한 이후 이합집산을 거듭하던 야당이 1965년 5월 11일 민중당으로 다시 뭉쳤다. 당시 한 언론에서는 "10년 전에 뭉쳤다가 4·19 뒤 갈라지고 5·16엔 된서리 맞고, 이제부터 교차로에서 어깨를 나란히"라고[6] 분당과 합당을 비꼬았다.

어렵게 하나로 합친 민중당은 오래가지 못하였다. 1965년 한일기본조약 비준이 국회에서 통과되면서, 강경파와 온건파 간에 또다시 갈등하고 끝내 분당으로 이어졌다. 민중당 내의 강경파였던 윤보선 계열은 국회의원직 전원 사퇴와 당 해체를 주장하지만, 온건파는 대정부투쟁과 헌정질서 범위에서 원내 투쟁을 주장하였다. 끝내 윤보선·김도연·정일형 등이 중심이 되어 신한당을 창당하였다. 민중당과 신한당은 제6대 대통령 선거(1967년 5월 3일)를 앞두고 '신민당'으로 다시 합당하였다. 이날 합당은 윤보선·백낙준·유진오·이범석이 4자회담을 통해 대통령 후보 윤보선, 당수 유진오로 합의하면서 가능하였다. 윤보선은 제5대 이어 제6대 대통령 선거(1967년 5월 3일)에서도 또다시 박정희에게 맞섰지만, 패배하였다. 후유증은 컸지만, 야당은 분열하지 않았다. 곧바로(1967년 6월 8일) 제7대 국회의원 총선거가 있었기에 때문이다.

2) 야당에 부는 새로운 바람

야당은 오랫동안 계파 보스들의 밀실 협상으로 당내 원로나 명망 인사를 대통령 후보와 당수로 추대한 관행이 있었다. 1971년 4월 27일 제7대 대통령 선거를 앞두고 야당인 신민당에 새로운 바람이 불었다. 기존 관행을 무너뜨리는 돌풍이었다. 제7대 대통령 선거는 박정희 3선을 위한 선거나 마찬가지였다. 민주공화당에서 박정희가 출마할 것은 기정사실화되어 있었다. 야당에서는 40대 기수론이 돌풍처럼 불었다. 40대 기수론에 불을 지핀 사람은 4선의 김영삼 의원이다.

1969년 11월 8일 당시 신민당 원내총무였던 김영삼 의원은 "박정권의 불법적이고 강압적인 3선개헌 강행 이후 오늘의 내외 정세를 냉정히 분석하고 수많은 당내·외 동지들의 의견을 종합한 결과 나 스스로 71년에는 기어코 우리당을 승리로 이끌고 거국적인 민주세력을 집결시키는 막중한 과업에 구심점이 돼야겠다는 결심을 하게 되었다"면서[7] "71년 대통령 선거에 신민당이 내세울 대통령 후보 지명전에 나서겠다"고 선언하였다. 그러면서 "71년 총선거에서 신민당이 승리하기 위해서는 12월 임시전당대회에서 대통령 후보를 지명해야 한다"고 주장하였다.[8] 계파 보스들의 밀실 협상이 아닌 선출제를 주장하였다. 김영삼의 선언 일부를 보면,

> 공화당은 이미 3선개헌으로 박정희 대통령을 사실상 차기 후보로 결정해 놓고 있는 이때 모든 것이 약세인 야당으로서는 남은 시간이 너무나 짧고 또 한가한 논란으로 소비하기엔 너무나 귀중하다. 나의 이 도전은 위장 민주주의에 대한 진정한 민주주의 그것이며, 관권에 대한 민권의 그것이며, 가진 자에 대한 잃은 자의 그것이기 때문에 반드시 승리하리라는 신념을 가지고

있다.[9]

김영삼이 40대 기수론을 주창하며 대통령 후보 지명전에 나섰겠다고 선언한 당시(1969년 11월 8일) 그의 나이 42세였다. 제7대 대통령 선거를 1년 6개월이나 남겨둔 시점에서 김영삼의 선언은 크게 주목받지 못했다. 하지만 10월 17일 3선개헌을 위한 국민투표에서 야당이 참패하면서, 그의 주창은 야당의 체질 개혁과 세대교체 요구에 돌파구를 마련하였다. 하지만, 당 지도부와 원로들은 "단순히 나이를 따지는 생리적 교체는 무의미하다"면서 시기적으로 현명하지 못한 행동으로 평가하면서[10] 40대 대망론에 불편한 기색을 내보였다.

김영삼이 쏘아 올린 세대 교체론은 야당에 미묘하게 작동하였다. 야당은 오랫동안 계파의 보스들이 밀실 협상으로 당내 원로나 명망 인사를 합의 추대하였다. 이러한 관례를 깨고 김영삼이 세대교체를 주장하며 후보 지명전에 나서겠다고 선언하자 원로들의 불편한 심기가 작동하였다. 예컨대 1956년 제3대 정·부통령 선거에서 신익희를 대통령 후보로 장면을 부통령 후보로 지명하였다. 여당도 "뜻밖의 일이다"고 논평을 냈지만, 그 파급을 주시하지 않을 수 없었다.

김영삼의 세대 교체론에 힘을 싣고 나선 이들이 있다. 김대중과 이철승이다. 이들도 당의 체질 개선에 목소리를 내며 후보 지명전에 나설 의사가 있음을 선언하였다. 김영삼의 주장에 파급력이 생기기 시작하였다. 김대중이 지명전 출마를 선언할 당시(1970년 1월 24일) 45세 3선 의원이었으며, 이철승은 48세 3선 의원이었다.

김대중은 1970년 1월 24일 "대통령 후보 지명전에 나설 용의가 있다"고 밝혔다. 그는 "개헌 이후 박 대통령은 3선 가두를 달리고 있는데 신민당은 대여투쟁을 중지한 채 당내 투쟁에만 모든 정력을 탕

진, 국민의 질책을 받고 있다"고 주장하면서 "하루속히 젊고 패기에
찬 그리고 국정개혁의 청사진이 마련된 대통령 후보를 지명하여 절망
속에 있는 국민에게 용기와 희망을 주어야 한다"면서[11] 후보 지명전
에 나설 것을 선언하였다. 2월 12일 이철승이 "신민당의 대통령 후보
지명전에 나선다"고 밝혔다. 당시 한 언론에 보도된 40대 기수론에
대한 글을 참고했으면 한다.

대통령 후보를 옹립하는 데 있어 어떤 특정한 세대를 한정 지운다는 것은 물
론 논리가 성립되기 어렵다. 법적으로 대통령 후보가 될 수 있는 자격은 40대
가 넘으면 누구나 가질 수 있게 되어 있는 이상 40세 이상이면 어느 세대든
지 원칙적으로 제한을 받을 수 없고 받아서도 안 될 것이다. 그러나 오늘이라
는 특수한 시점과 오늘날 우리가 딛고 서 있는 정치적인 상황은 40대의 연부
역강年富力强한 지도자가 야당의 대통령 후보가 되어야 한다는 절실한 현실적
요구를 하고 있다는 사실을 명심하지 않으면 안 된다.
40대 기수론의 근거는 여러 가지로 설명될 수 있겠지만 우선 두 가지로 요약
할 수 있다.

첫째, 5·16군사쿠데타로 등장한 현 집권 세력, 다시 말해서 71년 총선거에
　　　서 싸울 상대 세력이 야당의 평균연령보다 훨씬 젊다는 사실이다.
둘째, 해방 후 25년간의 야당의 법통을 이어온 오늘의 야당은 국민적인 지
　　　지를 받는 훌륭한 지도자를 내세워 이승만 독재정권을 무너뜨리려 했
　　　으나, 그 지도자들의 노쇠에서 온 신체상의 장애[12]로 두 차례나 평화
　　　적 정권교체라는 민족적 과업이 일보 직전에서 좌절하고만 쓰라린 역
　　　사를 지니고 있다는 점이다. 특히 우리의 야당사를 되돌아보면 원통
　　　함을 금할 수 없다. 고故 해공 신익희 선생이나 고故 유석 조병옥 박사
　　　가 선거 직전에 팽배해진 국민적인 지지와 기대를 한 몸에 지닌 채 그
　　　렇듯 허무하게 세상을 떠나시지 않았던들 이 땅에는 4·19학생혁명이

나 5·16군사쿠데타와 같은 비극적인 역사가 없이 평화적 정권교체의 전통이 세워졌을 것이다.

〈중략〉

이와 같은 역사적인 교훈이 없다 하더라도 오늘날 공화당 정권이라는 강적과 싸우는 데는 젊은 지도자가 기수로서 앞장서야 한다는 것은 71년에는 정권교체를 해야 한다는 현실적인 국민적 염원의 실현을 위해서나 또한 지도자들이 젊어지고 있는 세계적 추세를 고려할 때 당연한 것이다. 누가 뭐라 해도 오늘날 박 정권의 강점이라고 하면 평균연령이 젊다는 것이고 오랜 전통이 있긴 하지만 야당은 늙었다는 것이 큰 약점이 되고 있는 것이 숨길 수 없는 현실이다. 이것은 한국뿐만 아니라 세계의 추세인 것이다.

미국의 케네디 대통령과 닉슨 대통령이 젊은 지도자를 원하는 미국 선거민들에 의해 뽑혔고 영국의 윌슨 수상이나 서독의 브란트 수상 또한 그러하다. 여기에는 젊은이에 대한 막연한 매력만이 작용한 때문은 아니다. 오늘날의 민주정치 사회의 선거운동 양상이 초인적인 정력을 요구하고 있을 뿐 아니라 현대의 복잡하고 다양해진 사회 속의 대통령이 감당해야 할 국무의 양이 너무나 방대해졌기 때문에 젊은 지도자가 빛을 볼 수밖에 없는 것이다. 선진사회에서도 이러할진대 한국과 같은 정치적 후진사회, 특히 여야 힘의 불균형이 현저한 사회에서는 야당이 강력한 여당과 싸워 이기는 데는 젊은 지도자가 나서야 할 필요성이 몇 갑절 더 절실한 것은 두말할 것도 없다. 더구나 71년에 박정희 씨와 싸워 3선 자체를 막아 정권교체라는 역사적 민족적 과업을 실현하는 데에는 40대의 지도자가 아니고서는 어려운 것이다. 또한 대통령 후보에 그치는 것이 아니고 대통령으로 당선됐을 때 박 정권이 저질러놓은 갖가지 실정을 수습하고 그 위에 빛나는 치적을 기록함으로써 새로운 역사를 창조하는 데에도 젊은 지도자의 젊은 정력과 젊은 감각과 젊은 용기와 젊은 추진력을 요구하는 것이다.[13]

야당은 두 차례나 평화적 정권교체 기회가 있었다. 예컨대 1956

년 제3대 정·부통령선거와 1960년 제4대 정·부통령선거이다. 그런데 야당의 후보였던 신익희와 조병옥이 선거 도중에 사망함으로써, 힘 한번 쓰지 못하고 허무하게 끝났다. 반면, 여당의 박 정권은 젊었다. 1971년이 되면 박정희 나이 54살이다. 세계적인 추세에서도 젊은 정치인이 등장하고 있고, 박정희와 싸워 이길 지도자는 40대라고 생각하였다. 또한 40대 지도자는 대통령 후보를 넘어 박정희가 저질러놓은 실정을 수습해야 하기에 젊은 정력, 젊은 감각, 젊은 용기, 젊은 추진력이 요구되었다.

언론을 비롯하여 곳곳에서 40대 기수론에 관심을 나타냈다. 그러나 김영삼이 기대했던 12월 전당대회는 다음 해 1월로 미뤄졌다. 신민당은 1970년 1월 26일 오전 10시 서울시민회관에서 임시전당대회를 개최하였다. 이날 전당대회에서 당수(총재)를 포함한 지도부를 선출하는 반면에 대통령 후보는 9월에 지명하기로 하였다. 40대 기수론을 내세운 김영삼과 김대중은 "대통령지명을 하지 않는 전당대회는 무의미하다"면서[14] 강력하게 반발하였다. 이날 전당대회에서 신민당의 새로운 당수로 유진산이 당선되었다.

유진산은 3월 10일 기자협회 초청 강연회에서 "인위적인 40대 세대 교체론은 정치적 미성년자의 생각"이라고 비판하였다. 그는 40대 기수론을 "젖비린내 나는 정치 소년들이 나온다"며 불쾌한 감정을 숨기지 않았다. 한편 민주당의 다수 계파인 유진산 계보에서는 당수가 후보까지 겸해야 한다고 주장하였다. 그러나 40대 기수론은 대세가 되었다. 대통령 출마를 고심하던 유진산은 결국 출마를 포기하였다. 대신 당의 당수로서 후보지명에 영향력을 행사하고 싶었다. 그는 40대 후보 세 사람(김영삼·김대중·이철승)에게 대통령 후보 지명 전권을 당수인 자신에게 일임해 달라고 제의하였다. 이에 김영삼과 이철승은 수

락했으나, 김대중은 대통령 후보 지명은 대의원들이 선택해야 할 문제라면서 이를 거절하였다. 김대중의 뚝심이 빛났다.

1970년 9월 29일 전당대회가 결정되었다. 대한민국 정치사에 오랫동안 회자되는 김영삼과 김대중의 첫 대결이 이루어진 날이다. 유진산은 김영삼과 이철승 중 김영삼 지지를 선언하였다. 당내 주류인 유진산계가 김영삼을 밀고 있으니, 김영삼이 대통령 후보로 지명될 가능성이 커졌다. 언론에서도 "별다른 정세변동이 없는 한 김영삼 씨의 지명 획득이 확실시 된다"고[15] 보도하였다. 유진산과 당 지도부는 전당대회 하루 전까지도 김대중에게 "표 대결을 피하고 당수의 지명권을 수락하도록 권고"하였다. 하지만 김대중은 "전당대회에서의 민주 원칙에 의한 선의의 경쟁만이 남아 있다"고 선언하고 전당대회에 임하였다.

9월 29일 오전 10시 35분 서울시민회관에서는 1971년 대통령 선거 후보지명을 위한 신민당 임시전당대회가 열렸다. 이날 전당대회에 참석한 대의원은 885명이었다. 1차 투표에서 김영삼 후보가 421표를 획득하여 과반수인 443표에 22표가 부족하였다. 김대중 후보는 382표 얻었다. 나머지 82표는 유진산과 이철승에게 투표하였다. 이어 2차 투표에서 재석 884명 중 김대중 후보 458표, 김영삼 410표, 무효 16표를 각각 획득하여, 김대중이 신민당의 대통령 후보로 지명되었다. 각본 없는 드라마가 연출되었다. 막판의 역전은 유진산 당수에 대한 반감이 작용했다는 게 일반적으로 전해지고 있다.

극적인 역전승으로 대통령 후보로 지명된 김대중은 수락 연설에서 민주 역량을 과시한 전당대회였다면서 "이 승리는 김대중 나 개인의 승리가 아니고 신민당과 3천만 국민의 승리라고 말하고 신민당이 내년 총선에서 이기기 위해 신민당은 단결하여 국민으로부터 모두 신임을 얻도록 합심 진군해야 할 것이다"고[16] 강조하였다. 지명전에서 패한 김영삼 후보는 결과를 승복한다면서 "오늘 우리는 선의의 경쟁을 통해 민주주의의 승리를 위해 싸워 온 김대중 동지를 대통령 후보로 선출한 새로운 역사를 창조했다"면서 "40대 중에서 누가 되든지 나는 앞장서서 밀어준다는 약속을 한 바 있으며, 가벼운 마음으로 김대중 씨를 앞세우고 전국을 누빌 것을 약속한다"고[17] 말하였다.

김대중과 김영삼의 악수 장면
출처 : 김대중도서관

1971년 신민당의 대통령 후보 지명전에서 김영삼이 패했지만, 아름다운 패배였다. 그 이후에도 두 사람은 대한민국 정치사에서 고비마다 때론 동지로 힘을 합쳤고, 때론 경쟁자로 나섰다. 1971년 대통령 선거를 앞두고 김영삼으로 시작된 40대 기수론은 구태의연했던 대한민국 정치사에 새바람을 불어넣었다. 또한 대한민국 정치사에 '3 김시대'로 지칭되는 30년 정치 역정의 서막이었다. 아울러 대통령 후보로 지명된 김대중으로서는 고난의 정치역정이 기다리고 있었으며, 김대중과 김영삼이 동지이면서 애증 관계의 시작이었다.

2. 제7대 대통령 선거, 총통제

1971년 4월 27일, 제7대 대통령 선거일이다. 정부가 3월 23일에 선거일을 공고하면서, 마침내 선거전이 막을 올랐다. 그러나 김대중 후보와 신민당은 이미 1970년 10월 24일부터 전국을 다니면서 공화당의 실정을 비판하고 신민당의 정책을 제시하였다. 신민당의 정책 제안은 서서히 국민 속으로 녹아들었다.

신민당의 후보 김대중은 1971년 1월 23일 기자회견에서 '새해의 포부'란 이름의 선거공약에서 ① 총통제 음모의 분쇄 ② 민족 안보의 전개 ③ 예비군의 완전 폐지 ④ 대중경제 실현 ⑤ 농업혁명의 추진 ⑥ 부유세의 신설 ⑦ 전태일 정신의 구현 ⑧ 여성 지위 향상과 능력 개발 등을 발표하였다. 그는 총통제 음모의 분쇄와 관련하여 "공화당의 국회의원 후보 공천을 보고 국민 사이에는 올해 선거가 마지막 선거가 될지도 모른다는 우려가 급속하게 퍼져 있다. 만일 이번 정권 교체가 이루어지지 않는다면 현 정권은 다음 임기 동안에 앞으로는 선거조차 없는 영구집권의 총통제 체제를 저지르고야 말 것이라고 보며 이를 뒷받침할 만한 자료도 갖고 있다"고[18] 말하였다.

민주공화당은 즉각 반발하였다. 공화당 대변인은 "민족지도자를 모함하고 국민 전체를 모독하는 중대 발언이 아닐 수 없다"면서[19] 펄쩍 뛰었다. 공화당은 박정희를 민족지도자로 치켜세웠으며, 그동안 수법과 다르지 않은 국민팔이를 계속 이어갔다.

김대중이 언급한 '총통제'란 대만과 관련이 있다. 1971년 당시 대한민국은 대만과 수교를 맺고 있었으며, 대체로 '자유중국'이라고 불렀다. 현재 중국은 '중공中共'이라 불렀다. 1992년 8월 24일 대한민국이 중국과 수교를 맺으면서 자유중국과는 단교하였다. 이때부터 자유중국을 '대만' 또는 '타이완'으로 부르고 있다. 대만 헌법에 따른 국호는 '중화민국'이지만, 중국과의 관계 때문에 국가라고 인정하지 못하고 있다. 대만의 국가원수 호칭이 '총통'이다.

1971년 당시 대만의 총통은 장제스蔣介石이다. 장제스의 국민당은 1949년 12월 국공내전(국민당과 공산당의 내전)에서 중국 공산당에 밀려 대만으로 이전하였다. 이를 국부천대國府遷臺라 한다. 이때부터 장제스는 사망할 때(1975년 4월 5일)까지 무려 27년간 대만의 총통으로 종신 집권하였다.[20] 이러한 배경에는 1947년 4월에 선언한 '동원감란시기 임시조관動員戡亂時期臨時條款'이 있었다.

현재 대만 헌법은 1946년 12월 25일 제정된 '중화민국 헌법'이다. 장제스는 중국 공산당 세력이 점차 확대되자 반란을 토벌해야 한다는 명분으로 1947년 7월 '동원감란시기'를 선언하였다. '동원감란시기 임시조관'(이하 임시조관)은 헌법을 무력화한 임시 조치로서 2년 유효기간으로 1948년 8월에 제정되었다. '임시조관'은 중화민국 정부와 중국 국민당을 하나로 만들어 중화민국 총통의 권력을 강화한 일당독재 체제의 근거가 되었다. 장제스는 국공내전에 패해 대만으로 이전하면서도 '임시조관'을 그대로 적용하여 종신 집권하였다. 임시조관은 몇 차례 수정을 거듭하면서 1991년까지 유지되었다. 이러한 대만의 정치 상황을 빗대어 김대중은 박정희가 대만과 같은 '총통제'로 전환할 것이라고 주장하였다.

공화당이 민족지도자를 모함하는 발언이라고 했지만, 김대중의 '총통제' 예언은 적중하였다. 박정희는 제7대 대통령 선거에 당선되고 1년 6개월 만에 '유신체제'를 선포하며 영구 집권체제로 돌입하였다. 박정희의 유신체제는 장제스의 '동원감란시기 임시조관'의 다른 이름이라고 할 수 있다.

공화당은 3월 17일 대통령 후보 지명 전당대회를 열어 당 후보로 박정희 총재를 만장일치로 지명하였다. 신민당은 3월 24일 서울 타워호텔에서 '김대중 후보 집권 공약 발표대회'를 열고 본격적인 선거전에 돌입하였다. 이날 발표된 공약을 보면,

1971년 대통령 선거 김대중 후보 공약

분야	정 책
법제 정치	전국구 폐지, 무소속 출마금지 조항 삭제, 완전한 선거공영제 및 공탁금제 실시, 기명투표제, 정당법 폐지, 지방자치제 실시, 국가보안법과 반공법을 통합한 민주수호법제정, 반공혁신계의 정치활동 보장, 인신보호법 제정, 야간통행금지 폐지, 국영방송 공영화, 국회의원을 포함한 고급공무원 재산등록제 실시, 부정부패추방법 제정
통일 안보	통일정책수립을 위한 범국민적기구수립, 서독 월남 등과 분단국 회의 구성, 제2의 한일회담 개최, 교민청 신설, 국방기구개편, 군정보기구 통합 조정, 직업군인을 위한 관사와 숙사 건립, 병역의무 철저한 공정화와 병무행정의 부정에 대한 엄중처벌, 군징발 재산에 대한 정당한 보상
경제	외국차관이 국가관리 추진, 외국자본과의 합작투자에 있어 산업별특수화율의 제한, 공정거래위원회 창설, 경제 특정국가 예속화 방지, 부재지주제도의 지양, 저개발지역개발 촉진 대한 개발세의 신설, 대일 민간청구권의 집권 일년내 해결
사회 복지	정보정치 제거로 공포와 불신풍조 일소, 의료보험과 산재보험 추진, 호화주택금지와 서민주택의 대량건설

교육 문화	대학생의 30% 장학금 지급, 천재교육 국비로 실시, 문화인의 기금조 성, 한글전용의 법에 의한 강제정책 시정

제7대 대통령 선거는 정책을 내세운 첫 대통령 선거였다. 김대중은 각 분야에 걸쳐 당시로는 매우 파격적인 정책공약을 제시하였다. 김대중은 정책과 비전으로 국민의 선택을 받고자 하였다. 자금과 조직이 현저하게 열세인 야당으로서는 당연한 선거전략이다. 또한, 앞선 두 차례 대통령 선거에 나섰던 윤보선은 박정희 사상논쟁 등 정치공세가 성과를 거두기는커녕 오히려 패인으로 작용하였기에 김대중은 국민의 사는 문제를 해결하고자 정책 연구에 몰두하였다. 김대중의 정책은 선거 정국을 일찍부터 달구어 놓았다. 이전의 대통령 선거와는 전혀 다른 방식의 선거전략은 성공을 거두었다.

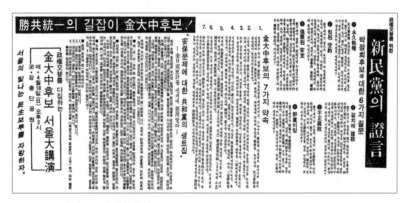

제7대 대통령 선거 김대중 후보 광고
출처 : 『동아일보』 1971년 4월 16일

여당인 민주공화당으로서는 별로 달갑지 않았다. 선거 열기가 일찍부터 달아오른 게 이득이 없었다. 김대중 야당 후보가 40대 젊은 패기는 있지만, 전국적인 명성은 뒤처졌다. 특히 공화당은 3선개헌

때부터 이미 후보가 박정희로 결정된 상태였고, 자금과 관권을 쥐고 있는 상황에서 야당의 선거전략에 말려들 필요가 없었다. 하지만 김대중의 개혁적인 정책이 국민에게 반향을 불러일으키자, 공화당으로서도 가만히 있을 수만은 없었다.

박정희도 10개 분야에 56개 항목의 정책을 제시하였다. 한편, 국민의 불안심리를 자극할 수 있는 내용을 가지고 물고 늘어졌다. 예컨대 김대중이 제시한 대중 경제와 관련하여 "젊은층을 현혹시키기 위한 정책으로, 재산을 나누어 먹자는 식의 헛된 경제이론"이라고 반박했고, 향토예비군 폐지에 대해서 "나라의 근본을 해치는 용서받지 못할 주장"이라면서 국방의 허점만 드러내는 공약이라고 공격하였다.

여기에 김대중이 주장한 '총통제'도 중요한 관심사였다. 김대중은 전국 선거 유세에서 정권교체를 바라볼 수 있는 마지막 기회라면서 "공화당이 다시 집권하면 선거조차 없는 총통제를 추진하게 될 것"이라고 주장하였다. 반면 공화당의 김종필 부총재는 지원 유세에서 "국민투표로 3선 길이 트인 박 대통령이 75년까지만 연임할 수 있다는 것이 분명함에도 신민당이 총통제 운운함은 이를 정치적으로 악용하려는 처사"라고 반박하였다.[21] 아울러 대변인 성명을 통해 "선거를 통해 심판받고 있는 이 마당에 총통제 운운함은 김 후보가 선거와 의회민주주의를 부인하는 행동"이라고[22] 비난하였다.

본격적인 선거유세전에 돌입하면서 박정희도 선거 유세에서 나섰다. 박정희는 "대통령이 되기 위한 나의 정치연설은 이 기회가 마지막이 될 것임을 분명히 말해둔다"면서 "야당 인사들은 내가 총통제를 만들어 종신 대통령직을 맡으려 한다고 인식 공격을 가하고 있으나 이는 터무니없는 모함"이라면서 김대중을 비난하였다. 그러면서 "김일성이 무력을 포기했다는 확증이 없는 지금에 있어서 남북교류나 체

육교육, 서신교환 등의 야당 주장은 모두 잠꼬대"라면서 김대중의 안보 공약을 통박하였다.[23)

또한, 공화당도 집중적으로 야당은 당내 사정이 혼란스러워 국민의 생명과 재산을 맡길 수 없다면서 야당의 분열을 알리는 데 급급하였다. 아울러 김대중의 경제정책을 비롯한 공약 실현 불가능과 안보 정책에 대해서 강력하게 비난하였다. 이에 김대중은 4월 21일 기자회견을 통해 "신민당의 안보 및 경제 공약을 주제로 오는 23일 라디오와 TV를 통한 공동토론회를 박정희 공화당 후보에게 제의"하였다.[24) 공화당은 "선례가 없고 사실상 불가능하다"면서 이에 불응하였다. 그러면서 공화당은 선거 막바지에 도달할수록 안보론을 내세웠다. 북한의 남침 가능성을 강조하며 선거를 공포 분위기로 조장하며 국민을 위협하였다.[25)

제7대 대통령 선거 박정희와 김대중의 벽보
출처 : 『대한민국을 만든 70가지 선거이야기』

4월 27일 오전 7시부터 전국에서 제7대 대통령을 선출하기 위한 투표가 일제히 시작되었다. 개표 결과 28일 오후 2시 10분 시점에 개표가 67% 정도 이루어졌고, 박정희가 김대중을 80만 표가량 앞섰다면서 『동아일보』는 '박정희 공화당 후보 3선 확정적'이라고 1면 제목을 뽑아 보도하였다.[26] 그러면서 승리의 원인으로 영남의 유권자가 호남보다 약 1백60만 명 많았으며, 영남에서 박정희를 지지한 강도가 호남에서 김대중을 지지하는 강도보다 월등하게 나타났기 때문이라고 하였다. 지역주의가 유권자에 크게 심층을 작용하였다는 것이다.

최종 선거 결과, 박정희 6,342,828표, 김대중 5,395,900표로 박정희가 약 94만 표 차로 승리하였다. 김대중이 서울·호남권에서 우세를 보였지만, 나머지 지역에서는 열세였다. 특히 영남권에서 박정희가 70% 이상을 득표하면서 압승하였다. 제6대 대통령 선거에 공화당 후보는 박정희이며, 신민당 후보는 윤보선이다. 제7대 대통령 선거에서 신민당 후보는 김대중으로 바뀌었다. 전체 득표율을 제6대와 제7대 거의 비슷한 수준을 유지하였다. 제6대 대통령 선거와 마찬가지로 '동서현상'이 크게 작용하였음을 알 수 있다.

선거가 끝난 후 한 언론사는 '표의 방향과 승인·패인'이란 좌담회를 개최하였다. 해당 언론사 중심의 기자 좌담회는 1971년 대통령 선거의 과정을 엿볼 수 있다.[27]

A : 이번 선거의 승인과 패인에 대한 얘기부터 해봅시다.

B : 붐이 바로 표가 아니란 것을 이번 선거가 상징적으로 설명해 주었지요. 김대중 후보가 지략적으로 선거전을 이끌어 와서 상당한 야당 붐이 일었던 것이 사실이지만 결과적으로 참패하지 않았습니까. 우리나라의 선거에서는 아직도 조직과 돈이 결정적 역할을 하는 것 같아요.

D : 길재호 공화당 사무총장도 28일 아침 승인을 뭘로 보느냐고 했더니 "조직 선전 돈 아닙니까"라고 하더군.

C : 반드시 그런 것만은 아닌 것 같아요. 예를 들어 서울 주변의 시흥, 인천, 광주, 의정부 등지에서 김 후보가 우세했던 것을 보면 붐도 약간 작용한 게 아닌가 하는데.

F : 그러나 야당을 따라다니며 본 환경과 너무나 동떨어진 결과에 솔직히 놀랐어. 엇비슷한 싸움이 되리라고 보았는데.

A : 사실 67년 선거 때 윤보선 씨가 1백20만 표 가까이 졌으니까, 이번에 신민당이 40대 후보를 내세워 이미지메이킹도 하고 해서 그때의 1백20만 표 가운데 60만 표만 흡수하면 되는 것이 아닌가. 그러면 백중한 싸움이 된 것이다. 이렇게 본 사람도 많았지.

I : 김 후보 자신도 이길 것을 확신했던 것 같아. 28일 아침 8시께 승패가 확실해진 후 만나니까 "도저히 이해할 수가 없다"고 그러더군.

H : 공화당의 조직과 돈이 의외의 약효를 냈다는 얘긴데.

E : 공화당은 67년 선거, 69년 국민투표를 통해 고도의 선거기술자 집단화 했어. 기간 조직원만도 공칭 26만인데 이들이 전국의 유권자를 이 잡듯이 분석 그 동태를 하루하루 파악하고 있었다는 거야.

D : 그리고 돈을 써도 옛날처럼 두드러지게 하지 않고 한 투표소에 조금씩 골고루 하기 때문에 야당사람들은 맞아도 어디서 맞는지를 모를 정돈데 지나고 보면 멍이 퍼렇게 들어 있는 그런 식으로 한다는 거지. 한마디로 박리다매식이라고나 할까.

H : 그래서 야당에서는 자유당 때 3·15선거가 평면적 부정선거였다면 오늘날의 선거는 입체적 부정선거라고 말하고 있어.

〈중략〉

A : 조직, 돈 이외에 이번에 지역감정이 두드러지게 나타난 것 같은데……

C : 야당이 결과적으로 손해 본 셈이지. 영남에서는 박정희 후보가 진 곳이 한 곳도 없는데, 호남에서는 고흥, 곡성, 무주, 진안 등지에서 김후보가 졌거든.

J : 박 후보 고향인 선산에서는 12대 1로 박 후보가 몰표가 나온데 비해 김 후보의 홈그라운드인 목포에서는 겨우 2대1정도 김 후보가 리드 했잖

앉는가.

G : 김 후보에게 목포 얘길 꺼내니까 "그게 정상 아니냐"고 하더군.

E : 투표율에도 차이가 있어. 전남이 74%인데 대해 경북은 85%로 호남과 영남의 투표율 차이는 대략 8%나 되지. 경상도 사람들이 더 열심히 투표장에 나간 셈이지.

C : 또 하나 재미있는 것은 해안지역보다는 내륙지역에서 박 후보가 더 나왔어. 내륙지방이 좀 더 보수적인데다가 일종의 존왕사상 비슷한 것이 있지 않나 생각하지만.

I : 당 조직을 통해 온갖 낭설도 퍼뜨린 것 같아.

F : 경상도에 가니까 "전라도 사람들이 경상도 상품 불매운동을 하고 있다"는 얘기가 많이 퍼져 있어요. 대구에서 나오는 석산양말을 안산다는 얘기를 모두 믿고 있어요.

J : 경상도엔 "전라도에선 김대중이 발 씻은 물까지 마신다"는 좀 더 악질적인 테마도 나돌았지.

C : 부산에서는 김 후보가 될 것 같다하는 여론이 돌자. 오히려 이것이 지역감정을 불러일으켜 역효과가 난 것 같아. 심지어 택시운전사까지 "전라도가 대통령하려고 한다"면서 "우리가 막아야겠다"는 얘기를 들었는데 일종의 사명감 같은 것을 읽을 수 있었어요.

당시 언론에서는 민주공화당 승리의 요인으로 조직과 돈이라고 하였다. 조직을 관리하고 동원하는데도 돈이 절대적으로 필요하다. 따라서 제7대 대통령 선거는 돈 선거였다. 또한 1960년의 3·15부정 선거를 능가할 정도로 부정선거가 판을 쳤다. 그리고 망국적인 지역 주의를 노골적으로 드러낸 선거였다. 호남에서도 지역주의가 두드러졌지만, 허무맹랑한 주장을 통한 지역주의 근원이 경상도였음을 당시 신문은 잘 말해주고 있다. 당시 기자는 경상도에서는 "전라도 사람들이 경상도 상품 불매운동을 하고 있다", "전라도에선 김대중이 발 씻은 물까지 마신다" 등 악질적인 테마도 나돌았다고 증언하고 있다.

지역주의 원조는 1963년 10월 15일 실시된 제5대 대통령 선거였다. 박정희와 윤보선이 대결한 이 선거에서 대구 출신 이효상은 대구 수성천에서 열린 연설회의 찬조연설자로 나섰다. 그의 발언을 보면,

> 이 고장은 신라 천년의 찬란한 문화를 자랑하는 고장이지만 그 긍지를 잇는 이 고장 임금님은 여태껏 한 사람도 없었습니다. 박정희 후보는 신라 임금님의 자랑스런 후손이며 이제 그를 대통령으로 뽑아 이 고장 사람으로 천년만의 임금님을 모십시다.[28]

봉건시대의 '임금'과 민주공화국의 '대통령'을 같이 인식하는 천박한 연설이었지만, 청중들은 환호와 박수갈채로 화답하였다. 이러한 덕에 이효상은 1963년부터 8년간이나 국회의장을 역임하였다. 이효상의 노골적인 지역주의 발언은 1971년 제7대 대통령 선거도 예외가 아니다. 이효상은 영남지방 찬조 연설에서 "경상도 사람으로서 경상도 정권 후보에게 표를 찍지 않을 사람이 어디 있겠느냐"면서 "신라 천년 만에 다시 나타난 박정희 후보를 뽑아서 경상도 정권 세우자고 선동"하였다. 그는 공공연하게 '경상도 정권'이란 표현을 썼다. 1971년 대통령 선거에서 부산의 택시 기사는 "전라도가 대통령 하려고 한다"면서 반감을 작동시켰다. 이효상이 말하는 '임금'과 '대통령'은 경상도에서만 해야 한다는 논리이며, 이는 '경상도 정권'으로 통하였다.

지역주의가 노골적으로 판을 쳤던 1971년 대통령 선거 이후 어느덧 52년이 흘렀다. 지역주의는 여전하다. 참으로 안타까운 사실이다. 훗날 제14대 대통령 선거(1992년 12월 18일)를 앞두고 발생한 부산의 '초

원복집사건'도 지역감정을 부추긴 대표적인 사건이다.

언론사의 대담 중 눈에 띄는 김대중의 발언이 있다. 지역주의 몰표에 대한 김대중의 생각(사고)이다. 기자가 김대중에게 "박 후보 고향인 선산에서는 12대 1로 박 후보에게 몰표가 나온 데 비해 김 후보의 홈그라운드인 목포에서는 겨우 2대 1 정도 김 후보가 리드 했잖는가"라고 김 후보에게 목포 얘길 꺼내니까 김대중의 답변은 "그게 정상 아니냐"고 하였다.

제7대 대통령 선거에서 박정희 고향 선산군(현 구미시)은 48,656명의 유권자 중 46,650명 투표하여 95.9% 득표율을 보였다. 46,650표 중 박정희 후보 40,777표(90.84%), 김대중 후보 3,832표(8.53%)를 각각 획득하였다. 김대중의 고향 목포는 77,560명 유권자 중 60,639명이 투표하여 78.2% 득표율을 보였다. 박정희 후보가 18,889표(32.37%), 김대중 후보 38,780표(66.45%)를 각각 획득하였다.

3. 10월 유신 선포, 영구집권

1) 신민당의 약진

1971년 7월 1일 박정희는 제7대 대통령으로 취임하였다. 박정희가 취임한 날, 제8대 국회도 임기를 시작하였다. 박정희의 새로운 임기는 시작부터 녹록지 않았다. 박정희가 제7대 대통령에 당선되고 한 달 만에 제8대 국회의원 총선거(1971년 5월 25일)가 치러졌다. 선거 결과 민주공화당이 113석으로 과반은 확보했지만, 신민당의 약진이 두드러졌다. 전체 204석 중 민주공화당 113석, 신민당 89석, 국민당과 민중당이 각각 1석을 차지하였다.

총선 결과에 대해서 민주공화당은 "총선 결과에 투영된 민의를 토대로 책임 정당으로써의 의무와 역할을 다하겠다"고 밝혔다. 반면 신민당은 "건국 이래 처음 '투표혁명'을 일으켜 잠재된 민주역량을 과시했다"면서 "허구적 정치풍토를 추방하고 생산적인 정치풍토 조성, 국정 쇄신과 국가 안보에 새로운 기틀을 마련하는데 심혈을 기울이겠다"고 밝혔다.[29] 신민당은 개헌저지선을 넘기면서 양당 체제로 정국을 이끌 수 있게 되었다. 모처럼 활기를 되찾았다. 하지만 야당의 고질적인 계보 싸움이 재연되었다.

그 근원은 '유진산 파동'(일명 제2차 진산 파동)이다. 제8대 총선거의 의석은 지역구 153석, 전국구(비례대표제) 51석 등 총 204석이었다. 전국구의 의석 비율이 25%였다. 당시 무소속으로는 출마할 수 없었기에 민주공화당, 신민당, 대중당, 민중당, 국민당, 통일사회당 등 6개 정당만이 후보 등록을 할 수 있었다. 5월 6일 후보자 등록 마감일에 민주공화당은 김종필, 정일권, 백두진, 길재호 등 전국구 후보 40명을 발표하였다. 신민당도 전국구 후보 40명을 공천하면서, 1~17번까지는 공천헌금 3천만 원 이상, 18~25번까지는 1천만 원 정도로 받기로 하였다. 민주공화당이 전국구 후보를 발표했지만, 신민당은 전국구 후보를 공개하지 않은 채 등록 마감 직전에서야 겨우 선거관리위원회에 등록하였다.

5월 7일 일간지에는 공화당과 신민당의 전국구 후보 각각 40명이 공개되었다. 신민당 당원은 모두 경악을 금치 못하였다. 유진산 총재가 돌연 지역구인 서울 영등포구갑을 포기하고 전국구 1번으로 신청했고, 영등포갑구는 박정훈(28, 6·3동지회장)으로 후보가 교체되었다. 당시 서울 영등포구갑은 신민당이 강세를 보이면서 당선 안정권으로 분리된 지역이었다. 공화당에서는 박정희의 처조카인 장덕진(38세)이 출마하였다. 제8대 총선거에서 서울의 지역구 19석 중 신민당이 18석을 차지하였다. 유일하게 패배한 지역구가 유진산이 포기한 영등포구 갑이다.

제8대 국회의원 총선거에서 야당의 약진은 경상도에서도 나타났다. 부산 8개 선거구 중 6개 지역구를 야당이 차지하였다. 특히 박정희의 철옹성이라고 할 수 있는 대구에서도 5개 선거구 중 4개 선거구에서 야당이 이겼다. 여당의 당직자와 중진들이 무명의 야당 청년 후보들에게 패배하는 이변이 연출되었다. '경상도 정권'을 외치며 지역감정을 부채질했던 이효상 국회의장의 낙선은 제8대 국회의원 총선에서 최대의 화제였다.[30]

이렇게 '제2차 유진산 파동'으로 명예를 실추한 유진산계는 총선거의 약진을 통해 명예회복에 나섰다. 7월 20일 서울시민회관에서 열린 임시전당대회에서 김홍일, 김대중, 양일동이 당수로 출마하였다. 3차 투표까지 가는 접전 끝에 유진산계 등 범주류가 지원한 김홍일이 김대중을 꺾고 당수로 뽑혔다. 임시전당대회를 통해 겨우 봉합된 계파 갈등은 이듬해 1972년 정기 전당대회 일정을 놓고 또다시 대립하였다. 주류인 유진산계와 비주류가 따로 전당대회를 치르면서 '1당 2총재'란 전대미문의 사태가 발생하였다. '1당 2총재'의 집안싸움은 끝내 법정으로 비화 되었다. 법의 심판이 열리기도 전인 10월 17일 박정희의 특별선언, 이른바 '10월 유신'으로 국회가 해산되면서 신민당의 계파싸움은 종지부를 찍었다.

4·19혁명으로 민주당은 제5대 총선거에서 압승하면서 정권을 창출하였다. 그러나 민주당 신·구파 간의 갈등으로 분당 사태를 맞이하였다. 다시 제8대 총선거에서 신민당은 약진하였다. 그리고 성명을

통해 "생산적인 정치풍토 조성, 국정 쇄신'의 기틀을 마련하겠다"고 했지만, 계파 간 집안싸움으로 뭐 하나 제대로 해보지도 못하였다. 야당의 고질적인 병폐는 언제쯤이나 끝날까.

2) 10월 유신의 시대

10월 17일 저녁 7시 특별선언이 발표되었다. 청와대 김성진 대변인이 발표한 특별선언은 '17일 저녁 7시부터 전국에 비상계엄을 선포'이다. 특별선언 내용을 보면,[31)]

① 1972년 10월 17일 오후 7시를 기해 국회를 해산하고 정당 및 정치활동 중지 등 헌법 일부 조항의 효력을 중지시킨다.
② 일부 효력이 정지된 헌법 조항의 기능은 비상국무회의에 의하여 수행되며 비상국무회의의 기능은 현행 헌법의 국무회의가 수행한다.
③ 비상국무회의는 1972년 10월 27일까지 조국의 평화통일을 지향하는 헌법 개정안을 공고하며 이를 공고한 날부터 1개월 이내에 국민투표에서 붙여 확정시킨다.
④ 헌법 개정안이 확정되면 개정된 헌법 절차에 따라 늦어 금년 연말 이전에 헌정질서를 정상화시킨다.

그런데 헌정질서를 파괴한 10·17유신선포의 이유에 대해 박정희는 "조국의 평화와 통일 그리고 번영을 희구하는 국민 모두의 절실한 염원을 받들어 결단했다"고 밝혔다. 박정희의 이러한 결단을 국민 누가 염원했을까. 그리고 정말 '조국의 평화통일'을 위한 결단이었을까. 뭐든지 처음이 힘들다. 두 번째는 그만큼 쉽다. 1961년 5·16쿠데타를 경험한 박정희는 또 국민팔이를 통해 두 번째 쿠데타를 감행하여, 헌정질서를 중단시켰다. 박정희의 3번째 비상사태 선포이다. 대체로 5·16쿠데타와 유신 선포만을 기억하고 있지만, 박정희는 1971년 12월 6일 또 한차례 비상사태를 선언하였다.

헌법기능 비상국무회의서 수행
박대통령특별선언… 전국에 비상계엄선포, 평화통일지향 개선
출처 : 『동아일보』 1972년 10월 18일

1971년 12월 6일 비상사태는 첫째, 국내 정치에 기인하였다. 1971년 4월 27일 제7대 대통령 선거에서 박정희 대통령이 3선의 목표를 달성했으나 신민당 김대중 후보와의 표 차가 95만여 표에 불과하였다. 아울러 동년 5월 25일에 실시된 제8대 국회의원 총선거에서

야당이 대거 국회에 진출하여 여야 의석에서 큰 격차가 없었다.[32] 동년 정기국회에 오치성 내무장관의 해임안이 상정되었고, 여당 의원의 이탈표로 해임안이 가결되었다. 둘째, 중국이 유엔에 가입하고 북한이 남침 준비에 광분하고 있다고 판단하였다. 국내 정국 안정과 남북 긴장완화 명분하에 국가비상사태를 선포하였다. 박정희는 "국가안보를 최우선으로 하고 일체의 사회불안을 용납하지 않으며 최악의 경우, 국민의 자유까지 유보할 수 있다"면서[33], '국가보위에 관한 특별조치법'을 12월 27일 제정하였다.

박정희는 '안보'를 앞세워 '대한민국은 민주공화국이다'라는 국체를 제멋대로 훼손하였다. 하지만, 헌정질서를 제멋대로 파괴한 행위에 대해 단죄받지 않고, 여전히 추앙받고 있다. 그런데 전두환은 헌정질서 파괴 행위에 대해 법정에 세웠다. 똑같은 행위를 두고 한 사람은 추앙하고, 한 사람은 법정에 왜 세웠는지 아이러니하다.

1972년 10월 17일, 이른바 10월 유신이 선포되었다. 또다시 헌정질서를 중단시킨 박정희는 비상계엄사령관에 노재현 육군 대장을 임명하였다. 노재현은 1979년 12·12군사쿠데타 당시 국방부 장관이 된다. 2023년 개봉한 영화 '서울의 봄'은 관객의 분노지수를 끌어올린 명작으로 1천3백만 명의 관객을 동원하였다. 분노지수의 정점에는 반란군 두목 전두광(배우 황정민)의 "성공하면 혁명 아닙니까?"란 탐욕과 자신의 안위가 우선인 비겁하고 무능한 노재현 국방부 장관(배우 김의성)이 있었다.[34] 12·12쿠데타는 잘못된 역사이다. 12·12쿠데타 주역을 비롯한 국방부 장관의 본분을 망각한 노재현은 역사 앞에 사죄하였을까. 그는 국립대전현충원에 안장되어 있다.

다시 1972년 유신 선언의 이야기로 살펴보자. 노재현 계엄사령관은 계엄포고 1호를 발표하였다.

계엄포고 제1호

1972년 10월 17일 19시를 기하여 하기 사항을 포고함.

1. 모든 정치활동 목적의 옥내외 집회 및 시위를 일절 금한다. 정치활동 목적이 아닌 옥내외는 허가를 받아야 한다. 단, 관혼상제와 의례적인 비정치적 종교행사의 경우는 예외로 한다.
2. 언론, 출판, 보도 및 방송은 사전검열을 받아야 한다.
3. 각 대학은 당분간 휴교 조치한다.
4. 정당한 이유 없는 직장이탈이나 태업행위를 금한다.
5. 유언비어의 날조 및 유포를 금한다.
6. 야간통행금지는 종전대로 시행한다.
7. 정상적 경제활동과 국민의 일상 생업의 자유는 이를 보장한다.
8. 외국인의 출입국과 국내 여행 등 활동의 자유는 이를 최대한 보장한다.

이 포고를 위반한 자는 영장 없이 수색, 구속한다.

1972년 10월 17일 계엄사령관 육군대장 노재현

비상계엄으로 헌정질서가 중지되었지만, 종교계는 이를 환영하였다. 대한기독교연합회(회장 김윤찬)는 "박 대통령의 10·17특별선언은 현하 국제 정세의 해빙시대에 능동적으로 대처할 수 있는 일대 영단"이라면서 지지 성명을 발표하였다. 불교 태고종 총무원도 "10·17조처는 평화적 통일을 지향하는 불가피한 체제개혁을 위한 것이므로 환영한다"고 밝혔다. 종교인이 아니라 정치의 도구였다.

전국경제인연합회을 비롯한 사회단체의 지지 성명도 줄을 이었다. 대한교육연합회(회장 박동묘), 대한상이군경회(회장 김삼봉), 대한한의사협회(회장 박승구), 대한반공청년회(회장 이준석), 중소기업중앙회(회장 김봉재), 대한건설협회(회장 조정구), 대한잠사협회(이사장 장영진), 대한체육회(회장 김택수),

유엔참전국협회(회장 김일환), 수도변협(회장 용태영), 대한탄광협회(회장 허륜) 등도 "비상계엄 선포를 환영한다"고 지지하였다. 국회의원 중에서는 경북 달성군·고령군 출신의 김성곤이 "북한과의 대회를 성공시켜 조국통일을 실현 시키는데 있어서 필요한 조치였다"면서 지지 하였다.

그런데 10월 유신 선포의 근간에는 정국 불안과 안보 문제에만 위기가 존재했던 것일까. 5·16쿠데타에 의해 성립된 군사정권은 그 권력의 정당성을 인정받기 위한 전략으로서 국가 주도의 경제발전전략을 추진하였다. 이 정권이 내세운 가장 큰 이념과 상징은 공업화에 의한 '조국 근대화'였다. 이러한 구호는 고도의 경제성장을 통해 현실화 되었다. 따라서 국민은 군사정권의 정당성을 경제성장의 업적으로 어느 정도 대치하였다.[35]

10월 유신의 명분에는 경제성장과 같은 업적이 필요하고 성장을 위해서는 정치안정을 뒷받침해 줄 수 있는 강력한 체제가 필요하다는 것이다. 박정희 군부세력은 고도의 경제성장 업적을 내세우면서 능률과 안정을 지향하는 새로운 체제. 유신체제의 필요성을 역설하였다. 1960년대 후반부터 70년대 초반에 이르기까지 세계에서 그 유래를 찾아볼 수 없는 경제성장을 이룩했고 이를 계속 이어가려는 조치라고 하지만, 그 실상은 또 다른 이야기가 있다.

경제발전 지상주의로 지탱하던 박정희 정권은 수출증대를 통한 외화획득으로 경제성장을 도모하고 국민소득을 올리겠다는 기본방침이었다. 그러나 자본재와 중간재의 해외의존도가 높아지면 한계를 노출하여 국제수지는 오히려 악화 되었고, 적자 폭은 갈수록 증대 되었다. 외환수입에 대한 원리금 상환 부담률이 1969년 8.9%, 1970년 11.6%, 1971년 20%(단기차관 포함), 1972년엔 23%까지 이르는 위급한 상황에 도달하였다. 중화학 부분의 주요 업체들을 포함한 외국자본

기업들이 부실화되었고 도산하는 업체들이 속출하였다.[36]

정부의 부실 기업조사에서 정부 지불보증 차관업체와 은행관리업체 83개 기업 가운데 40%가 부실기업이라고 밝혀질 정도였다. 한편, 공업화와 조국근대화정책은 대다수 농민과 도시빈민·노동자들의 삶을 황폐화시켰다. 400만을 넘어선 노동자는 사회의 근간을 이루는 계급으로 성장하여 1970년에는 조직노동자 50만 명에 2,500개의 노동조합이 새로 결성되었다. 1971년의 노동쟁의는 1970년의 160여 건에 비해 10배에 이르는 1,650여 건에 달했다.

기층민중은 경제의 불균형 성장과 차별 정책으로 경제성장 희생제물로 전락하였다. 여기에 반발한 대표적인 사건이 1970년 11월 13일 평화시장 재단사 전태일의 "우리는 기계가 아니다!"라고 외친 분신자살이다. 이를 계기로 노동자들은 투쟁에 나서기 시작하여 노동운동·학생운동·종교계의 저항운동이 세차게 일어났다. 도시빈민들의 누적된 불만도 폭발하였다. 대표적으로 1971년 8월 10일 경기도 광주 대단지 민권운동이다.[37] 박정희 군부정권은 고도의 경제성장 업적을 내세웠지만, 사회 곳곳에서 뇌관이 도사리고 있었다.

4. 남북대화와 7·4남북공동성명

1969년 1월에 출범한 미국 대통령 닉슨Richard Nixon은 '닉슨 독트린'을 선언하였다. 닉슨 독트린은 냉전시기 세계 경찰론을 내세우며 전 세계의 분쟁에 개입하던 미국이, 더 이상 국지전에 개입하지 않겠다는 뜻을 분명히 밝혔다. 여기에는 베트남전쟁의 실패가 주요하게 작용하였다. 미국의 대내외적인 인식의 변화는 1970년 초에 불어닥친 세계적 데탕트시대의 선언이나 다름없었다.

닉슨 독트린에 따라 미국과 중국은 급격한 관계 개선을 이루었다. 1971년 4월 핑퐁 외교를 거쳐 1971년 7월 미국의 키신저Henry Alfred Kissinger와 저우언라이周恩來 회담, 1972년 2월 닉슨-마오쩌둥毛澤東 베이징회담을 통해 양국은 '상하이 공동성명'을 발표하였다.[38) 미·중 외교관계가 복원되는 계기가 마련되었다. 미국과 중국의 외교관계 복원은 양국의 이해관계가 치밀하게 계산되었다. 미국은 중국과 손을 잡으면서 소련을 견제할 수 있게 되었고, 중국도 오랫동안 지속된 국제적 고립에서 벗어날 수 있었다.

이에 따라 미국과 소련, 일본과 중국, 일본과 소련 간의 관계도 재정립되면서 동아시아도 데탕트 속으로 빠져들있다. 한편 닉슨 독트린은 미국의 동맹국인 우리나라에도 새로운 과제를 제시하였다. 미국은 닉슨 독트린의 논리에 따라 앞으로 미국의 동맹국들이 자기의 안보에 대해서 스스로 책임질 것을 강조하였다. 미국은 1차가 아닌 2차 책임을 지겠다는 선언이나 다름없었다. 1970년대 박정희가 자주국방을 주창하게 된 배경에는 닉슨 독트린이 있었다.

여하튼 미국의 힘에 의존했던 우리나라는 상당히 부담되는 상황이 발생하였다. 박정희는 미국의 암묵적 권유(?)와 동아시아에 불어닥친 데탕트에 호응하여 남북관계의 주도권을 쥐기 위해 1970년 8·15 평화통일구상을 발표하였다. 박정희는 "조국통일은 당면한 민족의 비원이며 지상명령"이라고 전제하면서, "평화통일의 기반조성을 위한 접근방법에 관한 구상을 발표"하였다. 그 내용을 보면,[39)

① 북괴는 무장공비 남파 등의 모든 전쟁도발 행위를 즉각 중지하고 소위

"무력에 의한 적화통일이나 폭력혁명에 의한 대한민국 전복을 기도해온 종전의 태도를 포기하겠다"고 명백하게 내외에 선언하고 이를 행동으로 실증한다면, 인도적 견지와 통일기반 조성에 기여할 수 있으며 남북한에 가로놓인 인위적 장벽을 단계적으로 제거해 나갈 수 있는 획기적이고 보다 현실적인 방안을 제시할 용의가 있다.

② 북괴가 한국의 민주 통일 독립과 평화를 위한 유엔의 노력을 인정하고 유엔의 권위와 권능을 수락한다면 유엔에서의 한국문제 토의에 북괴가 참석하는 것도 굳이 반대하지 않겠다.

③ 북괴는 더 이상 무고한 북한동포들의 민생을 희생시키면서 전쟁준비에 광분하는 죄악을 범하지 말고, 선의의 경쟁 즉 민주주의와 공산독재의 어느 체제가 국민을 더 잘살게 할 수 있으며 더 잘살 수 있는 여건을 가진 사회인가를 입증하는 개발과 건설과 창조의 경쟁에 나설 용의가 없는가.

박정희는 남·북 간 '선의의 경쟁'을 제의하였으며, 북한을 하나의 정부로 인정하는 자세를 취하였다. 박정희는 집권 이후인 1960년대 내내 승공勝共 통일을 위한 '실력배양'과 '선건설 후통일'이라는 대북정책을 고집하였다. 통일에 관한 본격적인 논의는 1970년대 말에 가서야 가능하다는 게 박정희의 태도였다. 그러나 1970년 초에 불어온 자국의 문제는 자국이 스스로 해결하라는 미국의 권유(미국의 내외정책 변화)와 일시적인 데탕트 국면으로 접어들면서 가만히 있을 수만은 없었다.

북한이 응답한 것은 1971년 4월 12일이다. 북한의 최고인민회의 제4기 제5차 회의에서 외무상이자 노동당 외교부장 허담은 평화적 통일에 관한 8개 항을 발표하였다. 그 내용은 ① 주한미군 철수 ② 한미상호방위조약 및 한일조약 등 대한민국이 외국과 체결한 모든 조약과 협정 폐기 ③ 남북한의 통상, 경제협조 및 인사 등 광범한 남북교류 실현 ④ 각각 10만 또는 그 이하로 감군 ⑤ 자유총선에 의한 통일정부 수립 ⑥ 남북전역에서 정치활동 자유보장과 정치범 석방 ⑦ 과도적 조치로서 연방제실시 또는 최고민족위원회 조직 ⑧ 남북한 정치협상회의 개최 등이다.[40]

그러나 최규하 외무부 장관은 "한국의 양대 선거를 염두에 둔 새로운 대남교란 공작의 일환으로, 북한의 제의는 언어도단의 망설이며 전혀 현실성 없는 억지 주장"이라면서 "북괴가 적화통일 야욕을 버리고 박정희 대통령이 제안한 8·15선언에 따라 통일기반 조성을 위한 구체적 성의를 보일 것을 촉구"하였다.[41]

북한의 8개 항 통일방안은 남한의 제7대 대통령 선거(1971년 4월 27일)와 제8대 국회의원 총선거(1971년 5월 25일) 직전에 제안되면서 크게 주목받지 못했으며, 여야의 상호비방으로만 활용되었다. 하지만 박정희가 8·15선언을 통해 북한을 인정했듯이 북한도 '전복대상'으로 규정한 남한을 정부로 인정하고 협상 용의를 보였다는 점에서는 시사한 바가 크다고 할 수 있다.

북한은 한발 앞서 나갔다. 김일성은 8월 6일 연설에서 "남한의 민주공화당을 포함한 모든 정당 대중단체 및 개별인사들과 언제라도 접촉할 용의가 있다"고[42] 밝혔다. 북한이 종래에 보였던 '남북정치협상'의 참가자 범위에 관한 태도가 바뀌었다. 과거에 북한은 철저히 집권당을 배제하는 상태의 정치협상을 주장하였다. 그런데 김일성은 집권당인 민주공화당을 우선 지목하였다. 그리고 주한미군 철수, 한미방위조약 파기 등 대한민국이 받아들일 수 없는 조건을 앞세우지 않았다.

1971년 제7대 대통령 선거에서 재집권에 성공한 박정희는 대북정책의 단계론을 본격화하였다. 첫 번째는 북한과의 인도주의적인 교류에 초점을 맞췄다. 그 결과는 1971년 8월 12일 대한적십자 총재의 '남북적십자회담 제의'로 나타났다. 최두선 대한적십자 총재는 "남북으로 흩어진 1천만 이산가족들의 실태를 확인하고 소식을 알려주고 재회를 알선하는 '가족찾기운동'을 북한적십자사에 제안"하면서 "회담 장소는 서울이고 평양이고 제3의 어떠한 장소도 좋다"고 밝혔다.[43]

대한적십자 총재 명의의 제안이었지만, 정부가 관여되었다. 특히 중앙정보부는 1971년 5월 초부터 '70년대 한국의 새로운 전략'이라는 연구를 진행하여 보고서를 작성하였다. 보고서의 제1부는 국제정세와 북한 동향 분석, 제2부는 대응 전략으로 구성돼 있었다. 2부의 핵심은 '대북한 전략'이었다. 남·북 간의 접촉, 교류와 관련하여 학술, 스포츠, 문화 분야부터 시작하여 이후 직통전화 가설까지 이른다는 것이다. 또한 판문점에 인권재판소를 설치하여 남북 이산가족의 면회, 소식전달, 우편물교환 등을 실현하는 것과 북한의 유엔총회나 전문기구 활동 및 참가를 허용한다는 등의 내용이 포함돼 있었다.[44] 대한적십자사의 제의는 '순수한 인도적 목적'을 명분으로 취해진 조치였지만, 실제적으로는 고차원적인 정치적 성격을 띤 적극적 행위였다.

북한은 이틀 후인 8월 14일 정오 '조선민주주의인민공화국' 적십자회 중앙위원회(이하 북한적십자) 손성필 위원장이 최두선 총재에게 보내는 서한 전문을 보도하였다. 북한적십자는 대한적십자의 제의를 "아주 잘한 일"이라 전제하고 "가족찾기운동을 포함해서 남북 간에 흩어져 있는 가족 친지들의 자유 왕래와 서신교환을 논의하자고 제의"하면서 다음 달 중으로 예비회담을 판문점에서 갖자고 역제안하였다.[45]

1971년 8월 20일 정오 판문점 중립국감독위원회 회의실에서 남북 적십자사 간의 첫 파견원 접촉이 이루어졌다. 이날 접촉은 대한적십자 최두선 총재의 8·12 제의 문건을 북한적십자에 넘겨주었고, 북한적십자는 손성필 위원장의 서신을 대한적십자에 건네주었다. 이후 네 차례 파견원 접촉이 있었다. 제5차 접촉에서 9월 20일로 예비회담을 결정하고, 대표 명단을 교환하였다.

1971년 9월 20일 오전 11시 판문점 중립국감독위원회 회의실에서 남북적십자 예비회담 제1차 회의가 열렸다. 그리고 예비회담과 실무회담을 포함하여 33차례에 걸친 회의 끝에 본 회담의 의제가 확정된 날은 1972년 6월 16일이다. 양측이 합의한 본회담 의제는 ① 남북으로 흩어진 가족들과 친척들의 주소와 생사를 알아내며 알리는 문제 ② 남북으로 흩어진 가족들과 친우들 사이의 자유로운 방문과 자유로운 상봉을 실현하는 문제 ③ 남북으로 흩어진 가족들과 친우들 사이의 자유로운 서신 왕래를 실시하는 문제 ④ 남북으로 흩어진 가족들의 자유의사에 의한 재결합문제 ⑤ 기타 인도적으로 해결할 문제 등이다.[46]

양측 적십자 간 회의가 진행되고 있는 동안 이미 남북 간에 비밀특사가 상호 방문을 마친 상태였다. 남한의 이후락 중앙정보부장은 1972년 5월 2일~5일 밀사로 평양을 방문하였다. 이후락은 김영주 중앙조직부장과 회담했고, 김일성을 만났다. 그리고 그해 5월 29일부터 6월 1일 사이에 북한의 박성철 부수상이 극비리에 서울을 방문해서 이후락을 만나 조율했고, 청와대에서 박정희를 만났다. 양측 적십자사는 본회담 의제를 위해 33차례나 회의했지만, 지지부진하였다. 남북한의 비밀특사 상호 방문은 적십자사의 본회담 의제 타결에 결정적으로 작용했음을 미루어 짐작할 수 있다.

국민의 시선이 양측 적십자사의 '이산가족찾기'란 인도적 차원에 집중되었을 때, 국민을 경악하게 하는 발표가 서울과 평양에서 동시에 있었다. 이른바 '7·4남북공동성명(이하 7·4공동성명)'이다.

이날 7·4공동성명에 서명한 사람은 남한의 이후락 중앙정보부장과 북한의 김영주 조선노동당 조직지도부장이다. 7·4공동성명의 전문을

옮겨보면,[47)

최근 평양과 서울에서 남북관계를 개선하며 갈라진 조국을 통일하는 문제를 협의하기 위한 회담이 있었다.

서울의 이후락 중앙정보부장이 1972년 5월 2일부터 5월 5일까지 평양을 방문하여 평양의 김영주 조직지도부장과 회담을 진행하였으며, 김영주 부장을 대신한 박성철 제2부수상이 1972년 5월 29일부터 6월 1일까지 서울을 방문하여 이후락 부장과 회담을 진행하였다.

이 회담들에서 쌍방은 조국의 평화적 통일을 하루빨리 가져와야 한다는 공통된 염원을 안고 허심탄회하게 의견을 교환하였으며 서로의 이해를 증진시키는데서 큰 성과를 거두었다.

이 과정에서 쌍방은 오랫동안 서로 만나보지 못한 결과로 생긴 남북사이의 오해와 불신을 풀고 긴장의 고조를 완화시키며 나아가서 조국통일을 촉진시키기 위하여 다음과 같은 문제들에 완전한 견해의 일치를 보았다.

1. 쌍방은 다음과 같은 조국통일 원칙들에 합의를 보았다.
    첫째, 통일은 외세에 의존하거나 외세의 간섭을 받음이 없이 자주적으로 해결하여야 한다.
    둘째, 통일은 서로 상대방을 반대하는 무력행사에 의거하지 않고 평화적 방법으로 실현하여야 한다.
    셋째, 사상과 이념·제도의 차이를 초월하여 우선 하나의 민족으로서 민족적 대단결을 도모하여야 한다.
2. 쌍방은 남북사이의 긴장상태를 완화하고 신뢰의 분위기를 조성하기 위하여 서로 상대방을 중상 비방하지 않으며 크고 작은 것을 막론하고 무장도발을 하지 않으며 불의의 군사적 충돌사건을 방지하기 위한 적극적인 조치를 취하기로 합의하였다.
3. 쌍방은 끊어졌던 민족적 연계를 회복하며 서로의 이해를 증진시키고 자

주적 평화통일을 촉진 시키기 위하여 남북 사이에 다방면적인 제반 교류
를 실시하기로 합의하였다.

4. 쌍방은 지금 온 민족의 거대한 기대 속에 진행되고 있는 남북적십자회담
   이 하루빨리 성사되도록 적극 협조하는데 합의하였다.

5. 쌍방은 돌발적 군사 사고를 방지하고 남북 사이에 제기되는 문제들을 직
   접, 신속 정확히 처리하기 위하여 서울과 평양 사이에 상설 직통전화를
   놓기로 합의하였다.

6. 쌍방은 이러한 합의사항을 추진시킴과 함께 남북사이의 제반문제를 개선
   해결하며 또 합의된 조국통일원칙에 기초하여 나라의 통일문제를 해결할
   목적으로 이후락 부장과 김영주 부장을 공동위원장으로 하는 남북조절위
   원회를 구성·운영하기로 합의하였다.

7. 쌍방은 이상의 합의사항이 조국통일을 일일천추로 갈망하는 온 겨레의
   한결같은 염원에 부합된다고 확신하면서 이 합의사항을 성실히 이행할
   것을 온 민족 앞에 엄숙히 약속한다.

서로 상부의 뜻을 받들어.
이후락 김영주
1972년 7월 4일

이후락 중앙정보부장은 이날 오전 10시에 중앙정보부 강당에서
내외신 기자들 앞에서 7·4공동성명을 공식 발표하였다. '7·4공동성명
발표에 즈음한 배경설명'이라는 형식으로 경위와 소감 등도 피력하였
다. 또한 이후락의 평양 방문 직전인 4월 28일 가설, 개통하여 운용
중이던 남북간 직통전화의 존재를 공식적으로 발표하였다.

이후락은 남북 간 접촉과 대화의 배경으로 "자신의 중앙정보부 부
임(1970년 12월 21일) 이래 북한을 관찰한 결과, 완전 전쟁준비를 갖추어

남침 기회만을 노리고 있다고 판단하게 되었다"고 밝혔다. 이러한 이후락의 발표는 어떤 근거도 갖고 있지 않다. 1971년 제7대 대통령 선거를 앞두고 민주공화당은 '북한의 남침야욕'을 선거 이슈로 확장하려는 의도에서 몇 차례 언급했지만, 뚜렷한 징후는 없었다. 안보에 대해 국민이 받아들이는 심적 영향은 매우 컸다. 민주공화당과 박정희 정권은 이를 적절하게 이용하였다.

남북통일 자주·평화원칙 합의 : 4반세기만의 정치대화서 타결
출처 : 『동아일보』 1974년 7월 4일

분단 정부 수립 사반세기 만에 발표된 남북 간에 합의한 공동성명은 국내외에서 뜨겁게 반응하였다. 국내에서는 대체로 적극적인 환영과 기대 분위기가 압도적이었다. 곧 통일될 것이라는 기대심리가 국민의 사이에서 증폭하였다. 그러나 일부 냉전적 시각의 문제제기식 반응도 있었다. 이 같은 지적은 공동성명 발표 당일, 이후락의 기자회견장에서 살펴볼 수 있다. 기자들은 반공법이나 보안법 등으로 따지면 '국내법상 위법'이라는 지적을 제기하고 나섰다. 정부는 대통령이 갖는 통치권의 하나이기에 저촉되지 않는다고 하였다. 여하튼 당시 반공을 국시로 하던 사회 분위기 속에서 남북 접촉과 대화를 경계하는 보수적인 시각을 그대로 드러내고 있다.

정당 및 사회단체에서 환영 성명이 줄을 이었다. 그러나 국무총리 김종필은 국회의 대정부 질의의 답변에서 "북한의 공산주의 집단을 인정하지 않기 때문에 7·4공동성명이 조약의 성격을 띨 수는 없고 하나의 약속에 불과한 것"이라며[48] 7·4공동성명을 깎아내렸다. 게다가 김종필은 우리 헌법의 영토조항을 언급하면서 "북한의 공산주의자들이 불법으로 형성하고 있는 하나의 집단이기 때문에 국가라고 인정할 수가 없다"고 하였다. 즉, 북한은 불가침조약을 맺을 대상이 아니라는 것이다. 박정희가 1970년 8·15선언에서 북한을 국가로 인정하면서 체제경쟁을 하자는 주장을 김종필은 정면 반박하면서 7·4공동성명에 대해 불만을 표시하였다.

7·4공동성명 발표 직후에 달아오른 통일 분위기에 제동이 걸렸다. 박정희는 7월 7일 국무회의를 주재하는 자리에서 "7·4공동성명은 이제 막 시작되었으므로 지나친 낙관과 속단, 그리고 흥분을 가라앉히고, 공산주의 사상이 우리 사회에 침투할 수 없도록 반공교육을 계속 강화하라"고 지시하였다. 박정희는 공동성명의 발표 목적에 대해 "북

쪽의 전쟁 도발을 미연에 방지, 한반도에서의 전쟁 재발을 회피하고, 사반세기 동안의 적대와 불신의 장벽에 겨우 남북 간의 대화의 통로를 터놓음으로써 평화통일의 길을 넓히고 북쪽으로부터 무력과 폭력 행사의 포기 및 평화통일의 언질을 받아두는 데 목적이 있다"고 밝혔다. 특히 "우리는 모든 면에서 내부 체제를 더욱 굳게 다져 이제 막 시작된 남북 간의 대화를 굳게 뒷받침해야 한다"고[49] 촉구하였다.

7·4공동성명의 과정을 살펴보면, 중앙정보부장 이후락은 북한 김영주와 두 차례 회담했고, 김일성과도 두 차례 만났다. 북한은 시종일관 통일의 3대 조건을 내세우면서 수뇌회담(김일성-박정희)을 요청하였다. 이때 김일성이 주장한 통일의 3대 조건은 '자주·평화·민족'이다. 이는 7·4공동성명에 그대로 적용되었다. 그러나 남한은 시기상조를 언급하며, 수뇌회담을 반대하였다. 남한은 단계적인 통일론에 근거하여 남북회담에 나섰다. 특히, 미국의 권유도 있고 국제정세가 화해 분위기로 전환되면서 북한의 상황이나 의중을 떠보려는 방편으로 남북대화에 응했고, 그 결과가 7·4공동성명으로까지 파급되었다.

7·4공동성명의 발표는 표면적으로 국내·외의 찬사와 환영을 불러일으켰지만, 이 성명에 대한 의미 부여는 각각 차이가 있었다. 공동성명에서 합의한 통일원칙에 관한 남과 북 양측의 차이와 남한 내부의 비판적 인식이 존재하였으며, 주변국들의 경우 환영이라는 입장표명 속에서도 제각각 자국의 이해관계를 고려한 움직임을 보였다.

7·4공동성명에 임한 목적도 달랐다. 7·4공동성명의 첫머리는 "최근 평양과 서울에서 남북관계를 개선하며 갈라진 조국을 통일하는 문제를 협의하기 위한 회담이 있었다"고 그 목적이 명시되었다. 하지만 박정희가 남북대화를 추진한 목적은 대북 공포심에서 벗어나는 것이었다. 공포심의 요체는 '남침위협'이었다. 박정희는 1973년 연두 기자

회견에서 남북대화(7·4공동성명)를 추진한 목적으로 "남북 간의 긴장을 완화해서 전쟁 재발을 미연에 방지하는 것이다"고 밝혔다.[50]

10월 유신의 선포에는 7·4공동성명이 있었다. 7·4공동성명은 유신 선포를 위한 박정희의 포석에서 시작되었다고 해도 과언이 아니다. 이를 박정희는 1973년 연두 기자회견에서 명확하게 밝혔다. 박정희는 남북대화를 추진하게 된 목적을 밝히면서,

> 남북대화는 국론이 통일되고 거족적인 뒷받침이 돼도 여러 가지로 어려운 문제인데 국론의 통일이 안되었고, 자유민주주의체제에 여러 가지 취약점이 많다는 점을 발견했다. 따라서 남북대화를 계속 밀고 나가려면 체제정비를 위한 일대 개혁이 불가피하다는 판단아래 10월 유신을 단행했다.
> 10월 유신이란 우리 민족의 안정과 번영을 이룩하고 평화통일을 이룩하자는 것이 기본이념이나 10월 유신은 올바른 역사관과 민족사관에 입각해서 민족의 안정과 번영을 이룩해서 통일을 스스로의 힘과 예지로 성취하자는 것이 궁극 목적이다.

박정희는 10월 유신을 선포한 이유로 "조국의 평화와 통일 그리고 번영을 희구하는 국민 모두의 절실한 염원을 받들어 결단했다"고 하였다. '조국의 평화와 통일'은 박정희의 전유물이 되었다. 그리고 그 누구도 말할 수 없었다. 박정희가 아닌 다른 사람이 통일 문제를 언급하는 것은 반공법이나 국가보안법의 처벌 대상이 되었다. 박정희의 '평화통일'은 국민을 회유하고 겁박하고 통제하려는 수단으로서 존재하는 것에 불과하였다.

2장
종신집권을 위한 유신헌법

1972년 10월 17일 박정희는 '10월 유신'을 선포하면서 또다시 헌정질서를 파괴하였다. '유신維新'이란 일본의 근대적 개혁으로 불리는 1868년의 '메이지유신明治維新'에서 그 유래를 찾아볼 수 있다. 원래 친일파 박정희는 일본의 메이지유신과 그 추진자에 대한 숭배자였다.51) 비상사태 선포로 헌법 기능을 '비상국무회의'가 수행하였다. 5·16쿠데타 이후 '5·16혁명위원회'가 헌법 기능을 수행한 것과 다름없는 조치이다. 비상국무회의는 1972년 10월 27일까지 조국의 평화통일을 지향하는 헌법 개정안을 공고하겠다고 하였다. 유신쿠데타 이후 10일 만에 헌법 개정안을 만들어 공고한다는 것이다. 이것이 무엇을 의미하는 것일까. 이미 모든 것이 짜인 각본이거나 박정희의 머릿속에 들어 있다는 의미가 아닐까?

유신쿠데타에서 밝힌 10월 27일 오전 비상국무회의는 〈전문〉 및 12장 126조, 부칙 12조로 된 헌법 개정안을 공고하였다. 헌법 개정안 제안 이유를 보면,52)

① 조국의 평화통일이라는 역사 사명완수를 지향하였으며,

② 민주주의 한국적 토착화를 기하였고,

③ 국력을 조직화하고 능률을 극대화할 수 있도록 통치기구와 관계제도를
  개혁하고,

④ 정치 경제 사회 문화 등 모든 면에서 안정을 유지하고 번영의 기저를
  확고히 하였으며,

⑤ 국민의 기본권을 우리나라 실정에 맞게 최대한으로 보장하였고,

⑥ 민족의 활로를 개척함으로 국제사회에서 우리나라의 영광을 드높이고
  한국적 세계평화에 이바지.

박정희 머릿속에 '평화통일'은 존재하지 않았다. '평화통일'은 국민
의 눈속임에 불과하였다. 그렇지만 '평화통일' 타령은 여전히 위력을
발휘하였다. ②항의 '한국적 민주주의'는 대한민국의 분단된 상황에
안보를 최우선으로 하는 민주주의를 수행하기 위해 영구집권이 필요
하다는 의미이다. ③항은 영구집권을 위해서는 현재의 삼권분립의 통
치기구로는 불가능하다고 판단하였다. 그리하여 '통일주체국민회의'란
행정도 아니고 입법도 아닌 통치기구를 탄생시켰다. ④항은 정치·경
제·사회·문화 등의 안정을 유지하기 위해서는 권력자의 힘이 필요함
을 역설하고 있다. ⑤항은 국민의 기본권을 제약하겠다는 선언이었다.
우리나라의 실정이란 결국 분단으로 인한 '안보'였다. 안보팔이는 끊
임없이 재생산되고 있다.

박정희 정권은 1972년 10월 27일 유신헌법 개정안을 공고하고,
11월 21일 국민투표에 부쳤다. 유신헌법에 대한 지지 선언이 줄을
이었다.[53] 방송에서는 유신헌법안 해설을 방영했으며, 신문도 해설과
지도계몽의 내용을 보도하였다.[54] 정부 각 부처와 공화당에서 유신헌
법 국민투표는 91.9%의 높은 투표율과 91.5%의 찬성으로(총유권자 8

4%의 찬성) 유신헌법을 확정하였다.

유신헌법은 제3공화국 헌법과 비교하여 헌법의 편장 체계의 변화가 두드러졌다.[55] 제1장 총강, 제2장 국민의 권리 의무에 이어서 제3장 통일주체국민회의, 제4장 대통령, 제5장 정부, 제6장 국회, 제7장 법원 등으로 권력기구를 배치하였다. 기존 헌법은 대통령을 삼권의 하나인 정부(행정부)의 수반으로 규정했으나, 유신헌법은 대통령을 독립된 장으로 규정하였다. 이는 입법권·사법권까지도 대통령 아래에 두는 무소불위 제왕적 지위로써 대통령을 규정하기 위함이었다.

1. 조국의 평화통일과 자유민주적 기본질서

〈제3공화국〉

유구한 역사와 전통에 빛나는 우리 대한국민은 3·1운동의 숭고한 독립정신을 계승하고 4·19의거와 5·16혁명의 이념에 입각하여 새로운 민주공화국을 건설함에 있어서, 정의·인도와 동포애로써 민족의 단결을 공고히 하며 모든 사회적 폐습을 타파하고 민주주의 제제도를 확립하여 정치·경제·사회·문화의 모든 영역에 있어서 각인의 기회를 균등히 하고 의무를 완수하게 하여, 〈하략〉

〈유신헌법〉

유구한 역사와 전통에 빛나는 우리 대한국민은 3·1운동의 숭고한 독립정신과 4·19의거 및 5·16혁명의 이념을 계승하고 조국의 평화적 통일의 역사적 사명에 입각하여 자유민주적 기본질서를 더욱 공고히 하는 새로운 민주공화국을 건설함에 있어서, 정치·경제·사회·문화의 모든 영역에 있어서 각인의 기회를 균등히 하고 능력을 최고도로 발휘하게 하며 책임과 의무를 완수하게 하여, 안으로는 국민생활의 균등한 향상을 기하고 밖으로는 항구적인 세계평화에 이바지함으로써 우리들과 우리들의 자손의 안전과 자유와 행복을 영원히 확보할 것을 다짐하면서, 1948년 7월 12일에 제정되고 1962년 12월 26일에 개정된 헌법을 이제 국민투표에 의하여 개정한다.

유신헌법은 〈전문〉을 개정하였다. 제3공화국에서는 '3·1운동의 숭고한 독립정신'을 계승한다고 했는데, 유신헌법에는 '3·1운동의 숭고한 독립정신'과 '4·19의거 및 5·16혁명의 이념'을 계승하는 것으로 개정되었다. 특히 〈전문〉 개정의 핵심은 '조국의 평화적 통일'과 '자유민주적 기본질서'란 새로운 문구 삽입이다.

헌법 〈전문〉에 조국의 평화적 통일을 역사적 사명이라고 했지만, 조국의 평화적 통일을 위해 박정희와 박정희 정권은 무엇을 했을까? '7·4공동성명'마저도 북한과의 관계 개선이 아니라 '남침위협'을 막는 데 있었다. 그리고 유신체제 선포라는 도구로 활용하였다. '조국의 평화적 통일'을 위한 실천적 행동 없이 오히려 통일운동을 탄압하였다.

유신헌법에서 처음 등장한 개념이 '자유민주적 기본질서'이다. '자유민주적 기본질서'는 현행 제6공화국 헌법의 〈전문〉에도 명시되어 있다. 이에 '자유민주적 기본질서'를 대한민국의 국시國是라고 일컫는 사람이 많다. 박정희가 '자유민주적 기본질서'란 개념을 도입한 이유는 무엇일까? 박정희는 기회가 있을 때마다 "우리나라에는 우리에 걸맞은 민주주의가 필요하다"고 역설하였다. 일명 '한국적 민주주의'이다. '한국적 민주주의'란 군대조직처럼 일사불란하게 움직이는 민주주의이다. 각종 비효율과 비능률, 시간 지체를 없앤 측면의 민주주의를 일컫는다.[56] 즉, 근대화 혁명을 제약 없이 추진하기 위해 출현한 것이 '한국적 민주주의'이며, 이를 '자유민주적 기본질서'라고 표현하였다.

박정희의 이러한 신념은 1979년 '연두기자회견'에도 잘 나타난다. 그는 "서구 민주주의는 서구에서 발달된 정치이념이요 제도로 대단히 좋은 제도이다. 그것을 세계 어느 곳에나 이식 모방하는 것이 반드시 성공을 가져온 것은 아니다. 정치체제는 그 나라의 역사적인 배경과 사회적인 환경의 소산으로, 거기에 맞게 토착화해야 한다"고 주장하였다.[57] 유신헌법에 '자유민주적 기본질서'는 유신체제와 전혀 어울리지 않는 질서이며 문구이다.

헌법 〈전문〉에 '자유민주적 기본질서를 공고히 한다'고 명시했지만, 유신체제는 자유민주주의와 거리가 멀었다. 자유민주주의 질서의 가장 핵심은 국민의 기본권이다. 그런데 '한국적 민주주의'를 실현하기 위해 국민의 기본권은 심대하게 침해되고 훼손되었다. 예컨대 양심의 자유와 사상의 자유는 '국가보안법'만으로는 부족하여 반공법(법률 제643호)을 새롭게 제정하여 제약하고 탄압하였다.

또한, 자유민주주의는 삼권분립이다. 그런데 어떠했는가? 입법부의 국회가 권력에 의해 탄압받았으며, 정치결사체인 정당의 활동이 제한적으로 허용되었다. 대통령은 통일주체국민회의에서 선출되었다. 통일주체국민회의는 국회의원의 3분의 1을 추천하였다. 실질적으로 대통령이 국회의원 3분의 1을 지명한 것이나 진배없다. 입법부와 사법부 권한이 축소되며 행정부는 견제받지 않는 무소불위의 1인 지배체제를 더욱 공고화하였다.

제3공화국 〈전문〉에 '민주주의 제제도'가 '자유민주적 기본질서'로 대체되었다. 이 책의 1부에서 세계 여러 나라의 헌법 제1조를 확인하였다. 각 나라의 헌법에는 '민주주의', '민주적'이란 표현은 있지만 '자유민주적'이란 표현은 없다. 민주주의는 자유와 평등의 조화를 기본으로 하는 체제이기 때문이다.

유신헌법은 1971년 제7대 대통령 선거에서 김대중이 주장한 총통제를 실현한 헌법이다. 유신체제는 말 그대로 대통령이 무소불위의 제왕과도 같은 지위를 차지한 시대로의 선언이었다.[58] 유신체제는 대한민국의 국제인 '민주공화국'과는 어울리지 않는 1인 독재체제이다. 결과적으로 자유민주적 기본질서는 박정희를 위한 박정희만의 자유민주주의였다.

2. 제왕적 대통령과 국민의 기본권 약화

제1조

② 대한민국의 주권은 국민에게 있고,
국민은 그 대표자나 국민투표에 의하여
주권을 행사한다.

제1장 총강의 제1조가 개정되었다. 제1공화국부터 제3공화국까지

6차례 개정이 있었지만 제1조의 문구가 크게 개정된 적은 없다.[59] 유신헌법 제1조 ①항은 기존 헌법 그대로 유지했으나, ②항은 "대한민국의 주권은 국민에게 있고, 국민은 그 대표자나 국민투표에 의하여 주권을 행사한다"로 개정되었다. 주권은 국민에게 있지만, 그 주권의 행사 권한은 대표자나 국민투표로 제한하였다. 그 대표자는 당연히 대통령이다.

유신헌법의 특징 중의 하나가 '대통령은 국가의 중요정책을 국민투표에 붙일 수 있다'(제49조)의 규정이다. 국민투표를 제안할 수 있는 권한이 대통령 한 사람에게만 주어졌다는 점에 비추어 보면, 유신헌법 제1조 ②항의 의미는 주권은 국민에게 있지만, 주권을 행사할 수 있다는 권한은 대통령에게만 있다는 것이다.

1인 독재체제를 위한 유신헌법 제1조 ②항은 어느 나라 헌법이 모티브가 되었을까? 유신헌법 당시 공산주의국가라고 하여 철천지원수로 여겼던 당시 중공(현 중국)의 헌법에서 그 유래를 찾아볼 수 있다. 중화인민공화국의 헌법 제2조 "중화인민공화국의 모든 권력은 인민에게 속한다. 인민이 국가권력을 행사하는 기관은 전국인민대표대회와 지방 각급 인민대표대회이다"로 규정되어 있다. 중국은 1인에게 권력이 집중된 게 아니라 '인민대표대회'란 기관을 통해 국가권력을 행사하였다. 유신헌법은 더 나가 '대통령' 1인에게 주권이 있다고 규정한 것이다. 유신헌법을 무소불위의 제왕적 헌법이며, 파시즘 헌법으로 규정하는 이유가 여기에 있다.

유신헌법 개정안 제안 이유에는 '민주주의 한국적 토착화'와 '국민의 기본권을 우리나라 실정에 맞게 최대한으로 보장'에 있었다. 박정희는 야당 및 반대세력에 의해 정당성이 부정되는 상황과 민주주의에 대한 요구를 내부의 위기로 인식하였다. 이를 극복하고자 박정희는 야당 및 저항 세력이 요구하는 민주주의를 서구 민주주의로 규정하였고, 유신체제를 한국적 민주주의로 내세웠다. 박정희는 야당이 서구의 형식과 논리에 집착하고 한국이 처한 정치 현실을 통찰하지 못한 것을, 한국적 부조리라고 하였다. 그리고 한국적 부조리의 결과 국정의 비능률과 낭비, 허실이 발생했다고 주장하였다.[60]

따라서 유신헌법은 국민의 기본권을 강화하기보다는 제한하는 측면이 강했다. 예컨대, 종교의 자유, 양심의 자유, 학문·예술의 자유 등의 기본권을 제외하고는 대부분 일반적 법률유보 이외에도 개별적 법률유보를 중첩적으로 제한하였다.[61] 특히 언론·출판의 자유와 관련하여 그 보장의 범위를 축소하였다. 언론의 자유가 민주적 정치 의사의 형성에 미친 영향과 비중을 고려하면 주목할 만한 개정이었다. 또한, 집회결사의 자유, 근로 3권의 제한도 마찬가지이다. 결과적으로 '한국식 민주주의'란 유신체제를 정당화하기 위한 정치 이데올로기라고 볼 수밖에 없다.[62]

3. 대통령만을 위한 유일무이 수임기관

제35조

　　통일주체국민회의는 조국의 평화적 통일을 추진하기
　　위한 온 국민의 총의에 의한 국민적 조직체로서
　　조국통일의 신성한 사명을 가진
　　국민의 주권적 수임기관이다.

유신헌법에서 가장 눈에 들어온 것은 제3장 통일주체국민회의이다. 통일주체국민회의는 스페인 프랑코 독재 헌법과 대만 국민당의 총통 독재 헌법을 참고하여 만들어진 통치기구이다. 박정희 통일주체국민회의를 통해 대통령의 선출과 대통령의 권한 절대화를 규정하였다.[63] 헌정사상 유례없는 독재 헌법의 시작은 통일주체국민회의란 통치기구로부터 시작되었다.

통일주체국민회의의 기능은 크게 네 가지로 볼 수 있다. 첫째, 통일주체국민회의가 국민의 주권을 수임하는 기구라는 것이다(제35조). 둘째, 제39조 제①항의 "대통령은 통일주체국민회의에서 토론 없이 무기명투표로 선거한다." 셋째, 제40조 제①항의 "통일주체국민회의는 국회의원 정수의 3분의 1에 해당하는 수의 국회의원을 선거한다." 넷째, 제41조 제①항의 "통일주체국민회의는 국회가 발의·의결한 헌법 개정안을 최종적으로 의결·확정한다."

첫째, 대한민국은 '주권은 국민에게 있고, 모든 권력은 국민으로부터 나온다'는 주권재민의 민주공화국이다. 그리고 대의민주제 국민의 대표기관으로 국회가 존재한다. 그런데 제35조에 따르면 통일주체국민회의가 국민의 주권을 수임하는 기관이다. 국민의 주권은 수임될 수 있는가? 국민의 주권이 특정인 또는 특정기구에 수임된 나라를 민주공화국이라고 할 수 있는가? 5·16쿠데타 이후 국가재건최고회의를 설치하여 주권을 수임했던 행태를 다시 보인 것이다. 정상적인 민주주의 국가에서 존재할 수도, 상상할 수도 없는 기구를 만들었다. 오로지 1인 지배체제의 나라를 위함이었다.

둘째, 그동안 대통령책임제의 권력구조 아래서는 제1대, 제2대를 제외하고는[64] 국민의 직접선거로 대통령을 선출하였다. 그런데 대통령을 통일주체국민회의에서 토론 없는 무기명투표로 선출한다는 것이다. 대의민주주의는 선거에 의해 국민의 통제를 받는 구조이다. 박정희는 국민의 선거 따위는 필요 없고, 국민의 통제도 더 이상 받지 않겠다는 놀라운 발상을 한 것이다. 제7대 대통령 선거에서 김대중이 "앞으로는 선거조차 없는 영구집권의 총통 체제를 저지르고야 말 것"이라고 했던 주장이 적중하였다.

셋째, 국회의원을 국민이 직접 선출하는 것은 대의민주주의에서 필수적 권리이며, 신성한 의무이다. 그런데 '국회의원 정수의 3분의 1에 해당하는 수'를 통일주체국민회의에서 선출하여, 대통령에게 추천한다고 한다. 실질적으로 국회의원 3분의 1을 대통령이 선출함으로써 입법권을 무력화하려는 의도를 정확하게 표출하였다. 통일주체국민회의에서 선출된 국회의원들이 만든 단체가 '유신정우회(일명 유정회)'이다. 제9대 국회의원 총선기(1973년 2월 27일)는 총 의석 219석이었다. 이 중에 3분의 1인 73명을 유정회가 차지하면서 원내 제1교섭 단체가 되었다. 유정회와 민주공화당은 박정희의 든든한 여당으로 역할을 충실히 하였다.

넷째, 헌법 개정안은 국회의 고유권한이었다. 그런데 국회가 의결한 헌법 개정안을 최종적으로 통일주체국민회의가 다시 의결해야만 확정된다는 것이다. 이러한 결정은 국회의 헌법개정 권한을 박탈하는 조치이다. 유신헌법에 따르면, 야당이 헌법을 개정할 수 있는 의석을 확보하기란 하늘에서 별을 따는 것보다 어려웠다. 그런데도 박정희는 혹여나 발생할 수 있을 상황을 대비하여 헌법개정의 권한을 통일주체국민회의에 두었다.

통일주체국민회의는 결국 대통령의 권한을 무소불위로 만들었다. 반면 국회의 기능은 매우 축소되었다. 우선 대통령은 통일주체국민회의 의장이 되었다(제36조 ③항). 대통령의 임기는 6년으로 정했다(제47조).

당시 자유중국의 총통과 임기를 같게 하였다. 대통령에게 직접 국회를 해산할 수 있는 권한이 주어졌다(제59조). 국회의원 3분의 1을 결정하는 권한을 가졌다(제40조 ①항).

이외에도 유신헌법의 주요한 몇 가지를 살펴보면, 첫째, 입법부의 권한이 축소되었다. 입법부의 경우 대통령이 국회의원 3분의 1을 결정하였다. 국회의원 임기는 6년으로 정했다. 단 통일주체국민회의에서 선출된 국회의원의 임기는 3년으로 정했다(제77조). 제3공화국에서는 정당 추천 없이는 출마 자체가 제한되었다. 이를 삭제함으로써 무소속으로 출마할 수 있게 되었다. 국회의 회기를 1년에 150일을 초과하지 못하도록 규정하였고(제81조 ③항), 국회의 예산심의 기간도 120일에서 90일로 단축하였다(제89조 ②항). 국회가 국민의 심복으로서 더 열심히 일하게 만든 게 아니라, 오히려 일을 못 하게 하였다. 국회가 행정부 감시와 비판을 통해 사사건건 간섭하는 게 못마땅하였다. 그 대표적인 사례가 제3공화국 헌법 제57조에 규정된 국회의 국정감사권 폐지이다.

둘째, 사법부의 권한도 행정부에 예속되었다. 대표적으로 대법원장 선출이 대통령의 독단적 권한으로 변하였다. 기존 헌법에서는 법관추천회의의 제청으로 대통령이 국회의 동의를 얻어 대법원장을 임명하였다(제99조 ①항).65) 그런데 유신헌법에서는 법관추천회의의 제청을 삭제하고, 곧바로 대통령이 국회의 동의를 얻어 임명한다(제103조 ①항)고 개정하였다. 법관의 임명도 기존에는 대법원판사회의의 의결을 거쳐 대법원장이 임명했으나(제99조 ③항), 유신헌법에서는 대법원장의 제청으로 대통령이 임명하였다. 이로써 대통령은 사법부마저 완벽 통제할 수 있게 되었다.

셋째, 유신헌법은 대통령이 필요하다고 생각되는 경우 국정 전반에 걸쳐 긴급조치권을 선포할 수 있다(제53조 ①항).66) 긴급조치권은 국민의 기본권, 특히 자유와 권리를 제약하는 근거가 되었다. 특히 긴급조치를 사법 심사 대상에서 제외하고, 국회가 재적의원 과반수의 찬성을 얻어 긴급조치 해제를 대통령에게 건의해도 대통령은 수용하지 않아도 되도록 하였다. 박정희 군사정부는 집권 기간 내내 반대 세력을 탄압하기 위해 긴급조치를 선포하였다.

넷째, 국무위원의 겸임 금지가 삭제되었다. 내각책임제의 경우 국무위원이 국회의원을 겸직하며 연대책임을 지는 통치구조이다. 대통령제는 입법부와 행정부가 명확하게 구분되어 국무위원의 겸직이 금지되었다. 제3공화국 헌법 제81조는 "대통령은 국무총리·국무위원·행정 각부의 상 기타 법률이 정하는 공사의 직을 겸하거나 영업에 종사할 수 없다"고 규정되었다. 유신헌법에서는 국무위원 겸임 금지가 삭제되면서, 국회의원이 총리 및 행정 각 부의 장관을 겸직할 수 있게 되었다. 대통령의 권한이 집권당에 통제 및 상당한 영향력을 발휘할 수 있게 하려는 조치였다. 현행 제6공화국 헌법에서도 국회의원이 국무위원 겸직이 가능하다. 그래서 국회의원 중 장관으로 임명된 사례가 많다. 대통령제라고 하지만 내각제 요소를 겸비한 독특한 통치구조라는 것을 알 수 있다.

4. 유신헌법, 영구집권 국민투표

3선개헌으로 제7대 대통령 선거에 당선된 박정희는 1971년 7월

1일 대한민국 제7대 대통령으로 취임하였다. 그는 취임 1년 3개월 만에 헌정질서를 중단하는 유신을 선포하였다. 비상국무회의에서 공고된 유신헌법은 1971년 11월 21일 국민투표에 부쳤다. 국민투표 결과 90% 이상의 압도적인 찬성으로 통과되었다.

유신헌법에 따라 제8대 대통령 선거는 1972년 12월 23일 통일주체국민회의 대의원들의 간접선거를 통해 실시되었다. 제7대 대통령 선거(1971년 4월 27일)로 대통령을 선출한 지 1년 8개월 만에 다시 임기 7년의 제8대 대통령 선거였다.

1972년 12월 23일 2,359명의 통일주체국민회의 대의원이 장충체육관에 모였다. 제8대 대통령 선출을 위해서다. 후보는 박정희 단독이었다. 박정희는 2,359표 중 2,357표를 획득하여 99.92%의 득표로 당선되었다. 무효가 2표였다. 무효표는 '박정희'를 '박정의'로 잘못 쓴 것이다. 당시 대의원 중 한 사람이었던 송동헌은 뭔가 잘못 돌아가고 있다는 생각에 일부로 '박정의'로 썼다고 한다. 그는 선거 이후 정보기관의 감시와 주변의 따돌림을 겪으며 살았다고 한다. 그가 설명한 당시 상황을 보면,

(통일주체국민회의 대의원) 당선된 후 12월 15일 경 당선자를 소집하여 대의원 리셉션을 하였다. 그 자리에서 중앙정보부에서 나와서 봉투에 백지를 넣어주며 용지에 한문과 한글로 주소, 성명을 써내라고 하였다. 이렇게 글씨를 미리 받아 놓는 이유는 글씨체와 지문을 파악하기 위해서 였던 것 같다. 12월 23일 제8대 대통령 선거가 있기 때문에 22일 대의원들은 각도별로 여관에서 교육을 받고 잠을 잤다. 〈중략〉 기표소는 각도별로 2개씩 있었고 명패함과 투표함이 있었다. 대의원 호수대로 이름을 불렀다. 선관위 여직원 둘이 하나는 명패를 주고 하나는 투표용지를 주었다. 투표용지는 우편엽서 만한 용지였는데, 접지도 못하게 아주 빳빳한 용지였다. 용지의 전면에는 금박이로 「제8대 대통령

투표용지」라고 인쇄되어 있었고, 이면에는 '박정희' 이름을 쓰도록 흰 여백으로 되어 있었다. 반대개념이 성립 안 되는 용지였다. 이러한 상황에 대해서 나는 의도적으로 목숨을 걸고 유신독재체제를 비꼬기 위해서 투표용지에 '박정희'가 아니라 '박정의'라고 써서 투표함에 넣고 투표장 밖으로 나왔다. '정의'라고 쓴 것은 희는 늙어 빠져서 쓸데없는 역사의 폐물이 되지 말고 정의正義로운 사람이 되라는 나의 외침이었다. 〈중략〉 투표장 안을 살펴보니 선관위 여직원들이 대의원들의 일거수일투족을 살펴보고 있었다. 어떤 대의원들은 의심받지 않기 위해서 공개하다시피 '박정희'라고 자랑스럽게 쓰고, 보이도록 하였다. 실질적인 공개투표가 자행되고 있었던 것이다.[67]

제9대 대통령 선거(1978년 5월 18일)도 제8대 선거와 마찬가지로 박정희 단독 후보였다. 통일주체국민회의 대의원 2,578명 중 2,577명이 박정희에게 득표하였다. 무려 99.96%이다. 통일주체국민회의란 기괴한 통치기구를 통해 박정희는 제8대 대통령, 제9대 대통령에 당선되었다. 체육관에서 치러진 선거에는 박정희가 유일한 후보였고, 득표율 100%나 다름없는 만장일치로 당선되었다. 통일주체국민회의에서 치러진 역대 대통령 선거의 선거인 수 및 투표상황을 보면,[68]

역대 대통령 선거의 선거인 수 및 투표상황

구분	선거인수	투표수	무효수	기권수	투표율	당선자
제8대	2,359	2,359	2	0	100.0	박정희
제9대	2,581	2,578	1	3	99.9	박정희
제10대	2,560	2,549	84	11	99.6	최규하
제11대	2,540	2,525	1	15	99.4	전두환

박정희는 제7대 선거에서 "다시는 국민에게 표를 달라고 하지 않

겠습니다"고 말하였다. 박정희는 그 약속을 지켰다. 그러고는 국민에게 표를 달라고 하지 않아도 되는 박정희만의 독재국가를 만들었다. 통일주체국민회의 존재 이유는 박정희의, 박정희에 의한, 박정희를 위한 독재국가를 위함이었다.

2011년 8월 6일 KBS 뉴스에서는 '북 선거 100% 찬성의 비밀'이란 기사를 내보냈다. 북한의 인민회의 대의원 선거에서 전체 선거자의 99.97%가 선거에 참가하여 해당 대의원에게 100% 찬성 투표했다는 보도이다. 이에 대해서 한 대학교수가 나와서 "21세기에 이러한 선거방식에 의한 선거 결과는 북한만이 가능한 것이 아니겠는가 저는 이렇게 생각"한다면서 "북한에서 이러한 헌법상의 명시는 하나의 형식상이고 실질적으로는 조선노동당이 일방적으로 결정한 후보자에 의해서 후보자가 지정되기 때문에 후보자들의 경쟁이라든지 또는 복수 후보자의 가능성은 거의 없다"고 설명하였다.

분명 잘못된 선거이고, 북한이 왕조 형태의 독재국가라는 것을 입증하고 있다. 그런데 우리 대한민국도 북한과 같은 선거 결과를 가진 적이 있다. 후보도 단 한 명에 불과했고, 그에 따라 찬반투표나 다름없는 방식으로 통치자를 선출하였다. 유신체제는 물론이고, 유신체제가 무너지고 1980년에도 체육관선거를 치렀다. 1987년 직선제 개헌으로 100% 참가에 99.97% 득표율로 당선되는 체육관선거가 사라졌다. 남 탓만 할 수 없는 주권자 유린의 경험이 우리에게도 있었다.

아울러 유신 선포로 해산된 제9대 국회의원 총선거가 1973년 2월 27일 실시되었다. 제9대 국회의원 총선거는 중선거구제로 치러졌다. 선거 결과 민주공화당이 73석, 신민당 52석, 민주통일당 2석, 무소속 19석을 차지하였다. 정당의 득표율 보면, 민주공화당 38.7%, 신민당 32.6%, 무소속 18.63%, 민주통일당 10.1%로 민심 이반이 상당했음을 알 수 있다. 유신헌법에 따라 통일주체국민회의의 유정회가 3분의 1인 73석 차지하면서 여당으로 구분되는 민주공화당과 유정회가 146석(66.7%)을 차지하였다.

제9대 국회의원 총선거 결과에 대한 언론의 주요 핵심어는 '깨진 여촌야도', '공화, 대도시 크게 진출' 등이었다. 기존 국회의원 총선거에서 여당인 공화당은 농촌에서 압승했고, 야당은 도시에서 우세하였다. 이렇게 해서 생겨난 말이 '여촌야도與村野都'이다. 예컨대, 제8대 국회의원 총선거에서 서울의 19석 중 야당인 신민당 18석, 공화당 1석이었다. 반면 제9대 선거에서는 서울 16석 중 공화당이 7석이나 당선되었다(신민당 8석, 무소속 1석). 선거 결과를 두고 공화당이 대도시에 진출했다고 보도하고 있으나, 이러한 현상이 나타나게 된 것은 기존 1인 소선거구제에서 2인 중선거구제로 전환하였기에 때문이다.

엄밀히 말해서 제9대 국회의원 총선거는 국민의 박정희 정권에 대한 심판이었다. 그러나 비정상적인 친위세력인 유정회가 입법부의 3분의 1을 차지하면서 국민의 정치 의사와는 전혀 다른 방향으로 결과가 나타났다. 이는 다시 말하면, 유신체제를 선포하지 않았다면, 박정희는 재집권할 수 없었을 가능성이 매우 크다는 것이다.

5. 유신체제 기수로써 통일주체국민회의[69]

통일주체국민회의 대의원의 가장 큰 임무는 대통령과 일부 국회의원의 선임권이다. 이외에도 통일안보 보고회, 각종 안보세미나, 지역주민 계도 활동, 새마을연수, 해외시찰 등의 활동을 하였다. 대의원들의 유신 홍보활동에 관한 사항은 1973년 12월 20일에 열린 제5차 운영위원회에서 의결되었다.[70) 대의원들은 강연, 좌담, 세미나 등에 나가서 직접적으로 홍보활동에 임하거나, 지역사회에서 봉사·친목·공동개발 등에 참여하였다.[71) 통일주체국민회의 사무처가 밝힌 초대 대의원들은 통일 안보 보고회 4회, 세미나 및 산업시찰 5회, 시·도정, 시·군정 보고회 매년 1회, 유신홍보 25만여 회를 개최하였다. 또한, 방위성금 32억 9천여만 원을 기탁한 것을 비롯하여 새마을운동 성금 29억 8천여만 원, 이웃돕기성금 11억 9천여만 원, 국군장병 위문 및 안보시설 지원 5억 7천여만 원, 장학 사회사업 등에 13억 1천여만 원의 성금 성품을 기탁하는 등의 사회활동을 전개하였다.[72) 유신홍보 실적을 평가한다거나,[73) 운영위를 통해서 유신 홍보의 전략이 공지된다는 점에서 대의원들의 주체적이고 능동적 활동이 아니었다. 정부의 보고에 따라 움직이거나, 이에 참여·지지하는 정도의 소극적이고 수동적인 차원에서 이루어졌다.

통일주체국민회의를 구성할 대의원 선출을 위한 선거법('통일주체국민회의대의원선거법' 법률 제2352호)과 시행령이 1972년 11월 25일 시행 공포되었다.[74) 유신헌법이 통과된 이후였기에 박정희는 통일주체국민회의 대의원 구성에 박차를 가하였다. 아울러 국민이 지지해 주기를 기대면서 언론사와 관공서를 활용하여 대의원 선거를 홍보하고 선거 참여를 독려하였다.[75) 심지어 청년의 입대 날짜를 미루어 주기까지 하였다.[76)

통일주체국민회의 대의원의 정수는 2,000명에서 5,000명으로 규정하였다. 농촌지역에서는 소선거구제를 채택하고, 도시지역에서는 대선거구제를 채용하였다. 이원적인 선거제도를 채택하고 있으며, 대선거구제에서도 단기투표제[77)로 하여 소수대표제를 도입하였다.[78)

통일주체국민회의 대의원으로 선거될 수 있는 피선거권자는 국회의원의 피선거권이 있고 선거일 현재 30세에 달한 자로서 조국의 평화적 통일을 위하여 국민주권을 성실히 행사할 수 있는 자라고 규정하였다. 하지만, 대의원 선거 입후보자의 정치적인 성향이 중요하게 반영되었다. 예컨대 입후보자들은 유신체제와 박정희 대통령 후보를 찬양 또는 지지하는 자여야 했다.[79] 이에 따라 관계 당국은 야당 기질의 당원이나 입바른 소리를 잘하는 인사에 대해서는 출마할 수 없도록 방침을 정하여 지방에 시달하였다.[80] 이 같은 지침에 따라 일선 기관에서는 관계 요원의 종용에도 불구하고 출마 의사를 포기하지 않는 야당 성향의 인사들을 불법 연행하거나 가혹행위를 하는 사례도 있었다.[81] 대의원의 임기는 6년으로 대통령과 민선 국회의원의 임기와 동일하였다.

통일주체국민회의
출처 : 『정부기록사진집』

통일주체국민회의 대의원은 선거에 의한 당선으로 신분을 취득하였다. 대의원으로 당선된 자는 당선 후 통일주체국민회의 사무처에 당선증서를 제시하고 등록하면서, 공식적 대의원이 되었다. 대의원은 회의를 비롯한 각종 자리에서 발의권·토론권·표결권을 가질 수 있었다. 하지만, 대의원이 지니는 발언권 등 권리행사는 전적으로 의장인 대통령의 통제와 간섭 아래에 있었다.[82] 대의원은 정치에 관여할 수 없다는 규정에 따라 정당에는 가입할 수 없었다. 또한 국회의원, 공무원 및 다른 법령에 의하여 공무원의 직을 겸할 수 없으며, 정치활동이나 정치관여가 금지되어 직을 겸직할 수 없었다. 대의원은 그 직을 상실한 후에도 2년 후에야 국회의원에 출마할 수 있었다. 또한 대의원은 대의원으로서의 품위를 유지하여야 하며,[83] 직위를 남용하여 국가·지방자치단체 등 공공단체·정부투자기업체·금융기관 등에 청탁, 기타 이권에 관여하여서는 안 되었다. 대의원의 범법행위에 대하여서는 보다 엄중한 처벌을 하기 위하여 공무원에 준하여 가중처벌 하도록 하였다.

통일주체국민회의 대의원 역대 선거 현황[84]

구분	선거일	의원정수	후보자수	경쟁률	투표율
제1대	1972.12.15	2,359	6,164	2.6:1	70.4
제2대	1978. 5.18	2,583	5,672	2.2:1	78.9

통일주체국민회의를 구성하고 있던 대의원은 유신헌법 하에서 유일하게 국민의 직선으로 선출되는 자리였다. 고학력자들이 다수였고,[85] 사회적으로 안정된 40~50대 장년층이나 각 지역사회의 지도급 인사들이었다. 즉, 기득권 세력 및 경제적으로 여유를 가진 층이나

사업가들이 대부분이었다.[86] 따라서 대의원들은 사회적으로 안정된 여론형성층이자 새로운 사회적 지배세력 및 유신 중심세력으로 부상하면서 그 계급적, 정치적 성향은 자연히 보수적일 수밖에 없었다.

이러한 대의원의 특성은 제4공화국 이전부터 이어졌다. 이들은 이승만 정권에서부터 국가의 정치·사회적 동원의 수단으로 활동하였다. 또한 새마을지도자, 마을금고 관계자, 향토예비군 중대장 등과 시·군 개발위원회, 행정자문위원과 같이 지역에서 활동하던 인사들이 다수를 차지하였다.[87] 통일주체국민회의 대의원 선거는 1960년대부터 시작된 대중 동원의 주체였던 지역 지도자들이 박정희 정권에 의해 새로운 이름을 부여받으며, 정권의 지지자이자 옹호자로 나섰다.

이들은 제5공화국 전두환 정권에서 대통령선거인단으로 참여하며, 쿠데타로 권력을 획득한 전두환 정권의 정당성을 인정해 주는 역할을 하였다. 또한 통일주체국민회의 대의원들은 정치적 승계를 뛰어넘어 '평화통일'에 관한 의제까지 '민주평화통일자문회의'라는 단체를 통해 계승하게 된다. 당시 많은 대의원이 참여하였던 관변단체, 이익단체 등은 이름을 바꾸어 존속되고 있으며, 그 단체에 소속된 이들이 자신들을 현재 대한민국 보수라고 지칭하고 있는 현실이다. 또한 토호 세력과 정파적 이해관계로 변질되었다. 따라서 현행 제6공화국 헌법 제92조 "평화통일정책의 수립에 관한 대통령의 자문에 응하기 위하여 민주평화통일자문회의를 둘 수 있다"는 규정은 구시대 유산으로써 삭제되는 것이 타당하다.

3장
종말로 걸어가는 박정희

1. 전태일, '내 죽음을 헛되이 말라'

박정희의 집권 연장을 위한 3선개헌 반대투쟁은 역시 학생운동에서 시작되었다. 1969년 6월 12일 서울대 법대생들의 개헌 음모 분쇄 투쟁을 시작으로 고려대와 연세대로 이어졌고, 6월 23일경부터 본격화되기 시작하였다. 6월 30일에는 연세대, 고려대, 경북대, 경희대, 서울대 교양과에서 시위가 일어났다. 7월에는 데모에 참여하는 학교와 참여 인원이 늘어나면서 전국적으로 퍼져나가는 양상을 보였다. 이에 7월 3일 당국은 휴교·휴강·방학 조치를 잇달아 내렸다. 전국 주요 대학은 조기방학을 단행함으로써 투쟁을 계속 이어가지 못했지만, 그 여파는 70년대 초반까지도 지속되었다.

이러한 가운데 1970년 11월 13일 전태일 분신자살은 학생들에게 커다란 충격을 안겨 주었다. 타오르는 불길 속에서 '근로기준법을 준수하라', '우리는 기계가 아니다', '일요일은 쉬게 하라', '노동자를 혹사하지 말라'를 외치며 전태일은 청계천에서 쓰러졌다. 그리고 다시 일어나 '내 죽음을 헛되이 하지 말라'고 외쳤다. 전태일 열사는 분신 이후 메디컬센터로 옮겨 응급 치료를 받은 후 서울성모병원으로 옮겼으나 13일 하오 10시에 숨을 거두었다.

이 결단을 두고 얼마나 오랜 시간을 망설이고 괴로워했던가?
지금 이 시간 완전에 가까운 결단을 내렸다.
나는 돌아가야 한다.
꼭 돌아가야 한다.
불쌍한 내 형제의 곁으로, 내 마음의 고향……
내 이상의 전부인 평화시장의 어린 동심童心 곁으로
생生을 두고 맹세한 내가, 그 많은 시간과 공상空想 속에서 내가 돌보지 않으면 아니될 나약한 생명체들.
나를 버리고, 나를 죽이고 가마.
조그만 참고 견디어라. 너희들의 곁을 떠나지 않기 위하여 나약한 나를 다 바치마. 너희들은 내 마음의 고향이로다. 오늘은 토요일, 8월 둘째 토요일.
내 마음에 결단을 내린 이날, 무고한 생명체들이 시들고 있는 이 때에 한 방울의 이슬이 되기 위하여 발버둥 치오니, 하느님, 긍휼과 자비를 베풀어 주시옵소서.

1970년 8월 9일 일기에서[88]

전태일 열사의 1970년 8월 9일 일기이다. 그로부터 3개월 뒤 1970년 11월 13일 아침부터 옅은 잿빛 구름이 하늘을 덮고 있었다. 평화시장 일대는 긴장감이 돌았다. 경찰대가 이곳저곳 삼엄하게 진을 치고 있었다. 낮 1시. 각 작업장에서는 업주들이 종업원들에게 "오늘 몇몇 깡패같은 놈들이 주동이 되어 좋지 못한 움직임이 있으니 절대로 가담해서는 안 된다"고 주의하라고 경고하였다. 플래카드 제작 책임을 맡았던 전태일과 또 한 사람의 삼동회 회원은 준비된 플래카드를 몸에 감고 옷 속에 감추어 시장에 나왔다.

1시 30분경, 그들은 플래카드를 꺼내어 펼쳐 들고 아래로 내려갔다. 2층 복도에까지 왔을 때, 형사 두 사람이 뛰어와서 플래카드를 빼앗으려 하였다. 플래카드에는 '우리는 기계가 아니다!'라고 쓰였다. 전태일은 빼앗기지 않으려고 몸부림쳤다. 종이로 만든 플래카드는 쉽게 찢어졌다. 몇 명의 회원은 "좋다! 플래카드 없으면 못할 줄 아느냐!"고 소리를 치며 국민은행 앞 길로 뛰어 내려가려 하였다. 이때였다. 전태일은 몹시 심각한 표정으로 친구들을 향하여 "너네들 먼저 내려가서 담뱃가게 옆에서 기다려라. 난 좀 있다 갈테니."

국민은행 앞에서는 5백여 명의 노동자들이 경비원들과 경찰들의 몽둥이 앞에 밀리며 이리저리로 왔다 갔다 하였다. 약 10분 후 전태일이 내려왔다. 그는 김개남의 옷소매를 끌어당기며 사람이 덜 다니는 옆 골목으로 끌고 갔다. 전태일은 김개남에게 "아무래도 누구 한 사람 죽어야 될 모양이다"고 말하고, 성냥불을 켜서 자기의 몸에 갖다 대어 달라고 부탁하였다. 전날 김개남은

농성근로자 소신 자살
처우개선 외치던 청년 '기준법' 껴 안은채
출처 : 『동아일보』 1970년 11월 14일

전태일로부터 들었던 말이 있었기에 "설마……"하는 생각과 함께 성냥
불을 켜서 전태일의 옷에 갖다 대었다.

전태일은 석유 한되─ㅒ 가량을 온몸에 끼얹고 내려왔기에 순간
불길이 확 치솟으며 전태일의 전신을 휩쌌다. 전태일은 불타는 몸으
로 사람들이 많이 서성거리고 있는 국민은행 앞길로 뛰어나갔다.

"근로기준법을 준수하라!"

"우리는 기계가 아니다! 일요일은 쉬게 하라!"

"노동자를 혹사하지 말라!"

전태일은 몇 마디의 구호를 짐승의 소리처럼 외치다가 그 자리에
쓰러졌다. 입으로 화염이 확확 들어찼던 것인지, 나중 말은 똑똑히
알아들을 수 없는 비명소리로 변하였다. 한 회원이 근로기준법 책을
전태일의 불길 속으로 던졌다. 근로기준법 화형식이었다.

불길은 3분가량 탔다. 너무나 뜻밖의 일이라 당황하여 불을 끌 엄
두를 아무도 못 냈다. 한 친구가 뛰어와서 잠바를 벗어 불길을 덮었
다. 불은 꺼졌다. 불길이 꺼지고 잠시 후 전태일은 다시 일어났다. 그
리고는 또다시 외쳤다.

"내 죽음을 헛되이 하지 말라!…… !…… !……"

전태일의 몸은 옷의 엉덩이 부분을 제외하고는 전신이 숯처럼 시
커멓게 타고, 온 살결은 화상으로 터지고, 그의 눈까풀은 뒤집히고,
입술은 퉁퉁 부르텄다. 그를 낳고 22년 동안 기른 어머니라 할지라도
누구인지를 식별할 수 없을 정도의 모습이었다. 인간의 모습이라고는
할 수 없는 그 참혹한 몰골로, 그는 마지막 남은 생명의 힘을 다 짜
내는 듯 야차(夜叉, 모질고 사악한 귀신의 하나)처럼 울부짖는데, "내 죽음을
헛되이 말라!"는 외마디 소리를 제외하고는 도저히 알아들을 수 없었

다.[89]

전태일 열사는 8월 9일 일기에서 "이 결단을 두고 얼마나 오랜 시간을 망설이고 괴로워했던가?"라고 했다. 그 결단은 "나를 버리고, 나를 죽이고 가마"였다. 고도의 경제성장 뒤 그늘에서 신음하는 불쌍한 형제를 위해 그는 끝내 결단하고 말았다.

전태일 열사의 죽음은 또 한 사람을 투사로 만들었다. 그의 어머니 이소선 여사이다. 이소선 여사는 병원 측에서 시체 인수를 요구했지만, "아들의 뜻이 이루어질 때까지 아들의 시신 인도를 거부하겠다"면서 성모병원 시체 안치실에서 농성을 벌였다.[90] 이소선 여사는 아들이 숨을 거두며 남긴 "내 뜻이 이루어지기 전에는 장례를 치르지 말라"는 유언을 지켜주고 싶었다.

전태일 영정을 품은 이소선 여사
출처 : 나무위키 갈무리

전태일 열사의 장례식은 11월 18일 그의 어머니가 다닌 창현교회에서 열렸다. 당시 노동청장 이승택은 근로기준법의 적용 범위를 16인 이하 사업장에도 확대 적용하며, 미흡한 관계 법령 개정과 함께 평화시장 등 영세근로자의 부당한 처우개선을 위한 노조 결성을 적극적으로 지원하고 영세사업장도 산재보험을 적용할 것을 약속하면서 영결식이 열렸다.

이소선 여사는 아들의 장례를 치른 후 한 신문과 인터뷰에서 "내가 죽더라도 어머니는 내가 못한 일을 해 주십시오"란 아들의 마지막

말을 잊을 수 없다면서 "땅속에서나마 아들이 눈을 감도록 해 주겠다며 앞으로 평화시장에 노조가 생기면 아들 대신 꼭 그 노조를 돌보겠다"고 말하였다.[91] 이소선 여사는 평생을 노동자의 어머니로 살았다.[92] 그것은 아들과의 약속이었다. 평화시장 노동자를 중심으로 '전국연합노조청계피복지부'의 노동조합이 11월 27일 마침내 결성되었다. 이 자리에 참석한 이소선 여사는 "내 아들의 죽음이 헛되지 않도록 해달라"고 격려사를 하였다.

전태일 열사의 '분신자살'은 학생들에게 충격 그 자체였다. 학생들은 저임금과 열악한 노동환경에 혹사당하는 노동자들을 다시 보게 되는 계기가 되었다.[93] 11월 16일 서울대 법대생 70여 명은 가칭 '민권수호학생연맹준비위원회' 이름으로 노동조건 개선을 위한 실태조사를 결의하였다.[94] 11월 18일 서울대 상대생 2백여 명은 "정부는 인간의 생존권 보장을 위한 구체적인 근로자에 대한 시책을 마련"할 것을 촉구하는 결의문을 채택하고, 노동운동과 학생운동을 결부시켜 추진해 나가기로 촉구하고 무기한 단식농성에 돌입하였다.[95]

11월 20일 서울대 법대·문리대, 이화여대, 고려대, 연세대 등에서 전태일의 추모식을 거행하고, 서울 시내 각 대학 학생회 일동으로 '조사吊辭'를 낭독하였다.

조사吊辭

아아! 전태일 선생!
스물셋의 젊음도 송두리째 아낌없이 불태운 당신!
가난한 집안에 2남 2녀의 맏아들로 태어나 가정에의 책임이 중함에도 불구하고, 당신의 귀는 항상 하느님의 음성을 들었으며, 이웃의 고통을 자신의 가난

이나 고통보다 더욱 아파하였습니다. 〈중략〉

괴로운 노동이 즐거운 노동이 되고 2만7천 노동자들이, 아니 1백만 노동자들이 인간다운 삶과 자유로운 생활을 탈환할 그날까지,

불꽃이여! 꺼지지 말고 활활 타올라라.

전태일 선생이시어!

헛되지 않도다.

외롭지 않도다. 잠들지 말고 우리의 곁에 항상 우리와 함께 하소서.

1970년 11월 20일 〈서울시내 각 대학 학생회 일동〉

숙명여대생들은 "전태일의 죽음에 조의를 표하고, 노동개선이 이루어질 때까지 검정 리본 달기를 결의하였다.[96] 차츰 학생들의 움직임이 집단화되자 11월 21일 서울대 법대 교수회의에서는 2학기 강의를 앞당겨 종강하였다. 종교계에서도 '기독교인도 그를 죽인 공모자'는 제목으로 참회의 무기한 금식기도회를 가졌다. 아울러 야당에서는 진상규명을 촉구하며 특별조사단을 꾸렸다.

전태일 열사가 헌신적으로 노동자 인권운동을 펼쳤기에 "전태일이 없었다면 한국 노동자들의 인권은 수십 년 뒤에나 존중 받았을 것"이라는 말을 들을 정도로, 대한민국의 노동운동과 민주주의 발달에 큰 영향을 끼쳤다.[97] 또한, 전태일 열사의 분신은 노동문제로만 국한되지 않았다. 노동자의 권익을 인권 문제로 인식하는 계기가 되었으며, 학생운동과 노동운동이 연대의 깃발을 올렸다.

2. 광주대단지 민권운동

광주대단지 민권운동은 1960년대 후반부터 정부가 서울 무허가 판자촌 정리 계획을 시작하면서 발단이 되었다. 서울시는 광주군 중부면 남한산성(현재 행정구역은 성남시 수정구 및 중원구)에 이주단지를 조성하고 한 가구당 20평씩 2천 원에 분양하였다. 단 상환금은 입주하고 3년부터 분할 상환이었다. 서울 청계천과 서울역 일대의 빈민 10만 명이 이곳으로 이주하였다. 그러나 이주단지는 도로도 포장이 안 되어 있는 황량한 황무지였다. 당시 이주한 이들의 천막촌이다(아래 사진 참조). 1970년 5월 15일 조선일보는 이곳을 취재하였다. 「산산이 깨진 '낙원의 꿈' 난민들은 서럽다」는 제목 아래 실상을 고발하였다.

3만 2천여 가구가 정착한 광주단지 천막촌
출처 : 『조선일보』 1970년 5월 15일

그리고 시간이 흘렀지만, 정부와 서울시의 약속은 지켜지지 않았다. 결국 1971년 8월 10일 주민들이 ① 분양시를 무상으로 하라 ② 세금을 면세하라 ③ 시급한 민생고를 해결하라 등을 요구하며 궐기대회를 열었다. 궐기대회를 마친 성난 군중들은 출장소 건물과 관용차,

경찰차 등을 파괴하며 저항에 나섰다.[98]

　문제의 발단은 강제로 이주당한 주민들이 그동안 문제로 지적된 토지투기의 만연, 철거이주민의 분양권 불법 전매 사태 발생, 도시 기반 시설 부재, 이주지역 내에 전무 했던 주민의 생계 수단 등의 개선을 요구했으나 당국은 이를 무시하였다. 이러한 상황에서 광주대단지의 담당 행정 당국인 경기도가 주민들에게 토지 대금을 납부하라는 고지서를 발부하면서 시작되었다. 토지납부액은 처음 약속했던 금액에 최소 4배에서 8배가 넘었다. 그것도 일시금으로 납부해야 하는 처지에 놓였다. 주민들은 7월 19일 '분양지 불하拂下 가격 시정 대책위원회'를 결성하고 평당가격을 1,500원 이하로 내릴 것을 요구하였으나 이루어지지 않았다. 또한, 1971년 5월 25일 치러진 제8대 국회의원 총선거에 출마한 차지철이 토지 무상 불하와 5년간 면세조처를 해준다고 약속했으나, 지켜지지 않은데 격분하였다.

　8월 11일 내무부는 광주단지를 광주군에서 분리하여 성남시로 승격과 함께 지방세 일부 면제 등 주민의 요구를 무조건 수용할 것을 약속함으로써 진정되었다.[99] 8·10 성남 민권운동은 1960년대의 산업화와 도시화 그리고 그에 따른 농업의 해체와 실업문제 등 자본주의 사회의 구조적 모순이 집약된 도시빈민 문제의 본질을 드러낸 사건이다.

　대한민국 정부수립 이후 민중이 공권력에 저항한 사례는 그동안 많았다. 하지만 이 운동은 정치적인 사유가 아닌 빈민의 생존권을 비롯한 경제적인 이유로 지역주민들이 자발적으로 공권력에 저항했다는 점에서 대한민국 저항 운동사에 그 의미가 남다르다.

8월 10일 시영버스를 빼앗아 현수막을 내걸고 시위하는 주민들
출처 : 『조선일보』 1971년 8월 11일

3. 김대중 납치사건

전태일 열사의 분신으로 꿈틀거렸던 학생운동은 1972년 10월 유신 선포로 다시금 침체기로 접어들었다. 1973년 10월부터 다시 시작된 학생운동의 발단은 김대중 납치사건이다. 김대중 납치사건은 1973년 8월 8일에 발생하였다. 그를 납치하게 된 배경은 무엇이었을까?

김대중은 제8대 국회의원 총선거(1971년 5월 25일)를 앞두고 지원유세를 다녔다. 선거를 하루 앞둔 5월 24일 목포에서 광주로 이동 중 교통사고가 났다. 이날 교통사고로 2명이 사망하고 3명이 중상을 입었다.[100] 이날 교통사고를 두고 중앙정보부의 '암살 시도' 등이 거론되었지만, 밝혀진 것은 없다. 김대중은 이날 교통사고로 평생 지팡이를 짚게 되었다.

교통사고 후유증으로 김대중은 일본을 오가며 치료받았다. 1972

년 10월 11일 일본으로 건너가 게이오대학 부속병원에서 치료받고, 19일 귀국할 예정이었다. 그런데 10월 17일 박정희가 유신을 선포하였다. 김대중은 "이는 완전한 헌법 위반행위인 동시에 한국 내에서 민주 역량의 성장을 통해 북한과 대결하는 입장에서 하루속히 조국통일을 성취시키려는 국민의 염원을 무참히 짓밟는 것과 다름없다"[101]고 '유신쿠데타'를 반대하는 성명을 도쿄에서 발표하였다. 성명은 국내 언론에는 단 한 줄도 보도되지 않았다. 이날 성명으로 김대중은 정치인에서 재야민주인사로 그 삶이 바뀌게 된다.

10월 27일 비상국무회의에서 헌법 개정안을 공표하자 김대중은 다시 반대 성명을 발표하였다. 11월 3일에는 『주간아사히』에 '한국 계엄령에 직언한다'라고 기고한 후, 그는 일본 내 주요 잡지에 잇단 기고와 인터뷰를 통해 유신쿠데타의 실체를 폭로하였다. 민주공화당의 김성곤이 미국에서 '유신 선포'를 환영한다는 발표와 달리 김대중은 '유신쿠데타'를 조목조목 반박하며 실체를 폭로하였다.

김대중은 유신쿠데타의 실체를 세상에 알리고자 미국 망명을 택하였다. 그는 미국 전역을 돌며 한국의 민주화에 대한 자신의 의견과 박정희 독재정권을 비판하였다. 그러면서 국적을 불문하고 자신과 뜻을 같이하는 사람들을 규합하였다. 김대중의 이러한 행동은 당연히 박정희 정권에게는 눈엣가시가 되고도 남았다.

일본과 미국을 오가며 한국의 민주화를 역설하던 김대중은 '한국민주화회복통일촉진국민회의(이하 한민통)'를 결성하였다. 1973년 7월 6일 워싱턴 메이플라워 호텔에서 한민통 발기인 대회가 열렸다. 이 자리에는 박정희 군사정권에 맞서다 망명한 김상돈 전 서울시장, 이근팔(전직 외교관), 문명자(재미언론인), 임창영(전 유엔대사) 등이 참석하였다. 김대중은 이 자리에서 '대한민국 절대지지'를 전제로 한 '선 민주회복

후 통일' 두 가지를 강조하였다.[102) 박정희 정권을 대상으로 한 반정부 투쟁의 시작이었다.

김대중은 재일동포가 많은 일본에도 한민통 본부가 필요함을 절감하고, 7월 10일 일본에 재입국하였다. 그는 일본에서 활동하고 있는 재야인사들과 8월 15일 한민통 일본본부 창립대회를 계획하였다. 김대중이 나라 밖에서 반독재투쟁을 벌이자, 박정희 정권은 그를 회유하기 시작하였다. 그의 부인 이희호를 통해 김대중의 국내 정치활동을 보장할 테니 망명을 그만두고 귀국하도록 설득하였다. 하지만, 김대중은 "내 손발을 묶어놓을 뻔한 거짓말 아니냐"며 거절하였다. 또한 일본 자민당의 간부를 통해 귀국을 종용하기도 하였다. 자민당 간부는 박정희가 부통령을 주겠다고 전하였다.[103)

박정희 정권은 회유와 함께 새로운 공작도 준비하고 있었다. 새로운 공작을 위해 일본에서 김대중의 일거수일투족은 중앙정보부 요원들에 의해 모두 파악되었다. 김대중 납치는 중앙정보부에서 치밀하게 준비된 작품이었다. 김대중이 미국에서 일본으로 재입국하자 중앙정보부에서는 주일 파견관에게 'KT'(김대중)에 대한 집중 동향 감시 지침을 하달하였다. 7월 초부터 'KT공작계획안'이 작성되어 일본 파견관에게 송부되었다.[104) 일본에서 김대중의 발언과 활동은 박정희에게 상세히 전달되었다.[105)

이렇게 1973년 7월 21일부터 주일 파견관이 동원되어 납치실행의 준비과정을 거쳐 8월 8일 김대중의 납치가 실행에 옮겨졌다. 8월 8일 김대중은 도쿄 그랜드팔레스 호텔에서 민주통일당 양일동 총재를 만났다. 두 사람은 국내 사정을 나누고 점심을 먹었다. 이 자리에는 김대중의 친척뻘인 민주통일당 김경인 의원도 합석하였다. 오후 1시 30분경 김대중은 일본 자민당 국회의원 키무라 토시오木村俊夫를 만나

기 위해 호텔을 나섰다. 이때 괴한 대여섯 명이 김대중을 납치하였다. 납치상황을 정리하면,[106]

- 8월 8일 13:00경 김경인과 함께 복도로 나오는 순간 2210호와 2215호 쪽에서 나온 6명의 남자들에 의해 강제로 2210호로 걸려 들어갔는데
- 납치범들은 김대중을 침대에 눕혀 "떠들면 죽이겠다"고 위협하며 마취를 시켰으나 의식은 남아있는 상태에서 이 중 4명이 김대중을 끌고 엘리베이터를 이용, 지하주차장으로 가서 자동차에 태워 5~6시간 정도 고속도로를 달려 저녁 무렵 오사카 부근 어느 건물에 도착하였으며
- 범인들은 그곳에서 김대중의 얼굴을 코만 남긴 채 테이프로 감싸고 손발을 결박한 상태로 다다미방에 가두었다가 다시 자동차에 태워 1시간 이상 이동, 바닷가에 이르러 다른 팀에게 인계하자 이들은 얼굴에 보자기를 씌우고 모터보트로 1시간쯤 더 가서 큰 선박(용금호)에 옮겨 실었고
- 항해 중 배 밑쪽에 감금당해 있을 때 칠성판에다 몸을 묶고 재갈을 물린 상태에서 무거운 물체를 매달아 바다에 수장시킬 듯이 하다가 "비행기다"하는 소리가 들린 후에는 중지되었다고 하며
- 8월 11일경 한국 연안에 도착, 모터보트로 상륙해 앰블런스에 태워 양옥집으로 옮겨져 계속 감금되었다가 '구국동맹행동대'라고 자칭하던 괴한들에 의해 8월 13일 22:00경 동교동 자택 앞에서 풀려났다고 함.

김대중 납치 소식은 당일 오후 30시 50분 일본 NHK방송의 뉴스 속보로 세상에 알려졌다. 다음날(8월 9일) 일본 언론에서는 이 사건을 대서특필하였다. 일본 언론은 납치사건의 경위와 함께 김대중이 어떤 인물인지 다루었다. 이날 언론 보도는 크게 네 가지로 집약되었다. 첫째, 모든 신문이 이 사건을 1면 톱으로 다루었다. 둘째, 납치사건의 범인으로 한국정부(중앙정보부)를 명확히 지목하였다. 셋째, 이 사건이 일본의 주권 침해라는 점을 부각시키고 일본정부가 철저히 진상을 규명해야 한다는 점을 강조하였다. 넷째, 이 사건이 한국의 국제적 위

상을 실추시키며, 유엔총회를 앞둔 시점에서 남한에 대단히 불리하게 작용할 것으로 전망하였다.[107)

대한민국 정부는 일본의 조간신문 보도를 살펴보고 대응책에 나섰다. 정부의 공식 입장은 오후 1시경 두 경로를 통해 전달되었다. 먼저 윤석헌 외무차관은 주한일본대사(우시로쿠 도라우)를 초치하여 우리 정부는 이 사건과 무관하다는 입장을 밝혔다. 그러면서 일본 정부에 대해 철저한 진상조사와 김대중의 신변 보호를 요청하였다. 이윽고 이호 주일대사는 "한국정부는 동 사건에 대해 전혀 아는 바 없으며 관련도 없다"면서 "일본정부 당국이 철저히 조사, 진상을 규명해 줄 것"을 요청하였다.[108) 우리나라 언론도 8월 9일 '김대중씨 실종'이란 제목 아래 사건 경위를 보도하였다.[109)

김대중이 용금호에서 수장되기 직진에 살아난 깃은 '비헹기 출현' 때문이다. 비행기의 국적은 어디일까? 미국과 일본은 모두 자국의 국적기가 아니라고 한다. 훗날 SBS 시사프로그램 「그것이 알고 싶다」에서는 "이 비행기가 미국 CIA의 연락받은 일본 해상보안청 소속이었다"고 주장하였다. 김대중의 구사일생에는 미국 CIA가 관여했다는 게 정설이다. 당시 미국 CIA는 김대중의 납치 소식을 인지하고, 주한미국대사관의 필립 하비브Philip C. Habib 대사에게 알렸다. 하비브 대사는 즉시 한국 내 모든 정보팀을 가동한 후 한국 정부에 우려를 표명하였다.

일본 납치 후 한국에서 기자회견하고 있는 김대중
출처 : 김대중도서관

김대중은 8월 11일 새벽 한

국의 어느 항구에 도착해 구급차에 태워지고 수면제에 의해 잠들었다. 12일 아침 눈을 뜨니 서양식 건물 2층에 누워 있었다. 13일 날이 어두워지자, 서울 동교동 자택 근처에서 풀려났다. 납치된 지 129시간 만인 밤 10시 15분경이었다.[110]

김대중 납치사건의 비화는 1973년도 정기국회로 옮겨졌다. 신민당은 대정부 질의를 통해 박정희 정권과 여당을 공격하였다. 야당에서 첫 질의자로 나선 김영삼 의원은 "오늘 이 사람이 김대중 씨 사건을 가지고 질문을 하려고 하니 무언지 모르게 가슴이 답답하고 서글픈 생각을 금치 못하겠다"면서 이 사건을 정치테러로 규정하였다. 그러면서 납치사건에 나선 '구국동맹행동'의 정체가 무엇이며, 범인을 잡지 못한 책임을 물어 내각 총사퇴를 주장하였다. 또한 김대중을 가택연금 조치한 법적 근거가 무엇인지를 따졌다. 답변에 나선 김종필 총리는 김대중의 해외에서 반정부 발언을 언급하면서 핵심을 비켜 간 채 "정부는 친선관계 유지라는 대승적 자세에서 김 씨 사건에 좋은 결론이 날 수 있을 것으로 생각한다"고 얼버무렸다.

김대중 납치사건은 1973년도 국내 10대 뉴스 선정에서 1위를 차지하였다.[111] 김대중 납치사건은 1973년 하반기를 뜨겁게 달구었다. 아니, 박정희 정권 몰락의 서막이었다. 김대중 납치사건은 국내 정치는 물론 국제관계에도 상당한 파장을 일으켰다. 아이러니하게도 이 사건을 통해 김대중은 전 세계적인 인물로 급부상하였다.

김대중 납치사건은 중앙정보부가 직접 개입하였다. 박정희는 1974년 12월 미국의 저명한 칼럼니스트 잭 앤더슨Jack Anderson을 만났다. 그동안 박정희는 이 사건에 대해 처음부터 끝까지 박정희 정부 및 권력기관의 개입설을 부정하였다. 잭 앤더슨이 박정희에게 김대중 납치사건에 대해 질문을 하였다. 박정희는 "나는 하느님에 맹세코 내가

이 추악한 사건에 아무런 관계가 없다"고 말하였다. 그러고는 "납치 사건은 아마 중앙정보부 소행일 것이라면서, 중앙정보부장에게 그 책임을 물어 즉각 해임했다"고 밝혔다. 한국 정부의 개입을 부정하던 박정희는 1년이 지난 시점에 중앙정보부의 소행을 인정하였다.

잭 앤더슨은 대한민국을 방문하여 김대중과 박정희를 만났다. 그리고 12월 5일 『워싱턴포스트』와 『뉴욕포스트』에 칼럼을 연재하였다. 이 칼럼은 『동아일보』, 『조선일보』 동시에 전문이 실렸다.[112] 잭 앤더슨은 김대중이 납치되기 얼마 전에 워싱턴에서 만났다고 소개하였다. 이때 잭 앤더슨은 "김대중 씨는 박 대통령에 대한 불평을 털어놓았다"고 표현하였다. 잭 앤더슨은 김대중에게서 납치과정을 들었다. 당시 김대중은 가택연금 중이었다. 이에 대해 김대중은 "자신이 중앙정보부의 계속적인 감시를 받고 있다고 불평했다"고 잭 앤더슨은 표현하였다. 김대중은 박정희 정부를 강하게 비판했을 것이다. 이를 잭 앤더슨은 '불평'이란 단어로 표현하였다.

반면, 박정희에 대해 "감정을 나타내지 않은 인상에 냉철한 사람이다"라고 표현하였다. 잭 앤더슨의 칼럼이 박정희를 비판했다면 두 언론사에 보도될 수 있었을까?. 당시는 유신체제로써 언론이 검열받았던 시점이다. 박정희의 말과 달리, 당시 중앙정보부장 이후락은 박정희 대통령의 지시에 따라 중앙정보부가 주도했다고 밝혔다.[113] 그러나 훗날 이 말을 다시 번복하였다.

김대중 납치사건은 박정희의 직접적인 개입이 아니었다고 하더라도 중앙정보부가 직접 개입하였다. 권력의 부도덕성이 그대로 드러났다. 그런데도 박정희는 자신이 직접 지시하지 않았다고 변명만 늘어놓았다. 1971년 대통령 선거에서 김대중의 돌풍은 박정희에게 두려움 그 자체였다. 박정희는 영구집권을 위해 유신체제를 선포했고, 김대중은 반정부 투쟁을 통해 민주주의를 쟁취하고자 하였다. 유신체제 선포로 지리멸렬했던 학생운동은 이 사건을 계기로 다시 꿈틀거렸다.

4. 긴급조치권과 민심의 물결

1970년대는 유신체제의 시대였고, 그것은 곧 긴급조치의 시절이었다. 유신체제 아래서 자유의 숨결은 질식당했고, 이를 뚫으려는 반작용도 줄기차게 용솟음쳤다. 민주주의 핵심적 요체인 정권교체의 가능성은 사실상 봉쇄되었다. 그러한 가운데 체제를 옹호하려는 세력과 이에 도전하는 세력 간에 끊임없는 대결이 빚어졌다. 반대세력의 전위는 항상 학생들이었다. 1970년대 학생운동은 두 가지 특징을 띠고 있다. 하나는 민중 속으로 파고드는 연대화였고, 또 하나는 스스로 정신 무장을 위한 의식화였다.[114]

박정희의 영구집권을 위한 유신헌법의 가장 눈에 띄는 특징 중의 하나가 제53조 긴급조치권이다.

제53조

① 대통령은 천재·지변 또는 중대한 재정·경제상의 위기에 처하거나, 국가의 안전보장 또는 공공의 안녕질서가 중대한 위협을 받거나 받을 우려가 있어, 신속한 조치를 할 필요가 있다고 판단할 때에는 내정·외교·국방·경제·재정·사법 등 국정전반에 걸쳐 필요한 긴급조치를 할 수 있다.

② 대통령은 제1항의 경우에 필요하다고 인정할 때에는 이 헌법에 규정되어 있는 국민의 자유와 권리를 잠정적으로 정지하는 긴급조치를 할 수 있고, 정부나 법원의 권한에

관하여 긴급조치를 할 수 있다.

③ 제1항과 제2항의 긴급조치를 한 때에는 대통령은 지체없이 국회에 통고하여야 한다.

④ 제1항과 제2항의 긴급조치는 사법적 심사의 대상이 되지 아니한다.

⑤ 긴급조치의 원인이 소멸한 때에는 대통령은 지체없이 이를 해제하여야 한다.

⑥ 국회는 재적의원 과반수의 찬성으로 긴급조치의 해제를 대통령에게 건의할 수 있으며, 대통령은 특별한 사유가 없는 한 이에 응하여야 한다.

헌법상 천재지변이나 전시의 긴급조치권은 다른 나라의 헌법에도 대개 규정되어 있다. 우리나라의 제3공화국 헌법에도 긴급조치권(제73조)은 명시되었다. 하지만 유신헌법의 경우는 그 성격이 매우 판이하였다. 제3공화국 헌법에서 긴급조치는 국회 승인이 필요했고, 국회의 승인을 얻지 못하면 그 명령 또는 처분은 효력을 상실하였다.115)

그런데 유신헌법의 긴급조치권은 그 내용과 범위, 효과가 지극히 광범위하고 국회의 소집이나 소집 가능성과 관계없이 발동할 수 있었다. 국회나 법원에 의한 통제가 불가능하였다. ⑥항에 국회의원 과반수 찬성으로 긴급조치 해제를 대통령에게 건의할 수 있다고 했지만, 국회는 유정회가 3분의 1을 차지하고 있었기에 재적의원 과반수 찬성을 얻는다는 것은 애초부터 성립될 수 없었다. 정리하자면, 유신헌법의 긴급조치는 대통령 한 사람에게 사실상 제한 없이 모든 권한을 백지위임하고 있다. 유신헌법을 파시즘의 헌법이라고 칭하는 것도 긴급조치권이 크게 작용했다고 볼 수 있다.

일반적으로 국가긴급권은 "전쟁, 내란, 경제공황, 대규모의 자연재해 등 평상시의 입헌주의적 통치기구로서는 대처할 수 없는 긴급사태에 있어서 국가의 존립을 보존하기 위하여 특정한 국가기관에게 인정되는, 긴급조치를 취할 수 있는 비상의 예외적인 권한"이라고 정의한다. 즉, 헌법 보장을 위한 근거의 존재, 한계(목적, 시간적, 절차적 한계)의 준수 및 통제(입법적, 정치적, 사법적 통제)가 보장되지 않는 초헌법적 국가긴급권은 부정하고 있다.[116]

유신헌법의 국가긴급권은 '위기정부론'에 기초하고 있다. 당시 정권은 이 '위기'를 전쟁, 내란, 폭동 발발 등과 같은 공공의 안녕질서가 위협받거나 파괴되는 고전적 상황뿐만 아니라 경제적, 사회적 위기가 발생하는 경우와 같은 현대적 위기 상황을 가정하여, 현존의 위기 극복만이 아니라 새로운 위기 조성의 가능성을 예견하고 이에 대한 사전적 조치를 취하지 않을 수 없다면서[117] 박정희는 긴급조치권을 남발하였다. 결론적으로 박정희 정권은 '국가안전보장 또는 공공의 안녕질서'에 대한 중대한 위협을 받는 경우뿐만 아니라 '받을 우려가 있는 경우'. 즉, 사전적·예방적 목적을 위해서도 긴급조치를 발동할 수 있도록 규정하였는데, '받을 우려가 있는 경우'를 결정하는 것은 오로지 대통령 박정희뿐이었다.

"너⋯⋯ 막걸리 긴급조치라고 들어보았나?"

"막걸리 긴급조치?"

"응. 어떤 사람이 막걸리 한잔 마신 김에 대통령 욕을 했다던가 어쨌다던가. 그래가지고 아무 생각 없이 집으로 돌아왔는데 아, 집에 오자마자 낯선 사내들이 들이닥쳐서 경찰선가 어디론가 끌고 가더래."

1975년 여름. 마포 뒷골목 소줏집.

허름한 아저씨 두 사람이 마주 앉아 소주잔을 기울이고 있었다.

"그래서?"

"그래서 죽도록 얻어터지고 나서 덜컥 구속되었다더군. 먹여 살려야 할 가
족들도 많은데 말이야."

"오매! 근데 대체 죄명이 뭐여?"

"쉿! 뭐긴 뭔가? 하늘의 나는 새도 떨어뜨린다는 바로 그놈의 대통령 긴
급조치 위반이지. 면회 온 가족에게 그 사람 울면서 말했다더군. 그 놈의
막걸리가 죄라고 말이야. 막걸리 먹고 한마디 한 게 3년 징역이라지 뭔
가. 그래서 다들 그 사람보고 막걸리 긴급조치라고 불러. 무서운 세상 아
닌가?"

"그려? 막걸리 반공법은 들어봤지만 막거리 긴급조치는 처음이구먼."

"자네도 조심하게나!"[118]

당시 세간에서 '막걸리 긴급조치'라고 조롱당한 일화이다. 국민의
조롱에도 불구하고 긴급조치는 유신체제의 상징이고, 체제 옹호를 위
한 훌륭한 방패였다. 긴급조치의 주된 목표는 학원과 언론, 그리고
종교계를 포함한 반체제 세력이었다. 그 가운데도 학생운동은 이 긴
급조치에 의해 번번이 치명적인 타격을 받았다.

유신체제 선포 이후 소강상태를 지속하던 정국은 1973년 8월에
발생한 김대중 납치사건을 계기로 점차 술렁이는 기색을 보이기 시작
하였다. 유신체제에 반대하는 반체제 세력에게 신호탄으로 작용했고,
그 시작은 어김없이 학원이었다. 상당 기간 동면 상태의 학원에서 첫
항거의 횃불을 치켜든 것은 서울대 문리대의 시위였다. 그날은 1973

년 10월 2일이다.

1973년 10월 2일 오전 11시 20분경 서울대 문리대생 250여 명은 교내 4·19탑 앞에 모여 비상 학생총회를 열었다. 학생들은 '자유민주 체제 확립하라'는 선언문을 낭독한 다음 스크럼을 짜고 2시간 동안 교정에서 시위를 벌였다. 기습적인 학생시위에 총장과 교수들이 쫓아 다니면서 만류했으나, 학생들은 더욱 기세를 올리며 시위를 이어갔다. 오후 2시경 교내로 들어온 경찰이 최루탄으로 시위 학생들을 해산시 키고, 학생들을 연행하였다. 서울대 문리대생의 시위에 이어 10월 4 일 서울대 법대생 2백여 명이 교내 '정의의 종' 앞에 모여 유신체제 반대를 성토한 후 교문 밖으로 진출을 시도했으나 경찰 제지를 받고 해산하였다. 10월 5일에는 서울대 상대생 3백여 명이 교정에 모여 10일간 동맹 휴학을 결의하였다.

10월 2일부터 5일까지 서울대 시위는 언론에 단 한 줄도 보도되 지 않았다. 10월 8일 일부 언론이 보도하였다. 보도에 따르면, 서울 대 문리대·법대·상대 학생 216명이 연행되었으며, 23명을 집회 및 시 위에 관한 법률 위반 혐의로 구속하고, 10명을 같은 혐의로 입건, 89 명은 즉심에 회부, 나머지는 훈방 조치였다.[119]

하지만 어떤 신문은 활자가 흐리게 나갔고 어떤 신문은 백지로 나갔다. 이러한 보도에 대해 윤주영 문공부 장관은 "언론자유는 국가 가 처한 여건과 사회 여건에 크게 좌우되며 국가의 존망보다 언론의 자유가 절대적으로 앞설 수 없다"고 말하였다. 윤주영 장관의 발언을 앞서 설명했던 김대중 납치사건의 잭 앤더슨 칼럼이 『동아일보』와 『 조선일보』에 실릴 수 있었던 것에 대입하면 의미를 정확하게 파악할 수 있을 것이다.

학생시위는 전국적인 양상으로 번졌다. 이화여대, 숙명여대 등에서도 반정부 의사표시로 예정되었던 축제를 중단하였다. 12월 초까지 경북대, 서울대 공대·사대·농대·약대·치대, 한국신학대, 고려대 감리교신학대, 중앙대, 연세대, 성균관대, 숭실대, 서강대, 동국대, 건국대, 한양대, 홍익대, 단국대, 수도여사대, 부산대, 상명여대, 동덕여대, 영남대, 경희대, 전남대, 가톨릭대, 명지대, 항공대, 국제대, 효성여대, 광주일고 등이 시위에 나섰다.

기존 학생운동은 대체로 학교별로 이루어졌다. 그러나 12월 들어서면서 학생운동은 새로운 양상으로 나타났다. 서울의 주요 대학과 지방의 핵심 대학이 조직적으로 관계를 맺고, 각자 책임을 분담하였다. 또한 전국기독교회협의회(NCC), 한국기독학생회총연맹(KSCF) 등의 기독교 단체와 긴밀한 관계를 맺었고, 가톨릭 교구와도 유대감을 형성해 나갔다. 그리고 반체제 재야인사들과도 연대하여 조직적인 투쟁을 모색하였다.

학원에서부터 시작된 반체제 운동은 재야 정치인, 종교계, 지식인 등 각계 인사들의 움직임으로 이어졌다. 11월 23, 24일 양일간 한국기독교교회협의회(회장 김윤식)는 '신앙과 인권'이란 주제로 협의회를 개최하였다. 이 자리에는 언론계 천관우·양호민, 학계 이문영 고대 교수·김옥길 이화여대 총장·고범서 교수, 종교계 김수한 추기경·김재준 목사·백낙준 박사 등 30여 명이 참석하였다. 협의회는 인권선언문에서 ① 정부는 학원 사찰을 즉각 중지하고 구속 학생을 조속히 석방할 것, ② 최저임금제와 사회보장제도를 시급히 확립할 것 등을 촉구하였다.[120)

12월 24일 헌법개정이라는 구체적인 목표를 내세우고 함석헌·장준하·계훈제·천관우 등 재야인사 30여 명이 서울 YMCA회관에 모여 '헌법개정청원운동본부'를 발족시켰다. 이날 발족식에서 천관우, 함석헌, 장준하, 김동길, 계훈제, 백기완 등은 '민주주의 회복, 현행 헌법 개정을 요구하는 청원운동을 전개'한다는 성명을 통해 "오늘의 모든 사태는 궁극적으로 민주주의를 완전히 회복하는 문제로 귀착한다"면서 "우리들의 천부의 권리를 제시하는 방법으로 대통령에게 현행 헌법의 개정을 요구하는 1백만 명 청원운동을 전개한다"고[121] 밝혔다.

이날 서명에 참여한 인사는 장준하, 함석헌, 법정(스님), 김동길, 김재준, 유진오, 이희승, 김수환, 백낙준, 김관석, 안병무, 천관우, 지학순, 문동환, 박두진, 김정준, 김찬국, 문상희, 백기완, 이병린, 계훈제, 김홍일, 이인, 이상은, 이호철, 이정규, 김윤수, 김숭겸, 홍남순 등 30명이었다. 운동본부에는 김동길, 안병무, 문동환, 박두진, 김찬국, 이상은, 이정규, 김윤수 등의 교수들이 가담하면서 학생운동의 새로운 지표를 제시하였다.

5. 긴급조치 1호, 장준하

김대중 납치사건을 기화로 하여 1973년 말은 학원가의 반정부 시위가 절정에 달하였다. 재야 지식인도 여기에 화답하였다. 정부는 조기방학으로 일단 불길을 잡았다. 초기에 불씨를 잠재우고자 정부는 1974년 1월 8일 헌법 제53조를 근거로 긴급조치 1호를 선포하였다.

대통령긴급조치 제1호
① 대한민국 헌법을 부정, 반대, 왜곡 또는 비방하는 일체의 행위를 금한다.
② 대한민국 헌법의 개정 또는 폐지를 주장, 발의, 청원하는 일체의 행위를 금한다.

③ 유언비어를 날조, 유포하는 일체의 행위를 금한다.

④ 전 1, 2, 3호에서 금한 행위를 권유, 선동, 선전하거나 방송, 보도, 출판, 기타 방법으로 이를 타인에게 알리는 일절의 언동을 금한다.

⑤ 이 조치에 위반한 자와 이 조치를 비방한 자는 법관의 영장 없이 체포, 구속, 압수, 수색하며 15년 이하의 징역에 처한다. 이 경우에는 15년 이하의 자격정지를 병과할 수 있다.

⑥ 이 조치에 위반한 자와 이 조치를 비방한 자는 비상군법회의에서 심판, 처단한다.

⑦ 이 조치는 1974년 1월 8일 17시부터 시행한다.

긴급조치 제1호는 유신헌법 개정의 발언과 행동을 금지한 조치였다. 1973년 12월 24일 '헌법개정청원운동본부'가 발족하면서, 유신헌법을 반대하는 운동에 돌입하였다. 박정희는 유신헌법 개정에 제동을 걸기 위해 긴급조치를 선언하였다. 반유신 요소를 제거하기 위해 내려진 긴급조치는 영장 없이도 체포·구속·수색이 가능하였다. 그리고 위반자는 사법부가 아닌 비상군법회의에서 심판받았다. 긴급조치 1호에 따른 조치로 곧바로 긴급조치 제2호가 발동되면서 비상군법회의가 설치되었다. 비상군법회의 재판장은 이세호 육군 대장이 임명되었다.[122]

긴급조치 제1호로 선포된 6일 만에 긴급조치 제3호가 선포되었다. 긴급조치 제3호는 저소득자에 대한 조세부담의 경감 등 국민생활 안정을 위해 필요한 조치와 사치성 소비의 억제 자원이 절약과 개발 및 노사 간의 협조 강화 등을 통해 건전한 국민생활의 기풍 진작을 위한 조치였다.[123]

1974년 1월 15일, 비상보통군법회의 검찰부는 긴급조치 제1호 첫 위반자를 구속했다고 발표하였다. 위반자는 전 국회의원 장준하와 백

범사상연구소 대표 백기완이었다.[124] 두 사람은 긴급조치 제1호 ①, ④, ⑤항의 위반 혐의로 구속되었다. 또한, 1월 21일 윤석규, 김경락, 이해학, 김진홍, 이규상, 박윤수, 김성일, 홍길복, 인명진, 임신영, 박창빈 등 11명이 추가 구속되었다[125] 긴급조치 제1호의 위반 대상자였던 장준하는 누구이고 어떤 사람인가?

1) 장준하는 누구인가

장준하

장준하를 언급할 때마다 따라다닌 수식어가 박정희의 '천적' 또는 '정적'이라는 단어이다. 장준하는 광복군 출신이고, 박정희는 일본군 출신이다. 장준하는 1918년생으로 평안북도 의주군에서 태어났다. 박정희는 1917년생으로 경상북도 선산군(현 경상북도 구미시) 출신이다. 장준하는 어느 정도 부유했던 집안의 맏아들이며, 박정희는 빈농 집안의 4남 2녀의 막내다.

장준하는 한국인의 가슴을 겨냥해야 했던 일본군 출신인 박정희가 정권을 잡는 것에 대해 "한국사람 누구든지 대통령이 될 자격이 있지만 박정희만은 자격이 없다"고 일침을 가하였다. 그런데 박정희가 쿠데타를 일으켰을 때 장준하도 이를 5·16혁명이라며 지지하는 글을 실었다. 『사상계』 1961년 6월호에 보면, "4·19혁명이 입헌정치와 자유를 쟁취하기 위한 민주주의 혁명이었다면, 5·16혁명은 부패와 무능과 질서와 공산주의 책동을 타파하고 국가의 진로를 바로잡으려는 민족주의적 군사혁명이다"고[126] 기록하였다. 이글은 5·16쿠데타가 발생하고 다음 달의 글이다. 그가 쿠데타를 지지한 것은 '반공'을 국시로 삼았고, 그 이전 정치인에 대한 혐오감이 매우 강했기 때문으로 보인다. 한편, 이글은 혁명 공약을 깨끗이 실천하고 빠른시일 내에 정권을 민간에 이양하고 군인 본연의 임무로 돌아갈 것 촉구하는 측면도 있다. 여하튼 장준하가 쿠데타를 지지하는 일원적인 이유는 그도 철저한 반공주의자였다는 것이다.

장준하의 광복군 행적은 어떠한가. 장준하는 처음부터 광복군이 아니었다. 1941년 일본으로 건너가 토요東洋대학 철학과에 입학하였다. 1942년에 장로회 계통인 일본신학교로 전학하였다. 1944년 1월 20일 일본군 학도병으로 징집되었다.[127] 학병으로 징집된 장준하는 평양에서 3~4주를 보내고 중국 장쑤성 쉬저우徐州에 주둔한 쓰가다塚田부대에 배속되었다. 중국 장쑤성 쉬저우는 중국 국민당 장제스 부대와 일본군이 혈전을 벌였던 지역이다. 장준하는 이곳을 1944년 7월에 탈출하였다. 장준하는 일본제국 육군으로 7개월간 복무하였다.

1944년 7월 7일 장준하는 윤경빈 외 2명과 쓰가다부대를 탈출하여, 중국 유격대에서 김준엽, 박승헌 등을 만났다. 장준하는 중국 중앙군관학교 임천분교에서 군사교육을 받고 그해 11월 중국 중앙군 준위로 임관하였다. 1945년 1월에는 중국 중경에서 대한민국임시정부에 도착 광복군에 편입하여 소위로 임관하였다. 1945년 4월 서안西安에서 광복군 제2지대에 배속, OSS(미국전략 첩보대) 제1기 훈련반에 편입했고 광복군 중위로 진급하였다. 3개월간의 OSS 훈련 후 국내 잠입을 위해 대기했으나, 끝내 국내 잠입 작전은 이루어지지 않았다. 이 시기에 장준하가 광복군 대위로 진급한 것으로 보인다.[128]

박정희는 대구사범학교를 졸업하고 문경보통학교 훈도로 부임하였다. 그는 21세였던 1938년 11월 만주군육군군관학교(신경군관학교)에 지원하였다. 그러나 나이 제한으로 거절당하였다. 이때 박정희는 '멸사

봉공滅私奉公 견마의 충성'을 결심한 혈서를 써서 군관학교에 지원하였다.[129] 그는 만주군관학교 제2기로 입학하여, 1942년 수석으로 졸업하였다. 이때 사용한 이름이 창씨개명한 '다카기 마사오高木正雄'이다. 수석 졸업생으로 "대동아 공영권 이룩하기 위한 성전에서 나는 목숨을 바쳐 사쿠라와 같이 훌륭하게 죽겠습니다"라고 선서하며, 만주국 황제 푸이에게 은사품으로 금장시계를 받고 일본육사 57기생으로 편입 특전을 받았다. 일본 육사 57기생으로 졸업과 동시에 중국 열하성에 있는 만주국 보병 제8연대 소대장으로 임명되었다. 이 부대는 중국 팔로군의 게릴라를 토벌하는데 전력하였다. 1945년 7월 박정희는 중위로 진급하였다. 그리하여 훗날 광복군 대위와 일본군 중위의 대결이란 흥미로운 후일담으로 전해졌다.

장준하와 박정희가 처음 만난 곳은 한국광복군이다. 1945년 8월 15일 일제가 패망하면서 박정희는 갈 곳을 잃었다. 소속 부대가 없어진 박정희는 신현준, 이주일 동료들과 함께 베이징 쪽으로 건너갔다. 이때가 1945년 9월 중순경이다. 박정희는 한국광복군에 편입되었고, 전투 경험을 인정받아 제2중대장으로 임명되었다. 이때 장준하와 박정희가 처음 만났다. 이러한 이력 때문에 박정희가 '독립운동에 관여했다' 또는 '비밀 광복군이었다'는 등의 주장이 있지만, 사실이 아니다. 박정희도 살아생전 자신이 독립운동에 참여했다는 말을 한 적이 없다. 장준하와 박정희의 첫 대면은 그렇게도 극적이었다.

두 사람이 걸어온 길은 달랐다. 그래서 두 사람이 마주할 일은 없었다. 해방 이후에도 박정희는 국방경비사관학교 제2기로 들어가면서 군인의 길을 걸었다. 장준하는 임정요인과 잠시 활동했으며, 문교부 국민정신계몽 담당관 등을 역임하였다. 주로 『사상계』 발간에 몰두하였다. 해방 직후 중국에서 장준하와 박정희가 만났다고 하지만, 이것도 아주 잠시이다. 두 사람의 악연은 5·16쿠데타이다.

『사상계』 1961년 6월호에서 일정하게 5·16혁명을 지지했지만, 그의 지지는 본심이 아니었을 가능성이 있다. 그는 함석헌을 통해 5·16 쿠데타를 날카롭게 지적한다. 『사상계』 1961년 7월호에 「5·16을 어떻게 볼까?」란 함석헌의 글이 실렸다.[130] 이 글은 장준하가 함석헌에게 청탁했다고 알려져 있다. 함석헌의 글을 인용하면,

소리 없는 혁명은 혁명이 아니라 병혁病革이다. 병病이 혁革하면 그다음은 죽는다. 그런데 내보기에 걱정은 이 혁명에 아무 말이 없는 것이다. 말이 사실은 없지 않은데, 만나면 반드시 서로 묻는데 신문이나 라디오에는 일체 이렇다는 소감 비평이 없다. 언론인 다 죽었나? 죽였나? 이따금 있는 형식적인 칭찬 그까짓 것은 말이 아니다. 그것은 혁명의 말이 아니다.

〈중략〉

사람됨이 어디에 있느냐? 자유지. 자유에만 있다. 자유가 무엇이냐? 정신의 맘대로 자람 아니냐? 정신이 어떻게 자라느냐? 말 하므로만, 말 들으므로만 자란다. 제발이 오천년 아파도 아프단 소리를 못하고, 슬퍼도 목을 놓고 울어도 못본 이 민중을, 이제 겨우 해방이 되려는 민중을 또다시 입에 굴레를 씌우지 말라. 〈중략〉 4·19이후 처음으로 조금 열렸던 입을 또 막아? 언론자유 주니, 남북협상 소리 나오더라고, 성급한 소리를 마라. 그 원인이 거기 있는 것 아니다. 얕은 수작마라. 우리 자식들이 저것들을 설득이 아니라 혼의 실력으로 누를 수 있도록, 누르는 것이 아니라 녹여 버릴 수 있도록 한 번 길러보자꾸나? 군인이 왜 그리 기백이 없느냐? 난 공산당이 터럭만큼도 무서운 것 없더라.

〈중략〉

5·16은 빨리 그 사명을 다하고 잊어져야 한다. 노량진두에서 많지는 않지만 흐른 피는, 그 알고 모르고를 물을 것 없이 전국민이 스스로 흘려 역사의 제단에 바친 것이다. 그것은 부득이하여 한번 잠깐 할 것이요 될수록 없어야

할 것이요. 될수록 없어야 하는 것이요. 있다 하여도 곧 잊어야 하는 것이다. 군인정신은 '깨끗'이라는 한 말에 다 된다. 필때는 천지가 눈이 부시게 피었다가도 애정愛情이 된 다음엔 깨끗이 싹 떨어져야 꽃의 값이 있다.

〈중략〉

혁명은 민중의 것이다. 민중만이 혁명을 할 수 있다. 군인은 혁명을 못한다. 아무 혁명도 민중의 전적 찬성, 전적 지지, 전적 참가를 받지 않고는 혁명이 아니다. 〈중략〉 민중을 내놓고 꾸미는 혁명은 참 혁명이 아니다. 반드시 어느 때에 가서는 민중과 버그러지는 날이 오고야 만다. 즉 다시 말하면 지배자로서의 본색을 나타내고야 만다. 그리고 오래 속였으면 속였을수록 그 죄는 크고 그 해는 깊다.

함석헌의 글 마지막 페이지에는 아이러니하게도 혁명표어 "새로운 마음으로 새 나라 건설하자"가 돌출광고로 실렸다. 함석헌은 이 글에서 혁명정권이라고 칭하는 군사정권의 비합리성과 비민중성을 기탄없이 지적하였다. 그리고 언론의 실태를 고발하였다. 함석헌은 "지금 민중이 군사혁명 당하고도 어리둥절하고 말도 못하는 것은 총소리에 마취당한 것이다"고 5·16을 평가하였다. 함석헌은 지배자가 민중을 오래 속일수록 그 죄는 크다고 하였다. 그 해도 깊다고 하였다. 함석헌의 예언은 적중하였다. 박정희는 그 죄의 깊이로 부하에게 총 맞아 죽었다. 그리고 대한민국은 30년 이상 민주주의가 후퇴하는 우愚를 범하였다.

이런 글을 읽고 가만히 있을 쿠데타세력이 아니다. 쿠데타군은 사상계의 발행인 장준하를 연행하고, 판매봉쇄, 세무사찰, 제작 관계자들의 감시 등 온갖 탄압을 시작하였다. 대체로 장준하가 5·16혁명을 지지하다가 박정희가 '민정 이양' 어기면서 군정에 반대하는 입장으로 선회했다고 한다. 하지만, 1961년 6월호 '권두언'을 통해 지지하는 형태를 보였지만, 곧바로 함석헌을 통해 군사쿠데타의 문제를 날카롭게 지적하였다. 이는 정확한 상황을 알지 못한 속에서 구정치인에 대한 반감과 군인이 본연의 임무로 빨리 돌아갈 것을 촉구하는 측면에서 처음에 지지 형태로 나타났다고 볼 수 있다. 그리고 『사상계』의 탄압이 이루어지면서 박정희와는 대립할 수밖에 없었다.

『사상계』는 1970년 5월 폐간되었다. 폐간의 직접적인 원인은 김지하의 시 「오적」때문이다. 300행이 넘는 판소리 형식의 장시 「오적」은 재벌, 국회의원, 고급공무원, 장성, 장차관을 '다섯 도적'이라고 칭하며 신랄하게 비판하였다.

첫째 도둑 나온다 재벌犲閥이란 놈 나온다
돈으로 옷 해 입고 돈으로 모자 해 쓰고 돈으로 구두 해 신고 돈으로 장갑 해 끼고
금시계, 금반지, 금팔찌, 금단추, 금 넥타이핀, 금 카후스 보턴, 금박클, 금니빨, 금손톱, 금발톱, 금작크, 금시계줄.
〈중략〉
또 한 놈이 나온다.
국회의원狗獪猤猿 나온다.
곱사같이 굽은 허리, 조조같이 가는 실눈,
가래 끓는 목소리로 응승거리며 나온다
〈중략〉
셋째 놈이 나온다 고급공무원跍礫功無猿 나온다.
풍신은 고무풍선, 독사같이 모난 눈, 푸르족족 엄한 살,
콱다문 입꼬라지 청백리淸白吏 분명쿠나
〈중략〉
넷째놈이 나온다 장성長猩놈이 나온다
키크기 팔대장성, 제 밑에 졸개행렬 길기가 만리장성

온몸에 털이 숭숭, 고리눈, 범아가리, 벌룸코, 탑삭수염, 짐승이 분명쿠나

〈중략〉

마지막 놈 나온다

장차관嶂搓曜이 나온다

허옇게 백태 끼어 삐적삐적 술지게미 가득 고여 삐져나와

〈하략〉

　박정희의 군사정부는 가만있지 않았다. 중앙정보부가 나섰다. 『사상계』 7월호가 시중에 판매되기 시작한 4일 후 저녁이었다. 중앙정보부에서 내일 아침에 발행인과 편집책임자까지 중앙정보부 사무실로 출두 명령을 내렸다. 오전 10시쯤 중앙정보부장 김종필을 장준하는 처음으로 대면하였다. 장준하는 당시의 상황을 『씨알의 소리』 1971년 1월호에 실었다. 정리하면, 요원이 와서 우리를 끌고 갔는데 그곳이 부장실이었다. 혁명의 주체 중의 주체요 귀신도 떤다는 군사혁명정권의 총사령탑인 바로 그 사람의 방에서 20여 분을 기다렸다. 요란한 발자국 소리와 함께 계급장이 없는 군복차림으로 호위하는 몇 사람과 함께 김종필씨가 들어왔다. 김종필은 성난 눈초리로 장준하를 쏘아 보았다. "정신분열자 같은 영감쟁이인 함석헌의 이따위 글을 어떤 저의로 여기에 실었소! 성스러운 혁명과업 수행과정에서 당신은 군사혁명을 모독하는거 아니오? 이글을 싣게 된 목적과 경위를 말해 보시오!"

　장준하는 이글의 경위는 내가 직접 선생님께 집필을 부탁했고, 내 손으로 직접 받아다가 내가 직접 읽어보고 실었다면서, 싣게 된 동기는 "이 글이야말로 진정코 군사혁명을 일으킨 여러분들을 위하고 지금 혁명과업 수행에 있어서 가장 시기에 옳은 말과 길이 이글의 내용이라고 확신하여 실은 거요"라고 말하였다.

김종필은 장준하를 계속 공박하였다. 장준하는 한 치도 물러서지 않고 반박하였다. 오히려 장준하는 김종필이 "민정 이양을 빨리하면 구정치인들이 나라를 망쳐 놓는다"고 한 말을 되받아서 "그 말이 맞는지 틀리는지는 종로 네거리를 막고 물어보라"고 호통을 쳤다. 박정희와 장준하의 악연에 뒤치다꺼리를 자체하고 나선 곳은 중앙정보부였다.

중앙정보부는 김지하 시인과 『사상계』 사장 부완혁 및 편집인 김승균을 반공법 위반혐의로 구속하였다. 『사상계』의 탄압이 이어지면서 장준하는 재야 및 야당 인사들과 접촉이 늘었다. 민중당에 입당한 장준하는 1966년 9월에 발생한 삼성 '사카린밀수'에 대한 규탄대회에서 "박정희가 밀수 왕초"란 발언으로 대통령 명예훼손죄로 징역 6개월을 받았다.

1967년 5월 7일 대통령선거법 위반(허위사실공표)으로[131] 서울교도소에 구속수감 되었다. 그는 제7대 국회의원 총선거(서울 동대문구을)에 신민당 후보로 옥중출마하였다. 선거운동이 한창이던 5월 31일 보석을 허가하여 석방되었다.[132] 장준하는 공화당의 강상욱을 큰 표 차이로 누르고 국회의원에 당선되었다.

다시 긴급조치 이야기로 돌아와서, 장준하와 백기완은 1974년 1월 15일 긴급조치 제1호 첫 위반자로 구속되었다. 장준하는 1974년 3월 3일 열린 비상고등군법회의에서 징역 15년형에 자격정지 15년을 받고 상고했으나, 대법원은 상고를 기각하면서 원심이 확정되었다.[133] 장준하는 1974년 12월 3일 영등포교도소에서 형집행정지 결정으로 출감하였다.[134] 구속된 지 10개월 20일 만이다. 장준하는 출감에 대해 "죽어서야 나올 줄 알았는데…, 학생들을 놔두고 나오니 가습이 아프다"고 하였다. 당시 대통령긴급조치 위반으로 실형이 확정된 사람 중 형집행정지 결정으로 풀려난 사람은 장준하가 처음이다.

장준하는 출감 이후에도 개헌운동을 촉구하는 등 반체제 활동을 계속하였다. 정보기관은 일거수일투족을 미행하고 도청하는 등 감시하였다. 그러던 중 1975년 8월 17일 경기도 포천군 약사봉 등산을 갔다가 의문의 죽임을 당하였다. 당시 대한민국 정부는 실족사로 발표하였다. 2000년 10월 대통령소속 '의문사진상규명위원회'가 발족하였다.[135] 의문사진상규명위원회도 장준하의 의문사 진실을 밝혀내지 못하였다. 그러면서 "유신체제하에서 늘 감시당하고 있던 장준하의 돌연하고도 납득되지 않은 죽음에 국가권력이 개입되었을 것이라는 의혹은 지극히 당연한 것이다"고 곁들었다. 장준하 선생의 의문사는 아직도 풀리지 않은 수수께끼이다.

장준하의 유족은 2009년 6월 재심을 신청하였고, 2013년 1월 24일 서울중앙지법 형사26부(유상재 부장판사)는 "유죄의 근거가 된 긴급조치 1호는 국민의 기본권을 심각하게 제한해 이미 대법원에서 위헌으로 확인됐다"며[136] 무죄를 선고하였다. 그리고 장준하의 자녀 5명이 대한민국을 상대로 낸 손해배상청구 소송에서 서울고법 민사21부(홍승면 이재신 김영현 부장판사)는 "국가가 총 7억 8천만 원을 배상하라"고 판결하였다.[137]

2) 긴급조치 현황

1974년 1월 8일 긴급조치 1호부터 1975년 5월 13일 긴급조치 제9호까지 내용을 정리하면 다음 표와 같다.

대통령 긴급조치의 내용

제목 (발동 일자)	내 용
제1호 (1974.1.8.)	① 대한민국 헌법을 부정, 반대, 왜곡 또는 비방하는 일체의 행위를 금한다 등 7개 항으로 구성됨
제2호 (1974.1.8.)	긴급조치 제1호 위반자를 조사하기 위한 비상군법회의 설치.
제3호 (1974.1.14.)	국민생활의 안정을 위한 긴급조치, 저소득자에 대한 조세부담 경감, 사치성 소비억제, 통행세 감면, 미곡수매 가격 가마당 500원 인상, 영세민 취업보장 등
제4호 (1974.4.3.)	① 민청학련과 관련되는 단체의 일체 행위 금지 ② 단체나 구성원 활동에 관한 행위 금지 등 11개 조항으로 구성됨.
제5호 (1974.8.23.)	긴급조치 제1호, 제4호 해제
제6호 (1974.12.31.)	긴급조치 제3호 해제
제7호 (1975.4.8.)	① 고려대학교 1975.4.8. 17시 기하여 휴교를 명함 ② 교내에서 일체의 집회, 시위 금지 등 6개 항으로 구성됨.
제8호 (1975.5.13.)	긴급조치 7호 해제
제9호 (1975.5.13.)	국가안전과 공공질서의 수호를 위한 대통령 긴급조치 ① 유언비어 날조, 유포, 사실왜곡 전파 행위 금지 등 14개 항으로 구성됨
1979.12.8.	최규하 대통령 긴급조치 9호 해제

　　대통령 긴급조치는 총 9차례 있었다. 이 중 제1호, 제4호, 제7호, 제9호가 국민의 기본권을 침해한 선포였다. 특히 제1호와 제9호로 인하여 많은 위반자가 발생하였다. 제4호는 민청학련사건이란 개별시건에 해당했고, 제7호는 고려대학교에 내려진 조치였다.

　　긴급조치 4호에 해당하는 민청학련사건은 충격이었다. 아울러 공권력의 횡포는 더욱 극대화되었다. 그렇다고 반체제 불길이 완전히 꺼진 것은 아니었다. 학생들은 지하신문 발행, 비밀서클 활동 등으로 봄학기를 대비하였다. 드디어 1975년 3월 신학기가 개강하였다. 학원가는 다시 술렁이기 시작하였다. 연초부터 '3·4월' 위기설이 팽배해지면서, 정부 당국은 신경을 곤두세우고 학원가를 주시하였다.

긴급조치 제7호가 내려진 배경에는 정권의 '3·4월' 위기설을 증명이라도 하듯 1975년 3월 31일 고려대학교에서 열린 '유신정권' 성토대회가 있었다. 고려대학생 1천5백 명은 오전 10시 성토대회를 열고, 11시부터 경찰과 대치하면서 투석전을 전개하였다. 학생들은 반독재 구국 선언문을 통해 '유신헌법 철폐', '학원 및 언론탄압 중지' 등 5개 항을 결의하였다. 학생들은 "정부는 독재정치를 중지하고 고문정치의 원흉을 처단하라"고 요구하였다.[138]

문교부는 고려대학생들의 '반정부 투쟁'과 관련하여 '학원질서 확립과 지도철저'라는 공문을 고려대에 보내 시위에 관련된 학생들을 엄중히 조처하고 그 결과를 보고토록 지시하였다.[139] 그러나 고려대 학생시위는 문교부의 계고문에도 아랑곳하지 않고 계속되었다. 4월 7일, 8일에도 자유토론 후 교문 밖으로 진출하여 경찰과 투석전을 벌였다. 학생시위는 서울대, 국민대, 외국어대, 서강대 등에서도 산발적으로 계속되었다.

1975년 4월 8일 긴급조치 7호는 발동되었다. 초헌법적인 강제력은 고려대학교를 특정하였다. 정부가 밝힌 긴급조치의 배경은 "문교적 차원과 국가 안보적 차원에서 만부득이 고려대에 휴교를 명하게 되었다"고[140] 밝혔다. 그러면서 다른 학교에 대해서도 주시하고 있다며 학생들을 협박하였다. 긴급조치 발동으로 고려대학교에는 군대가 진주하였다. 박정희 정부가 기회 있을 때마다 다짐했던 학생 데모의 발본색원을 위해 본 때를 보이려고 했던 대상 학교로 고려대학교가 선택되었다. 고려대 긴급조치 제8호가 해제된 것은 1975년 5월 13일이다.

1975년 5월 13일 긴급조치 제9호가 발동되었다. 긴급조치 9호는 박정희 사망 이후 새롭게 취임한 최규하 대통령이 1979년 12월 8일 해제하였다. 긴급조치 9호는 1975년 5월 13일부터 무려 4년 7개월 동안 '국가안전'과 '공공질서'라는 명목으로 국민의 기본권을 심대하게 침탈하였다.

1975년 5월 14일 『경향신문』의 '대통령 긴급조치 9호 이렇게 본다'에는 주요 지도층 인사의 인터뷰가 실렸다. 서울대학교 한심석 총장은 "우리나라가 당면하고 있는 내외의 객관 정세에 비추어 볼 때 불가피하고도 적절한 조처라고 생각한다"고 말하였다. 문홍주 성균관대학교 교수는 "북괴의 오판으로 당장 전면 남침이 있을 수도 있으며, 그 시기가 지금 당상이 아니라 하더라도 부분적 시험적 남침은 누구나가 각오해야 할 시기이다"면서 국가안보를 언급하였다. 중앙대학교 임철순 총장은 "긴급조치는 국가의 안전과 국민의 생존권을 우리의 힘으로 지키겠다는 강력한 의지 표현으로 보며, 그 구체적인 실천의 방안으로 생각한다"고 말하였다.

대한민국 지식인의 모습이다. 제자들은 '유신철폐'를 주장하고 있는데, 스승은 긴급조치가 불가피하고도 적절한 조처라고 하고 있다. 야당(신민당)은 즉각 긴급조치 해제를 요구하고, 긴급조치 해제안을 국회에 제출하였다.[141] 이에 맞서 일부 사회단체는 '긴급조치 제9호' 절대지지 궐기대회를 개최하였다. 또다시 박정희 군사정부는 관제 데모로 야당의 반대를 돌파하였다.

'국가안전과 공공질서의 수호를 위한 대통령 긴급조치' 제9호는 박정희와 유신체제를 근근이 유지하는 최후 수단이었다. 긴급조치 9호는 박정희 사망 이후 1979년 12월 6일 통일주체국민회의에서 제

10대 대통령으로 선출된 최규하가 12월 8일 0시를 기해 해제하면서, 곡절의 역사를 마감하였다.

국가안전공공질서위한 긴급조치 9호 선포 : 헌법비방·반대금지
출처 : 『동아일보』 1975년 5월 13일

2022년 8월 30일 대법원은 "긴급조치 9호는 위헌·무효임이 명백하고 긴급조치 9호 발령으로 인한 국민의 기본권 침해는 그에 따른 강제 수사와 공소 제기, 유죄판결의 선고를 통해 현실화했다"고 밝히면서, "긴급조치 9호의 발령 등 국가작용으로 개별 국민이 입은 손해에 대해 국가배상책임을 인정한다"고 판시했다.[142]

6. 민청학련 사건과 인혁당 재건위

앞선 표에서 보듯이 긴급조치 제4호는 민청학련사건이다. 민청학련은 '전국민주청년학생총연맹'의 약자이다. 1974년 4월 3일, 서울대, 연세대, 성균관대, 이화여대 등 주요 대학은 '전국민주청년학생총연맹' 명의로 유신철폐 시위를 벌였다. 4월 3일 밤 10시 정부는 전격적으로 긴급조치 제4호를 선포하였다. 박정희는 "작금 우리 사회의 일각에 공산주의자들이 상투적으로 전개하는 적화통일을 위한 이른바 통일전선의 초기단계적 불법활동 양상이 대두되고 있어, 불순요인을 발본색원함으로써 국가의 안전보장을 공고히 다지고자 헌법절차에 따라 긴급조치를 선포하게 되었다"고[143] 말하였다. 또한, 청와대 김성진 대변인은 "민청학련의 전모는 아직 수사 진행 중이므로 밝힐 수 없으나 이제까지 수사과정에서 얻은 문서 등 증거물에 의하면 이 지하단체는 반국가적 불순세력과 결탁했고, 또 그들의 지령에 의해 활동했다는 증거를 잡았다"고 말하였다. 학생들이 반국가적 불순세력의 지령으로 활동하고 있다는 것이다.

긴급조치 제4호의 주요 내용은 민청학련과 그에 관련되는 제 단체의 조직, 활동, 동조, 연락, 직간접의 금품 및 장소제공을 일절 금지하도록 하고 있다. 학생의 이유 없는 출석·수업·시험 거부 및 일체 집단적 행위를 금지하였다. 문교부 장관 민관식은 이 긴급조치를 위반한 학생에 대하여 퇴학, 정학, 결사에 대한 해산 등 강력하게 집행할 것을 각 학교에 주문하였다. 아울러 이 조치 위반자가 소속된 학교의 폐교 처분을 할 수 있다고 협박하였다. 긴급조치 위반자는 법관의 영장 없이 체포하여 비상군법회의에서 최고 사형에 처할 수 있게 하였다.

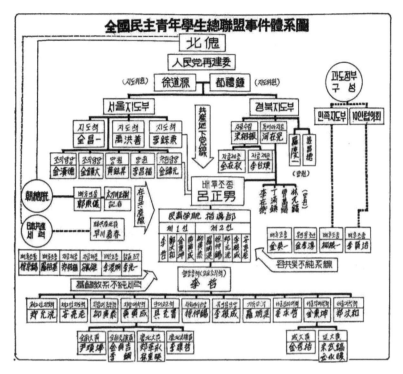

전국민주청년학생총연맹사건 체계도
출처 : 『경향신문』 1974년 5월 27일

　　좀 더 자세한 내막은 4월 25일 신직수 중앙정보부장의 발표에서
드러났다. 신직수는 민청학련 관련자 240여 명이 당국의 조사를 받고
있으며, 이들의 배후에는 과거 공산계 불법단체인 인혁당 조직과 재
일조총련, 일본공산당, 국내 좌파혁신계가 복합적으로 작용하고 있다
고 밝혔다.[144] 이들은 4월 3일을 기해 현 정부를 전복하려 한 불순
반정부세력이라고 발표하면서, 세인을 놀라게 하였다. 민청학련사건이
10년 전에 있었던(1964년 8월) 인혁당과 관련되었다는 발표이다. 그래서
중앙정보부장 신직수는 '인혁당 재건위'란 새로운 명칭을 부여하였다.

민청학련 체계도 최상층에 지도위원으로 서도원과 도예종이 있다. 도예종은 앞서 살펴본 인혁당사건의 주모자로 징역 3년형을 선고받고. 1967년 8월 25일 출감하였다. 출감 7년 만에 도예종은 다시 국민의 주목을 받았다.

민청학련과 관련하여 학생을 포함한 1,204명이 조사를 받았다. 이 중 745명은 훈방 조처되었고, 253명은 비상군법회의에 송치하였다. 이 중 75명은 다시 석방하고 180명을 기소 하였다. 긴급조치 1호와 4호 위반 혐의로 기소되어 재판받은 사람은 203명이었다. 긴급조치로 설치된 비상보통(1심)·고등(2심) 군법회의는 1974년 10월 11일에 203명의 선고공판을 모두 마쳤다. 직업별로 분류하면,[145]

긴급조치 위반자 직업별 분류

직업	인원	직업	인원	직업	인원
학생	114명	변호사	1명	교사	1명
인혁당계	23명	전직정치인	5명	사무원	2명
지식인	14명	정당원	6명	무직	10명
종교인	10명	언론인	4명	기타	4명
교수	2명	상업	7명		

직업별로 보면, 학생이 114명으로 가장 많다. 전직정치인·정당원도 16명으로 윤보선 전 대통령과 장준하 전 의원이 포함되었다. 종교인 중에는 지학순 주교와 박형규 목사·이해학 목사 등이 있다. 교수 2명은 김동길·김찬국이다. 변호사는 민청학련 재판 중 재판부에 항의한 강신욱 변호사이다. 지식인으로는 백기완·김영일(김지하)·이철 등이 재판을 받았다.

학생들을 학교별로 분류하면, 서울대 40명, 연세대 17명, 전남대

14명, 서강대 11명, 경북대 8명, 성균관대 4명, 부산대·한국신학대·한양대 각 3명, 동국대 2명, 고려대·홍익대·외국어대·단국대·강원대·국민대·감리신학대·부산고·동아고 각각 1명씩이다. 형량별로 보면, 사형 8명(서도원·도예종·하재완·이수병·김용원·우홍선·송상진·여정남), 무기징역 13명(학생 4명, 지식인 2명, 인혁당계 7명), 집행유예는 16명(1심 6명, 2심 10명)으로 모두 풀려났다. 나머지는 유기징역으로 징역 20년에서 징역 3년 형이 선고되었다.

민청학련사건의 가족들은 '구속자가족협의회'를 구성하고 구속자 옥바라지와 함께 민청학련사건의 부당성을 알리는 데 앞장섰다. 구속자가족협의회의 호소문을 보면,[146]

이른바 민청학련 사건에 관한 호소문

작금 정부당국자가 이른바 민청학련에 관련 구속인사들을 가리켜 국가변란사범이니 '범법쟈'니 하는 말을 빈번히 공언하고 있는 사태에 대하여 우리 가족들은 분노를 금치 못하고 있습니다.

1. 비록 백걸음을 물러서서 구속된 민주인사들이 법을 어긴 사람들이라 할지라도 보장받아야 할 인권이 있다고 믿습니다. 범법자라 하더라도 고문받지 않고 부당하게 장기간 구속되지 않으며, 유리한 증인과 증거를 제출하여 법관에 의하여 공개된 재판에 의하는 이외에는 처벌받지 않을 권리가 있다고 봅니다. 그럼에도 불구하고 '민청학련 관련인사'들은 혹심한 고문과 영장없는 구속의 장기화 속에서 자백을 강요받았을 뿐만 아니라 〈중략〉

2. 정부의 최고책임자가 이들 민주인사를 '범법쟈', '국가변란사범'이라고 신문기자들에게 말한데 덧붙여 작금 가두의 홍보판과 KBS TV, 대한뉴스 등을 통하여 구속인사들을 정치선전의 도구로 악용하고 있는데 대해 우리는 엄중히 항의하고 규탄합니다.〈중략〉

3. 대통령과 정부당국자 스스로가 이처럼 법을 무시하고 '범법자'라 단정 공표하는 등 재판에 간섭하는 발언을 서슴치 않으니 대통령이 임명하는 법관들이 대통령과 그 주위의 눈초리를 의식하지 않고 법과 양심에 따라서 공정한 재판을 하리라고 어떻게 기대할 수가 있겠습니까?〈중략〉

4. 해를 넘기도록 면회조차 할 수 없는 가족들이 있는데다가 전국 각 교도소에 분산시켜 가족들로 하여금 이산가족 아닌 이산가족이 되도록 한 당국의 처사에 항의하며 하루빨리 이를 시정할 것을 요구합니다.

5. 우리는 다시 한번 모든 구속된 민주인사들의 석방과 인권회복을 요구하면서 작금 전개되고 있는 이들에 대한 인권침해의 시정을 위한 우리의 노력을 지원해 주실 것을 호소합니다.

1975년 1월 28일 구속자가족협의회

구속자가족협의회는 호소문에 입각한 항의서한을 문공부 장관과 법무부 장관에게 제출하면서 세 가지 요구사항을 제시하였다. ① 문공부가 발행한 민청학련에 관한 홍보자료의 회수 ② 시청 앞 가두 홍보판의 민청학련 자료 즉각 철거 ③ KBS텔레비젼 및 대한뉴스를 통한 앞서의 민청학련사건의 정치적 선정 행위에 대한 공개 사과 등이다.[147] 문화공보부에서는 『사실을 바로 알자 : '인혁당' 및 '민청학련' 사건의 진상』이란 소책자를 발간하였다. 이 책자를 통해 정부는 피고인들이 고문으로 강제 진술을 당했다고 주장하는 '법정투쟁'을 진행하고 있으며, 재야인사와 구속자가족협의회가 사건 조작설을 유포시키고 있다고 주장하였다.

정부의 소책자 발간에 앞서 1975년 2월 천주교정의구현전국사제단과 구속자가족협의회후원회의 「인혁당사건 진상조사 발표하면서」는 상고이유서의 내용, 조사과정과 고문피해 상황, 가족의 증언, 재판과

정의 문제 등을 밝혔다. 이를 근거로 사건 진상조사단 구성과 공개재판, 재판기록 열람 등을 당국에 강력하게 제안하였다.

인혁당, 인민혁명당이란 조직은 정말 있었던 것일까? 1965년 제1차 인혁당사건의 재판 증인으로 조만호의 증언을 보면,

인민혁명당이라는 당명조차도 신문지상을 통해 처음 알았으며, 내가 지명수배되어 수사기관에 구속된 후에야 인민혁명당 경북 조직책이라는 직책을 받게되었다는 사실을 알았다. 경찰에서 석방시켜 준다기에 그들이 일방적으로 작성한 진술조서 내용을 그대로 시인했을 뿐 자기는 비실 서클에 가입한 사실이 전혀없다.[148]

조만호는 "지난 1963년 2월 도예종 피고로부터 인혁당 경북도당을 조직하라는 지시를 받았느냐"는 검찰 심문에 "인혁당에 가입하지도 않은 내가 무슨 조직을 했겠느냐"고 반문하였다. 인혁당 재건위 재판 중 사건의 주범으로 알려진 도예종의 법정 진술을 살펴보자.[149]

판　사 : 인민혁명당이란 조직을 만든 것이 사실인가?

도예종 : 아니다. 우리의 모임은 당 조직이 아니다. 다만 시국관을 같이 하는 동지들끼리 가끔 모여 토론하고 정세에 대한 견해와 정보도 교환하는 친교서클 모임이다.

판　사 : 인민혁명당이란 이름은 어떻게 돼서 나오게 된 것인가?

도예종 : 언제인가 우리들이 4·19 묘지에서 모여 앉아 영령들을 추모하며 자연스럽게 토론한 적이 있다. 그 토론에서 누구인가 말하기를 '오늘의 한국 정치 정세하에서 가장 올바른 정당이 생긴다면 그 정당의 이름은 어떻게 지어져야 알맞을까?'하는 질문을 하였다. 이 질문에 대해 몇 가지 답이 나왔는데, 그중 한 가지 답이 왈 인민혁명

당이다. 그것은 월남이 우리처럼 국토가 분단돼 있고, 남과 북 동
족 간에는 통일하려고 염원하고, 남쪽에서는 외세에 의존해 정권
유지하고 있는 예속 정권과 싸우는 민중에 기반을 두고 있는 당이
바로 인민혁명당이기 때문에 더욱 그렇다는 것이었다.

도예종의 법정 진술을 보면, 모임은 친교서클 모임이었다. 우연히
누군가가 '인민혁명당'이라고 거론은 했지만, 그것이 모임의 명칭이거
나 그를 위해 활동하자는 것이 아니었다. 그런데 인민혁명당은 국가
를 전복하는 단체로 확고하게 굳어졌다.

구속자가족협의회와 그 후원회의 활동은 줄기찼다. 박정희는 민청
학련사건에서 한 발 빼는 처세를 하였다. 1975년 2월 15일 박정희
대통령은 긴급조치 1호와 긴급조치 4호 위반자를 전원 즉각 석방하
겠다고 밝혔다. 단, 인혁당 등 관련 피고인 21명과 반공법 위반자는
제외한다고 하였다. 긴급조치 1호와 긴급조치 4호 위반자 203명 중
13명은 집행유예로[150] 이미 풀려났다. 나머지 190명은 2심과 3심에
서 실형이 선고되거나 상고가 기각되었으며, 56명이 대법원에 계류
중이었다. 대법원은 1975년 2월 17일 상고심에 계류 중인 56명(구속
52명, 불구속 4명) 중 22명 대해 구속집행정지 결정을 내려 석방하였
다.[151]

1975년 4월 8일 대법원 전원합의체는 인혁당과 민청학련 관련자
38명에 대해 상고심 판결 공판을 열었다. 연세대생 김영준과 송무호
2명은 파기 환송했으며, 나머지 36명은 상고를 기각하고 원심을 확정
하였다. 따라서 인혁당 관련 8명(서도원·도예종·하재완·이수병·김용원·우홍선·송상
진·여정남)은 사형이 확정되었다. 이철·김한덕·유진곤·나경일·강창덕·이태
환·전창일·유인태·이현배 등 9명에게 무기징역이 확정되었다. 대법원

의 형확정판결에 따라 구속집행정
지로 석방되었던 이철 등 12명이
재수감되었다.

더 경악스러운 사태가 발생하
였다. 4월 8일 사형이 확정된 서
도원·도예종·하재완·이수병·김용원·
우홍선·송상진·여정남의 형이 확정
되고 18시간 만인 다음 날 새벽 5
시에 전격적으로 사형이 집행되었
다. 도예종은 유언 중 "조국의 통
일을 원한다"는 말을 남겼는데, 이
를 비상군법회의 관계자는 공산주
의 적화통일을 뜻하는 것이라고
설명했고, 일부 언론은 그대로 보
도하였다.[152] 4월 9일 오전 11시

인혁당관련 8명 사형 집행
어제 오전 서울구치소서 교수형으로
출처 : 『동아일보』, 1975년 4월 10일

경 서울구치소 앞에는 가족들이 달려와 "면회 한 번 시켜주지 않은
채 판결 하루 만에 이럴 수 있느냐"면서 울부짖었다.

박정희 정권의 야만적인 행위는 사형집행으로만 끝나지 않았다.
사형이 집행된 시신은 10일 오후 가족들에게 인계되었다. 사형자 중
송상진(46세 양봉업)의 시신은 그의 부인과 딸 등 유족에게 인계되었다.
가족들은 연(煉)미사를 드리기 위해 유해를 영구차에 싣고 서대문구 응
암동 천주교회로 들어가려다 경찰의 제지를 받고 3시간 동안이나 실
랑이를 벌였다. 유족들은 "인혁당사건은 죽음으로써 모두 끝났으니
마지막 원혼이나마 풀고 가게 해달라"고 경찰에게 요구하였다. 하지
만 경찰은 기동경찰관들을 출동시켜 운구차를 벽제화장장으로 끌고

갔다. 이날 현장에는 함세웅 신부, 후란시스 흘르체크 신부, 함석헌 씨, 이희호 여사 등이 나와 경찰의 처사에 항의하였으나, 경찰은 막무가내의 행동을 막지 못하였다.[153] 경찰은 피와 눈물도 없는 박정희 독재정권의 하수인 그 자체였다.

그런데 인혁당으로 사형을 당한 8명 대부분이 대구지역 진보적 민주인사였다. 박정희는 정치적 연고였던 대구·경북의 이들에게 왜 이토록 가혹하게 대했을까? 민청학련 관련자로 징역 15년형을 선고받았던 정화영의 분석은 첫째, 박정희는 자기의 고향에서 비판세력이 강성하다는 데 대해 불쾌하고 불안하였다. 다른 지역에 대해 변명의 여지가 없던 것이다. 둘째, 장기집권을 통해 권력의 정당성을 상실한 유신정권은 권력의 생존을 위해 사건을 왜곡 조작하여 반유신 세력의 결집을 붕괴시키려 하였다. 셋째, 1973년 11월 5일 경북대 만유신 가두투쟁을 3선개헌 반대투쟁, 한일회담 반대투쟁 등 전국적인 투쟁의 연장선으로 파악하고 반유신투쟁의 중심을 와해시키려 하였다.[154]

첫째 이유는 동의가 된다. 박정희의 정치는 철저한 지역주의였다. 지역주의를 악용해 정권을 유지할 수 있었던 사실에 비추어 보면 의미가 있는 분석이다. 둘째와 셋째는 특별히 대구·경북지역의 민주인사에게만 적용되기에는 한계가 있다. 추정해 보면, 제1차 인혁당사건이 매개가 되었을 것으로 짐작된다. 박정희는 눈만 뜨면 '공산주의자들이 적화통일 야욕을 드러낸다', '국가의 안전보장을 위해서는 불순요인을 발본색원'해야 한다고 입에 달고 살았다. 영구집권을 위해 유신을 선포하였다. 학생과 민주인사들이 '유신철폐'와 '헌법개정운동'을 전개하면서 국민도 유신에 대한 피로감과 헌법개정의 필요성을 인식하게 된다. 이러한 국민의 시선을 다른 곳으로 돌릴 사건이 필요하였다. 그것이 제1차 인혁당이었고, 이것을 교묘하게 민청학련과 짜맞추기 한 것으로 짐작된다.

인혁당 관련자 8명 사형집행을 두고 일본의 사회당 오오시바大柴夫 의원은 외무성을 방문하여 인혁당 관련자 사형집행에 관하여 대한對韓 경협 중단을 촉구하면서 "한꺼번에 정치범 8명을 처형하는 한국을 야만국이라고 생각하는데 어떠냐"고 외무성 참사관에게 물었다. 이에 이시이石井亨 참사관은 "야만국이란 것은 인정한다. 처형방법이 일본과 다르다"고 말했다.155)

야당인 신민당은 잠정적 조치에 불과한 긴급조치가 전격 사형집행으로 나타난 사실은 심각한 문제라면서 정부는 "인간의 생명은 지구보다 무겁다"는 것을 명심해야 한다고 경고하였다. 국제사면위원회(앰네스티)에서도 인혁당 관련자 8명을 사형시킨 데 대해 항의하는 한편, 재판도 비정상적이었다고 비난하였다. 미국무성도 "한국정부의 전격적 조치에 깊은 유감"을 표시하였다.156)

앰네스티가 지적한 것처럼 사법부는 박정희의 시녀에 불과하였다. 그래서 인혁당 사형을 '사법살인'이라고 부른다. 인혁당 관련자들은 1974년 4월 18일 구속 직후부터, 1심, 2심, 대법원판결과 사형이 집행될 때까지 단 한 차례의 가족 면회도 허락되지 않았다. 교도관의 도움을 받아 오직 이수병만이 아내 이정숙을 잠깐 본 것이 전부이다. 사형당한 나머지 7명의 유족은 그런 행운조차 누리지 못하였다. 법정에서조차도 가족의 얼굴을 보지 못하도록 했다. 이수병의 딸은 "법정에서도 뒷모습밖에 못 봤어요. 아빠들 옆에 선 헌병들이 뒤도 돌아보지 못하게 했어요"라고 증언하였다.

이수병의 가족은 1975년 4월 9일 새벽에 사형이 집행된 후 오후 6시가 넘어서 시신을 인도받았다. 죽은 이수병의 몸뚱이에는 고문의 흔적이 역력하였다. "등이 다 시커멓게 타 있었어요. 손톱 10개, 발톱

10개는 모두 빠져 있었고, 발뒤꿈치는 시커멓게 움푹 들어가 있었어요. 당국이 시신을 화장해 재로 만들어 버린 다른 피해자들을 생각하면 그래도 다행이라 생각했습니다."

인혁당 사형집행이 이뤄진 날로부터 30년이 2005년 12월 27일 사건에 대한 재심이 결정되었다. 2007년 1월 23일 서울중앙지법 형사합의23부는 인혁당사건 피고인 8명에 대한 대통령 긴급조치 위반, 국가보안법 위반, 내란 예비·음모, 반공법 위반 혐의에 대해 무죄를 선고하였다. 또한, 2007년 8월21일 서울중앙지방법원은 인혁당사건 피고인 유족들이 국가를 상대로 제기한 손해배상청구 소송에서 국가의 불법행위 책임을 인정하고 소멸시효가 지났다는 항변을 배척하며 시국사건 역사상 가장 많은 배상액 637억원(원금 245억원+이자 392억원)을 지급하라고 판결하였다. 아울러 2013년 11월 28일 1차 인혁당사건 재심에서도 무죄가 선고되었다. 이로써 1·2차 인혁당사건 모두 무죄가 확정되었다.157)

세상은 요지경이라고 했다. 1974년 긴급조치 제1호와 제4호의 민청학련사건은 세상을 떠들썩하게 하였다. 민청학련의 주요 인물은 또 한 번 세상의 주목을 받는다. 1987년 6월 민주항쟁 이후 정치인으로 급성장하거나 사회 일각에 주요 인물로 등장한다.

정치인으로 등장한 인물은 이철(제12~14대 국회의원), 유인태(제14, 17대 국회의원), 이강철(노무현대통령 정무특보), 이창복(제16대 국회의원), 이해찬(제13~17대, 19~20대 국회의원, 국무총리), 정찬용(노무현대통령 청와대 인사수석비서관), 이학영(제19~21대 국회의원), 강창일(제17~20대 국회의원), 강신옥(제13~14대 국회의원), 제정구(제14~15대 국회의원), 김동길(제14대 국회의원), 유홍준(문화재청장) 등이 있으며, 전직 대통령으로는 윤보선이 있다.

종교계로는 지학순 주교, 박형규 목사, 김진홍 목사, 인명진 목사, 서경석 목사 등이 있으며, 사회적으로 주목받은 인물로는 김영일(김지하) 시인, 서중석 교수, 김찬국 교수 등이 있다. 윤한봉은 1980년 광주민주항쟁의 마지막 수배자로 널리 알려진 인물이며, 유근일은 『조선일보』 논설위원으로 언론계에서 주목받았다.

7. 동아, 자유언론 투쟁

5·16쿠데타 군부세력은 서울에 입성하자 방송국부터 장악에 나섰다. 군부정권은 비상계엄의 포고문 및 긴급조치 포고문이 발표될 때마다 언론 검열은 항상 언급되었다. 그만큼 언론·방송이 국민에게 미친 영향이 컸다. 5·16쿠데타 이후 대한민국에는 언론의 자유가 존재하지 않았다고 보는 게 타당하다. 앞서 『사상계』 1961년 7월호 함석헌의 「5·16을 어떻게 볼까」에서도 군사정권의 비합리성과 비민중성을 질타했지만, 더욱 심각하게 문제 제기한 것은 언론이었다.

언론이 언론으로서 구실을 다하지 못하였다. 당연히 독자들의 비판이 따랐다. 1969년 6월 10일 서울대 문리대 기독학생회가 교내 4·19기념탑 앞에서 당시 외설적인 내용으로 가득한 일부 주간지들의 화형식을 거행하였다.[158] 9월 3일에는 연세대 총학생회가 언론인들에게 보내는 메시지를 채택, "외부의 압력이나 제재로 인한 언론의 타락은 바로 민주주의의 죽음이므로 언론인들은 다시 한번 냉정한 언론인의 양심과 지성과 용기를 찾아야 한다"고 촉구하였다.[159]

1971년 제7대 대통령 선거(4월 27일)와 제8대 국회의원 총선거(5월

26일)를 앞두고 언론에 대한 독자들의 불만은 더욱 커졌다. 대학가는 3월 새학기 들어서면서 '교련전면철폐', '학원사찰반대', '언론자유수호' 등을 외치며 연일 시위가 이어졌다. 학생들은 언론을 맹렬히 규탄하였다. 1971년 3월 24일 서울대 법대 학생총회가 교내에서 '언론화형식'을 갖고 언론의 타락과 무기력을 통렬히 규탄하였다. 26일 오후에는 서울대생 50여 명이 동아일보사 건물 앞으로 몰려가 "요즘 언론이 제기능을 발휘하지 못하고 있다"고 주장하고는 '언론 화형 선언문'을 낭독하였다. 학생들은 "민중의 소리 외면한 죄, 무엇으로 갚을 텐가"라고 쓴 플래카드를 내세우고 연좌시위를 벌였다. 학생들은 '언론인에게 보내는 경고장'이란 유인물을 시민들에게 배포하였다.[160]

학생들은 정부의 언론자유 침해에 대한 언론인들의 각성과 적극적인 행동을 촉구하였다. 대학생들의 '언론 화형식'은 언론계 전체에 큰 충격을 주었다. 특히 언론이 언론으로써 제대로 기능하지 못하는 것에 자괴감을 가진 젊은 기자들을 크게 자극하였다. 젊은 기자들의 각성은 내부 논의의 수준에 머물러 있던 언론자유운동을 표면화시키는 직접적인 계기가 되었다.[161]

이즈음 『동아일보』사의 젊은 기자들은 수시로 모여 언론 현실에 대한 논의를 진척시켰다. 심재택·이종대·전만길·권근술 등의 기자들은 4월 15일에 언론자유 수호선언을 하기로 뜻을 모았다. 이들의 움직임을 눈치챈 경영진의 만류에도 불구하고 선언을 결의하였다. 4월 15일 오전 별관 2층 회의실에서 30여 명의 기자가 모인 가운데 '언론자유 수호선언'이 발표되었다.

『동아일보』 제1차 '언론자유 수호선언'은 이렇게 시작되었다. 기자들은 선언문에서 "수년래 강화된 온갖 형태의 박해로 언론은 자율의 의지를 빼앗긴 채 언론 부재 언론 불신의 막다른 골목까지 밀려나왔다"고 지적하고, "꺼져가는 언론자유의 불씨를 살리기 위해 불퇴전의 자세로 일어설 것"을 다짐하며 3개 항의 결의사항도 발표하였다.[162]

『동아일보』 기자들의 '언론자유 수호선언'이 알려지면서 전국 각 언론사 기자의 언론자유 수호선언이 뒤를 이었다. 4월 15일부터 5월 초까지 이어진 언론자유 수호선언 운동에는 중앙 7개 일간지, 1개 민간방송, 2개 경제지, 2개 통신사, 지방의 경남매일과 국제신보 등 모두 14개의 언론사 기자가 참여하였다. 기자들의 '언론자유 수호선언'은 당시 한 줄도 보도되지 않았다. 5월 15일에는 한국기자협회가 '언론자유수호 행동강령'을 채택하였다. 내용을 보면,[163]

1. 우리는 신문윤리 강령 및 기자협회 강령을 철저히 준수할 것을 재천명한다.
1. 우리는 기사를 취재보도함에 있어 책임이 결여된 취재 태도를 지양하고 진실을 진실대로 기사화할 것을 다짐한다.
1. 우리는 관계기관이 기사에 관련하여 기자를 불법연행하는 처사가 보도자유에 대한 가장 큰 위협으로 인정하고 앞으로 관계기관의 불법부당한 임의동행 형식의 연행을 일체 거부한다. 만약 불법적으로 기자가 강제 연행되었을 때 가능한 모든 적극적 자구행위를 강구한다.
1. 우리는 납득할 수 없는 이유로 기사가 깎이거나 게재되지 않았을 때는 편집인과 더불어 그 타당성 여부를 논의한다.
1. 우리는 정보기관원의 언론기관 상주 또는 출입이 영구히 포기되어야 할 것임을 확인하며 이러한 우리의 의사를 단결된 행동으로 표시한다.

강령에서 기자들은 진실은 진실대로 기사화할 것과 관계기관의 불법적인 기자 연행 일체를 거부, 정보기관원의 언론기관 상주 또는 출입은 영구히 포기되어야 한다고 주장하였다. 또한 결의문에서, "정부의 언론에 대한 부당한 간섭 중단, 언론을 언론인의 자율에 맡길 것"과 "기자들은 시대적 역사적 증인으로 본연의 사명완수를 위해 굳게 결속할 것"과 "경영진은 언론인의 품위와 긍지를 지킬 수 있도록 기자의 처우를 개선해 줄 것"과 "기자 전 회원이 언론자유수호 행동강령을 강력히 실천할 것"을 호소하였다.

양심적 일선 기자들의 자각에서 시작된 제1차 언론자유 수호운동은 별다른 성과를 얻지 못하고 선언으로 그치고 말았다. 그 이유는 언론계 내외에서 감싸고 있던 질곡의 사슬을 젊은 언론인들의 혈기만으로 끊기에는 그 사슬이 너무 강하였다. 또한 선언을 준비하고 주도했던 젊은 언론인들의 현실 인식이 조직적이고 효과적인 '운동'을 이끌기에는 아직 부족하였다.[164)

1972년 10월 17일 박정희는 이른바 특별선언을 발표하였다. 10월 유신이다. 국회해산, 정당·정치활동 중지 등 헌법의 일부 기능 정지, 각 대학 휴교령, 모든 언론 사전 검열실시 등을 조치할 수 있는 전국 비상계엄을 선포하였다. 박정희의 영구집권을 위한 포석이었다. 신문 지면은 일방적인 유신찬양 해설과 논설만으로 채워졌다.[165) 유신체제는 민주주의와 언론자유를 말살하는 암흑의 시대였다.

10월 유신 한돌이 가까워져 오던 1973년 10월 2일 서울대 문리 대생들이 유신헌법 철폐를 주장하며 유신 이후 최초의 시위를 벌였다. 그러나 어느 신문이나 방송도 이날 시위를 보도하지 못하였다. 10월 4일과 5일, 각각 서울대 법대와 상대에서 유신반대 시위가 잇따라 일어났으나 이 역시 어느 신문에도 보도되지 않았다.

『동아일보』의 경우, 10월 4일과 5일, 각각 서울대 법대와 상대 시위를 조판 과정에서 7면 한구석에 1단짜리 기사로 실었으나, 중앙정보부의 기사 교체 강요로 인쇄 과정에서 송두리째 잘렸다. 이러한 사태는 기자들을 크게 자극하였다. 10월 7일 밤『동아일보』기자 50여 명은 편집국에서 철야농성을 벌이며 "보도 가치가 있는 기사를 지면에 다룰 것"을 요구하였다. 이는『동아일보』사상 처음으로 기자들이 신문 제작에 항의해 벌인 집단행동이었다.

『동아일보』기자들의 언론자유 수호 의지는 제2선언, 제3선언으로 나타났다. 하지만, 모든 신문과 방송의 제작 태도는 변하지 않았다. 오히려 정부는 11월 중순부터 신문 발행인과 편집국장 등을 여러 차례 불러 '자제'를 요청했고, "유신체제나 안보에 위해危害되는 기사는 싣지 않기로 한다"는 이른바 '자율방침'을 마련해 신문사 발행인들의 서명을 종용하였다. 그래도 민주회복을 외치는 대학생들과 재야인사들의 소리가 높아졌다.

1973년 12월 24일 함석헌·장준하·계훈제·천관우 등 재야인사 30여 명이 '헌법개정청원운동본부'를 발족하고, 유신헌법 개정을 요구하는 백만인 서명운동을 시작하였다. 박정희는 12월 29일 담화문을 통해 이들을 '불순분자'라 칭하면서 개헌청원 서명운동을 즉각 중단할 것을 요구했고, 다음 해인 1974년 1월 8일 긴급조치 제1호를 발동하였다. 이로써 헌법개헌은 일절 논의가 중단되었고 언론의 자유로운 활동도 원천 봉쇄되었다.

1974년 10월 24일 대한민국 언론사에서 중요한 의미를 갖는 선언. 10·24자유언론실천선언이 발표되었다.『동아일보』기자 중심의 이 선언은 그 후 약 5개월간 자유언론실천투쟁이 맹렬히 전개되었다. 「자유언론 실천선언」을 보면[166)

자유언론 실천선언
우리는 오늘날 우리 사회가 처한 미증유의 난국을 극복할 수 있는 길이 언론의 자유로운 활동에 있음을 선언한다. 민주사회를 유지하고 자유국가를 발전시키기 위한 기본적인 사회기능인 자유언론은 어떠한 구실로도 억압될 수 없으며 어느 누구도 간섭할 수 없는 것임을 선언한다.

우리는 교회와 대학 등 언론계 밖에서 언론의 자유 회복이 주장되고 언론의 각성이 촉구되고 있는 현실에 대해 뼈아픈 부끄러움을 느낀다.

본질적으로 자유언론은 바로 우리 언론 종사자들 자신의 실천과제일 뿐 당국에서 허용받거나 국민대중이 찾아다 쥐어 주는 것이 아니다.

따라서 우리는 자유언론에 역행하는 어떠한 압력에도 굴하지 않고 자유민주 사회 존립의 기본 요건인 자유언론 실천에 모든 노력을 다할 것을 선언하며 우리의 뜨거운 심장을 모아 다음과 같이 결의한다.

1. 신문·방송·잡지에 대한 어떠한 외부간섭도 우리의 일치된 단결로 강력히 배제한다.

1. 기관원의 출입을 엄격히 거부한다.

1. 언론인의 불법 연행을 일절 거부한다. 만약 어떠한 명목으로라도 불법 연행이 자행될 경우 그가 귀사할 때까지 퇴근하지 않기로 한다.

1974년 10월 24일 동아일보사 기자 일동

「자유언론 실천선언」은 첫째, 언론의 자유로운 활동이 유신독재의 억압으로부터 민주주의 사회를 지켜낼 수 있는 중요 요소 중 하나로 보았다. 당시 언론탄압을 가하고 있던 유신정권과 그 심장인 중앙정보부의 행태가 부당한 것임을 규정하였다. 둘째, 그동안 언론인들이 언론자유회복투쟁의 주체가 되지 못했던 것을 부끄러워하고 반성하며 앞으로는 언론인들이 언론자유 회복을 위해 앞장설 것을 천명하였다.[167]

이날 선언문과 결의사항 보도를 경영진은 거부하였다. 기자들은 제작 보류로 맞섰다. 이날 『동아일보』 1, 2판이 나가지 못했고 동아방송 뉴스도 오후 1시부터 중단되었다. 10월 24일 『동아일보』 1면에는 3단으로 '동아일보 기자일동 자유언론실천선언'이라는 제목으로 자유언론실천선언의 내용을 비교적 자세히 다루고 결의사항 3개 항이 보도되었다.

자유언론실천선언대회
1974년 10월 24일 180여 명의 동아일보 기자가 참석했다.
출처 : 한국기자협회

『동아일보』는 언론이 언론인 자신들에 관한 문제를 보도하기 시작했으며, 기자들이 자유언론실천투쟁을 시작했음을 처음으로 국민에게 알렸다. 아울러 동아일보사라는 언론이 민주사회를 유지하고 자유국가를 발전시키기 위한 기본적인 사회적 기능을 이행하겠다고 대외적으로 표방했다는 점에서 그 역사적 의미는 매우 크다.

『동아일보』의 자유언론실천선언은 AP·AFP·로이터 등 세계적인 통신사를 통해 세계 각 나라로 타전되었다. AP통신은 "한국에서 가장 영향력 있고 최고 부수를 갖고 있는 『동아일보』 180여 명의 기자는 24일 오전 언론의 자유를 요구하는 집회를 가졌다"면서 학생 및 종교인들의 반정부 데모 등 일련 상황을 자세히 설명하였다. 이윽고『동아일보』기자들의 집회는 "2백 3명에게 유죄판결을 내린 이후 처음 있는 언론인들의 움직임"이라고 설명을 덧붙였다. 일본의『아사히』,『마이니치』등 각 신문과 NHK 등 각 방송도 24일과 25일 걸쳐『동아일보』기자들의 자유언론실천선언 채택과 의지를 대서특필하였다.[168]

해외 각국의 언론뿐만 아니라 국내 언론사 기자들에게도 큰 자극제가 되었다. '자유언론실천선언'은 들불처럼 다른 언론사로 번져갔다. 10월 24일 밤『조선일보』기자들이 '언론자유회복을 위한 선언문'을 채택했으며, 이틀 사이에 전국의 31개 신문·방송·통신사 기자들이 자유언론수호를 다짐하는 결의문을 채택하였다.[169] 한국일보에서는 24일 저녁, 기자 130여 명이 사장·편집국장의 연행 사실이 보도될 때까지 제작 거부를 결의하였다.[170]

『동아일보』지면은 조금씩 변화를 보이기 시작하였다. 특히 사회면에는 거의 매일 대학가의 시위 기사가 여러 건씩 보도되었다. 그러나 지면 전반에 대해 외부의 간섭으로 금기시되거나 누락되는 기사가 많았다. 특히 긴급조치 4호 발동으로 민청학련, 인혁당 관련자들의 체포나 고문을 당한 사실은 보도되지 않았다. 아울러 민권운동, 재야단체나 종교계 활동 등의 시국사건 보도는 지면에 반영되지 못하거나 1단에 머물렀다. 사회면 톱Top기사는 시국과 동떨어진 기획 기사들로 장식되는 날이 많았다.

시간이 지날수록 정부의 눈치를 봐야 하는 경영진과 점점 갈등이 늘어나기 시작하였다. 중요한 쟁점은 편집권이었다. 경영진은 신문의 편집 방향을 결정하는 권한을 회사에 귀속할 방침이라고 주장하였다. 따라서 기자들이 편집 방향에 대한 이견을 이유로 신문 제작을 거부한 것은 편집권에 대한 중대한 간여干與라는 것이다. 반면 실천특위

기자들은 "편집권은 사진을 포함한 모든 기사의 비중 판단과 보도 여부를 최종적으로 결정하는 권한이므로 제작의 최고책임자인 편집국장, 방송보도국장 또는 출판국장의 전속적인 권한"이라고 주장하였다. 따라서 편집권 행사는 권력은 물론 경영진이나 일선 기자 등 일체로부터 독립되어야 하며 어떤 이유로도 편집권이 침해되어서는 안 된다고 맞섰다.

각고의 노력과 끈질김으로 자유언론 실천은 조금씩 개선되어 갔다. 『동아일보』와 동아방송의 자유언론 실천적 행동은 박정희 정권이 위기의식을 느끼게 하였다. 그동안 금기시되었던 민주화운동과 그에 대한 탄압실태, 서민생활에 관련된 보도가 꾸준히 나감으로써 정권의 비민주성, 야만성과 무능함이 폭로되었다. 이에 박정희 정권은 경제적 탄압의 일종인 광고주에 대한 협박. 즉 광고 탄압이라는 방식을 동원하여 대응에 나섰다.

'광고 탄압에 대응한 시민의 자발적 격려 광고'

1974년 12월 16일부터 일부 회사들에서 광고 계약을 중단하겠다는 통보가 시작되었다. 본격적인 광고 해약은 12월 20일이다. 광고탄압 한 달 만에 『동아일보』의 광고는 평소의 98%가 떨어져 나갔다. 동아방송 및 『신동아』 『여성동아』 등 『동아일보』와 관련된 매체도 똑같은 광고 해약이 줄을 이었다. 광고 해약으로 손실은 막대하였다.

광고 탄압의 주범은 중앙정보부이다. 중앙정보부는 주로 대기업인 대기업 광고주들에게 『동아일보』에 광고를 게재하지 않겠다는 각서를 쓰도록 종용했고, 개인 소액광고주까지 여러 방법을 동원해 광고 해약을 강요하였다. 박정희는 중앙정보부를 앞세운 광고 탄압에 『동아일보』사 및 기자들이 굴복할 것으로 판단하였다. 12월 25일 오전 편집국에서 긴급총회를 열고 10·24정신을 더욱 확고히 다져 어떤 외부 압력에도 단호히 대처하기로 결의하였다.

『동아일보』사도 자구책 마련에 나섰다. 1974년 12월 30일, 『동아일보』 1면에는 『동아일보』의 상황을 호소하는 '근고謹告'가 실렸다.

대광고주들의 큰 광고가 중단됨으로 인하여 광고인으로서 직책에 충실하기 위하여 부득이 아래와 같은 개인·정당·사회단체의 의견 광고, 그리고 본보를 격려하는 협찬광고와 연하광고를 전국적으로 모집하오니 전국민의 적극적인 성원을 바랍니다.
동아일보사
광고국장 김인호

이날 1면 하단 광고판에는 원로언론인 홍종인이 '언론자유와 기업의 자유' 제목으로 광고를 게재하였다. 홍종인은 "기업주의 의사를 억압하여 신문광고를 해약하게 하는 일은 민주사회의 기본요건인 국민의 기업의 자유를 침해, 파괴하는 중대한 사태"라고 일침을 놨다. 1975년 1월 1일 1면에도 '근고'가 실렸고, 1면 하단 광고판에는 천주교정의구현전국사제단에서 '언론탄압에 즈음한 호소문'을 광고로 게재하였다. 1975년 1월 2일(목요일)과 3일(금요일)은 새해 연휴로 휴간하였다. 1월 4일에는 '자유실천문인협회의 편지'가 광고로 실렸다. 『동아일보』를 격려하는 시민들의 광고가 등장한 것은 1월 8일이다. '동아는 국민의 횃불… 탄압중지하라' 광고를 게재한 개개인 6명의 글이 소개되었다.

동아일보 격려 광고
출처 : 『동아일보』 1975년 1월 28일

1월 10일 편집국·출판국·방송국 기자 2백여 명은 긴급총회를 열고 외압에 대항하고 이기기 위해서 자유언론 실천 의지를 재다짐하며, 7개 항으로 구성된 '자유언론 실천강령'을 채택하였다.

『동아일보』 기자들의 자유언론 실천에 더욱 강한 의지를 드러내는 강령이었다. 기자들은 단순한 사실 보도에 머물지 않고 사회 부조리에 대해 적극적으로 고발하는 탐사보도 의지를 내보였다. 그리고 중립적인 사실 보도의 차원에서 한 걸음 더 나아가서 적극적인 언론 운동으로 박정희 정권에 대한 공세에 나서겠다는 선언이다. 민주화운동이나 민주인사 관련 보도를 통하여 반유신독재 투쟁에 적극적으로 동참하겠다는 의사를 공개적으로 표명하였다. 아울러 당시 인혁당, 민청학련 등 민주화 투쟁의 피해자 및 가족들의 의사표명을 적극적으로 대변하겠다고도 밝혔다.[171]

1월 10일 '자유언론 실천강령'은 독자들에게 고스란히 전달되었다. 소수에 그쳤던 독자들의 격려 광고가 줄을 이었다. 『동아일보』 격려 광고는 해외 동포사회에서도 더욱 앞장서고 활발하였다. 1월 5

일 '재미동아구제위원회(위원장 임창영 전 유엔대사)'를 구성하고 '동아구제 모금만찬회' 등의 활동을 통해 범동포적인 동아 구독운동을 벌일 것을 호소하였다. 샌프란시스코에서도 각계 동포 지도자 33명이 1월 16일 '샌프란시스코지역 동아돕기회'를 결성, 광고 의뢰와 함께 5백 달러를 보내는 등의 활동을 벌였다.[172]

당시 1월 한 달 동안 게재된 격려 광고를 분석한 한국기독학생총연맹에 따르면, 격려 광고 총수는 2,943건이었다. 1월 초순에는 저조했으나 13일에는 1백84건으로 급증하였다. 15일 광고국 사원 3명 연행사건 때와 '국민투표 검토' 발표[173] 때에는 광고가 줄었다가 1월 하순 다시 상승하였다. 총신청자 2,943건 익명 신청자가 1,734건으로 58.9%에 달하였다. 실명이 밝혀짐으로써 보복, 불이익을 받을 경우를 우려하여, 익명으로 광고를 낸 것으로 보인다.[174]

『동아일보』 광고 탄압은 해외 언론에서도 주목하였다. 12월 27일 일본의 『아사히』 신문은 "중앙정보부 치안당국의 개입이 틀림없으며 『동아일보』는 창립 이래 최대의 경영 위기에 직면했다"면서 "중대한 내정 문제로 발전할 것이다"고 보도하였다. 『요미우리』, 『마이니치』도 "정부의 압력에 대해 철저한 항쟁이 결의를 가다듬고 있다"고 보도하였다. 『뉴욕타임스』와 『인터내셔널 헤럴드 트리뷴』도 "『동아일보』가 돌연한 광고계약 취소사태에 직면했다"고 보도하였다.[175]

『워싱턴 포스트』는 1월 20일 사설에서 '한국신문의 유령의 적'이라는 제목으로 장문의 기사를 실었다. 1월 14일 광고국장 연행에 항의하여 철야농성을 벌인 기자들과 함께 하룻밤을 보낸 특파원 돈 오버도퍼는 기사에서 당시 한국의 엄혹한 언론 상황, 박정희 정권의 탄압, 이에 맞서 일어난 자유언론실천운동과 광고탄압사태, 시민들의 격려 광고에 이르기까지 전반에 걸쳐 상세히 보도하였다.[176]

영국의 『더 타임즈』와 프랑스의 『르 몽드』, 영국의 BBC방송, 일본의 NHK방송 등이 광고 탄압을 크게 보도하였다. 이처럼 『동아일보』 광고탄압은 세계여론의 초점이 되었고 세계 유수의 언론사들이 앞다투어 서울에 특파원을 파견하여 이 사태를 취재, 보도하는 등 큰 반향을 일으켰다. 특히 일본의 신문과 방송은 연일 『동아일보』의 광고 탄압을 상세하게 전했다. 그러나 국내의 다른 신문, 방송들은 이를 거의 보도하지 않았다.

광고 탄압이 장기화하면서 경영손실이 커졌다. 경영진은 경영악화의 주원인을 기자들의 투쟁으로 간주하였다. 경영진과 간부들은 정부와 타협하고 정부의 요구에 맞춰 신문 제작하면서 광고를 재개하는 게 회사 생존에 유리하다고 판단하였다. 박정희 정권도 자유언론실천투쟁을 반드시 꺾어서 언론장악을 완성해야만 종신집권이 가능했기에 투쟁을 주도한 기자들 처리에 골몰하였다.

회사 측은 3월 8일 오후, 광고 탄압으로 인한 극도의 경영악화를 구실로 내세워 기구축소를 단행하였다. 심의실, 편집국 기획부와 과학부, 출판국 출판부 등 4개 부서를 폐지하고 소속 사원 18명을 해임하는 인사조치를 단행하였다. 해임된 사원 중에는 기자협회 분회원 7명, 특히 자유언론실천투쟁에 적극적이었던 안성열 차장대우와 조학래 노조 지부장이 포함되었다. 3월 12일 밤 11시 회사 측은 권영자 분회장 등 17명의 사원을 또 해임 시켰다. 해임된 사원 중에는 분회 집행부 대다수가 포함되었다. 자유언론실천투쟁에 적극적으로 참여한 사원들에 대한 보복적 조처가 단행되었다.

회사 측은 3월 13일 자 1면 아래 광고지면 전체를 할애하여 '국민 여러분께 삼가 아룁니다'라는 글을 실었다. 회사 측은 기구축소, 감원에 대해 "자유언론을 말살하려는 정부의 사전각본이 아니라 기업

측면에서 경영쇄신을 위해 내린 조치"라고 설명하면서 이를 합리화하였다. 동시에 제작 거부 사원들을 "과격파" "몇몇 난동분자"로 지칭하였다. 동아일보사의 사주가 박정희 정권에게 끝내 굴복하였다.

3월 15일 송건호 편집국장이 "현 사태를 수습하는 길은 해임 사원들의 전원복직"임을 김상만 사장에게 건의하면서 사표를 냈다. 제작 거부 5일째인 16일 저녁부터 '강제해산'의 소문이 농성장 주변에 나돌았다. 신문사 건물 주변의 경계가 삼엄해졌다. 3월 17일 새벽 3시 15분경 강제해산이 시작되었다. 마침내 농성 사원들도 모두 강제 해산되어 신문사 밖으로 밀려남으로써 제작 거부 농성은 막을 내렸다.

1974년 10월 24일부터 약 5개월여간 계속되어 온 자유언론실천투쟁의 종말이었다. 동아일보사에서는 1975년 3월 8일 기구축소의 명분으로 18명이 해임된 이후 6월 24일까지 모두 8차례에 걸쳐 50명이 해임되고 84명이 무기 정직을 처분받았다. 한편, 『동아일보』사에 대한 광고 탄압은 1975년 7월 16일부터 풀려, 이날부터 대기업의 광고가 재개되었다.

해직된 사원들은 동아자유언론수호투쟁위원회(이하 '동아투위')를 결성하였다. 대한민국 현대사에서 본격적인 언론민주화운동의 시작을 의미한다. 동아투위는 유인물을 제작하여 배포하는 일에 열중하였다. 동아투위가 유인물 제작과 배포에 주력한 이유는 동아일보사가 일방적으로 동아투위원들을 비난하고 있었기 때문이며, 진실을 알릴 수 있는 유일한 방법이었다 아울러 기독교회관과 명동성당 등에서 열린 민주화를 염원하는 각종 기도회에도 참석하였다.

1975년 4월 3일 당시 동아투위 대변인이었던 이부영이 경찰에 연행되었다. 유인물을 대학생 등에게 배포하여 사회불안을 조성했다는 이유이다. 그는 구류 7일의 처분을 받았다. 1979년 10월 26일(박정희 사망)까지 구속된 사람은 12명, 구류처분 받은 사람은 17명, 중앙정보부 등 수사기관에 연행되어 조사받은 사람은 80여 명에 이르렀다.

동아투위는 박정희 정권의 부당한 억압으로부터 언론인으로서의 직업적 자율성을 지키려다 해직되었고, 그 이후에도 권력으로부터 각종 탄압을 당했다. 동아투위를 포함한 해직 언론인들의 자유언론실천투쟁은 자신들의 직업적 권리를 옹호하는 데 그치지 않았다. 시민들의 민주적 권리 회복과 박정희 정권의 총체적 억압에 대한 맹렬한 비판으로 확대되었다. 1980년대 또 다른 권위주의 독재에 저항하는 민주화운동과 재야언론운동을 예고하는 것이었다. 그리고 새로운 언론의 탄생으로 이어졌다. '한겨레신문'(1988년 5월 15일 창간)이다.

한겨레신문 창간호(1988년 5월 15일)
출처 :『한겨레신문』 2018년 5월 10일 갈무리

소결
유신체제를 말한다

　박정희는 정치적으로 위기에 몰렸다. 그동안 볼 수 없었던 막강한 경쟁상대의 등장으로 정치적 위기를 감지하였다. 5·16쿠데타 이후 치러진 세 차례 대통령 선거에서 1971년 제7대 대통령 선거는 기존의 1963년 제5대 1967년 제6대 선거와는 완전히 다른 양상이었다. 제5대와 제6대 대통령 선거에서 야당 후보인 윤보선은 국민에게 인지도는 있었지만, 나이 많은 구정치인이라는 인식이 강했다. 그런데 제7대 야당 후보 김대중은 모든 면에서 박정희를 압도하였다. 첫째, 김대중은 국가를 어떻게 운영하겠다는 명확한 공약을 제시하였다. 헌법 개정을 통해 3선 연임 금지를 국민 발의로 제시하였다. 대중경제의 실현은 국민에게 엄청난 지지를 받았다. 대중경제란 복지확대, 경제성장의 과실에 대한 공정분배, 종업원 지주제, 농업개혁 그리고 부유층에 대한 과세 확대 등이다. 둘째, 해박한 지식에 선동력이 강한 연실은 타의 추종을 불허하였다. 김대중의 호소력은 국민이 쉽게 알아들을 수 있는 쉬운 언어였다. 이러한 자신감에 김대중은 박정희에게 TV와 라디오 공개토론을 제안하였다. 셋째, 무엇보다도 김대중의 나이가 박정희보다 젊었다. 김대중이 박정희보다 부족한 것은 관권 동원력이었다.

1971년 대선에서 초기에는 여당은 물론이고 야당의 선거전략가들조차 김대중 후보가 박정희의 적수가 될 것으로 기대하지 않았다. 여당도 박정희의 완승을 기정사실로 받아들였다. 선거 결과 박정희가 김대중을 누르고 당선되었지만, 박정희의 승리라고 말할 수 없었다. 대통령 선거에 승리했지만, 곧바로 치러진 제8대 국회의원 총선거에서도 야당이 선전하였다. 선거 결과는 총의석수 204석 중 공화당 113석으로 과반수를 차지했지만, 야당인 신민당이 89석을 차지하였다. 제7대 국회의원 44석에서 2배가 넘는 성과였다. 헌정사상 처음으로 여당을 견제할 수 있는 강력한 야당의 출현이다. 1971년 치러진 두 선거는 박정희에게 충격 그 자체였다. 이에 박정희는 앞으로 선거를 통한 재집권이 불가능하다고 인식하기 시작했고, 안정적인 집권을 위한 정치적 제도와 장치를 모색하게 되었다.

사회적 요인도 크게 작용하였다. 1970년대 초반 대한민국 사회는 상당한 위기에 직면하였다. 그동안 경제성장 일변도 정책이 야기한 숱한 모순에서 그 원인을 찾을 수 있다. 1960년대에 추진해 온 수출 위주 산업화의 성공은 노동자의 저임금을 바탕으로 하였다. 노동자의 생활고 압박, 소득 불균형 속에서 노동자의 불만은 커졌다. 여기에 정부는 임시특별법과 국가보위특별조치법 등으로 노동자들을 더욱 궁지로 몰아갔다. 노동자들의 계급 투쟁이 서서히 폭발하기 시작하였다. 1970년 노동자 계급 투쟁은 1,656건으로 전년도에 비해 무려 10배나 증가하였다. 여기에 1970년 11월 13일 평화시장 재단사인 전태일 열사의 분신자살은 노동운동의 사회 정치적 파급력을 급격히 고양 시켰다. 또한 1960년대 광범위한 이농 현상으로 대도시의 빈민가를 형성한 도시빈민들의 투쟁도 한층 가열되었다. 1971년 8월의 '광주대단지

투쟁'은 그 폭발의 대표성을 드러내고 있다. 1971년 4월 『동아일보』를 시발로 한 전국 14개 언론기관의 언론자유수호운동, 1971년 7월 7일 서울 형사·민사 지방법원 판사 진원의 사표 제출로 시작된 사법권 수호운동(일명 사법파동), 1971년 8월 교수들의 대학 자주화 선언 운동 등 주로 지식인들을 중심으로 운동은 사회적 위기를 정치로 직결시키는 매개 기능을 담당하였다. 이러한 사회 각계각층 운동의 고양과 함께 학생운동도 당시 정부의 교련 강화 정책에 대항하여 격렬하게 전개되어 박정희에게는 위협이면서 도전으로 받아들여졌다.

박정희의 신드롬에는 '경제'가 작용하고 있다. 그 경제도 유신 선포에 빌미가 되었다. 1963~68년의 고도성장을 거듭해 온 경제는 1969년부터 심각한 불황 국면에 접어든다. 불황의 직접적 원인은 미국이 1968년 달러 위기에 봉착하면서 대한민국의 경공업 제품에 대해 수입 규제 조처를 했기 때문이다. 여기에 차관의 원리금 상환 압박이 가중되었고 동시에 신규 차관 도입이 어려워졌다. 1969년의 경제위기는 대외적 조건변화에 따른 일시적 침체라거나, 호황-불황-호황이라는 자본주의의 주기적 변동 도식으로 이해할 수 없다. 오히려 1960년대 고도성장을 주도해 온 종속적 자본축적 구조의 근본적인 모순이 한계로 드러난 것이다. 종속적 자본축적이란 기업이 차관과 정부의 특혜적 지원에 의존한 외형적 팽창 전략을 의미한다. 경제적 위기를 모면하기 위해 자본은 필요했고, 정부의 특혜도 필요하였다. 차관도입과 특혜 융자를 얻어 내기 위해서는 그동안보다 훨씬 많은 자본낭비와 자금유용(대부분 박정권의 정치자금이나 축재로 악용됨)이 늘어날 수밖에 없었다.

1960년대 들어 최초로 경제성장률이 하락하기 시작했다(69년 :

13.8%, 70년 : 7.6%, 71년 : 9.4%, 72년 : 5.8%). 또한 GNP 중 총투자율의 하락으로(69년 : 28.8%, 70년 : 26.8%, 71년 : 25.2%, 72년 : 21.7%) 불황 국면의 자생적 극복은 더욱 어려워져만 갔다. 그리고 72년 당시 GNP의 26.5% 수준에 달하던 26억 달러라는 누적된 외채의 압박과 만성화된 인플레이션이 겹치면서 경제위기는 더욱 구조적인 것이 되었다. 이러한 경제위기 속에서 정부는 다시금 성장전략을 발표하였다. 그것이 중화학 공업화이다. 산업구조의 개편론이란 이름으로 중화학공업 육성 정책을 강력하게 추진하는 새로운 체제가 필요하였다.

국제적 환경변화도 주요 요인으로 작용하였다. 1960년 말 이른바 냉전체제는 화해 분위기로 전환되었다. 여기에는 박정희가 가장 믿고 있었던 미국이 있었다. 미국의 닉슨 대통령은 닉슨 독트린이란 새로운 세계 전략을 들고나왔다. 닉슨 독트린은 한마디로 힘, 교섭, 동맹 관계의 세 가지 측면을 기본 축으로 하는 세계 전략이다. 닉슨 독트린에 의해 1960년대 말 미국의 한국 정책은 주한미군 철수와 남북대화의 종용으로 나타났다. 1971년 8월 27일 대한적십자를 통해 북측에 제의한 '남북이산가족찾기운동'이 그러했고, 1972년 7월 4일 '7·4 공동성명'이 그러하였다. 박정희 정권이 남북문제를 해결하고자 자발적으로 추진한 정책이 아니라 미국의 비위를 맞추기 위해 일시적으로 행한 정책이었다. 박정희 정권에게는 주한미군 감축과 남북한 긴장완화는 정권의 유지를 위협하는 것으로 인식할 수밖에 없었다. 냉전적 분단구조를 바탕으로 성립. 유지되어 온 박정희 정권은 대중의 통일 논의를 방어하는 새로운 수단이 필요하였다. 대외적으로는 미국의 변화된 전략에 부응하며 남북대화를 진전시키는 한편 내부적으로는 강한 통제체제와 함께 안보 이데올로기의 강화를 위한 수단이 필요하였다.

마지막으로 개인적 요인이 작동하였다. 유신체제의 탄생은 무엇보다도 박정희의 권력 연장. 종신집권 의지의 산물이었다. 5·16쿠데타 이후 민정 이양을 약속했지만, 번번이 파기되었다. 1963년 12월 17일 대통령 선거를 통해 민주국가의 합법적인 방법으로 박정희는 대통령으로 취임하였다. 공화당이란 정당 중심의 정당정치는 개인 권력자의 권력 유지와 연장을 위한 부속물로 전락해 갔다. 공화당은 1인 지배자에 예속된 이승만 정권의 자유당을 그대로 답습해 갔다. 그러나 1인 독점 권력의 집중은 일반 국민과 야당의 도전에 부딪혔다. 1971년 대통령 선거를 통해 급부상한 김대중은 두고두고 골칫거리였다. 여기에 국회의원 총선거에서 강력한 야당이 출현하였다. 이러한 정치권의 분위기는 여당에도 영향을 미쳤다.

또 하나가 1971년 10·2 항명파동이다. 1971년 총선거가 끝난 후 박정희는 전면적인 개각을 단행하였다. 당시 공화당에는 김종필 중심의 체제와 4인 체제(김성곤, 길재호, 백남억, 김진만)가 힘겨루기하고 있었다. 박정희는 김종필을 국무총리로 임명하고 친 김종필 계열인 오치성을 내무부 장관으로 임명하였다. 오치성은 내무부 장관으로 임명되자마자 4인 체제의 하부 조직이었던 전국 경찰에 대하여 전면적인 숙청과 인사이동을 단행하였다. 1971년 9월 제78회 정기국회가 열리게 되었고, 때마침 야당 의원들은 그간의 국내의 여러 가지(사법파동, 광주 대단지 투쟁 등등) 사회적 혼란의 책임을 물어 김학렬 경제기획원 장관, 신직수 법무부 장관, 오치성 내무부 장관에 대한 해임을 건의하였다. 결과적으로 김학렬·신직수 장관의 해임 건의는 부결되었지만, 오치성 내무부 장관은 총 203표 중 해임 찬성 107표, 해임 반대 90표, 무효 6표로서 해임 건의가 통과되었다. 막강한 권위를 과시하던 박정희의 명령에 정면으로 도전한 10·2 파동은 공화당의 새로운 모색이었지만,

박정희에게는 더 막강한 권위를 갖기 위한 모색으로 이어졌다.

1972년 10월 17일 박정희는 '10월 유신'을 선포하면서 또다시 헌정질서를 파괴하였다. 유신헌법으로 대통령 선거는 체육관(통일주체국민회의)으로 옮겨졌다. 체육관에서 치러진 제8대와 제9대 대통령 선거에서 박정희는 단독으로 출마하여 99.96% 득표율로 당선되었다. 국회는 대통령이 추천한 국회의원이 탄생하였다. 무려 국회의원 정수의 3분의 1을 차지하였다. 행정부, 사법부, 입법부가 대통령 한 사람의 손에 의해 좌지우지되는 절대 권력이었다. 청년·학생의 민주화에 대한 열망은 더욱 고조되었고 조직화 되었다. 박정희는 긴급조치권을 남용하였고, 국가보안법과 반공법은 제멋대로 춤을 췄다. 유신체제는 반민주적이었고, 반인권적이었고, 반노동적이었고, 반통일적인 체제였다. 그러나 박정희의, 박정희에 의한, 박정희를 위한 유신체제는 종말을 고했다. 자기 부하의 손에 의해서.

중앙청을 떠나는 영구차 : 앞뒤 40명씩, 양옆 10명씩 모두 100명의 3군사관학교 생도의 봉송으로 세종로 네거리를 향하고 있다.
출처 : 『조선일보』 1979년 11월 4일

1) 『조선일보』, 1969년 10월 22일

2) 김경재, 『김형욱 회고록: 혁명과 우상』, 전예원, 1991

3) 이기하·심지연 외, 『한국의 정당』, 한국일보사, 1987, 266~267쪽

4) 『조선일보』, 1955년 2월 23일

5) 권영달 외, 『한국정치론』, 지구문화사, 1993, 200쪽

6) 『조선일보』, 1965년 5월 2일

7) 『조선일보』, 1969년 11월 9일

8) 『경향신문』, 1969년 11월 8일

9) 『조선일보』, 1969년 11월 10일

10) 『경향신문』, 1969년 11월 8일

11) 『조선일보』, 1970년 1월 25일

12) 제3대 대통령 선거(1956년) 신익희와 제4대 대통령 선거(1960년) 조병옥이 각각 선거 기간에 사망한 사실을 두고 한 말이다.

13) 『국제신문』, 1970년 1월 21일

14) 『조선일보』, 1970년 1월 8일

15) 『동아일보』, 1970년 9월 28일

16) 『경향신문』, 1970년 9월 29일

17) 『조선일보』, 1970년 9월 30일

18) 『조선일보』, 1971년 1월 23일

19) 『동아일보』, 1971년 1월 23일

20) 현재 대만 헌법에는 '총통의 임기를 4년으로 1회 연임한다'고 규정되었다.

21) 『동아일보』, 1971년 4월 3일

22) 『경향신문』, 1971년 4월 3일

23) 『매일경제』, 1971년 4월 26일

24) 『경향신문』, 1971년 4월 21일

25) 『경향신문』, 1971년 4월 21일

26) 『동아일보』, 1971년 4월 28일

27) 『조선일보』, 1971년 4월 29일

28) 강성재, 『쿠데타 권력의 생리』, 동아일보사, 1987, 247쪽

29) 『조선일보』, 1971년 5월 28일

30) 김대중, 『김대중자서전』1, 삼인, 2010, 262쪽

31) 『경향신문』, 1972년 10월 18일 ; 『조선일보』, 1972년 10월 18일

32) 제8대 국회의원 총선거 득표율은 공화당 48.8%, 신민당 44.4%이다. 의석수 공화당 113석(55.4%), 신민당 89석(43.2%), 기타정당 2석 등이다.

33) 1. 정부의 시책은 국가안보를 최우선으로 하고 조속히 만전의 안보태세를 확립한다.
   2. 안보상 취약점이 될 일체의 사회불안을 용납하지 않으며 또 불안요소를 배제한다.
   3. 언론은 무책임한 안보논의를 삼가해야 한다.
4. 모든 국민은 안보 위주의 새가치관을 확립하여 한다.
6. 최악의 경우 우리가 향유하고 있는 자유의 일부도 유보할 결의를 가져야 한다.(『동아일보』,
   1971년 12월 6일)

34) 영화에서 노재현을 맡은 김의성 배우는 관객과 인사에서 '미안하다'고 연신 고개를 숙였다.
   배우가 무슨 잘못이 있기에 미안하다고 고개를 숙여야만 했던 것일까.

35) 명순식, 「대한민국 제4공화국 국가권력에 대한 헌법적 정당성 평가」, 경원대학교 법학과 박
   사학위논문, 2009, 119쪽

36) 명순식, 앞의 논문, 121쪽

37) 2021년 6월 10일 성남시에서는 조례 개정을 통해 '8·10 성남(광주대단지) 민권운동'으로
   명칭을 확정했다.

38) '상하이 공동성명'에는 양국의 의견 불일치도 제시되었다. 대만문제, 한국문제, 월남문제 등
   이다. 한반도 문제에 대해서 양국은 각각 한국 지지와 북한 지지 입장이 맞서 합의하지 못
   했다.

39) 『경향신문』, 1970년 8월 15일

40) 『경향신문』, 1971년 4월 13일 ;『로동신문』, 1971년 4월 13일

41) 『경향신문』, 1971년 4월 14일

42) 『동아일보』, 1971년 8월 7일

43) 『동아일보』, 1971년 8월 12일

44) 국토통일원, 『70년대 남북대화 성립 비사(I)』, 1989, 29~30쪽 참조

45) 『경향신문』, 1971년 8월 14일

46) 『동아일보』, 1972년 6월 17일

47) 『동아일보』, 1972년 7월 4일 ;『조선일보』, 1972년 7월 5일

48) 국회회의록, 제82회 제2차(1972년 7월 6일)

49) 『조선일보』, 1972년 7월 8일 ;『매일경제』, 1972년 7월 8일

50) 『동아일보』, 1973년 1월 12일

51) 한상범, 『헌법이야기』, 현암사, 1998, 61쪽

52) 『동아일보』, 1972년 10월 27일

53) 『조선일보』, 1972년 11월 1일 ;『동아일보』, 1972년 11월 4일

54) 『동아일보』, 1972년 11월 6일

55) 제3공화국 헌법을 비롯한 기존 헌법은 대체로 1장 총강, 제2장 국민의 권리 의무에 이어서
   제3장 통치기구로 제1절 국회, 제2절 정부, 제3절 법원, 제4절 선거관리위원회, 제5절 지
   방자치 등으로 구성했다.

56) 김정인은 박정희의 민주주의를 3단계로 구분했다. 1단계 행정적 민주주의(군정단계), 2단계
   민족적 민주주의(제3공화국), 3단계 한국적 민주주의(유신체제)이다.(김정인, 「박정희 대통
   령의 민주주의 담론 분석」, 『철학논집』제27집, 2011)

57) 『동아일보』, 1979년 1월 19일

58) 장영수, 『대한민국 헌법의 역사』, 고려대학교출판문화원, 2018, 226쪽

59) 제2공화국 헌법에는 '발發한다'를 '나온다'로 개정하였고, 제3공화국에서는 각각 별도 조항을 제1조 ①항 ②항으로 합쳤다. 크게 문구가 수정되지는 않았다.

60) 최광승·조원빈, 「박정희의 민주주의관과 유신체제 정당화」, 『한국동북아논총』VOL20, NO.2, 2021, 54쪽

61) 장영수, 앞의 책, 233쪽

62) 김세균, 「한국적 민주주의」, 『역사비평』47, 1999, 293쪽

63) 한상범, 앞의 책, 62쪽

64) 제1대와 제2대는 국회에서 국회의원이 대통령을 선출함.

65) 제99조 ① 대법원장인 법관은 법관추천회의의 제청에 의하여 대통령이 국회의 동의를 얻어 임명한다. 대통령은 법관추천회의의 제청이 있으면 국회에 동의를 요청하고, 국회의 동의를 얻으면 임명하여야 한다.

66) 제53조 ① 대통령은 천재·지변 또는 중대한 재정·경제상의 위기에 처하거나, 국가의 안전보장 또는 공공의 안녕질서가 중대한 위협을 받거나 받을 우려가 있어, 신속한 조치를 할 필요가 있다고 판단할 때에는 내정·외교·국방·경제·재정·사법등 국정전반에 걸쳐 필요한 긴급조치를 할 수 있다.

67) 송성빈, 「제8대 대통령 선거 비화 - 체육관대통령 선거, 통일주체국민회의 대의원 송동헌의 육성기록을 통해보다」, 『향토연구』제36집, 충남향토연구회, 2012, 275~277쪽

68) 『대한민국선거사 제4집(1980.1.11~1988.2.24.)』, 중앙선거관리위원회, 2009, 56쪽

69) 장민지, 「통일주체국민회의 대의원의 선거와 활동」, 숙명대학교 대학원 석사논문, 2017년 참조

70) 『경향신문』, 1973년 12월 20일

71) 박지원, 「대의원 유신홍보활동의 방향」, 『국민회의보』6, 통일주체국민회의 사무처, 1974, 165쪽

72) 『동아일보』, 1978년 6월 28일

73) 『경향신문』, 1975년 8월 13일

74) 『동아일보』, 1972년 11월 25일

75) 중앙선관위는 24일 전체회의를 열어 제2대 통일주체국민회의 대의원 선거 표어를 심사, 1등 1편(상금 5만원), 2등 2편(각 3만원), 3등 3편(각 2만원), 가작 10편(각 1만원)을 선정하여 발표. 중앙선관위와 서울시 선관위 직원들이 응모한 총 352편 가운데 예선을 거친 52편을 놓고 9명의 선관위원들이 각 5점씩 선정한 이번 심사는 첫 번째 심사 투표에서 3편이 동점을 얻어 2차 투표에서 '투표는 자유롭게 선거는 공명하게'가 영예의 1등을 차지했고, '주권행사 바로하여 민주역량 과시하자', '기권없이 투표하여 주권의식 양양하자'가 각각 2등을 차지. 심사를 마친 선관위원들은 "선거사무가 몸에 밴 선관위 직원들만이 응모한 탓인지 내용이 모두 진지하여 1등을 뽑기가 힘들었다"고 자찬.(『경향신문』, 1978년 4월 25일)

76) 병무청은 통일주체국민회의대의원선거에서 기권자 및 누락자를 방지하기 위한 방안으로 현역병 및 교육소집대상자의 입영일자를 변경, 투표를 마친 후 입영하도록 조치했다. 병무청 당국은 오는 12일과 15일에 입영예정인 장정은 투표를 마치고 입영할 수 있도록 입영일자

를 16일로 늦추고 변경 통지서는 본적지 지방 병무청장이 이미 본인들에게 발송했다고 밝혔다(『동아일보』, 1972년 12월 2일)

77) 단기투표제와 연기투표제 : 선거인이 후보자 1인만을 지명하는 것을 단기투표제라고 하고, 2인 이상을 지명하는 것을 연기투표제라고 한다. 대선거구제에서는 단기·연기 모두 행해지고 있으나 소선거구제하에서는 단기제가 원칙으로 되어 있다.

78) 김철수,『헌법과 정치』, 진원사, 2012, 515쪽

79) 강성재, 「통일주체국민회의 대통령 선출의 내막」, 『신동아』, 1986년, 275~276쪽

80) 정부는 통일주체국민회의 대의원 피선자격에 있어 선거일 이전에 3년동안 대통령령이 정하는 일정한 종목의 조세를 일정액 이상 납세한 적이 없는 자와 선거일 전 3년 간에 정당원이었던 자를 피선거권이 없도록 하는 등 피선거권의 요건을 대폭 강화한 통일주체국민회의 대의원선거법 개정법률을 지난 7일 자로 공포했음이 14일 밝혀졌다. 비상국무회의의 의결을 거쳐 법률 2500호로 공포된 이 대의원선거법 개정법률은 또 국가안보에 관한 범죄로 유죄판결을 받은 사실이 있는 자(사면 또는 형실효 선고받은 자는 제외)나 국가안보에 관한 범죄로 공소제기 되어있는 자와 선거일 이전 최후로 실시한 국회의원 총선거나 그 이후에 실시한 국회의원 보선에 입후보하여 낙선된 사실이 있는 자도 피선거권이 없는 자로 규정하고 있다.(『동아일보』, 1973년 2월 15일)

81) 강성재, 앞의 글, 276쪽~278쪽

82) 통일주체국민회의법 제25조(발언) 대의원이 발언하고자 할 때에는 미리 발언할 내용의 요지와 소요시간을 정하여 의장의 허가를 받아야 한다.

83) 송성빈, 앞의 글, 279쪽

84) 중앙선거관리위원회, 『선거 및 국민투표 통계집』, 1996

85) 『조선일보』, 1995년 6월 29일

86) 김세중, 「유신헌법과 4공 통치기반의 동력」, 『월간중앙』, 1991.6, 449쪽

87) 『조선일보』, 1978년 5월 21일

88) 전태일기념관건립위원회, 『어느 청년노동자의 삶과 죽음:전태일 평전』, 돌베개, 1983, 17쪽

89) 전태일기념관건립위원회, 앞의 책, 226~228쪽 참고

90) 『동아일보』, 1970년 11월 16일

91) 『경향신문』, 1970년 11월 19일

92) 이소선 여사는 2011년 9월 3일 향년 81세로 작고했다. 전태일 열사의 분신 이후 40년 동안 노동운동과 민주화운동에 헌신했다.

93) 서중석, 「3선개헌반대, 민청학련투쟁, 반유신투쟁」, 『역사비평』1, 1988, 75쪽

94) 『동아일보』, 1970년 11월 17일

95) 『동아일보』, 1970년 11월 18일

96) 『동아일보』, 1970년 11월 20일

97) https://ch.yes24.com/Article/View/23696

98) 『조선일보』, 1971년 8월 11일

99) 『조선일보』, 1971년 8월 12일

100) 『경향신문』, 1971년 5월 24일

101) 더불어민주당, 『더불어민주당 60년사』, 2016, 336~337쪽

102) 더불어민주당, 위의 책, 337쪽

103) 더불어민주당, 위의 책, 338쪽

104) 국가정보원, 『과거와 대화 미래의 성찰: 주요 의혹사건편 상권(II)』, 2007, 462~465쪽

105) 김영미, 「외교문서를 통해서 본 김대중 납치사건과 한·일 연대」, 『한국근현대사학회』58, 2011, 218쪽

106) 국가정보원, 앞의 책, 435쪽

107) 김영미, 앞의 논문, 220~221쪽

108) 『경향신문』, 『동아일보』, 1973년 8월 10일

109) 『동아일보』, 『경향신문』, 『조선일보』, 1973년 8월 9일

110) 김대중, 앞의 책, 315~317쪽

111) 『조선일보』, 1973년 12월 25일

112) 『동아일보』, 1974년 12월 7일 ; 『조선일보』, 1974년 12월 8일

113) 더불어민주당, 앞의 책, 341쪽

114) 이상우, 『제3공화국:박정희시대를 움직인 사람들』②, 도서출판중원문화, 1993, 30쪽

115) 제3공화국 헌법 제73조 ① 내우·외환·천재·지변 또는 중대한 재정·경제상의 위기에 있어서 공공의 안녕질서를 유지하기 위하여 긴급한 조치가 필요하고 국회의 집회를 기다릴 여유가 없을 때에 한하여, 대통령은 최소한으로 필요한 재정·경제상의 처분을 하거나 이에 관하여 법률의 효력을 가지는 명령을 발할 수 있다.
②국가의 안위에 관계되는 중대한 교전상태에 있어서 국가를 보위하기 위하여 긴급한 조치가 필요하고 국회의 집회가 불가능한 때에 한하여, 대통령은 법률의 효력을 가지는 명령을 발할 수 있다.
③제1항과 제2항의 명령 또는 처분은 지체없이 국회에 보고하여 그 승인을 얻어야 한다.
④전항의 승인을 얻지 못한 때에는 그 명령 또는 처분은 그 때부터 효력을 상실한다. 다만, 그 명령에 의하여 개정 또는 폐지되었던 법률은 그 명령이 승인을 얻지 못한 때부터 당연히 효력을 회복한다.
⑤대통령은 제3항과 제4항의 사유를 지체없이 공포하여야 한다.

116) 김철수, 『헌법학개론』, 박영사, 2006, 1453쪽 이하 참조.

117) 권혜령, 「유신헌법상 긴급조치군과 그에 근거한 긴급조치의 불법성」, 『법학논집』vol.14, no.2, 2009, 191쪽

118) 오픈아카이브(https://archives.kdemo.or.kr/contents/view/9)

119) 『경향신문』, 1973년 10월 8일

120) 『조선일보』, 1973년 11월 29일

121) 『조선일보』, 1973년 12월 25일

122) 『경향신문』, 1974년 1월 9일

123) 『동아일보』, 1974년 1월 9일

124) 『경향신문』, 1974년 1월 16일

125) 『조선일보』, 1974년 1월 22일.

126) 『사상계』 1961년 6월호, 34쪽

127) 일제는 1937년 중일전쟁 이후 국가총동원법을 1938년 4월 1일 일본에서 공포했다. 이후 5월 10일부터 조선에 확대되었다. 1943년 3월 1일 조선인징병제 공포(8월 1일 시행)했고, 1943년 10월 20일 학도병제를 실시했다. 1943년 12월 15일 학도병 미지원자에게 징용령을 발동했다.

128) 장준하기념사업회의 홈페이지에는 광복군 중위로 진급한 것으로 되어 있다. 다른 기록에는 광복군 대위로 표기된다.

129) 『만주신문』, 1939년 3월 31일

130) 『사상계』는 1953년 4월 창간되어 1970년 5월 205호로 폐간되었다. 초대 발행인 겸 편집인이 장준하였으며, 집필자는 대학교수, 종교인, 언론인, 정치인, 문인 등 지식인이었고 독자는 대학생과 지식인이 대부분이었다.

131) 장준하의 허위사실은 "박정희씨는 여순반란에 가담하여 공산주의에 관련했다"는 발언이다. 1963년 제5대 대통령 선거에서 박정희의 심기를 불편하게 했던 문제를 장준하가 다시 거론한 것이다.

132) 『경향신문』, 1967년 5월 31일

133) 1974년 3월 3일 열린 비상고등군법회의에서 백기완은 징역 12년에 자격정지 12년을 선고받았다(『경향신문』, 1974년 3월 4일), 1974년 8월 20일 대법원은 장준하 백기완 상고를 기각하고 원심을 확정했다(『경향신문』, 1975년 2월 17일)

134) 『동아일보』, 1974년 12월 4일

135) 의문사진상규명위원회는 2000년 10월~2002년 10월까지 1기 활동(2년), 2003년 7월~2004년 7월까지 2기 활동(1년)으로 구분한다.

136) 『연합뉴스』, 2013년 1월 24일

137) 『연합뉴스』, 2022년 11월 2일

138) 『동아일보』, 1975년 3월 31일

139) 『동아일보』, 1975년 4월 1일

140) 『경향신문』, 1975년 4월 10일

141) 『조선일보』, 1975년 5월 20일

142) 『연합뉴스』, 2022년 8월 30일

143) 『동아일보』, 1974년 4월 4일

144) 『경향신문』, 1974년 4월 25일 ; 『조선일보』, 1974년 4월 26일

145) 『조선일보』, 1974년 10월 12일

146) 『동아일보』, 1974년 1월 28일

147) 『동아일보』, 1975년 1월 31일

148) 『경향신문』, 1965년 1월 7일 ; 『동아일보』, 1965년 1월 7일

149) 민청학련·인혁당 진상규명위원회, 『인혁당사건, 그 진실을 찾아서』, 2005, 17쪽

150) 1974년 10월 11일 『조선일보』에는 집행유예자가 16명이라고 했으나, 이날 신문에는 13명으로 보도되었다.

151) 『경향신문』, 1975년 2월 17일

152) 『경향신문』, 1975년 4월 10일 ; 『매일경제』, 1975년 4월 10일

153) 『동아일보』, 1975년 4월 11일

154) 민청학련·인혁당 진상규명위원회, 앞의 책, 120쪽

155) 『동아일보』, 1975년 4월 11일

156) 『동아일보』, 1975년 4월 11일

157) https://www.moneys.co.kr/article/2024040316015017690

158) 『조선일보』, 1969년 6월 11일

159) 동아일보노동조합백서발간특별위원회, 『동아자유언론실천운동 백서』, 1989, 22쪽

160) 『동아일보』, 1971년 3월 27일

161) 동아일보노동조합백서발간특별위원회, 앞의 책, 25쪽

162) 1. 우리는 기자적 양심에 따라 진실을 진실대로 자유롭게 보도한다. 2. 우리는 외부로부터 직접 간접으로 가해지는 부당한 압력을 일치단결하여 배격한다. 3. 우리는 우리의 명예를 걸고 정보 요원의 사내 상주 또는 출입을 거부한다.(김행섭, 「1974년 『동아일보』 기자들의 언론자유투쟁」, 성균관대학교 석사학위논문, 2010, 16쪽)

163) 『매일경제』, 1971년 5월 17일

164) 박지동, 「1970년대 유신독재와 민주언론의 말살」, 『한국언론 바로보기 100년』, 다섯수레, 2000, 361쪽

165) 김행섭, 앞의 논문, 22쪽

166) 『동아일보』, 1974년 10월 24일

167) 김행섭, 앞의 논문, 43쪽.

168) 『동아일보』 1974년 10월 25일

169) 『동아일보』노동조합백서발간특별위원회, 앞의 책, 59쪽

170) 『한국일보』 10월 22일에는 베트남 문제 관련 해설기사를 보도했다. 중앙정보부는 이를 문제 삼아 김경환 편집국장과 장강재 사장, 이상우 편집부장을 연행했다.

171) 김행섭, 앞의 논문, 68~69쪽

172) 『동아일보』, 1975년 1월 16일 ; 1월 18일

173) 박정희 군사정부는 1975년 1월 21일에 '유신헌법 존속여부에 대한 국민투표 실시를 검토'하겠다고 발표했다.

174) 김행섭, 앞의 논문, 78쪽

175) 『동아일보』, 1974년 12월 28일

176) 『동아일보』, 1975년 1월 21일

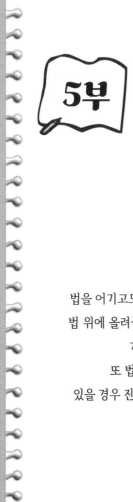

5부

제5공화국

전두환과 신군부

법을 어기고도 정부의 관용만을 바라는 것은 오히려 권력을
법 위에 올려놓는 위험스러운 결과를 초래하게 될 것입니다.
개인의 주관에 맞지 않는다고 법을 어긴다거나,
또 법을 어기고도 양심의 가책을 받지 않는 사람이
있을 경우 진정한 법치국가는 이루어지기 어려운 것입니다.

전두환 제12대 대통령 취임사의 중에서
(1981년 3월 3일)

1장
무너진 유신정권

1972년 10월 17일 박정희는 대통령 특별선언을 통해 유신을 선포하였다. 전국에 비상계엄이 신포되었고, 국회해산, 징딩 및 징치활동의 중지 등 현행 헌법 일부 조항의 효력이 정지되었다. 장기집권과 종신대통령 꿈을 꾸었던 박정희 야망을 실현하기 위해 헌법을 개정(7차 개헌)하였고, 이른바 유신헌법으로 '제4공화국'이 출범하였다. 박정희는 영구집권을 위해 삼권분립을 파괴하면서 1인 독재체제로 바꾸어 나갔다. 박정희는 1978년 7월 6일 통일주체국민회의에서 대의원 2,578명 중 무효표 1표를 제외하고 99.96%의 찬성으로 제9대 대통령에 당선되었다. 그러나 민심은 박정희의 의지와 다른 방향으로 흘렀다. 유신정권은 종말로 치닫고 있었지만, 1인 독재체제의 환상에 빠져 닥쳐올 몰락을 감지하지 못하였다. 권력 독점이 가져온 오판은 박정희의 생명줄까지 단축하였다. 제5공화국은 부지불식간에 줄현한 전두환이란 이름의 또 다른 군부정권이었다. 제5공화국 탄생의 배경이 되었던 유신정권의 몰락부터 이야기를 시작한다.

1. '여공'과 '공순이'의 YH사건

79년 8월 11일 밤은 YH노조가 그 투쟁의 절정에서 창조적으로 파괴되는 것과 함께 거대한 힘의 복마전인 유신정권의 파국이 진행되는 밤이었다. 민족의 꽃송이 김경숙은 그때 마포 신민당사에서 타살이라고밖에 말할 수 없는 추락사로 그의 한서린 처녀의 삶을 끝냈다. 나는 그의 추도식을 감방에서 나 혼자 할 수밖에 없었다.[1]

1960년대부터 경공업이 폭발적으로 증가하면서 농촌의 어린 여성들은 비숙련 노동자로 동원되어 노동력을 제공하였다. 전국 각지의 여성 노동자들이 공업지대로 또는 서울로 대거 유입되었다. '여공', '공순이' 등으로 불렸던 여성 노동자들은 1960년대와 1970년대 산업역군이었다.

YH무역주식회사(일명, YH무역)는 가발 수출 회사이다. YH무역은 1966년 1월 뉴욕소재 한국무역관 부관장 장용호가 동서 진동희와 함께 자본금 100만 원 종업원 10명으로 왕십리에서 공장을 시작하였다. 당시 가발 수출 호경기와 정부 수출정책에 탄력을 받아 2년 만에 동대문구 면목동에 5층 건물(건평 4,489평 대지 2,720평)을 짓고 본 공장을 이전하였으며 인천에 제2공장까지 설립하는 등 호황기를 맞았다. 상호는 회장 장용호의 이니셜을 따라 YH로 명명하였고, 회장과 동서 사이인 진동희가 부사장을 맡았다.

YH무역은 1970년에 수출실적 100만 달러 종업원 4,000여 명을 고용하는 국내 최대 가발업체로 급성장하였으며 수출순위 15위로 대통령 표창까지 받았다. 1970년 순이익 12억7천3백89만 원을 달성하기도 했던 YH무역은 한국 제조업 발달사의 상징적 아이콘이었다. 그러나 가발 경기의 후퇴와 함께 점차 쇠락의 길을 걷던 YH무역은 1979년 심각한 적자에 시달렸고, 이를 근거로 회사 측이 노동자에게 폐업을 일방적으로 통보하기에 이르렀다. 폐업 철회를 요청하는 노동조합원들은 신민당 당사에서 농성을 이어갔다. 유신정권은 공권력을 투입해 야당 당사(신민당)를 습격하는 초유의 사태가 발생하였다. 이것이 소위 'YH사건' 또는 '신민당 사건'으로 알려진 노동쟁의이다.

YH무역의 급성장에는 여성 노동자들의 하루 12시간 이상의 장시간 노동과 저임금이 바탕이 되었다. 여성 노동자들은 인간답게 살고자 여러 차례 노조 결성을 시도하였으나 실패하였다. 1975년 우여곡절 끝에 노동조합을 결성하였다. 1970년대 후반 가발산업이 서서히 사양산업으로 접어들었다. YH무역의 경영주는 경영부실 상황에서 자금을 해외로 유출했으며, 노동자 인원 감축, 위장 휴업, 하청업체화 등을 단행하였다.

YH무역 노조는 1978년 5월, 1979년 4월에 회사 측의 폐업 철회 등을 요구하며 농성을 벌였다. 회사 정상화를 위해 청와대, 정부 당국 및 채권 은행, 미국 대사관 등에 탄원했지만 아무런 답변을 듣지 못하였다. 그러는 동안 회사는 자진 사표를 권유하는 등 정상화 의지보다는 폐업 절차를 강행하였다. 당시 지방에서 상경한 저임금 여성 노동자들에게 회사의 폐업은 생존을 위협하는 것이나 다름없었다.

1979년 8월 6일 회사는 다시 폐업을 공고하였고, 7일에는 일방적으로 회사의 기숙사와 식당을 폐쇄한다고 발표하였다. 일방적으로 쫓겨날 위기에 처하자, YH부역 노조는 도시산업선교회[2] 등 종교단체와 시민사회단체에 도움을 요청하였다. 8월 9일 새벽 야당인 신민당 당사에 187명의 노동자가 결집하였다. 이들은 "우리를 나가라면 어디로 가란 말인가", "배고파 못 살겠다. 먹을 것을 달라" 등의 플래카드

를 내걸고 신민당 4층 강당에서 농성을 벌였다. 김영삼 신민당 총재
는 농성장을 방문하여 "여러분들이 마지막으로 신민당을 찾아 준 것
을 눈물겹게 생각한다"면서 "여러분들의 피와 땀과 눈물이 없었다면
오늘의 한국경제가 없었을 것"이라면서 신민당은 억울하고 약한 사람
의 편에 서서 끝까지 투쟁하겠다고 약속하였다.[3]

폐업반대 여공들 농성 : YH무역 200명 신민당사서
출처 : 『동아일보』 1979년 8월 9일

8월 10일 신민당은 YH무역 종업원 문제를 비롯한 최근의 실업문
제를 따지기 위해 국회 보건사회상임위원회의 소집을 요구하면서 정
부의 대책을 촉구하였다. 하지만 여당인 민주공화당은 막무가내로 보
사위 소집을 반대하였다. 정부도 이 사건을 논의할 가치가 없다며 딴
전을 피웠다. YH무역 노동자의 신민당 농성은 언론에 보도되면서 여

론화되었고, 각종 시민사회단체의 지지와 방문이 이루어졌다.

8월 10일 오후가 되어 YH무역 사장이 신민당사를 방문하여 회사를 은행관리로 넘기고 폐업을 철회하겠다고 하였다. YH무역 노조는 해당 조치가 취해지면 농성을 해제하겠다고 했으나, 그 이후 진전이 없었다. 시간이 지날수록 신민당사에는 경찰 병력이 증강되었다. 경찰의 진압 압박이 강화되자, 김영삼 총재는 당사를 포위한 경찰의 철수를 요청하고 사태를 해결하기 위해 진력하였다.

8월 11일 새벽 2시 경찰 2천여 명이 신민당사로 전격 진입하였다. 경찰 '101호작전'이다. 경찰은 총재실 등을 파손하고, 김영삼 총재, 국회의원, 기자 등에게 무차별 폭력을 가하였다. 김영삼 총재는 사복경찰관에 의해 당사 밖으로 끌려 나갔다. 여성 노동자들이 농성 중이던 4층에도 경찰이 진입하여 폭력적으로 진압하였다. YH무역 노동자 김경숙은 왼쪽 팔목 동맥이 절단되고 타박상을 입은 채 당사 뒤편 지하실 입구에서 발견되었다. 그는 인근 병원으로 옮겼으나 사망하였다. 경찰은 동맥을 끊은 김경숙이 스스로 투신했다고 했지만, 2008년, '진실화해를위한과거사정리위원회'는 김경숙의 사망이 경찰의 과잉 진압에 의한 것이라고 결론 내렸다.

또한, YH무역 기숙사에서 농성 중이던 58명의 노동자도 경찰에 연행되었다. 이들은 8월 13일 회사로 옮겨져서 퇴직금과 7·8월 임금을 지급받고, 경찰이 미리 준비한 버스로 귀향하였다. 노동자들은 당초 회사가 약속한 상여금, 월차수당, 8개월분의 해고수당을 주지 않자 항의했지만, 허공의 메아리에 그쳤다. 정부의 친기업적 노동정책 아래에서 노동자와 노동조합의 권리는 유명무실하였다.

YH무역 여성노동자의 신민당사 점거 농성은 1970년대 정부의 노동자 억압을 통한 경제성장의 한계를 드러낸 사건으로 박정희 정권

이 몰락하게 되는 일련의 사태의 도화선이 되었다. YH무역 노동자들의 호소문을 보면,[4]

「해결이 안 되면 죽어 나갈 수밖에 없다」
YH 무역 근로자 호소문

각계각층에서 수고하시는 사회인사 여러분께 저희들의 애타는 마음을 눈물로 호소합니다.

거리에 내쫓긴 저희들은 어디로 가란 말입니까? 배고픔과 무서움에서 벗어날 수 있는 길은 정녕 없다는 말입니까. 전에도 몇 부의 호소문이 나간 바와 같이 경영진의 경영부실로 인하여 많은 근로자들이 생존권마저 박탈당하게 되고 생계에 위협을 받게 되었습니다. 〈중략〉

각계각층에서 수고하시는 사회 인사 여러분!

저희들은 모두 시골의 가난한 농부의 자식들로서 일찍이 고향과 부모 곁을 떠나 냉대한 사회에 뛰어들어 산업의 역군들로서 열심히 일해 왔습니다. 배우지 못했다고 사회의 천대를 받고 멸시를 당하면서도 못 배운 저희들만 원망하며 저희 동생들이 나같이는 되지 않게 하기 위해서 조금의 월급이나마 용돈을 줄여가며 저축하면서 동생들의 학비를 보태주고 또 부모님의 생계와 약값에도 보태준다는 뿌듯한 기쁨으로 신념과 긍지를 가지고 일해 왔습니다.

수출실적이 높으면 나라도 더욱 발전할 수 있고 선진국 대열에 서게 된다는 국민학교 시절의 배운 것을 더듬으며 우리는 더욱 더 잘사는 나라를 기대하며 열심히 일해 왔습니다만 뜻하지 않은 지난 3월 30일 폐업공고에 놀라지 않을 수가 없습니다. 〈중략〉

오갈 데 없는 저희들은 무엇을 먹고 어디서 살란 말입니까? 동생들의 학비와 부모님들 약값은 어떻게 해야 된단 말입니까. 우리 문제가 해결되지 않는다면 저희들은 '죽음의 길'을 택할 수밖에 없습니다. "정상화 아니면 죽음이다"라는 동지들의 피맺힌 구호를 생각합니다. 저희들은 부당한 것을 탐하고 요구하지는 않습니다. 다만 우리가 일할 수 있는 일자리만 주시고 생계를 이어갈 수 있게만 해달라는 것입니다. 그 외에 더 바랄 것도, 요구하지도 않을 것입니다. 〈중략〉

이렇게 약자만이 당해야 하는 건가요. 저희들의 회사가 정상화되어 일할 수 있게 해주십시오. 그리하여 저희들이 바라는 이 나라의 산업역군으로서 희망을 가지고 살아가게 해주세요. 저희들의 근본문제 해결은 조흥은행이 책임을 져야 합니다. 왜냐하면 YH무역(주)의 모든 주식 및 공장을 압류하고 있기 때문입니다. 해결이 아니면 우리는 여기서 죽어 나갈 수밖에 없습니다. 저희들의 이 호소가 꼭 이루어지기를 간절히 간절히 바랍니다.

1979년 8월 10일

Y.H.무역 근로자 일동

「해결이 안 되면 죽어 나갈 수밖에 없다」는 YH무역 노동자의 호소문은 경찰의 강제해산으로 끝났다. 그 와중에 22세 김경숙이 죽었지만, 몇몇 언론에는 '여공 1명 사망' 제목의 단신 기사로 실렸을 뿐이다. 김경숙은 누구인가? 그는 1958년 6월 전라남도 광산군 비아면(현 광주광역시 광산구 비아동)에서 장녀로 태어났다. 아버지(김동운)가 병환으로 일찍 세상을 떠나면서 가사를 전담할 수밖에 없었다.[5] 초등학교를 졸업한 13살부터 노동자의 삶을 살았다. 1973년 서울에 상경하여 봉제공장 미싱사로 노동했고, 1976년 YH무역에 입사하였다. 박경숙은 1970년대 여성 노동자가 겪는 과정을 그대로 걸었다.

남동생 학비대주던 '외딸'
출처 : 『조선일보』 1979년 8월 12일

1970년대 대한민국의 수출지향적 산업화는 여성 노동력에 의존했다고 해도 과언이 아니다. 이 시기의 많은 여성 노동자가 수출지향적인 생산 제조업(경공업)에 진출했고, 이들 나이는 10대 말에서 20대 초반이었다. 이들을 '여공' 또는 '공순이'라고 불렀다. 어린 나이에 생계를 위해 노동을 시작했던 수많은 김경숙의 희생을 제외하고 대한민국의 산업화를 논한다는 것은 언어도단이다.

8월 17일 경찰은 이 사건과 관련한 주동자로 최순영 지부장 등 노조간부와 영등포 도시산업선교회 인명진 목사, 한국사회선교협의회 문동환, 서경석, 고려대 이문영 교수, 시인 고은 등을 '국가보위법'과 '집회와 시위에 관한 법률' 위반으로 구속하였다. 신민당은 노동탄압과 경찰의 국회의원 폭행, 야당 파괴 공작 등을 비판하며 18일간 농성을 벌였다.

2. YS 제명과 부마민주항쟁[6)]

1979년 5월 30일, 신민당 전당대회가 열렸다. 앞선 1976년 9월의 전당대회와 판박이나 다름없었다. 당내 계파 간의 해묵은 갈등은 여전하였다. 달라진 점이 있다면 도전자가 맞바뀌었다는 것이다. 1976년 9월 전당대회 당시에는 김영삼이 총재로서 이철승의 도전을 받았다. 반면, 1979년 5월 전당대회는 대표최고위원 이철승에게 김영삼이 도전장을 내밀었다. 여러 후보가 등록했지만, 당권파인 이철승과 비당권파인 김영삼 대결로 압축되었다. 김영삼은 지난 전당대회 설욕을 다짐하였다. 총재선거는 2차 투표까지 가는 치열한 접전 끝에 김영삼이 이철승을 누르고 당권을 탈환하였다. '제2의 김영삼 시대'를 열었다.

그런데 신민당 전당대회는 청와대 경호실과 중앙정보부가 개입하여 공작을 벌였다. 경호실장 차지철은 후보의 한 사람인 신도환이 캐스팅 보트를 줄 가능성이 있다고 판단하고, 신도환이 이철승을 지지하도록 공작을 펼쳤다. '선명 야당'을 외치는 강성 김영삼보다는 중도 통합론을 내세우는 이철승 당선이 정권에 유리하다고 판단한 것이다. 전문가들은 이철승 체제의 신민당을 두고 '충성스러운 반대당Loyal opposition party'이라고 하였다.[7] 중앙정보부장 김재규는 김영삼을 총재 후보에서 사퇴시키기 위한 공작을 벌였다. 그는 김영삼에게 "결과가 어떻게 나온다고 해도 선거가 끝나면 100퍼센트 구속"될 것이라고 압력을 넣었다.[8]

8월, YH무역 노동자들의 신민당사 농성과 이를 진압하는 과정에서 김영삼의 저항은 단호하였다. 박정희 정권은 신민당 총재 및 총재단 전원에 대한 직무를 정지시키기 위하여 신민당 내의 반대파를 사주하는 공작을 펼쳤다. 반대파는 신민당의 내부가 어수선한 틈을 타서 8월 11일 서울민사지방법원에 김영삼 총재 등 총재단 전원에 대한 직무정지 가처분 신청을 제기하였다.

9월 8일, 서울민사지방법원 합의16부는 "총재 선출 결의 무효 확인 등 본안소송 판결 확정시까지 김영삼 씨는 신민당 총재의 직무집행을, 이민우 박영록 이기택 조윤형 씨는 부총재의 권한을 행사해서는 안 된다. 이 기간 중 정운갑 씨를 신민당의 총재직무대행자로 선임한다"는 직무정지 가처분 결정을 내렸다.[9] 정낭 대표를 법원이 결정하는 헌정사상 전무후무한 일이 벌어졌다. 유신정권 체제에서 사법부는 권력의 시녀라는 것을 다시 한번 실감하는 판결이었다.

김영삼 총재는 9월 10일 기자회견을 열고 사법부의 판결을 "정치권력의 지시에 의한 조작극이라면서 인정할 수 없다"고 하였다. 이날 김영삼은 "민주회복을 바라는 모든 계층의 국민적 역량을 집결하여 범국민적 항쟁을 할 것"이라면서 "이 항쟁을 통해 정권교체 투쟁을 전개할 것을 선언한다"고 밝혔다.[10]

The time has come for the United States to make a clear choice between basically dictatorial regime, increasingly alienated from the people, and the majority who aspire to democracy.[11]
미국은 국민과 끊임없이 유리되고 있는 정권, 그리고 민주주의를 열망하는 다수의 둘 중에서 어느 쪽을 선택할 것인지를 분명히 할 때가 왔다.[12]

김영삼은 9월 16일 『뉴욕타임즈』와 인터뷰에서 박정희 정권을 "국민으로부터 소외되고 있는 독재정권"이라고 규정하였다. 그러면서 "독재정권인지, 민주주의를 열망하는 다수의 국민인지 사이에서 하나를 미국 정부는 분명하게 선택할 때가 왔다"고 하였다. 김영삼은 박정희를 비판하면서 미국의 카터 정부에도 노골적인 압력을 가하였다. 또한 김영삼은 지난 6월 말 방한했던 카터 대통령에 대해 "카터는 박 대통령의 위신을 고양 시켜줌으로써 박 대통령에게 반대세력을 말살시키는 용기를 불어넣어 주었다"면서 "나는 지금도 카터의 방한을 생각하면 분노를 금할 수 없다"고 하였다.

여당은 김영삼의 발언을 두고 민족의 자존심을 무시한 '사대주의'로 단정하였다. 일부에서는 '매국노'라고 규정하면서 국회에서 반드시 정리해야 한다고 주장하였다. 10월 4일 오후 국회는 김영삼 총재를 제명하는 결의안을 민주공화당과 유정회의 의원만으로 전격 처리하였다. 국회 본회의장은 3백여 명의 경찰과 50여 명의 국회 경호원들이 야당 의원의 접근을 막고 본회의를 열어 김영삼 제명 결의안을 통과시켰다.[13] 헌정사상 처음으로 국회의원이 제명된 사태가 발생하였다.

야당 총재의 의원직 제명을 알리는 뉴스를 접하면서, 국민은 그것이 "민주화의 마지막 숨통을 조이는 폭력"이자 "이 땅의 민주화를 조롱"하고 정권 스스로 "유신체제의 말기적 증상임을 자인하는 행위"로 받아들였다.[14] 김영삼은 제명 직후 "오늘의 이 고난은 민주투쟁을 위한 순교로 받아들여질 것입니다. 나는 이제부터 더 무거워진 십자가를 지고 나갈 각오"라면서 자신을 민주주의 순교자로 자처하였다.[15] 4일 아침에는 기자에게 자신을 '의회주의 신봉자'라면서 국민과 더불어 떳떳이 가겠다고 소감을 밝혔다.[16] 김영삼의 제명에 항의하는 신민당 의원 전원과 통일당 의원 3명은 국회의원 사퇴서를 집단으로 제출하였다.[17]

박정희 유신체제에 대해 쌓인 불만이나 분노와 동시에 김영삼 제명이라는 충격적인 소식을 접하면서 그의 정치적·정서적 고향인 부산과 마산의 시민들은 강한 좌절과 울분에 휩싸였다. 김영삼의 의원직 박탈은 "부산과 마산의 시민·학생들을 궐기시키는데 기폭제 같은 중요한 역할을 하였다."

부마민주항쟁이란 1979년 10월 16일부터 10월 20일까지 부산·마산 및 창원 등 경남 일원에서 유신체제에 대항하여 발생한 민주화운동을 말한다.[18] 10월 15일 부산대학교 교내에는 「민주선언문」과 「민주투쟁선언」이라는 두 종류의 격문이 뿌려졌다. 「민주선언문」은 "우리는 학원내의 일체의 외부세력을 배격한다"로 시작하면서 학원의 민주화를 먼저 언급하였다. 이윽고 언론자유, 인권보장에의 신념을 확인하고, 정치권력과 야합된 관료독점자본을 바탕으로 한 한국경제의 구조적 모순, 그리고 대외종속화를 비판하며 반민중적 유신헌법의 철폐와 유신독재 정권의 퇴진을 요구하였다. 그러면서 "제도화된 폭력성과 조직적 악의 근원인 유신헌법과 독재집권층의 퇴진만이 오천만 겨레 통일의 첫걸음이요 승공의 길임을 확신한다"면서 "형제의 피를 요구하는 자유와 민주의 깃발을 우리가 잡고 반민주反民主의 무리, 자유의 착취 무리, 불의의 무리들을 향해 외치며 나아가자"고 선언하였다.[19] 또 다른 격문인 「민주투쟁선언」의 첫 구절을 보면,

한민족 반만년 역사위에 이토록 민중을 무자비하고 처절하게 탄압하고 수탈한 반역사적 지배집단이 있었단 말인가? 반봉건 동학혁명과 반식민 3·1독립 운동 및 무장독립 투쟁에 이어 저 찬란하던 반독재 4월의 학생혁명을 타고 흐르는 한민족의 위대하고도 피로 응어리진 자유평등의 민주주의 정신을 폭력과 기만으로 압살하려던 1961년도 이제 그 막차를 탔음을 우리는 견딜 수 없는 분노가 포효로써 증명한다.[20]

「민주투쟁선언」은 "한민족 반만년 역사 위에 이토록 민중을 무자비하고 처절하게 탄압하고 수탈한 반역사적 지배집단이 있었단 말인가"로 시작하여, 언론봉쇄와 민중에 대한 기만선전, 매판자본가와 관료세력에 의한 한국경제의 종속화와 YH무역 사건 등 병든 근대화의 표상인 노동자 탄압을 비판하면서 유신독재정권의 종언을 선언하였다.[21] 「민주투쟁선언」은 '부산대학교 민주학생 일동' 명의로 배포되었으나, 「민주선언문」은 배포자 명의가 없다. 두 선언문은 격문 마지막에 "1979년 10월 15일 오전 10시 도서관 앞"이라고 모임 일시와 장소를 공지하였다. 「민주선언문」을 배포한 김임선(부산대 기계설계공학과 2년)은 도서관 앞에서 학생들을 기다리는 모습이 경찰에 포착되어 16일 새벽 4시경 자택에서 경찰에게 연행되었다. 김임선은 부마민주항

쟁의 첫 연행자가 되었다.

15일 오전 10시 시위는 이루어지지 않았다. 하지만 「민주선언문」, 「민주투쟁선언」은 학생들의 울분을 그대로 담고 있었기에 학생들의 가슴을 파고들었고 16일 대규모 '독재타도' 시위는 뜨거운 반향을 불러일으켰다. 이러한 상황에서 10월 16일에는 정광민 등이 작성한 「선언문」이 배포되었다. '폐정개혁안' 7개 조항이[22] 담겨있는 「선언문」의 마지막에는 "모든 효원인[23]이여! 드디어 오늘이 왔네. 1979년 10월 16일 10시 도서관으로!"라고 적혀 있었다.

16일 오전 9시 30분경 도서관 앞에는 학생들이 모여들기 시작하였다. 학생들은 애국가와 교가를 시작으로 '기다리는 마음', '우리의 소원', '아침이슬', '선구자', '통일의 노래' 등의 노래를 부르며 전열을 정비하였다. 총장 등 보직교수들이 "학생들이 이러면 안된다"면서 해산을 종용하였다. 학생들은 "어용교수 물러가라"를 외치며 오히려 교수들을 질타하였다. 오전 10시경 부산대학생 2천여 명은 교내에서 '유신철폐', '독재타도'등의 반정부 구호를 외치며 교내시위를 벌였다.

운동장을 돌며 교내시위를 벌이던 학생들은 학교 밖으로 진출을 시도하였다. 학교 정문은 경찰기동대에 의해 봉쇄되어 있었다. 부산시는 부산대 시위 소식을 접하고 시경 소속 제1경찰 기동대와 동래 경찰서 병력을 부산대로 출동시켰다. 경찰은 학생들을 해산시키고자 최루탄과 페퍼포그를 난사하며 교내로 진입하였다. 경찰은 시위 참가 여부와 상관없이 닥치는 대로 학생들에게 진압봉을 휘둘렀다. 무차별적인 폭력이었다.

오전 11시경 학생들은 세 갈래로 나누어 경찰의 저지선을 뚫고 부산 중심가인 남포동과 광복동 등 시내로 진출하였다. 학생들은 '유신철폐', '독재타도'를 외쳤고, 이에 호응한 일부 시민들이 합세하면서 대중시위로 확대되었다. 당시 부마민주항쟁 현장에서는 ① 유신철폐, 독재타도, 박정희 물러가라 ② 야당탄압 중지, 김영삼 총재 제명철회 ③ 부가가치세 철폐 ④ 언론자유 보장하라, 학원자유 보장하라, 학원 사찰 중지, 구속학생 석방하라 등의[24] 구호를 외쳤으며, '김영삼'을 연호하기도 하였다. 이는 정치적 문제와 경제적,[25] 사회적 불만이 복합적으로 작용한 것이다.

오후 2시 '유신철폐' 구호를 외치는 학생시위는 부산 도심 곳곳에서 동시다발적으로 전개되었고, 경찰과 일진일퇴의 공방전이 벌어졌다. 도심은 경찰이 발사한 최루탄 가스로 뒤덮었다. 시민들은 '잘한다'는 격려와 응원을 하며 음식과 화장지 등을 제공하고, 폭력을 행사하는 경찰에게 야유와 욕설을 퍼부었다. 학생 시위대가 뛰어다니는 대열이라면 대중은 박수치며 격려하는 집단적으로 놀라운 결합력을 보여주었다.[26]

오후 들어서면서 부산대학교 시위 소식을 접한 고려신학교(현 고신대학교)와 동아대학교 학생들도 시위에 합류하면서 대규모 시위 행렬이 등장하였다. 저녁 7시 무렵 부영극장 앞 육교를 중심으로 시청(현 롯데백화점 광복점 자리) 앞에서 충무동로터리에 이르는 1.3km의 4차선 도로와 남포동, 광복동 일대의 이면도로는 수만 명의 시민으로 가득 찼다. 시위대의 구성이 다양해졌다. 회사원, 노동자, 상인, 재수생, 고등학생 등이 망라하였다. 시민들이 참여하면서 구호에도 변화가 생겼다. '김영삼 총재 제명을 철회하라'는 구호가 등장했고, 일부는 '김영삼!'을 연호하기도 하였다.

경찰은 시위대에 맞서 광복동 입구에 방어선을 구축하고 서서히 간격을 좁혀 나갔다. 시경 1기동대와 중부경찰서 2개 소대로 구성된 경찰기동대는 시위대열 속으로 진입하여 곤봉으로 시위대를 구타하고 연행해 갔다. 시위대는 경찰을 피해 창선동 제일은행 방면(서쪽)과 대청동 방면(동북쪽), 두 방향을 큰 갈래로 흩어졌다.[27] 쫓고 쫓기는 일진일퇴의 공방전이 벌어지면서 시위는 본격적인 국면으로 접어들었다. 시위대의 '유신 철폐', '독재 타도', '언론 자유', '민주 회복', '학원 자유', '학생 석방' 등의 구호는 더욱 거세졌고, 시민들도 응원을 넘어 합세하였다.

저녁 8시를 넘어서면서 시위는 더욱 격화되었다. 경찰은 학생 시위대는 물론이고 시민들과도 싸워야 하는 형국이 되었다. 시위대가 경찰을 공격하기 시작하였다. 수세적 시위에서 능동적이면서 공세적 태도로 전환한 것이다. 대각사 인근에서는 중부경찰서의 병력수송차량이 시위대에 의해 반파되었고, 이 와중에 경찰 7명이 중경상을 입었다. 이후 님포파출소를 비롯한 많은 파출소가 차례차례 시위대의 공격을 받았다. 1960년 4·19혁명 이후 20년 만에 시위대가 경찰을 공격하는 상황이 발생하였다. 이날 언론기관도 공격 대상이었다. 시위대는 취재 차량을 향해 "뭐 하러 여기 왔느냐"고 힐난했고, TBC동양방송 취재차량과 부산MBC, 부산일보 등이 공격을 받았다. 정권의 나팔수로 전락한 언론에 대한 분노였다.

10월 17일 날이 밝았다. 10월 17일은 10월 유신이 선포된 지 7주년이 되는 날이다. 치열했던 16일 부산의 시위 상황은 중앙 언론에 거의 보도되지 않았다. 다만, 정부는 10월 17일 자로 부산시 경찰국장 이수영 치안감을 대기발령하고 후임으로 치안본부 제2부장 송제근 치안감을 발령했다는[28] 짤막한 단신이 실렸다. 신임 시경 국장 송제근은 '다중범죄 진압작전의 권위자', 즉, 시위 진압에서 역량을 보인 전문가였다. 송제근은 이미 10월 16일 오후 부산에 도착하여 부산시경 야간 참모회의에 참석했고, 시위 진압의 책임자인 것처럼 회의를 이끌었다는 기록이 있다.[29] 부산시경은 주요 대학에 대한 감시와 통제를 더욱 강화하였다. 아침(오전 8시)부터 시내 주요 대학에 사복경찰을 투입하여 시위 주모자를 색출하고 관련 정보를 수집하도록 지시하였다.

부산대는 전날(16일)에 긴급 교수회의를 개최하여 임시휴교를 단행하고 교문에 '임시휴교' 공고를 붙였다. 임시휴교 결정을 모르는 학생들이 오전에 학교로 모여들었다. 대오를 형성한 학생들은 곧장 시내 진출에 나섰다. 완전무장한 경찰기동대의 진압도 강경하였다. 밀고 밀리는 일진일퇴가 계속되었다.

동아대학교 학생들도 12시 도서관 앞에 모였다. 학생들은 '선구자', '우리의 소원' 등을 부르며 연좌시위에 나섰다. 학교 측은 '학사 징계하겠다는 엄포'로 시위 해산을 종용했지만, 연좌시위는 계속되었다. 학생들은 오후 2시경 교문 밖으로 진출을 시도하였다. 이에 경찰은 최루탄을 쏘면서 학교 안으로 진입했고, 학생들은 곳곳으로 흩어졌다. 학생들은 각자 학교를 빠져나가 시내에 집결을 결정하였다. 오후 5시경 대부분 학교를 빠져나와 시내 시위대에 합류하였다.

시내는 정오부터 학생들로 북적였다. 시내 곳곳에는 경찰기동대 병력과 진압 차량이 배치되었다. 오후 3시 구자춘 내무부 장관이 부산시청 앞에서 기자회견을 가졌다. 그는 "경찰에 연행된 학생 1백여 명과 불량배 1백여 명은 경중을 가려 법대로 처리될 것이며, 경찰 56명과 학생 2, 3명이 부상했으나 사망자는 없다"고 밝히면서 "경찰병력을 증강시킬 수 있다"고[30] 으름장을 놓았다.

17일 시위는 부산대뿐만 아니라 동아대학교, 고려신학교 등 여러 대학의 학생들이 참여하였다. 시위 규모도 커졌으며 시위대 구성이 학생뿐만 아니라 다양한 사람들로 확대되었다. 학생으로부터 시작된 시위가 자연발생적이고 자발적인 민중 저항으로 발전하였다.[31]

그 당시로 말하자면 시국에 대한 불만을 가진 사람들이 학생뿐만 아니고 시민들이 굉장히 호응을 했으니까요. 처음에는 호응하지 않았지만 왜냐하면 날이 밝을 때는 이게 노출되기를 꺼려 하잖아요. 그러니까 해가 지면서 남성동, 창동 일대와 불종거리에서 과격해지게 되었는데, 불종거리에서 과격해진 큰 원인 중 하나가 인근 공사장 자재가 무기가 된 것입니다. 어쨌든 이 날 상황은 학생에 의해 시작되어 시민의 참여로 진행된 자연발생적 상황이라고 보면 돼요.[32]

자연적이고 자발적인 시위는 시청 앞, 부영극장 앞, 충무동에서 광복동에 이르는 간선도로, 국제시장, 부평시장, 대각사, 대청사거리 등 적게는 100여 명, 많게는 1,000여 명이 경찰과 충돌하였다. 경찰의 무자비한 진압작전에 맞서 시위대는 파출소를 비롯한 공공시설을 공격하였다. 17일 시위 역시 시작은 대학생이었지만, 청·장년층의 시민과 고등학생 등이 대거 합류하여 시위를 이끌었다. 또한 16일에 시위가 발생하지 않았던 동구와 부산진구까지 시위대가 진출하여 항쟁 지역은 더 확대되었다.

오후 6시 30분, 남포동에 모인 학생들이 '모여라!'는 신호와 함께 애국가를 부르며 시위대를 형성하였다. 시위대는 '독재타도', '유신철폐'를 외치며 국제시장과 충무동 방면으로 진출하였다.[33] 이처럼 시내 곳곳에서 시위대는 경찰과 충돌했고, 흩어졌다 모이는 이합집산을 거듭하였다. 경찰이나 계엄군의 시위 진압과 체포에 대비해서 집결 후 분산되는 시위, '뭉쳤다 흩어지고' '다시 뭉치고 빠지는' 일명 'hit and run'식의 게릴라 전술이었다.[34] 이 때문에 시위의 경로와 양상은 종잡을 수가 없었다. 따라서 경찰지휘부에서도 모든 시위대의 진로나 움직임을 확인하는 것은 현실적으로 불가능하였다. 부마민주항쟁이 산발적이며 비조직적인 시위대였음을 보여주는 사례이다.

부마민주항쟁은 복합적인 요인으로 발생했지만, 지도부가 없었다. 시위의 시작이 부산대, 동아대 등의 학생들로부터 시작되었지만, 시위 경험도 없었을 뿐만 아니라 시위를 주도할 지도부조차 없었다. 그나마 학교 내의 연좌시위는 제한된 공간에 학생이라는 공통점이 있기에 한두 사람의 선동으로 가능하였지만, 도심의 가두시위는 교내시위와는 달랐다. 지도부가 존재하지 않았기에 시위대의 요구사항이 무엇인지, 목표지점은 어디인지가 정해지지 않았다.

항쟁은 새벽까지 이어졌다. 이날 21개의 파출소가 파손 내지 방화되고 경찰차량 6대 전소, 12대 파손, 경남도청, 중부세무소, KBS, MBC, 부산일보 등 주요 기관이 파괴되거나 투석 세례를 당하였다. 경찰도 병력을 대거 투입하였지만, 시위를 효과적으로 막지 못하였다. 경찰의 상황 판단 미숙, 시위에 대처하는 훈련과 경험 부족, 무차별적인 진압에 시민들의 항의 등에 무조건 최루탄만 발사하는 식으로 진압작전을 펼쳤다.

10월 18일, 날이 밝았다. 부산 시민들의 눈이 휘둥그레졌다. 신문 1면에는 '부산에 비상계엄 선포'란 커다란 제목이 달렸고, 계엄포고문 1호가 실렸다. 정부는 17일 밤 11시

부산에 비상계엄 선포
오늘 영시 기해 심야 각의 의결
출처 : 『조선일보』 1979년 10월 18일

30분 중앙청 국무회의실에서 "18일 0시를 기해 부산직할시 일원에 비상계엄 선포"를 의결하였다. 10분 뒤인 11시 40분 김성진 문공부 장관은 중앙청 기자실에서 계엄령 선포 발표 및 계엄령 선포에 따른 대통령 담화를 발표하였다. 박정희 대통령은 담화를 통해 "작금 부산 에서 지각없는 일부 불순분자들이 이 엄연한 국가 현실을 망각, 외면 하고 공공질서를 파괴하는 난폭한 행동으로 사회혼란을 조성하여 시 민들을 불안케 하고 있음은 개탄을 금치 못할 일"이라면서 불순분자 의 망동을 발본색원하겠다고[35] 밝혔다. 계엄사령관에는 군수사령관 박찬긍 육군 중장을 임명하였다. 계엄포고문 ①항은 "일체의 집회·시 위·기타 단체활동을 금한다"는 조치였다. 그리고 각 대학은 휴교 조 치했으며, 야간 통금은 22시로 앞당겨졌다.[36]

박찬긍 계엄사령관은 밤 10시 30분 부산 군수사령부에 계엄사령 부 설치를 명령하였다. 시내 거리에는 계엄포고문과 '친애하는 국민 여러분'으로 시작된 대통령의 담화문이 붙었다. 시위진압을 위해 서 울 송파 거여동에 주둔한 제3공수여단(육사 13기, 여단장 최세창 준장, 하나회 출신)과 포항의 해병 제1사단 제7연대(연대장 박구일 대령)를 투입하였다. 제3공수여단과 해병대 제7연대는 육군본부 '작전명령 제9-79호' 계엄 선포에 따른 병력지원 지시로 부산으로 이동하였다. 제3공수여단은 오전 6시 55분 부산대에 도착했으며, 해병 제1사단 제7연대는 오전 7시 50분에 동아대에 도착하였다. 제3공수여단과 해병 제7연대의 계 엄군은 그동안 경찰의 시위진압과 구별되는 '특수 임무'라는 명령을 부여받았다. 특히 비상계엄 아래의 시위진압은 '강력한 군대, 삼엄한 분위기'의 인상을 주고, 시위가 발생하면 '과감하고 무자비할 정도로 타격하여 데모대의 간담을 서늘하게 함으로써, 군대만 보면 겁이 나 서 데모 의지를 상실하도록' 하여 초동 단계에서 신속하게 진압하도

록 하였다.[37)]

계엄령이 선포된 18일 오전에 일부 대학에서 시위가 있었지만, 본격적인 시위는 저녁 무렵부터였다. 시내 주요 곳곳에는 제3공수여단 병력이 주둔하였다. 남포동에는 15대대(장교43/사병221명)[38)]가 시청과 광복동에는 16대대(44/209명)가 삼엄한 경비를 섰다. 이외에 중부경찰서 중대 병력(3/104명)이 출동하였다. 도심에 배치된 계엄군과 경찰병력은 620명(90/530)을 헤아렸다. 계엄군은 부산역, 부산일보사, 부산우체국, 부산MBC, 부산시경, 시청, 남포동, 부영극장, 중구청, 창선파출소, 미문화원, 대청사거리, 부산대학병원, 법원, 경남도청, 동아대학교 등 중구와 서구 일대 16개소에 탱크와 장갑차를 배치하였다.[39)]

시위대는 많게는 1천여 명, 적게는 300~400여 명의 단위로 전날과 마찬가지로 시내 곳곳에서 모였다 흩어지기를 반복하였다. 전날과 달라진 점은 진압부대가 경찰만이 아니라는 것이다. 진압작전에 투입된 제3공수여단은 공포탄을 발사하고 시위대를 향해 돌격하며 시위진압을 주도하였다. 공수부대의 무자비한 공격을 견디지 못하고 시위대는 큰 피해를 보고 흩어졌다. 제3공수여단의 시위진압에 대해서는 군 당국조차도 "철저하고 간담이 서늘하게 진압작전 실시"하여 "데모의지 말살하였다"고[40)] 자평하였다.

또한 해병 제7연대도 서면에서 "계엄철폐", "유신철폐" 등의 구호를 외치는 시위대에게 위협을 가하며 구타하고 연행하였다. 계엄군의 무차별적인 폭행은 지켜보는 시민은 물론이고 귀가하는 행인들에게까지 이어졌다. 대대적이고 무차별적인 강경진압작전이 펼쳐지면서 부상자가 곳곳에서 속출하였다. 그런데도 시민들은 통금시간 밤 10시를 앞둔 시점까지 끈질기게 시위를 이어갔다. 계엄사령부는 시위가 확산하자 제1공수여단(여단장 박희도 준장, 육사 12기, 하나회 출신)과 제5공수여단

(여단장 장기오 준장, 육사 12기, 하나회 출신)을 추가로 투입하였다.

19일, 공수여단이 중심된 계엄군이 부산 주요 시가지에 배치되어 삼엄한 경계를 섰다. 계엄군은 탱크와 장갑차 등 차량을 이용한 위력 과시에 나서면서 시민들을 위협하였다. 계엄선포와 계엄군 투입으로 더 이상 대규모 시위를 진행할 수 없었다. 간헐적으로 수기로 작성된 벽보가 나붙을 정도였다.

17일과 18일은 부마민주항쟁의 새로운 분기점이 되었다. 부산지역에 국한된 시위가 인근 마산까지 전파되었다. 언론에 보도되지 않았기에 자세한 상황을 알 수 없지만, 부산 소식에 마산 시민들은 조금씩 술렁였다. 10월 18일 아침 이른 시간 7시~8시 사이에 경남대학 교내에서 격문이 발견되었다. 격문에는 '민주회복 대학생동맹' 명의로 '경남대학생 제위'에게 보내는 형식이었다. 나무 기둥에는 "독재자 박정희 파쑈 물러가라! 박정희의 앞잡이 공화당을 말살하자"라는 격문이었다. 또 다른 격문에는, "이 세상에… 세우려는 사람의 무리, 부르짖어라! …찢어져 페이될 때까지 부르짖어라! 일시 : 추후"라고 적혀있었다. 도서관 내에 붙은 격문에는, "학도여! 독재자들의 만행을 보고만 있으렵니까? 이 땅 위에 민주주의 회복을 위하여 우리 총화 단결하여 시위합시다"라는 내용이 '학도'의 명의로 부착되어 있었다. 마산지역의 항쟁에 대해 일부에서는 시위의 사전모의가 있었다고 하지만, 부산대의 「민주선언문」, 「민주투쟁선언」처럼 시위를 주도하는 세력이 없었다. 울분에 가득찬 학생들의 선동적 격문은 부착되었지만, 교내시위의 행동계획과 D-day가 없었으며 주도 세력도 없었다.[41]

18일 아침, 부산에 비상계엄이 선포되었다는 소식은 마산 시민들도 보도를 통해 확인했고, 경남대학 교문에는 '한국일보' 신문 뭉치를 쌓아 놓았다. 그리고 부산 시위의 소식은 빠르게 학생들 사이로 파고

들었다. 학생들은 술렁거렸고, 삼삼오오 모이면 "우리가 이리 있어도 되냐", "뭔가 해야 하지 않느냐", "그냥 있을 수 없지 않으냐", "곧 터지지 않겠느냐" 하는 말들이 오갔다. 오후 1시 30분 도서관 앞에 학생들이 모였다. 교수들은 해산을 종용했으나, 학생들은 계속 모여들었다. 학교당국은 긴급 교수회의를 열어 "19일부터 무기한 휴교합니다"라

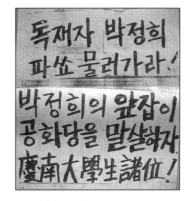

경남대학 격문
출처 : 『부마민주항쟁 진상조사보고서』

는 방송을 내보내면서 학생들의 귀가를 서둘러 줄 것을 요구하였다.[42]

오후 2시 50분경 도서관 앞에 모여 있던 학생들 사이로 정인권이 큰소리로 '분노의 고함'을 낭독하였다. 그의 선동 연설은 경남대 학생들의 자존심을 건드리고 우유부단함을 질타하였다. 여기저기서 "와! 나가자!"는 고함이 터지면서 교문을 향해 달려 나갔다. 교문 밖에는 횡대로 늘어선 전투경찰이 학생들을 막고 있었다. 학생들은 스크럼을 짜고 운동장을 돌면서 "유신철폐", "학원자유", "정권타도"를 외쳤다. 정문 돌파가 어렵다고 판단한 학생들은 마산 3·15의거탑에서 재집결하기로 하였다.

오후 5시경 재집결 장소인 서성동 3·15의거탑 주변으로 학생들이 속속 모여들었다. 학생들이 여기까지 오기까지는 진압경찰과 쫓고 쫓김의 연속이었다. 3·15의거탑 주변은 이미 경찰이 원천 봉쇄하였다. 3·15의거탑 접근이 봉쇄되자 학생들은 구호를 외치며 도로로 나왔다. 창동, 볼종거리, 가야백화점 등 곳곳에 산발적인 시위가 계속되었다. 오후 6시 30분경 시위대는 "가자!", "시내로 가자!" 외치며 시내 중

심가를 향해 움직였다. 하지만 경찰의 저지선도 막강하였다. 시위대는 돌을 던지기 시작했고, 경찰은 최루탄을 쏘며 시위대를 더 강하게 밀어붙였다. 학생 시위대가 행진하는 곳마다 시민들이 손뼉을 치며 응원을 보냈다. 어떤 시민들은 "학생들 잘한다!" 하고 소리치기도 하였다. 시위에 직접 참여하지 않은 일반 시민들도 시위대를 적극적으로 지원하였다.

시위가 격렬해지자 주위의 시민들도 자연스럽게 시위대열에 합류하였다. 시위대의 중심이 학생에서 노동자를 비롯한 시민 중심으로 바뀌었다. 시민들의 전격적인 합류로 인하여 시위대의 규모가 2천여 명 이상으로 불어나면서 시위 저지에 나섰던 경찰 일부가 피신하는 상황이 발생하였다. 잠시나마 '도심에서의 해방공간'이었다.[43] 밤이 되면서 시위대의 열기는 더욱 거셌다. "박정희는 물러가라!", "언론사유 보장하라!" 등의 구호와 최루탄 터지는 소리가 뒤섞였다. 시위대는 파출소의 파괴와 방화로 대응하였다. 이 와중에 학생시위와 시민들의 정치적 불만이 노출되었다. 대표적인 사례가 누군가가 "공화당사로 가자"고 외쳤고, 시민들은 호응하며 박종규 의원 사무실을 공격하였다. 비조직적이고 비계획적이며 비주도적 시위였기에 확실한 목표가 없었고, 즉흥적으로 전개되었지만, 공화당에 대한 정치적 불만은 극에 달하였다.

부산과 마산의 항쟁 시작은 학생이 촉발하였다. 하지만 소시민, 영세상인, 도시빈민, 접객업종업원, 자영업자, 노동자, 재수생, 고등학생 등 기층도시민도 학생들의 시위에 참여하였다. 그렇지만 박정희 인식은 달라지지 않았다. 박정희는 부마민주항쟁의 원인을 야당인 '신민당의 조종'이라고 믿고 있었다. 부산과 마산이 신민당 총재 김영삼의 정치적 기반이라는 선입견과 경호실장 차지철의 잘못된 보고도 박정희의 잘못된 인식에 주요하게 영향을 미쳤다. 박정희는 부마민주 항쟁이 자발적인 반유신 민중항쟁이 아니라 신민당의 조종으로 일어 났으며, '식당보이', '똘마니', '깡패' 등에 의한 단순한 소요사태로 인 식하였다.[44] 이는 경호실장 차지철의 영향이었으며, 차지철은 '불순세 력과 야당의 배후 조종'에 의한 소요를 강압적으로 진압해야 한다는 의견을 박정희에게 보고하였다. 반면, 김재규 중앙정보부장은 부산 시민들의 자발적인 시위라고 보고하였다.

마산 시가지를 뒤흔들었던 치열한 항쟁의 밤이 지나고 10월 19일 아침이 되었다. 도로에는 온통 깨진 유리조각과 돌멩이, 벽돌, 각목 등이 널려 있고 유리창, 간판이 파손된 건물이 곳곳에 있어 간밤의 격렬했던 시위 상황을 말해주고 있었다. 이른 아침부터 시청에서는 청소 차량을 동원해 거리 청소에 나섰다. 각 파출소를 비롯한 공공건 물에서도 유리창을 갈아 끼우고 페인트칠을 다시 하는 등 복구에 나 섰다. 19일 밤이 되면서 시내 중심지에는 "유신철폐", "민주회복" 등 구호를 외치며 100여 명에서 300여 명의 시위가 곳곳에서 산발적으 로 일어났다.

마산지역의 시위가 시내 곳곳에서 계속되자 정부는 군 병력을 투 입하였다. 20시 55분경 진해의 해군 통제부 병력 272명(20/252)이 마산 으로 이동했고, 21시 5분에는 진해의 수송교육대 장갑차(APC) 3대가 마산으로 이동하였다. 22시 8분 부산지역 시위진압에 투입된 제1공수 여단 2대대 병력 235명(44/191)을 마산에 투입하기로 하였다. 제1공수 여단 2대대 병력은 20일 0시 45분 마산에 도착하여 39사단에 배속되 었다. 계엄령이나 위수령이 발동되지도 않았음에도 특전사 부대가 투 입되었다. 이는 최고 통수권자의 명령이 아니고는 불가능한 일이다.

그리고 20일 오후 12시부로 마산과 창원지역에 위수령을 발동하였다.[45] 경남 마산지역 작전사령관 조옥식 소장 명의로 "마산시 및 창원출장소 일원에 학생과 불순분자들의 난동 소요로 軍이 마산시의 안녕과 질서를 유지하기 위해 위수령을 발동했다"고 밝혔다.[46] 위수령의 발동으로 제5공수여단 병력 1,461명(254/1,207)이 마산에 투입되었고, 20일 새벽 도착한 제1공수여단 2대대 병력은 다시 부산으로 복귀하였다.

시위대의 습격으로 파괴된 마산 선호파출소
출처 : 김하기, 『부마민주항쟁』

20일 오후 2시 30분 마산지역 투입된 제5공수여단 병력과 제39사단 병력 1,500명(260/1,240)은 장갑차 5대와 차량 89대를 타고 시가지를 돌며 무력시위에 나섰다. 시민들에게 공포 분위기를 조성하기 위함이었다. 그리고 오후 5시 최창림 마산경찰서장은 기자회견에서 "일부 학생과 불순분자가 합세 소요를 일으켜 공공건물을 방화 파괴"하었고 "화염병과 각목 등을 사용했는가 하면 사제총기까지 사용했다"고 발표하였다.[47] 언론에서는 '사제총기'를 부각시켰으며, '사제소형총구조도'를 보도하기에 이르렀다.

최창림 서장의 발표에 의하면 "18일 밤 10시 마산시 창동 황금당

골목 소요 현장에서 불순분자가 총기를 발사, 도주하는 것을 보고, 이를 목격한 시민이 추격하자 현장에서 유기하고 도주했다"면서 "이 총기의 사용 목적은 소요 군중 속에 섞여 소요 가담자를 배후에서 사격, 살상함으로써 군중을 흥분케하여 사태를 악화시키고 발포 책임을 당국에 전가시키는데 있다"고 말하였다.[48]

사제총기는 총신과 뇌관의 길이가 10cm 직경 1.15cm 크기이며, 탄두가 있는 약실은 길이 5.7cm 직경 1.4cm 크기라고 보도하였다. 사제총기의 전체 길이는 대략 만년필 크기 정도이다. 그런데 구조도와 실제 모양은 차이가 있다. 구조도의 '탄두'란 부분이 실제 모양에서는 없다. 아울러 당시 언론에서는 이 '사제총기'에 대해서 "군에서 사용하는 휴대용 신호탄 발사기와 원리가 같고 모습도 흡사하다"고 보도하였다. 당시 보안사는 '사제총기'를 사제 신호탄이라고 했으며, 이 목적은 방화용으로 제작되었으나 큰 위력은 없다고 하였다.[49]

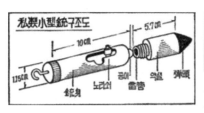

사제소형총구조도
출처 : 『조선일보』 1979년 10월 21일

사제총기
출처 : 『부마민주항쟁 진상조사보고서』

최창림 서장의 발표처럼 당시 시위대에서 실제로 '사제총기'가 발사되었을까? 보안사는 이를 신호탄이라고 했기에, 만약 발사되었다면 불빛이나 연기 등이 나왔을 것이다. 하지만, 시위대에게 신호를 알리는 불빛이나 연기가 부산과 마산지역에서 있었다는 증언은 지금까지 없다. 물론 경찰이나 군 수사기관에서도 그러한 발표나 일지가 작성된 게 없다. 정부는 부산과 마산지역의 시위를 '불순분자의 난동'으로 규정하였다. 불순분자의 배후 조종 세력이 존재했다는 인식을 심어주기 위한 왜곡이며, 시위에 관한 폭력적 진압을 정당화시키기 위해 조작했을 가능성이 크다고 본다.

10월 16일~26일까지 부산지역의 연행자는 총 1,060명이며, 이 가운데 A급은 63명, B급은 526명, C급은 471명이다. 마산지역 연행자는 총 505명으로 구속자는 59명이고, 즉결심판 대상자는 125명, 훈방자는 321명이다.

지역	군법회의		일반재판		즉결심판	훈방	합계
	기소	불기소	기소	불기소			
부산	43	2	6	12	526	471	1,060
마산	46	0	5	8	125	321	505
총계	89	2	11	20	651	792	1,565

부산지역에서는 연행자를 A급, B급, C급으로 분류했으나 마산지역은 분류하지 않았다.[50] 부마민주항쟁 진상보고서에 따르면 총연행자는 1,565명이다. 이 중에서 군법회의 기소자는 부산지역 43명, 마산지역 46명이며, 일반재판 기소자는 부산지역 6명, 마산지역 5명으로 밝혀졌다.

부산지역 군법회의 기소자는 1979년 11월 6일 2명(방경희, 이희성)은 징역 3년~6개월 형이 선고되었고, 항소심에서 징역 1년~6개월에 집행유예 2년이 선고되었다. 1979년 11월 28일 계엄보통군법회의는 41명 중 14명은 징역형을 선고받았고, 27명은 공소기각 결정이 내려졌다. 14명은 징역 3년~6개월 형을 선고받았다. 대체로 형집행정지로 풀려난 경우가 많았으나, 형기 만료로 출소한 사람(황상윤, 1981년 1월 7일

출소)도 있다. 마산지역 군법회의 기소자 46명은 1979년 11월 28일 열린 보통군법회의 선고공판에서 6명에게 징역형이 선고되었고, 40명은 군검찰의 공소 취소로 공소기각 결정이 내려졌다. 징역형이 선고된 6명은 2년~6개월 형을 선고받았고, 대부분 형 집행면제로 석방되었다. 일반재판에서 기소된 11명이다. 이들은 1979년 12월 8일 대통령공고 제67호에 의해 대통령긴급조치 제9호가 해제됨에 따라, 1979년 12월 8일 구속취소로 모두 석방되었다.

일반재판 기소자 부산지역 6명과 마산지역 5명에게 검찰은 긴급조치 제9호 위반죄와 집시법 위반죄를 적용하여 공소를 제기하였다. 법원은 1979년 12월 8일 긴급조치 9호가 해제됨에 따라 이들에게 면소판결을 내렸다.

3. 부마민주항쟁과 김재규

부마민주항쟁 진상보고서에는 "부마민주항쟁이 10·26사건을 촉발하여 마침내 박정희 유신체제는 종말을 고했다. 이후 신군부의 등장으로 온 국민의 염원이던 민주사회로의 회복은 좌절되었으나, 부마민주항쟁은 1980년 5·18민주화운동을 거쳐 1987년 6·10민주항쟁에 이르기까지 1980년대 민주화운동의 밑거름이 되었고, 오늘날 한국 민주화운동의 역사적 유산이 되었다"면서 부마민주항쟁의 역사적 위상을 강조한다. 오늘날 언필칭 대한민국의 4대 민주화운동이라고 일컫는 부마민주항쟁은 유신체제를 종식했던 것일까?

부마민주항쟁이 박정희 유신체제의 폭압에 맞서 학생과 시민들의 자발적인 저항운동이었다는 것은 부인할 수 없는 사실이다. 또한 박정희의 18년 독재권력 붕괴에 촉매제 역할을 하였다. 엄혹한 시절에 학생과 시민들이 자발적으로 폭압에 맞섰다는 자체만으로도 역사적으로 의의가 크다고 할 수 있다.

부마민주항쟁으로 1979년 10월 18일 부산에 계엄령이 내려지고, 20일 마산에 위수령이 내려지면서 자발적인 시민들의 저항운동은 수면 아래로 가라앉았다. 그리고 박정희의 유신권력은 여전히 민주공화국의 기본원칙과 국민의 기본권이 무시된 반민주적 정치체제를 유지했고, 독재권력의 폭압은 계속되었다. 박정희의 천하 호령에 어떤 영향도 미치지 못하였다. 오히려 당시 시국을 정확하게 보고한 중앙정보부장 김재규보다 상황을 오판한 경호실장 차지철의 정보를 더욱 신뢰하였고, 그 신뢰를 바탕으로 계엄령까지 선포하며 의기양양하였다.

왜 그랬을까. 1인 절대권력에는 아부와 아첨만 필요하였다. 폭압적인 통치자, 포악한 지도자가 보인 습성이 박정희의 내면에 깊이 자리하였다. 폭압과 포악의 유신체제는 10월 26일 궁정동에서 울린 총소리에 의해 종식되었다.

부마민주항쟁이 유신체제 붕괴에 직접적이고 결정적인 영향을 미쳤다고 하기 위해서는 김재규에 관한 연구가 필요하다. 김재규를 '의인'으로 보던 '원흉'으로 보던 유신체제의 붕괴는 10·26총격사건이 직접적이고 결정적 이유라는 것을 부인할 수 없기 때문이다. 따라서 김재규는 10월 18일 부산에 내려와 무엇을 보았고, 관계관 회의[51]에서 어떤 태도를 보였는지 파악해야 한다.

국민, 특히 학생들의 유신체제에 대한 저항은 더욱 거세어졌고 급기야 부산·마산사태로까지 발전하였던 것입니다. 부마사태는 그 진상이 일반국민에게 잘 알려지지 않았지만 굉장한 것이었습니다. 특히 부산에는 본인이 직접 내려가서 상세하게 조사하여 본 바 있습니다만 민란의 형태였습니다.

본인이 확인한 바로는 불순세력이나 정치세력의 배후조종이나 사주로 일어난 것이 아니라 순수한 일반시민에 의한 민중봉기로서 시민이 데모대원에게 음료수와 맥주를 날라다 주고 피신처를 제공하여 주는 등 데모하는 사람과 시민이 완전히 의기투합하여 한 덩어리가 되어 있었고 수십대의 경찰차와 수십 개소의 파출소를 파괴하였을 정도로 심각한 것이었습니다.

그것은 체제에 대한 반항, 정책에 대한 불신, 물가고 및 조세저항이 복합된 문자 그대로 민란이었습니다. 이러한 사태는 본인이 당시에 갖고 있던 정보에 의하면 서울을 비롯한 전국 5대 도시로 확산되어 연쇄적으로 일어나게 되어 있었습니다. 국민들의 유신체제에 대한 저항은 일촉즉발의 한계점에 와 있었던 것입니다.[52]

위 인용문은 김재규의 「항소이유 보충서」의 내용이다. 김재규는 '부마사태'[53]를 체제에 대한 반항, 정책에 대한 불신, 물가고 및 조세저항이 복합된 '민중봉기', '민란'으로 규정하였다. 「항소이유서」란 자신을 방어하기 위한 전제에서 작성된 것이기에 일방적 주장에 불과하다고 볼 수 있다. 박정희를 오랫동안 취재하고 연구한 조갑제는 전직 정보부 간부 K씨를 통해 김재규와 일화를 소개하였다. K씨는 정보부 안에서 보고서를 잘 쓰기로 이름이 난 사람이었다고[54] 조갑제는 소개하였다.

김재규는 1979년 10월 18일 오후 부산에서 서울로 올라오자마자 K씨를 부장실로 불렀다. 피로한 표정이었다. 김 부장은, 자신이 메모한 종이를 건네주면서 "각하께 보고할 문서로 정리해달라"고 하였다.

K씨는 자신의 사무실로 돌아와서 김 부장의 메모를 읽고 깜짝 놀랐다. 비상

계엄령을 부른 부산 시위의 원인에 대하여 「첫째, 장기 집권에 대한 반감」
이라고 적혀 있고 대책으론 「첫째, 유신헌법 철폐, 직선제로 개헌」이라고 되
어 있었던 것이다.

K씨는, 박 대통령이 가장 싫어하는 말이 '장기집권', '유신철폐'인데, 정보부
장이 시위 학생 같은 이야기를 하고 있으니 놀랄 수밖에 없었다. 그는 메모
를 다듬으면서 완곡한 표현으로 바꾼 뒤 부장실로 올라가 제출하였다. 김
부장은 훑어보더니 보고서를 홱 던지면서 화를 냈다. 무서운 눈매로 노려보
는 것이었다. 왜 정확하게 쓰지 않느냐는 질책이었다. K씨는 "이렇게 보고하
면 각하가 화를 내실 것입니다"고 하였다. 김 부장은 "졸병은 졸병 일에 충
실해야지 장군처럼 생각하면 안 돼!"라고 하였다. K씨는 메모에 충실하게
보고서를 다시 써 올렸다고 한다.

김재규의 입이 아닌, 다른 사람을 통해 김재규가 본 '부마사태'라
는 점에서 매우 의미가 있다. 김재규는 '부마사태'의 원인으로 '장기
집권에 대한 반감'이라고 적었고, 이에 대한 대책으로 '유선헌법 철
폐, 직선제로 개헌'이라고 보았다. 김재규의 '부마사태'에 대한 인식의
보고서를 받아 본 박정희는 버럭 화를 내면서 "앞으로 부산 같은 사
태가 생기면 이제는 내가 직접 발포 명령을 내리겠다. 자유당 때는
최인규나 곽영주가 발포 명령을 하여 사형을 당하였지만 내가 직접
발포 명령을 하면 대통령인 나를 누가 사형하겠느냐"고 역정을 냈다.
이에 차지철 경호실장은 "캄보디아에서는 300만 명을 죽이고도 까딱
없었는데 우리도 데모대원 100만~200만 명 정도 죽인다고 까딱 있
겠습니까"[55]하며 박정희를 거들었다.

대통령은 국민을 학살하라는 명령을 내릴 수 있고, 그래도 누구도
처벌할 수 없다는 것이 박정희의 사고이다. 거기에 박자를 맞추어 1

백만 명은 죽여도 아무렇지 않다는 아첨과 아부가 판치는 무도한 권력을 김재규는 목격하였다. 그는 단순히 목격한 것이 아니라, 무도한 권력에서 가장 많은 정보를 다루는 일원이었다. 김재규가 다룬 정보 속에서는 권력의 치부도 담겨있다. 대표적인 사례가 박정희 자제(박근혜와 박지만)의 은밀한 사생활이다.

김재규가 부마민주항쟁을 "불순세력이나 정치세력의 배후 조종이나 사주로 일어난 것이 아니라 순수한 일반시민에 의한 민중봉기"라고 했지만, 박정희는 '신민당의 조종'에 의한 난동으로 규정하였다. 김재규의 이러한 인식에는 부산대학교에서 살포되었던 「민주선언문」, 「민주투쟁선언」, 「선언문」도 영향을 미쳤을 것이다. 「선언문」을 일부를 보면,[56]

소위 유신헌법을 보라! 그것은 법이 아니다. 그것은 국민을 위한 법이라기보다는 한 개인의 무모한 정치욕을 충족시키는 도구에 지나지 않는다. 〈중략〉 모든 정당한 비판과 오류의 시정을 요구하는 순수한 의지를 반민족적 행위 운운하면서 무참히 탄압하는 현 정권의 유례없는 독재, 이러고도 우리 젊은 학도들은 작금에 벌어지고 있는 사회 문제에 방관만 하고 있을 것인가!

부마민주항쟁은 유신체제로 일컬어지는 1인 독재체제의 종식에 커다란 영향을 미쳤다. 조직되지 않았지만, 민중은 자발적으로 유신독재에 저항하였다. 대한민국의 민주주의 역사에 커다란 발자취를 남겼던 부마민주항쟁…. 그 이면에 존재한 김재규란 인물도 다시 한번 조명할 필요가 있지 않을까.

2장
야수의 심정으로 유신의 심장을 쏘다

1. 궁정동의 총소리

한편, 일체의 권력이 혁명정권에 집중되었기 때문에 권력이 남용되지 않도록 국가재건최고회의는 이에 만전의 대비책을 세워야 할 것이다. 본래 권력은 부패하기 쉽고 더욱이 절대권력은 절대적으로 부패하는 경향이 있다함은 정치학적 법칙이다.[57]

『사상계』 1961년 6월호에 실린 장준하의 글 일부이다. 5·16쿠데타를 지지하는 듯한 이 글에는 진정으로 '혁명'이 성공하기를 바란 장준하의 충언이었다. 권력이 혁명정권에 집중되었기에 만전을 대비할 것을 충언했고, '절대권력은 절대적으로 부패한다'는 정치학적 법칙까지 언급하며 절대권력자로 군림하지 않기를 바랐다. 그러나 박정희는 자신은 예외일 거라고 믿었다. 온진히 자신민의 착각이었다.

"탕! 탕!"
두 발의 총소리는 초저녁 궁정동의 적막을 깼다. 간발의 차이를 두고 십 수

발의 총성이 콩 볶듯이 뒤를 이었다.

1979년 10월 26일 저녁 7시 42분, 박정희 대통령은 궁정동 안가에서 정보부장 김재규의 총탄에 맥없이 쓰러졌다. 박정희의 절대통치 18년이 막을 내리는 순간이었다.

"형님, 각하를 좀 똑바로 모십시오."

"각하, 이따위 버러지 같은 놈을 데리고 정치를 하니 정치가 올바로 되겠습니까."

"차지철이 이놈!"

"탕!"

김계원 비서실장과 박정희 대통령에게 마지막 '건의'를 올린 김재규는 곧바로 차지철을 향해 권총을 뽑아 들었다.

순간 연회석은 아수라장으로 돌변하였다. 차지철은 권총을 낚아채려고 오른팔을 내밀었고 동시에 김재규는 방아쇠를 당겼다. 총탄은 차지철의 오른손 팔목을 꿰뚫었다.

"김 부장, 왜 이래, 왜 이래…"

"이거 무슨 짓들이야!"

"탕!"

차지철과 박 대통령의 고함소리는 곧이어 터진 또 한 발의 총성에 묻혀버렸다. 김재규가 자리에서 일어서면서 쏜 총탄은 박 대통령의 오른쪽 가슴 윗부분을 관통하였다.[58]

1979년 10월, 대한민국 현대사의 물줄기를 바꾸는 거대한 폭발음이 궁정동에서 울려 퍼졌다. 1961년 5·16쿠데타로부터 1979년 10월 26일까지 만 18년 5개월 10일 동안의 절대권력이 막을 내렸다. 그것도 자기의 부하가 쏜 총에 맞아 생애를 마감하였다. 장준하의 충언을 들었다면 어떠했을까….

10월 26일 무슨 일이 있었던 것일까? 1979년 10월 26일 박정희 대통령의 접견일지를 통해 그의 행적을 추적해 보자. 접견일지에는 "1979년 10월 26일 금요일(일기 청淸)"이라고 표기되어 있다.

1979년 10월 26일 아침부터 청와대는 분주하였다. 박정희 대통령은 오전 11시 충남 당진군 신평면 운정리 삽교천 하구에서 '삽교천 방조제와 삽교호' 준공식과 새로 건립된 KBS당진송신소 준공식에 참석할 예정이었다. 당진송신소는 대북 방송을 위한 송신탑으로 보안을 유지해야 하기에 이날 준공식도 비공식적으로 열렸다. 당진송신소의 주무 책임자는 중앙정보부장이다.

박정희는 오전 9시 40분 이발하고, 9시 55분에 경호실장 차지철을 만나 정치권 소식을 들었다. 오전 10시 27분 청와대 내 헬기장에서 전용 헬기를 타고 삽교천 방조제 준공식으로 이동하였다. 이때 석 대의 헬리콥터가 이륙하였다. 제1호기는 대통령과 김계원 비서실장, 차지철 경호실장 이희일 농수산부 장관, 서석준 경제수석비서관이 수행하였다. 제2호기는 청와대 비서관이 탑승했으며, 제3호기는 대통령 경호원이 탑승하였다. 앞서 김재규는 차지철에게 전화를 걸어 헬기에 동승할 수 있는지를 물었다. 차지철은 매몰차게 거부하였다. 김재규는 승용차를 이용해 현장으로 내려갔기에 삽교천 방조제 준공식장으로 가지 못하고 곧장 당진군의 KBS당진송신소로 향하였다.

오전 11시 2분 대통령을 태운 헬기가 삽교천 기념식장에 도착하였다. 박정희는 삽교천 방조제 준공식에서 테이프 커팅식과 주변을 둘러보았다. 옆에는 이희일 농수산부 장관이 수행하였다. 삽교천 방조제 준공식을 마친 박정희는 12시 10분경 KBS당진송신소 준공식에 참석하였다. 당진송신소는 중앙정보부가 운영하는 대북 방송 송신소였다. 김재규가 차지철 경호실장에게 헬기 동승을 요구했던 이유는 자신이 책임자로 있는 준공식에 대통령이 참석하기 때문이었다.

KBS당진송신소 준공식에 참석 후 박정희는 충남 아산에 있는 도고온천 관광호텔로 이동하였다. 도착한 시간은 12시 45분이다. 이곳에서 오찬을 하였다. 오찬을 마치고 오후 1시 53분 도고온천을 출발하였다. 청와대의 접견일지에는 기록되어 있지 않지만, 박정희는 인근에 있는 아산 현충사를 상공에서 둘러보고 서울로 돌아온 것으로 전해지고 있다. 서울 상공에서도 곧바로 내리지 않고 서울을 한 바퀴 돌았다고 한다. 오후 2시 32분 청와대로 복귀하였다. 이를 '귀저歸邸'로 표기하였다. 이후 오후 6시에 궁정동 안가로 떠나기 전까지는 아무도 만나지 않았다. 다음 일정이 없었다면 6시 퇴근이다. 접견일지에는 없지만, 오후 4시 정도 차지철 경호실장에게 연락하여 궁정동 안가의 만찬을 지시하였다. 이윽고 5시에 임방현 대변인에게 연두기자회견 준비를 채근하였다. 그리고 접견일지에는 오후 6시 '출저出邸'. 즉, 오후 6시 청와대를 나와 궁정동 안가로 이동하였다. 안가에 도착 시간이 6시 5분 경이다. 접견일지 마지막에는 "1950 궁정동 만찬 중 서거"라고 기록되어 있다. 즉, 저녁 7시 50분에 서거했다는 기록이다.

총격이 시작된 시간은 저녁 7시 40분이다. 이때 박정희는 가슴과 머리에 두 발의 총을 맞았다. 김계원 비서실장이 육군병원으로 이송했고, 최종적으로 사망에 이른 시간이 저녁 7시 50분이다. 그 시간(1950)이 박정희가 대통령으로서 접견일지에 마지막으로 적혀 있다.

국민들은 궁정동 안가에서 총격이 있기 40분 전, 저녁 7시 뉴스를 통해 '삽교천지구 농업종합개발사업 삽교호 준공'의 큰아치를 배경으로 박정희 대통령과 이희일 농수산부 장관 등이 준공 테이프 자르기와 연설, 그리고 주변을 둘러보는 박정희의 모습을 생생하게 봤다. 그런데 다음 날 아침 7시 23분 문공부 장관 김성진이 중앙청 기자실에 나와 '박정희 서거'를 발표하였다. 언론은 즉각 호외를 발행하여 박정희의 사망 소식을 전하였다. 전국이 슬픔의 도가니로 빠졌다. 박정희의 장례식은 11월 3일 국장으로 거행되어 동작동 국립묘지에 안장되었다.

박대통령 서거 : 비상계엄 전국 선포
출처 : 『동아일보』 1979년 10월 27일 「호외」

2. 10·26 만찬에 있었던 사람들

궁정동 안가는 어떤 곳이고 이날 만찬회는 누가 주최했던 것일까? 궁정동에는 다섯 개의 연회장이 있었다. 구관과 가동이라고 불린 신관, 세검동 그리고 새로 신축한 나동과 다동이다. 10월 26일 만찬은 새로 신축한 나동에서 있었다. 이곳 나동에서는 이미 서너 번 정도 만찬이 있었다. 만찬 참석자는 박정희, 김계원, 김재규, 차지철이었으며, 항상 박정희 지시로 이루어졌다. 김계원은 박정희가 퇴근하기 전까지 어떤 약속도 잡을 수 없었다고 한다.

10월 26일 만찬은 언제 계획되었던 것일까? 이날 만찬을 가장 먼저 접한 사람은 차지철 경호실장이다. 오후 4시 인터폰이 울렸다. 박정희의 지시에 따라 김재규 정보부장에게 만찬을 통보하였다. 그리고 김계원 비서실장에게도 오후 4시 반 경 만찬을 통보하였다.[59] 궁정동 안가 책임자 박선호 의전과장은 4시 25분경 청와대 정인형 경호차장으로부터 나동에서 대행사[60]가 있다는 연락을 받고, 나동 책임자인 남효주 사무관에게 이를 통보하였다.

김계원 비서실장이 안가에 도착한 시간은 오후 5시 40분경이다. 안가에는 이미 중앙정보부장 김재규가 와 있었다. 김재규는 4시 30분쯤 궁정동에 도착하여 행사장을 점검하고 김계원을 만나 궁정동 정보부 본관 응접실에 간단하게 대화를 나누었다. 김재규는 김계원 비서실장에게 "오랜만에 정승화 육군 참모총장을 저녁에 초대했는데, 왜 하필 이날에 갑자기 각하가 부르는지 모르겠다"고 하소연을 늘어놓았다고 증언하였다. 김재규는 정보부 궁정동 본관에서 정승화 육군 참모총장과 저녁 약속이 되어 있었다.

하지만 김재규는 사실심리에서 정승화 총장에게 전화한 시간을 오후 4시 15분~30분 사이라고 말하면서, "저녁이나 같이하자고 하오 6시 반까지 제2식당으로 오라고 했다"고 진술하였다. 검찰이 "전에도 대통령과 겹쳐서 초대한 일이 있나?"란 질문에 김재규는 "보통의 경우 없습니다. 이날은 접촉할 필요가 있어서였습니다"고 답변하였다. 김재규는 정승화 총장 이외에 중앙정보부 제2차장보 김정섭에게도 똑같이 전화하였다. 이때쯤 김재규는 어느 정도 거사를 계획했을 가능성도 있다. 다만, 거사를 누구와 모의한 것도 아니었고 또한 만찬장의 분위기에 따라 상황은 언제든지 바뀔 수 있는 모호한 상태였다.

김재규와 김계원은 짧은 대화를 나누고 5시 40분경 만찬장인 나동 정원 현관 앞에서 대통령을 기다렸다. 이때 김재규가 "지금 사회 공기가 얼마나 험한 줄 아십니까. 김 실장(김계원 지칭)은 잘 모를 겁니다. 부산에서 계엄령이 선포되어 우선은 조용하지만, 몇 일이나 가겠습니까. 맑은 물에 무엇 같은 놈 한 마리가 앉아서 자주 물을 흐려놓으니 일이 되겠습니까. 오늘 저놈을(차지철 지칭) 해치워야지 올바로 되지 저놈이 각하의 판단을 흐려놓는 한 잘 될 수 없습니다"라고 말하였다. 김계원은 "그 친구 한두 사람 이야기만 듣고 각하에게 쫓아가서 이야기하고 그 친구 강경해서 야단이야"라고 말하였다. 이때 김재규가 "그 친구 오늘 해치워 버릴까"하자 김계원은 묵묵히 고개만 끄덕였다. 김계원은 재판장에서 대통령까지 해치울 것은 생각 조차 못 했다고 말하였다.

당시 만찬을 김재규 정보부장이 주최한 것으로 정부는 발표하였다.[61] 그러나 김계원과 김재규 발언으로 보면, 갑작스럽게 대통령의 지시가 있었고, 이들은 직책상 어쩔 수 없이 참석했다는 것을 짐작할 수 있다. 이날 만찬은 박정희의 지시로 이루어졌다는 것이 재판 과정에서 밝혀졌다. 또한 궁정동 본관에 정승화 육군 참모총장이 이미 와 있었음에도 같이 동석하지 않은 것을 두고, 김재규와 정승화의 사전 모의를 주장한다. 김계원의 말에 의하면, 이곳 안가에서는 네 사람만이 은밀하게 몇 차례 만찬이 있었다. 그 선택은 항상 박정희의 몫이다. 그러하기에 이외의 사람을 대통령의 허락도 없이 임의로 참석시킨다는 것은 상상할 수 없는 일이었다.

10월 26일 저녁 6시 5분경 박 대통령과 차지철 경호실장이 안가에 도착하였다. 미리 와 있던 김계원과 김재규가 합류하였다. 6시 30

분경 박선호가 심수봉과 신재순을 안가로 데리고 왔다. 이때 이미 만찬은 시작되었다. 만찬장에서는 정치이야기가 먼저 시작되었다. 박정희가 "부산사태(부마항쟁 지칭)를 신민당이 개입해서 개각 등을 주장한다"며 "중앙정보부가 더 정확한 정보를 수집해야 한다"고 김재규 부장을 꾸짖었다. 6시40분경 술 시중 등 여자 2명(심수봉과 신재순)이 들어왔는데, 정치이야기 때문에 10분 후 들여보냈다. 6시 50분경 심수봉62)과 신재순63)이 다시 만찬장에 들어갔다. 그들은 만찬장에 들어가기 전 비밀 유지 각서뿐만 아니라 차지철 실장으로부터 각하 모시는 데에 있어서 주의해야 할 사항을 들었다.

7시 뉴스에 삽교천 방조제 준공식을 방영했고, 참석자 일행은 뉴스를 시청하였다. 7시 20분 뉴스가 끝나고 박정희의 지시로 TV를 껐다. 심수봉의 증언에 따르면, 삽교천 준공식 보도 이후 "신민당 총재 김영삼과 미 대사가 만난다"는 뉴스를 보고 박정희는 "총재도 아닌 사람과 무슨 이야기를 한다는 것인지 모르겠다"고 했다고 한다. 그리고 김재규에게 "깡패들 사진만 말고 진짜 사진을 좀 보여달라"고 하자 김재규는 "예"하고 대답했다고 한다. 뉴스가 방영된 시간에 김재규는 자주 방을 들락거렸다.

김재규는 법정에서 만찬 중 세 차례 자리를 떴다고 하였다. 첫 번째는 심수봉과 신재순이 만찬장으로 들어온 시점이며, 이때는 화장실에 갔다. 두 번째 시기는 7시가 조금 넘은 시간이다. 이때 김재규는 만찬장을 나와 50m를 걸어 인근 궁정동 본관으로 갔다. 식당으로도 쓰이는 1층 회의실 문을 여니 정승화 총장과 김정섭 2차장보가 있었다. 잠시 대화를 나눈 김재규는 곧장 2층으로 올라가 자신의 책장 선반 뒤에 감추어 두었던 권총을 꺼내 바지 주머니 속에 넣었다. 이는 처음부터 박정희를 저격할 목적이 없었다는 것을 짐작할 수 있다. 만찬장의 분위기. 즉, 박정희의 질타와 그를 부채질하는 차지철을 보면서 심경의 변화가 생겼을 것이다. 이때가 밖에 있던 박흥주와 박선호에게 거사를 지시한 시점이다.

세 번째 시기는 거사 일보 직전이다. 뉴스를 끄고 박정희가 노래나 한 곡씩 들어보자고 하여, 심수봉이 대기실에서 기타를 들고 와서 「그때 그 사람」과 「눈물젖은 두만강」을 불렀고 다음으로 차지철을 지목하였다. 차지철은 「도라지」와 「나그네 설움」을 불렀다. 차지철에 이어 신재순이 심수봉의 기타 반주에 맞춰 「사랑해」를 불렀다. 7시 38분경 주방의 남효주 사무관(안전가옥 식당관리)이 만찬장에 들어와 김재규에게 귀엣말로 "과장님이 뵙자고 합니다"고 전달하였다.[64] 김재규가 밖으로 나와 정보부 의전과장 박선호[65]로부터 "준비가 끝났습니다"란 말을 듣고 다시 술자리로 돌아왔다. 김계원은 그날 총격 직전에 다음과 같은 얘기가 오갔다고 증언하였다.

박정희 : 미국의 브라운 장관이 오기 전에 김영삼이를 구속 기소하라고 했는데 유혁인[66]이가 말려서 취소했더니 역시 좋지 않아. 국방장관 회의고 뭐고 볼 것 없이 법대로 하는데 뭐가 잘못이란 말이야. 미국놈은 범법해도 처벌 안하나.

김재규 : 김영삼은 사법조치는 아니지만 이미 국회에서 제명된 걸로 처벌했다고 국민들이 봅니다. 같은 것으로 두 번 처벌하는 인상을 줍니다.

박정희 : 중앙정보부가 좀 무서워야지, 당신네는 (신민당 의원들의) 비행조사서만 움켜쥐고 있으면 무엇 하나. 딱딱 입건해야지.

김재규 : 알겠습니다. 정치는 대국적으로 상대방에게 구실을 주고 국회에 나오라고 해야지 그러니 않고서는 나오지 않을 것입니다.

차지철 : 신민당놈들 그만두고 싶은 놈은 한 놈도 없습니다. 언론을 타고 반정부적인 놈들의 선동에서 그러는 거지 문제가 없다고 봅니다. 그

자식들, 신민당이고 뭐고 나오면 전차로 싹 깔아뭉개겠어요.

김재규 : (오른쪽에 있던 김계원을 오른손으로 툭 치면서) **각하를 똑바로 모시십시오.** (차지철을 보며) **각하, 이 따위 버러지 같은 자식을 데리고 정치를 하니 올바로 되겠습니까.**(탕! 권총 한 발 발사)

차지철 : 김부장, 왜 이래! 왜 이래!

박정희 : 무슨 짓들이야!

김재규 : (박대통령을 향해서 또 한 발 발사)

박정희는 김영삼의 행동이 마음에 들지 않았다. 김영삼이 설치는데는 중앙정보부가 제 역할을 하지 못해서 발생한 것이라며, 김재규를 질타하였다. 김재규는 정치를 대국적으로 할 것을 주문하였다. 이에 차지철이 끼어들어 반대파를 싹 깔아뭉개버려야 한다는 말에 김재규는 총을 빼 들었다.

김계원은 김재규가 당일 순간적으로 일어난 발작적 충동으로 일을 저지른 것으로 보고 있다. 박정희와 김재규는 고향이 같아 특히 가깝게 지냈다고 한다. 김계원에 따르면, "넷이 있다가도 고향 얘기가 나오면 두 분이 얘기가 척척 맞거든. 그러면 차지철이하고 나하곤 아주 할 말이 없어지고 그랬어. 누가 김재규 칭찬하면 박정희는 아주 좋아했다"고 한다.

3. 종말을 알리는 3발 총소리

7시 40분경 김재규의 첫 총탄이 차지철의 오른쪽 팔목을 꿰뚫었다. 차지철은 실내 화장실 쪽으로 달아났다. 김재규는 박정희을 겨냥

한다. 총알은 박정희의 가슴에 꽂혔다. 1탄과 2탄을 쏜 권총(독일제 월터PPK)이 고장이 났다. 김재규는 곧장 만찬장을 뛰어나가 의전과장 박선호의 권총을 받아 다시 방 안으로 들어왔다. 김재규는 차지철이 문갑을 잡고 피하는 것을 발견하고, 그의 복부를 향해 권총을 쐈다. 그러고 나서 식탁 왼쪽으로 돌아 50cm 앞에서 박정희의 머리를 향해 한 발을 쐈다.

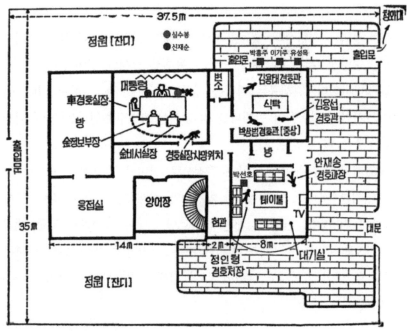

궁정동 안가 '나동' 배치도
당시 신문자료를 이용하여 사람들의 위치를 배치하였다.
출처 :『경향신문』1979년 10월 29일

김재규의 거사에 참여한 인물은 박선호 중앙정보부 비서실 의전과장, 정보부장 수행비서관 부장 박흥주 대령, 비서실 경비원 이기주(해병대 하사 출신), 비서실 의전과장 운전기사 유성옥, 비서실 경비원 김태원 등이다. 그리고 이기주로부터 거사했던 총을 숨기라는 명령받은 비서실 경비원 유석술이 있다. 바깥 지휘자는 박선호 의전과장이다.

방안의 총소리는 신호탄이었다. 정보부 요원들은 미리 짜인 계획에 따라 움직였다. 대기실에 있던 정보부 박선호 의전과장의 총구에서도 불을 뿜었다. 정인형 경호처장과 안재송 경호과장이 쓰러졌다. 두 사람은 그 자리에서 즉사하였다. 이때 지하실에 있던 전기공은 총소리를 전기가 합선하면서 나는 소리로 착각하고 황급하게 전원을 내렸다. 순식간에 암흑세상이 되었다.

박흥주·유성옥·이기주는 승용차 안에서 대기하고 있었다. 승용차는 안가의 주방 벽면과 나란히 주차되어 있었다. 총성과 함께 3명은 일제히 나동 주방으로 향하였다. 대통령 승용차 운전기사 김용태가 안으로 뛰어 들어갔다. 유성옥은 그를 경비원으로 생각하고 총탄을 발사하였다. 김용태는 왼쪽 허리와 등에 총을 맞고 절명하였다. 박흥주와 이기주는 식당으로 총격을 가하였다. 식당에 있던 김용섭 경호관은 난사된 총에 맞아 즉사했고, 박상범 경호관은 중상을 입었다.

김재규는 박정희와 차지철에게 총을 쏘고 밖으로 나와 박흥주와 함께 정승화와 김정섭이 있는 집무실 식당으로 이동하였다. 정승화와 김정섭도 식사 도중 총소리를 들었다. 김재규는 신발도 신지 않고 와이셔츠 차림이었으며, 숨을 헐떡거리면서 땀을 뻘뻘 흘리면서 무엇에 쫓기는 모습이었다. 이는 김재규가 매우 당황했다는 것을 의미한다. 즉, 대통령까지 저격을 미리 계획하지 않았을 가능성이 있는 행동이다. 김재규는 정승화에게 "총장, 총장, 큰일 났습니다!" 그러면서 김정섭을 차에 태웠다. 차의 뒷좌석 왼쪽에 김정섭, 가운데 정승화, 오른쪽에 김재규가 앉았다. 운전사는 유석문이며, 조수석에는 박흥주가 탔다. 김재규는 "남산으로 중앙정보부로 가자"고 하였다. 차 안에서 정승화는 거듭 "무슨 일이냐?"는 물었고, 김재규는 엄지손가락을 펴서 치켜세우더니 가위표를 하였다. 승용차가 삼일고가도로에 올랐다. 삼일고가도로는 남산 중앙정보부와 용산 육군본부 가는 길로 갈라지는 지점이다. 이곳에서 김재규는 앞자리에 탄 박흥주에게 중앙정보부와 육군본부 중 어디가 좋겠냐고 묻는다. 정승화가 "병력 배치하려면 육본으로 가야지. B-2벙커로 갑시다"고 말을 했고, 박흥주도 동의하였다.

김재규의 거사가 결정된 순간이다. 김재규는 거사가 성공하면 계엄사령부 간판을 혁명위원회로 바꿀 계획이었다. 육군본부로 결정은 김재규의 집권 기도가 무산되는 것을 의미하였다. 남산 중앙정보부로 가서 지휘소를 차리고 국무총리와 국무위원 그리고 3군 참모총장을 불러 차지철을 시해범으로 몰았다면 사신의 계획대로 되었을 가능성도 있었다. 그렇지만 정승화의 육감이 작동하여 육군본부로 감으로써 노재현 국방부 장관, 정승화 육군총장 지휘 아래 상황을 정리하게 되었다. 김재규는 박정희를 몇 차례 암살할 계획이 있었다고 알려지고 있다. 그럴 때마다 그동안의 정情과 의리 등이 복잡하게 얽혀 실행하지 못했다고 그의 『수양록』에 적고 있다. 거사의 실행에는 여러 요인이 있었다. 당황스러운 상황이 되자, 그가 신임한 박흥주에게 어디로 가는 것이 좋은지를 물었다. 삼일고가도로에서의 그 물음은 결국 김재규가 계획하지 않은 방향으로 전개되었고, 그는 정승화의 명령으로 체포되었다.

김계원 비서실장은 얼떨결에 나동 현관에서 김재규와 마주쳤다. 김재규는 "나는 한다면 합니다. 이제 다 끝났습니다." "보안을 철저히 하십시오"하고는 현관을 빠져나가 본관 쪽으로 갔다. 김계원은 경비를 서고 있던 서영준을 불렀다. 서영준은 자기의 옷으로 대통령을 덮고 엎은 채 대통령 전용차에 태웠다. 김계원은 유성옥을 독려하여 국군 서울지구병원으로 이동하였다. 이때가 저녁 7시 57분 경이다. 국군 서울지구병원 당직사관은 송계영 소령이었다. 그는 부어있는 얼굴의 피 때문에 누구인지 알 수가 없었다. 환자는 심장소리도 안 들리고 호흡과 맥박도 잡히지 않았다.

김계원의 급한 호출을 받고 병원장 김병수 준장이 병원에 도착한 시간은 저녁 8시 25분경이다. 이때 김계원은 병원을 떠났고, 서영준과 유성옥이 지키고 있었다. 이때까지 김병수 병원장도 환자가 누구인지 몰랐고, 얼굴을 보았으나 대통령인지 알지 못하였다. 김병수가 김계원으로 전화를 받은 시간은 8시 40분경이다. 김계원은 김병수에게 "정중히 모셔라"고 했고, 김병수는 "영안실도 없어 어떻게 했으면 좋을지 모르겠습니다"고 하였다. 김계원은 "각하방에 모시라"고 하였다. 김병수는 두어 차례 김계원과 통화를 하고 이상하여 환자를 확인하기에 이르렀다. 그는 흉부 총상을 보는 척하며 와이셔츠를 위로 젖혔다. 박정희는 복부에 희끗희끗한 반점이 있었다. 김병수는 그 반점을 보고 환자가 대통령이라는 것을 확인하였다.

김계원이 청와대에 들어온 시간은 저녁 8시가 조금 넘은 시간이다. 그는 곧바로 청와대 수석비서관과 경호실 차장 및 국무총리, 국방장관, 내무·법무장관, 육군 참모총장을 비상소집토록 지시하였다. 국무총리에게는 직접 전화하였다.

최규하 총리는 밤 8시 15분경 김계원 비서실장으로부터 전화를 받았다. 김계원은 다짜고짜 "청와대 제 방으로 좀 오십시오"라고 하였다. 총리는 "왜 그러시오"라고 반문했지만, 김계원은 "극히 중대한 일이 일어났습니다. 하여튼 빨리 오십시오"라고 하였다. 최규하 총리가 청와대에 도착한 시간은 밤 8시 30분경이다.[67] 김계원은 총리에게 "각하께서 위독하십니다. 차지철과 김재규가 언쟁 끝에 총격전을 하다가… 그만"이라고 하며 말을 잇지 못하였다.

김계원은 비서실장으로 나름대로 최선의 노력을 다해 대통령을 살리려고 했지만, 안타깝게도 그는 '내란'의 가담혐의로 사형을 선고받았고 국방부 장관 승인으로 무기징역으로 감형되었다.

최규하는 국무위원을 청와대로 불러 조치를 취하고자 하였으나 김계원이 여러 차례 통화를 하더니, "국방부 장관 일행이 이리로 못 오겠다고 하니 총리께서 그쪽으로 가셔야 하겠습니다"라고 하였다. 그는 "그럼 그쪽으로 갑시다"하고 내무부 장관, 법무부 장관을 데리고 육본으로 갔다. 밤 9시 30분 육군본부 B-2벙커의 육군 참모총장실로 갔다. 마치 육군본부를 김재규가 장악하는 것처럼 보였다.

4. 거사는 언제, 누구와 모의했는가

거사는 언제부터 모의 되었던 것일까? 이날 김재규의 행동은 '거사'라고 할 수 없을 정도로 허술하였다. 김재규는 만찬 중에 박정희와 차지철을 제거하기로 마음을 먹은 것이다. 박정희와 차지철은 6시 조금 넘은 시간에 도착했고, 만찬은 6시 25분경 시작되었다. 심수봉과 신재순이 만찬장에 들어온 시간은 6시 40분경이고 한차례 퇴짜를 맞고 다시 들어간 시간이 6시 50분경이다. 심수봉은 대기실에서 대기 중일 때 김재규와 차지철의 언성을 들었다고 하였다. 7시 뉴스를 20분가량 시청하였다. 그리고 분위기를 반전하기 위해 심수봉과 신재순이 노래를 시작한 시간은 7시 20분경이다. 그러니까 만찬을 시작하여

20분가량 정치이야기가 있었고, 그 와중에 김재규와 차지철의 언성이 높았던 것이다. 국내 치안문제(통금해제), 부산계엄(당시 부마항쟁) 등의 이상 유무를 박정희는 김재규에게 물었고, 대통령으로부터 질타받았다. 여기에 차지철이 거들었다. 특히 "새끼들, 까불면 신민당이고 학생이고 간에 탱크로 싹 깔아뭉게 버려야 한다"며 강압적 진압을 진언하면서 김재규를 힐난하였다. 김재규는 순간적 충동이 발동하여 밖으로 나와 박흥주와 박선호에게 지시하였다. 이때가 밤 7시 10분 경이다. 이들의 모의 시간은 1분도 되지 않았다. 모의가 아니라 상관의 일방적 지시였다. 김재규는 1980년 1월 24일 항소심 공판에서 "부하직원들이 이 일에 가담한 것도 이념이나 목적을 갖고 한 것이 아니라 명령에 따른 데 불과하다. 박흥주 박선호에게 생각할 시간적 여유를 주지 않고 명령했었다"고 진술하였다. 그는 최후 진술에서 "10·26사건은 어느 누구와도 공모 없이 나 혼자 계획한 것이므로 내 명령에 따라 가담한 부하직원들에게는 재판부는 관대한 처분이 있기를 바란다"고 말하였다.[68]

7시가 조금 넘은 시간 김재규는 본관으로 가서 총을 휴대했고, 박흥주 대령과 박선호 과장에게 경호원 사살하라는 명령을 내린다. 안쪽은 김재규 자신이 처리할 테니 바깥쪽을 책임지라는 지시였다. 두 부하는 엉겁결에 이 지시를 수행하게 되었다. 박선호는 평소 따르던 이기주에게 무장할 것을 지시하고, 1명이 더 필요할 것 같아 운전기사였던 유성옥도 총을 쏠 줄 아느냐고 이기주에게 물었다. 이기주가 육군 중사 출신이라고 하였다. 이기주와 유성옥은 박흥주와 함께 밖에서 대기하고 박선호는 정인형 경호처장과 안재송 경호부처장이 있는 나동 식당 대기실로 갔다. 그리고 남효주 사무관에게 "부장님을 불러달라"고 말하였다. 이때가 바깥쪽의 준비가 되었다고 알린 시간으로 7시 38분경이다.[69] 7시 40분 안쪽에서 총소리가 나고 대기실에 있던 박선호는 정인형 경호처장과 안재송 경호부처장을 저격하였다.

박흥주 대령은 변호인 태윤기가 1심법정에서 "피고인은 군인 신분이라 단심으로 형 확정이 되는 데 마지막으로 빠진 것이 있으면 말씀하십시오"라고 했더니 박흥주는 "이 건과 관련해서는 사전 계획을 몰랐습니다. 갑자기 말을 꺼내 그 상황에 처하게 됐고 상사의 명령에 따라 움직이는 것이 마땅한 것이 아닌가 생각됩니다"고 진술하였다. 박흥주는 제4회 공판(11월 11일) 사실심리에서 검찰의 "대통령의 유고 내용과 비상계엄 선포 사실은 언제 알았습니까?"란 질의에 "아침 뉴스를 듣고 알았습니다"고 답변하였다.

이날 김재규의 초대를 받은 정승화 육군 참모총장 겸 계엄사령관은 어떠할까? 게엄사 힙동수사본부의 수사진모 발표문에는 10월 26일 오후 4시 김재규는 차지철로부터 "오늘 오후 6시에 궁정동에서 각하를 모시고 만찬을 갖는다"는 연락을 받은 지 5분 뒤에 정승화 총장에게 전화를 걸어 궁정동으로 저녁 초대했다고 적혀 있다. 이것이 사실이라면 김재규는 이중으로 약속했고, 정승화를 거사에 이용하려는 의도가 있었을 가능성이 있다. 앞서 김계원의 증언은 이와 달랐다. 정승화의 증언을 보면, "오후 5시 조금 전에 김재규로부터 저녁 7시에 궁정동에서 식사를 같이하면서 시국에 관해 이야기를 나누자는 초대를 받았습니다. 저녁 7시 조금 전에 궁정동에 도착했더니 김정섭 차장보가 '김부장께서 갑자기 각하의 초대를 받고 만찬장으로 떠났습니다. 만찬이 끝나면 바로 여기로 오시겠답니다. 저도 시내에서 누구와 만나고 있다가 갑자기 불려 오는 길입니다'고 했어요. 김 차장보는 김재규가 돌아올 때까지 저의 말동무 역할을 하도록 지시를 받았던 것입니다. 7시 20분쯤 김재규가 나타나더니 사과하고는 만찬이 끝나는 대로 오겠다고 한 뒤 다시 나갔습니다." 정승화는 이날 김재규의 행동을 진실되게 보고 있다.

10·26총격사건 수사를 지휘하였던 당시 합동수사본부 수사1국장 백동림 대령은 "정 총장이 초대받은 경위는 정 총장의 연루 여부를 밝히는 데 매우 중요하였기 때문에 철저하게 수사하였다. 김재규가 정 총장을 먼저 초대했다가 다시 대통령의 초대를 받아 당황하여 차장보를 호출한 것이 확실하다. 정 총장을 이용하기 위하여 이중 약속을 한 것은 아니다"고 명확히 말하였다. 그리고 백동림 대령은 김재규의 단독범행으로 결론을 내렸다. 김재규 또한 재판 과정에서 줄곧 혼자 계획한 거사였다고 밝혔다.

5. 김재규는 '원흉'인가 '의사'인가

박정희를 찬양하는 사람에게 김재규는 '원흉'이다. 반면, 박정희의 시대를 비판하는 일부에게는 '의사'로 취급된다. 전반적인 정서는 '주군을 시해한 인물'이란 부정적 인식과 평가가 더 많다. 34년이 지났지만, '원흉'과 '의사'의 논쟁은 여전히 계속되고 있다. 이 논쟁으로 수많은 발간물(저서)과 연구물(논문)이 쏟아졌다. 총격의 가해자인 김재규를 다룬 서적과 논문도 많다. 그동안 숨죽이고 살았던 이들의 증언과 유명인사의 회고록에도 김재규에 관한 다양하고 잡다한 이야기가 수록되었다. 그런데 가장 중요한 논점이 빠진 채 김재규를 평가하고 있다.

김재규가 '원흉'인지 '의사'인지 판단하는 데 있어서, 절대적으로 중요한 게 시대적 상황이다. 여기서 시대적 상황(배경)이란 단순히 1979년 10월 언저리만을 이야기하는 게 아니다. 유신헌법과 지속되고 있는 박정희의 지배체제, 그리고 그 이후의 정치적 상황까지를 시대적 배경으로 설정하고 김재규의 행위를 검토해야 한다는 것이다. 그런데 이러한 시대적 상황은 고려되지 않은 속에서 김재규의 심리상태, 건강 상황, 차지철과 암투, 박정희에 대한 불만 등으로만 평가하고 있다.

1972년 10월 17일, 유신을 선포하였다. 그리고 1979년 12월 유신헌법이 제정되었고, 1972년 12월 23일 유신헌법에 따라 통일주체국민회의에서 제8대 대통령에 당선되었다. 이날 대통령 선거는 박정희 단독출마였고, 99.92%의 찬성으로 대통령에 당선되었다. 선거인단 2,359명 중 단 2표가 무효표로 치리되고 2,357명이 찬성하였다. 이것을 민주공화국이라고 할 수 있는가. 박정희는 제8대 대통령 임기 6년을 끝냈다. 제9대 대통령 선거가 1978년 7월 6일 장충체육관에서 열렸다. 제8대와 마찬가지로 박정희 단독출마였다. 통일주체국민회의 대의원 2,581명 중 2,578명이 투표에 참여하였다. 2,578명 중 단 1표가 무효표이고, 2,577명이 모두 찬성하였다. 단 한 사람도 반대하는 사람이 없이 99.96%의 찬성으로 박정희는 제9대 대통령에 당선되었다. 박정희는 1978년 12월 27일 제9대 대통령으로 취임하였다.

1979년 10월 26일. 제9대 대통령으로 당선된 지 10개월이 지났다. 박정희의 나이 62세(1917년생)이다. 제9대 대통령 임기는 1984년 12월까지이고, 그의 나이는 67세가 될 것이다. 다섯 차례 권좌에 앉았던 박정희는 제10대 대통령 선거에 또 출마할 것이다. 그리고 제8, 9대 대통령 선거와 마찬가지 방식으로 선거는 치러질 것이고 또다시 100%에 근접한 득표율로 당선될 것이다. 유신헌법은 대통령 종신제였기 때문에…. 역사에는 만약이 존재하지 않는다고 한다. 이는 만약이 아니라 당시 헌법과 정치적 상황이다.

1875년생 이승만은 1965년 향년 90세로 사망하였다. 1897년생 윤보선은 1990년 향년 92세, 1919년생 최규하는 2006년 향년 87세, 1931년생 전두환은 2021년 향년 90세, 1932년생 노태우는 2021년 향년 88세, 1928년생 김영삼은 2015년 향년 86세, 1924년생 김대중은 2009년 향년 85세로 사망하였다. 역대 대통령이 모두 80세를 넘겼다. 유신헌법은 대만의 총통제를 기반으로 하였다. 대만의 총통 장제스는 1948년 집권하여 1975년 4월 향년 87세로 사망할 때까지 27년간 대만을 통치하였다. 박정희가 자연사했다면 그는 몇 살까지 살았을까? 그가 살았다면, 대한민국은 유신체제로서 '민주공화국'이란 국체는 오로지 한 개인을 위한 국체에 불과했을 것이다.

김재규는 "야수의 마음으로 유신의 심장을 쐈다"고 하였다. 그 말이 결코 틀린 말이 아니다. 박정희가 언제 죽느냐가 그의 집권이 끝나는 날이고, 유신체제가 끝나는 날이기에…. 1979년 10월 26일. 박정희가 1961년 5·16쿠데타로 집권한 지 18년 5개월 10일이 되던 날이다. 김재규의 평가는 이러한 당시 헌법과 정치적 상황을 고려하여 평가해야 한다. 단순히 그의 성품이나 성격, 그의 행동만을 가지고 그날을 평가해서는 안 될 것이다.

김재규가 왜 거사를 할 수밖에 없었는지를 살펴보고자 한다.[70] 김재규는 1976년 12월 중앙정보부장에 취임하였다. 김재규의 『수양록』에 근거하면 "1976년 12월 4일 돌연 대통령께서 집무실로 부르셔서 갔더니 중정부장으로 가라는 것이었다. 순간 기분은 내키지 않았다. 그러나 할 수 없는 일이다."[71] "나는 새도 떨어뜨린다"는 중앙정보부

부장 자리를 왜 탐탁지 않게 생각했을까? 김재규는 1973년 12월, 중앙정보부 차장으로 발령받았다. 그리고 1974년 9월에 건설부 장관으로 임명되었다. 즉, 중앙정보부 차장으로 10개월 동안 중앙정보부의 실상을 보았기에 성향과 맞지 않다고 생각했던 것이 아닐까 한다.

보안사령부는 10·26총격사건을 김재규가 박정희의 신임을 잃어가는 데서 비롯된 불만으로 저지른 우발적 범행이라고 발표하였다. 김재규가 박정희에게 신임을 잃었던 이유는 무엇이고, 불만을 가졌던 이유는 무엇일까?

김재규의 불만에는 박정희의 술과 여자가 있었다. 궁정동은 비밀 요정식 연회장을 두고 외부에서 여인들을 불러 사흘에 한 번꼴로 술판이 열리고 있었다. '술 시중 여인'으로는 일류 탤런트와 가수를 비롯한 연예인을 지망하는 나이 이린 여대생까지 불리들였다. 중앙정보부 비서실 의전과장 박선호도 법정 진술에서 "안가는 대통령을 위한 공간이었다"고 밝혔다. 궁정동 안가에서 박정희를 거쳐 간 여성이 200명쯤 되는데 웬만한 일류 연예인은 다 불려갔다.[72] 10월 26일 만찬장에 참석한 신재순도 서울 약수동 소재 ○○쌀롱(숙경마담)을 통해 의전과장 박선호를 알게 되었으며, 심수봉도 박선호를 통해 만찬장에 나왔다. 박선호는 중앙정보부 비서실 의전과장이다. 그를 일명 대통령의 '채홍사'[73]라고 불렀다.[74] 원래 채홍사 일은 청와대 경호실에서 맡았다. 대통령의 술자리와 여인 조달이 외부로 알려지면 큰 낭패라고 생각해서 비밀공작수행기관인 중앙정보부로 떠넘겨졌다.

대통령의 만찬 또는 술판은 소행사와 대행사로 구분뇌었다. 소행사는 대통령 혼자서 즐기는 것이고, 대행사는 측근 권력자 3~4명이 함께 하는 것이다. 10월 26일은 대행사였다. 궁정동 안가와 같은 대통령 전용 '요정'은 모두 5곳이나 있었다. 김재규는 박정희의 여자관계가 지나칠 정도로 난잡하다고 여러 차례 불평했다고 한다.[75] 물론 채홍사 박선호도 이러한 일이 못마땅하였다. 1979년 12월 11일 군법회의 제1심 4회 공판에서 박선호와 강신욱 변호사 간의 신문과 답변을 보면,

> **변호사** : 피고인은 차지철 경호실장이 여자 문제를 더욱 힘들게 하고 피고인 자신이 어린애들을 갖고 있는 아버지로서 그런 일을 하고 있다는 데 대해 인간적으로 괴로워서 김 정보부장에게 수차 "도저히 이 일을 계속할 수 없습니다"고 하소연하면서 그만두게 해 달라고 했으나 김 부장이 "궁정동 일은 자네가 없으면 어떻게 하느냐"고 하면서 사의를 만류시켰다고 하는데 사실입니까
>
> **박선호** : 제가 근무하기를 몇 번 꺼렸습니다. 그래서 부장님에게 계속하기 어렵다는 여러 가지 사유를 몇 번 올린 바가 있습니다.
>
> **변호사** : 결국 정보부장님이 "자네가 없으면 어떻게 하느냐"고 또 그렇게 해서 할 수 없이….
>
> **박선호** : 네, 저를 신임하시어 자꾸 계속적인 근무를 원하셨습니다.

박선호는 진술에서 자신이 어린애를 가진 아버지로서 마음에 걸렸다고 하였다. 그래서 김재규 부장에게 "도저히 이 일을 계속할 수 없다"고 두 차례나 사의를 표하였다. 그렇지만 은밀한 작업이 밖으로 나가면 안 되기에 김재규는 자기 오른팔인 박선호에게 이를 계속 맡길 수밖에 없었다. 박선호의 진술은 당시 절대권력자의 사생활이 얼마나 문란했는지를 짐작할 수 있다.

박정희가 육영수 여사 생전에도 술과 여자 문제로 다투었다는 것은 공공연한 비밀이다. 1974년 8월 육영수 여사가 문세광의 총에 비명횡사한 후, 박정희의 주색은 더욱 심해졌다. 김재규는 박정희의 강

경일변도를 차지철 경호실장의 이간질과 사생활 문란으로 판단한 것 같다. 이는 10월 26일의 거사에도 직접적 동기가 되었다. 박선호는 재판 중 여러 차례 박정희의 술자리와 여자와 관련된 변호인의 질문을 받지만, "예", "아니오"가 아닌 "상상에 맡기겠습니다"고 답변하였다. 최후 진술에서 여자 문제를 언급하지만, 곧바로 법무사의 제지를 받았다.

김재규의 두 번째 불만은 대통령 식구들, '로열패밀리'로 인한 스트레스가 10·26총격사건의 한 원인이었다. 육영수 여사가 문세광의 총에 맞아 사망한 1974년 당시 박근혜 22살, 박근영 20살, 박지만 16살이었다. 엄마 없는 애처로움 때문이었는지 모르겠지만, 박정희는 자식들 문제가 나오면 아예 말도 못 붙이게 감쌌다.

김재규는 박근혜가 관련된 구국여성봉사단의 부정과 행패에 관하여 매우 분개하였다. 김재규가 수사 과정에서 밝힌 내용을 요약하면,

1978년 무렵 김재규는 구국여성봉사단을 실질적으로 움직이는 최태민의 비행을 검사 출신인 백광현 수사국장에게 조사시켰다. 박승규 민정수석 비서관이 여러 차례 비행 보고를 대통령에게 올렸는데도 먹혀들지 않아 그가 나섰다. 최 씨가, 여러 재벌 총수들이 구국봉사단에 기탁한 수십억 원을 변칙적으로 관리한 사실, 여성 관련 스캔들이 드러났다.

김재규는 조사 결과를 박정희에게 보고하였다. 박정희는 상식적으로는 이해할 수 없는 방법으로 확인 작업을 벌였다. 옛 임금의 친국親鞫을 연상시키는 방식이었다. 박정희는 한쪽에 김재규·백광현 수사국장, 그 반대편에 박근혜를 앉히고 신문하기 시작하였다. 딸은 울면서 "그런 일이 없다"고 하였다. 판단이 서지 않았는지 박정희는 검찰에 또 수사를 지시하였다. 검찰의 조사 결과도 김재규의 그것과 같았다. 그러나 최태민은 구국봉사단에서 손을 떼지 않았다. 그는 명예총재로 뒤로 물러난 것 같았지만 총재가 된 박근혜에

게 계속 영향을 끼쳤다.

박근혜는 어머니 육영수가 사망한 이후 퍼스트레이디 역할로 전면에 등장했고, 구국여성봉사단의 총재로 곳곳의 행사에 참여하였다. 구국여성봉사단은 최태민 목사가 만든 대한구국선교단에서 그 연원을 찾을 수 있다. 최태민의 이름이 언론에 처음 등장한 것은 1975년 4월 23일 『조선일보』이다. 대한구국선교단(총재 최태민 목사)은 "북한의 김일성이 전쟁도발을 위해 중공을 방문하는 등 현 국내외 정세는 극도로 위급하므로 반공의 기치 아래 뭉쳐 자유대한을 수호하자"는 비상시국 선언문을 발표하였다. 최태민이 비상시국 선언문을 발표한 배경은 무엇일까?

1975년 3월 인도차이나반도의 크메르(현 캄보디아)가 베트남에 이어 공산화되었다. 이를 '인지印支 사태'라고 당시 칭하였다. 당시 언론은 '인지사태'를 한반도의 안보(북한의 남침 가능성)와 연결하여 연일 보도하였다. 박정희 정권은 국가안보를 강조하며 총력안보체제로 '반공'을 더욱 강화하였다. 예컨대 국가 행사나 면담 자리에서 "여러분은 반공정신의 표상으로서 국민의 반공의식 앙양에 선도적인 역할을 계속하고 자기에게 부하된 사명을 다해 주기 바란다"고 말했고,[76] "일부 종교인 학생들이 언론자유니 민주주의니 하는데 공산당이 쳐들어와 점령당해도 언론자유니 민주주의가 있을 수 있겠는가. 이것이 서구 민주주의 병폐라고 본다"라는[77] 말을 서슴지 않고 하였다.

한편, 재야 민주 인사들은 이러한 박정희의 정책에 반대하고, 시국강연회 등을 통해 현 정치적·남북관계 등을 국민에게 알렸다. 대표적인 「씨올의 소리」 시국 강연회에는 김대중, 함석헌, 백낙청 등이 나섰다.[78] 또한 기독교정의구현전국성직단에서 '인도지마 사태가 주는 하나님의 교훈'이란 성명을 발표하였다. 이 성명에서는 ① 시급한 민주 회복 ② 유린당한 민권 회복 ③ 소외된 민생 보장을 촉구하였다.

'인지사태'의 박정희 대응에 최태민은 맞장구를 쳤다. 이때 이미 최태민과 박근혜는 서로 필요한 존재로 만나고 있었다. 최태민의 대한구국선교단은 1976년 4월 29일 구국봉사여성단(단장 길상아)을 창단하고 박근혜를 명예총재로 추대하였다. 박근혜는 구국여성봉사단의 지부 결성대회 및 각종 행사에 참석해 축사하였다. 이런 자리에는 도지사 및 시장 등을 비롯하여 지방 유지들이 참석하였다. 구국여성봉사단은 대통령 영애令愛가 직접 관여하면서 그 위력이 대단하였다.

최태민은 정식 목사도 아니었다. 최근에 논란이 되는 사이비 종교의 교주에 불과하였다. 그는 대담하게 대통령의 딸 박근혜에게 접근하였다. 그는 박근혜의 가장 아픈 손가락을 건드렸다. 최태민은 1975년 1월경 "어젯밤 꿈에 국모님을 뵈었습니다. 국모님 말씀이 내 딸을 보살펴 달라고 부탁하시는 것이었습니다…'라는 편지를 보냈다. 최태민의 작전은 성공했고, 박근혜는 최태민을 옹호하며 같은 길을 걸었다. 요즘 얘기하는 사이비 종교와 연관되었을 가능성이 크다.

김재규는 충심으로 박정희에게 최태민의 비리를 직언하였다. 이 시점이 1977년 9월경이다. 그러니까 김재규는 오랫동안 최태민을 지켜보았고 측근들에게 수사를 지시하였다. 그러나 대통령에게 대질 친국을 당하는 수모를 겪었고, 박근혜가 최태민을 비호하면서 흐지부지되었다.[79] 김재규의 거사 동기를 수사한 한 관계자는 "김 부장은 이 사건 처리로 대통령에 대해 실망했고, 존경심이 약해지기 시작하였다. 이 사건이 시해 동기의 하나다"라고 말하였다. 1인 독재체제에서 아버지가 대통령이면 그 가족도 대통령에 준하는 권력을 남용했고, 용납되었다. 또한 영식令息 지만 군의 문제도 골칫거리였다. 김재규가 「

항소이유 보충서」에서 밝힌 '지만 군의 문제'를 그대로 옮겨본다.[80]

육군사관학교는 전통적으로 honor system이 확립되어 있습니다. 그런데 육사에 입학한 지만군은 2학년 때부터 서울시내에 외출하여 여의도 반도호텔 등지에서 육사 생도로서는 도저히 용납될 수 없는 오입을 하고 다녔습니다. 그래서 본인이 박 대통령에게 육사의 명예나 본인의 장래를 위하여 다른 학교에 전학시키거나 외국 유학을 보내는 것이 좋겠다고 간곡하게 건의한 일이 있었습니다. 그러나 그러한 건의는 결코 받아들여지지 아니하였습니다.

박지만은 1977년 육군사관학교 제37기로 입교하였다. 육군사관학교는 'honor system' 규율이 강한 명예 집단이다. 박지만은 육사 2학년 때부터 육사 생도로서 지켜야 할 규율을 위반하고 문란한 엽색 행각을 벌였다. 육사는 박지만을 위한 학교가 아니었기에 김재규는 박지만을 외국으로 유학 보낼 것을 박정희에게 건의하였지만, 번번이 외면되었다. 박지만은 1989년부터 2002년까지 마약 투약으로 6차례 적발되었고, 5번 구속된 전력이 있다. 이러한 밑바탕에는 육사생도 시절의 방탕한 생활에서 비롯되었을 가능성이 농후하며, 김재규의 거사에는 박정희의 '삐뚤어진 자식 사랑'도 영향을 미쳤다.

세 번째, 김재규의 '거사' 동기에서 중요한 비중을 차지하는 것은 역시 차지철과의 충돌이다. 이를 '권력 암투'라고 하지만, 잘못된 표현이다. 권력 암투란 최고의 권력자가 되기 위한 다툼이다. 최고 권력자가 건재한 상황에서 제2인자가 되기 위한 암투라고 할 수도 있지만, 박정희 18년 동안 2인자는 존재하지 않았다. 박정희는 철저히 이이제이以夷制夷 인사 전략으로 권력의 2인자를 용납하지 않았다. 2인

자는 그들만의 주장에 불과하였다. 왜일까. 박정희는 권력을 내놓을 생각이 없었다. 1972년 10월 유신선포 이후 박정희가 권력 이양 또는 후계자에 관한 이야기를 꺼낸 적이 없다. 아울러 아래 사람들도 권력 이양이나 물러날 때가 되었다고 말할 수도 없었고 말한 사람도 없었다. 절대권력자의 심기를 불편하게 하는 순간 자리를 보존한다는 것은 물론이요, 목숨도 담보할 수 없는 시대였다.

결국 차지철과 김재규의 권력 암투는 박정희를 위한 충성 경쟁이었다. 딱 거기까지가 박정희가 바라는 바였고, 박정희는 이를 즐겼다. 두 사람 간의 충성경쟁이 치열할수록 절대권력은 더욱 강고해졌다. 충성경쟁에서 차지철은 오로지 절대권력자에게 몰방All-in했고, 반면 김재규는 맹종만 있었던 게 아니다. 잘잘못을 따지고, 자신의 행위를 성찰하고, 있는 사실을 그대로 인정하는 면이 있었다.

10·26총격사건 이전 국내 정치 상황에서 신민당의 문제와 부마민주항쟁은 박정희에게 큰 관심사였다. 1979년 5월 30일 신민당 전당대회가 열렸다. 김영삼은 '선명야당'과 '민주회복'의 기치를 내세우며 강경 투쟁을 예고하며 당권 도전에 나섰다. 반면 이철승은 중도통합론을 내세우며 비교적 온건한 노선을 걸었다. 중앙정보부는 이철승을 총재로 당선시키고자 공작을 펼쳤다. 청와대 경호실의 차지철도 별도로 이철승 당선 공작을 진행하였다. 박정희는 차지철에게 힘을 실어주었고, 따라서 중앙정보부는 공작을 중단하였다. 결국 신민당 전당대회에서 김영삼이 총재로 당선되었다. 부마민주항쟁도 박정희는 차지철의 말을 듣고 신민당이 배후조종한 폭동으로 몰아갔다. 반면 김재규는 남조선민족해방전선 등 불온단체와 일부 반정부 학생들이 가담했다고 보고했으나 거절당하고 오히려 야단을 맞았다. 이러한 상황은 김계원의 법정 진술에 잘 나타나 있다.

김재규가 품은 차지철에 대한 분노는 어제오늘의 일이 아니었다. 김재규와 차지철의 다툼에 전두환은 "우군 싸움이 김일성과의 싸움보다 더 심하다"고 느꼈다.[81] 10·26총격사건 직전에도 김재규는 공화당 의원 이만섭에게 "차지철 때문에 골치가 아파 죽겠다"고 푸념하였다.[82] 김재규의 '거사'는 차지철에 대한 분노도 있었지만, 결정적으로 사리 판단을 못 한 상관(박정희)에 대한 불만이 결정적인 동기가 되었다.

마지막으로 '자유민주주의 회복'을 위해 '거사'. 즉, 대의大義이다. 김재규가 말하는 '자유민주주의 혁명론'에 대해 일부에서는 급조된 논리라고 주장한다. 이러한 주장은 전혀 터무니없는 게 아니다. 10월 27일 새벽 1시 30분에 체포된 김재규는 10월 28일 1차 진술서를 작성하였다. 대통령 살해 이틀 뒤 쓴 것이기 때문에 자신의 행동을 합리화하는 논리가 개발되기 전의 진술서이다. 비교적 순수한 상태의 고백이란 장점이 있는 반면에 가혹한 고문으로 수사관의 의지가 반영된다는 점도 고려해야 한다. 1차 진술서에 나타난 동기를 보면,

정국이 시끄러워지고 본인의 수습방안이 실패를 반복함에 따라서 사실상 무능력한 것이 노출되었습니다. 그리고 경호실장 차지철은 사사건건 업무에 관하여 월권행위를 자행하고 있었으며, 군 후배이고 연하자인 그로부터 오만불손, 개인적인 수모를 수차에 걸쳐 당하였습니다. 또한 각하가 차 실장을 편애하는 데 대하여도 불만을 갖고 있었습니다. 대통령은 최근 중요 보직자의 인사를 단행할 예정이었는데 거기에 본인이 포함될 것이라는 데 대하여 불만을 갖고 있었습니다.

'거사'를 격발시킨 것은 차지철의 오만방자한 행동이다. 그리고 박

정희 대통령의 편애를 지적하고 있다. 앞서 언급한 박정희의 사리 분별력과 관련되었다고 볼 수 있다. '대의'라고 하는 '자유민주주의 혁명론'의 주장과는 다른 진술이다. 반면, 12월 8일 육군본부 군사법정에서 비공개 재판이 열렸다. 검찰과 김재규의 질의응답을 보면,

검　찰 : 피고인은 박정희 대통령을 살해했죠?

김재규 : 본인은 이 나라의 자유민주주의 회복을 위해…

검　찰 : 먼저 살해한 사실을 확인하겠습니다. 인정합니까?

김재규 : 저는 10월 26일 저녁 7시 45분경 민주회복을 위한 국민혁명을 했습니다.

검　찰 : 당시 육군 참모총장을 범행 장소에 유인했던데 범행 후 이용하기 위해서 그랬습니까?

김재규 : 저는 그날 오후 4시 40분경 궁정동 안가 이층 집무실에서 혁명 준비를 했습니다. 독일제 7연발 발터 권총을 금고에서 꺼내 시험해 보고 실탄 7발을 장전해서 서가에 올려놨습니다. 그리고 혁명 구상을 했습니다. 육군 참모총장을 부른 건 유인이 아니라 혁명 초부터 접촉하기 위해서였습니다.

김재규는 10월 26일 거사를 민주회복을 위한 국민혁명이라고 주장하고 있다. 그리고 당일 4시 40분 궁정동 안가 집무실에서 '거사'를 최종결정하였다. 누구와 모의한 것이 아니었다. 그는 대통령의 총격을 '혁명'이라고 주장하고 있다. 김재규에게 정의감이 있었다는 것은 주변 사람들의 증언에서 확인할 수 있다. 첫 진술서와 2심 사실심리의 진술이 다르다. 이를 두고 1심에서 사형이 선고된 이후, 자기의 행동에 대한 정당성을 부여하기 위해 돌변했다고 한다. 김재규가 '거사'를 결심하고 처음으로 지시를 내렸던 박흥주와 박선호는 그 지시

를 어떻게 인식했느냐도 매우 중요한 문제이다.

만찬장에서 나온 김재규는 궁정동 본관에서 총을 가지고 나와 박흥주와 박선호 두 부하에게 거사를 알렸다. 그 시간은 1분도 되지 않은 짧은 시간이었다. 김재규는 권총이 든 바지 호주머니를 툭 쳤다. 두 부하는 당혹스러웠다. 박선호는 "각하도 포함됩니까" 물었고 김재규는 "응"이라고 대답하였다. 약간의 말이 더 오고 갔다. 이때 김재규의 입에서 중얼거리는 것은 '자유민주주의를 위하여' 였다. 박선호는 법정에서 "이로인해 국민이 갈망했던 민주회복을 10~20년 앞당겼다"고 진술하였다.

김재규 '대의'의 직접적인 계기는 부마민주항쟁을 직접 봤다는 것이다. 부산에서 돌아온 다음 날 손아래 동서인 김봉태에게 부마사태를 '민중봉기'라고 표현하였다.[83] 김재규의 국선변호를 맡았던 안동일 변호사는 김재규의 집에 보관하고 있던 6개 휘호를 증거로 제출하였다. '위爲민주주의', '민주민권자유평등', '자유민주의', '비리법권천非理法權天',[84] '위대의爲大義' 등이다.[85] 24일에는 부인과 딸에게 밑도 끝도 없이 "대의를 따를 것이냐, 소의를 따를 것이냐"고 물었다고 한다.[86]

김재규의 '자유민주주의 혁명론'은 1심에서 사형이 선고된 이후 자기의 행동에 대한 정당성 부여행위라고만 할 수 없다. 계엄사 합동수사본부의 1단계 조사는 가혹행위가 있었다. 그래서 '민주주의 회복'이라는 말을 꺼낼 수 없었다. 김재규는 군검찰로 송치된 뒤의 검찰관 신문 때부터 '민주주의 회복'이라고 진술했고, 법정 진술에서 더욱 구체화 되었다. 거사의 여러 요인 중 '민주주의 회복'이란 확고한 신념이 크게 작용했다는 것도 인정해야 할 것이다. 특히 주목할 점은 앞서 언급했지만, 당시 체제의 이해이다. 유신체제는 박정희가 죽지 않고는 끝나지 않을 1인 독재체제이다. 민주공화국이 대통령 한 사람의 말과 의지에 따라 결정되고 있다. 또한, 그 결정마저 판단력이 흔들렸다. 그렇다고 누구도 나서서 정권이양, 유신헌법 개정을 말할 수 없었고, 직언이나 충고할 수 없었다.

10·26총격사건으로 박정희 대통령, 차지철 경호실장을 비롯하여 정인형 경호처장, 안재송 경호과장, 김용태 경호관, 김용섭 경호관 등 6명이 현장에서 사망하였다. 아울러 이날 거사에 참여한 사람 중 정보부장 수행비서관 박흥주 대령을 제외한 7명은 민간인이다. 중앙정보부장 김재규, 청와대 대통령 비서실장 김계원, 정보부 의전과장 박선호, 안가 경비원 관리책임자인 이기주, 정보부장 의전과장 운전기사 유성옥, 안가 식당경비원 김태원·유석술이다. 1980년 5월 20일 대법원전원합의체(재판장 이영섭 대법원장) 상고심 선고공판에서 김재규, 박선호, 이기주, 유성옥, 김태원 등 5명에게 내란목적 살인죄와 내란수괴미수, 내란중요임무종사미수죄 등을 적용하여 사형을 확정하였다. 비서실장 김계원은 단순 살인죄를 적용 무기징역을 선고했고, 유석술은 증거은닉죄를 적용 징역 3년이 확정되었다.

10·26총격사건의 1, 2심 재판은 이례적으로 신속하게 속개되었다. 1심 보통군법회의(재판장 김영선 중장)는 1979년 12월 4일에 시작되어 12월 18일에 선고공판이 있었다. 2심 고등군법회의는 1980년 1월 22일 시작되어 1월 28일에 선고공판이 열렸다. 김재규를 비롯한 피고인 등에 대한 심문을 비롯해 사실심리가 비공개로 진행되었고, 피고의 변호인들이 요청한 재판기록 열람과 복사가 불허되었다. 또한 1심과 2심의 재판이 군법회의에서 열린 것 자체가 법의 원칙을 위배하였다. 변호인들은 '재판권 관할'에 대한 재정신청을 하였다. "이 사건에 대

한 재판권은 육군계엄 보통군법회의에 있지 않고 서울형사지방법원에 있다"는 것이다. 그 이유는 10·26총격사건이 발생한 시점에 계엄령은 부산과 마산지역에만 선포되었기에, 서울은 계엄지구가 아니라는 주장이었다. 따라서 박흥주를 제외한 민간인은 대한 군법회의가 재판권을 가질 법률적 근거가 없다고 주장하였다. 이처럼 변호인들이 군법회의 부당함을 항의했지만 도리어 퇴정당하는 수모를 당하였다.

3심 대법원은 2월 28일 피고인의 변호사가 제출한 상고이유서를 기각하고 1980년 5월 20일 대법원전원합의체(재판장 이영섭 대법원장)는 원심을 확정하였다. 군검찰이 기소한 대로 '내란목적 살인죄'가 인정되었다. 그러나 대법원전원합의체 15명의 대법관 중 6명이 소수의견을 냈다. 소수의견을 낸 대법관은 양병호, 민문기, 임항준, 김윤행, 서윤홍, 정태원 대법관이다. 이들 대법관은 주범 김재규와 다른 피고인들에게 적용한 '내란 목적의 살인죄'는 성립되지 않고 '단순 살인죄'로 봄이 타당하다는 소수의견을 냈다.[87] 양병호 대법관은 "내란 목적의 살인이 되려면 상당히 넓은 범위의 모의와 조직, 다수에 의한 폭동 및 일정한 지역의 평온을 해치려는 계획 등이 있어야 하는데 이 사건은 김재규 혼자서 사전모의 없이 그의 부하들을 지휘하여 저지른 범행이기 때문에 단순 살인에 불과하다"고 하였다.

소수의견은 낸 대법관은 이후 고초를 겪었다. 양병호·민문기·임항준·김윤행·서윤홍 대법관은 소수의견 제시 3개월 만인 1980년 8월 9일 사표를 내야 했고, 정태원 대법관은 다음 해 사법부의 법관 재임용에서 탈락하였다. 이들은 신군부의 권력에 도전한 괘씸죄로 법복을 일찍 벗어야 했다. 당시 재판은 신군부가 사법부를 통제하는 상황에서 진행되었다. 그런 점에서 재판이 온당하다고 할 수 있을까? 판단은 독자의 몫이다.

그리고 1980년 5월 24일 김재규, 박선호, 이기주, 유성옥, 김태원의 사형집행이 서울구치소 교수형으로 집행되었다. 대법원의 사형선고 확정판결이 있고 4일 만이다. 이보다 앞서 현역 군인이었던 박흥주 대령은 1979년 12월 20일 사형이 선고되었다. 현역 군 장교 신분으로 복무 중 기소처분자는 단심제를 적용받았다. 사형선고 이후 재심을 신청했지만 기각되었다. 박흥주는 1980년 3월 6일 서울 교외에서 총살형이 집행되었다. 사건에 대한 재판이 진행 중인데 사형이 집행된 것은 전례가 없는 일이다. 박흥주는 총살형 직전에 헌병이 헝겊으로 눈을 가리려고 하자 "나는 숨이 끊어지는 순간까지 세상을 보고 싶다"며 이를 거부하였다. 헌병의 발사 명령이 내리자, 박흥주는 "대한민국 만세! 대한민국 만세!"를 외쳤다고 한다.

박흥주 우리 아빠 살려주세요
출처 : 『시사IN』 2017년 10월 8일 갈무리

3장
신군부 등장

1961년 5·16쿠데타 이후 군대는 국가의 상위 기구였으며, 또 다른 국가 그 자체로써 정치를 좌지우지하는 권력기관이었다. 1979년 10월 26일 박정희가 사망하면서 유신체제가 실질적으로 종막을 고하였다. 유신체제의 붕괴는 군 내부 권력구조의 공백을 의미하였다. 군 내부는 치열한 권력투쟁이 전개되었고, 1979년 12·12쿠데타로 군권을 장악한 신군부가 등장하였다. 신군부의 상징은 전두환 육군 소장이다. 1960년 5·16쿠데타로 정권을 장악한 군인 박정희는 1963년 8월 30일 육군 야전군 제5군단에서 전역식을 열었다. 박정희의 전역식은 군인에서 민간인으로 전환과 함께 제5대 대통령 선거(1963년 10월 15일)의 출정식이나 다름없었다. 박정희는 이날 "다시는 이 나라에 본인과 같은 불운한 군인이 없도록 합시다"고 연설하였다. 신군부의 전두환은 박정희가 그토록 염려했던 불운한 군인의 길에 들어섰다.

전두환은 한국전쟁이 한창이던 1951년 육군사관학교에 11기로 입교했고, 1955년 육사 졸업과 동시에 소위로 임관하면서 군 생활을 시작하였다. 1961년 서울대학교 학생군사교육단(ROTC)에서 교관으로 복무하던 중 5·16쿠데타가 일어나자, 육사 생도들을 동원하여 쿠데타를 지지하는 시가행진을 벌였다. 이에 박정희 소장의 신임을 얻어 국가재건최고회의 비서관이 되었다. 박정희와 인연으로 군대 내의 사조직 '하나회'는 승승장구하였다.

1. 군의 사조직, '하나회'

박정희는 군부 파벌 간의 통제를 상호견제 방식으로 통제하고 조정하였다. 한쪽이 지나치게 권력을 장악하는 것을 두고 볼 수 없기에 군부 파벌의 상호견제와 군대 내의 주요 기관과 직책을 분할지배방식으로 군부를 통솔하는 박정희만의 독특한 용인술이었다. 박정희는 집권 기간 중 항상 쿠데타를 두려워하였다. 5·16쿠데타 이후 4년간 무려 일곱 차례의 반혁명사건을 겪었기에 군부 관리는 자신의 정치생명과 직결되었다.

1979년 저격 당시 군부 내 지휘계통에는 육군 참모총장을 정점으로 전통적인 서열 위주의 인사를 통해 원로급 장성을 충원하였다. 반면, 보안사령관을 정점으로 통제기구 계통과 수도경비사령관 및 특전사령관 등 친위부대장은 하나회 등 소장 군부 집단에서 충원하여 직접 통제하였다. 이는 노장파와 소장파 간의 상호견제뿐만 아니라 충성경쟁을 유도하여 군을 효율적으로 통솔하려는 조치였다. 하지만 유신체제 후반기에 접어들면서 파벌 간의 대립은 심화되었고, 박정희 사망으로 인한 '권력 공백'에서 두 파벌이 양립할 수 없었다. 소장파의 정점에는 하나회가 있었다.

하나회는 "우리는 누가 뭐라 해도 정규 육사 1기다. 그리고 나라도 '하나' 우정도 '하나'로 뭉쳐야 한다"는 취지에서 명칭을 정했다고 한다. 또 다른 이론異論으로는 "태양을 위하고 조국을 위하는 하나같은 마음"이라는 뜻에서 하나회(일명 一心會)로 정했다는 주장도 있다. 하나회의 뿌리는 육사생도 시절 친목 모임에서 시작해서 그 세력을 확대하였다. 하나회의 변천 과정과 그 인물들을 보면, 오성회(육사생도시절) 멤버는 전두환, 노태우, 김복동, 최성택, 백운택이며, 칠성회(위관시절) 전두환, 노태우, 김복동, 최성택, 손영길,[88] 정호용, 권익현이며, 하나회(1963년 2월)는 기존 멤버에서 박갑룡, 노정기, 남중수가 추가되었다.

하나회는 5·16쿠데타 이후 박정희의 전폭적인 배려와 후원으로 입지를 확대하였다. 5·16쿠데타의 정점에 있었던 김종필을 중심으로 한 육사 8기생들을 견제하기 위한 대안 세력으로 선택되었다. 하나회의 조직 확대는 철저한 보안 속에서 비밀리에 추진되었다. 선발기준은 한강이남 출신으로 충성심이 강하고 의리가 있는 생도 중에서 각 기수당 10명 내지 12명으로 정하였다. 지역별로 보면, 경상도 출신이 70~80%를 차지하였다.

하나회는 엄격한 규율과 보안을 강조하는 비밀조직으로서 입회 때에는 엄격한 자격심사와 복잡한 가입 절차를 거쳐야 하였다. 먼저 육사 11기에서 기수별로 최초의 회원 1명을 선정하여 만장일치로 가입 결정을 내렸다. 가입이 결정된 기수의 회원을 중심으로 동기생 중에서 10명(Ten Member)을 구성하였다. 이때 신입회원은 육사 11기뿐만 아니라 동기들로부터 만장일치로 동의를 얻어야 가입할 수 있었다. 이렇게 구성된 하나회는 충성심, 의리, 인간관계의 상부상조, 이익 관계를 본질로 승진과 보직 등에서 끌어주고 밀어주며 주요 세력으로 등장하였다. 육사 1기 서종철과 박종규 경호실장이 고문이 되고, 육사 8기 윤필용·진종채·유학성, 육사 10기 황영시 등이 후견인 역할을 하였다. 육군사관학교 11기부터 36기까지 250명의 하나회 명단이 공개되었다.

2. 서울의 봄, 작전명 '생일집 잔치'

강력한 권위주의 유신체제에서 그 권력의 구심점이 사라지면서 군 내부는 동요될 수밖에 없었다. 그런 와중에 신군부가 등장하였다. 1979년 10·26총격사건으로 박정희가 사망하자 정부는 10월 27일 새벽 2시 비상국무회의를 소집하여 헌법 제48조에 의거하여 최규하 국무총리를 대통령 권한대행으로 의결하였다. 아울러 새벽 4시에 제주도를 제외한 전국비상계엄을 선포하고 육군 참모총장 정승화 대장을 계엄사령관에 임명하였다.[89] 이날 계엄령으로 최규하는 대통령 권한대행으로 군 통제권을 포기한 것이나 다름없다. 전국에 비상계엄이 선포되면 대통령이 그 책임과 권한을 행사한다. 반면, 지역 계엄령은 대통령이 국방부 장관에게 권한을 위임함으로써 국방부 장관이 실질적인 권한을 행사한다.

1979년 11월 10일 최규하 대통령 권한대행은 특별담화를 통해 "현행 유신헌법에 따라 대통령을 내년 1월 25일 이전에 선출하고, 새 대통령이 가능한 한 빠른 기간 안에 새 헌법을 개정, 그에 따라 선거를 실시하겠다"고[90] 밝혔다. 현행 유신체제로 대통령 선거를 실시하고 선출된 새 대통령이 가능한 빠른 시기에 헌법을 개정하여 새 헌법에 따라 다시 선거를 시행하겠다는 발표였다.

행정부의 수반인 동시에 여당인 공화당의 총재였던 박정희 사망은 공화당에게도 충격이면서 새로운 모색을 강구할 수밖에 없었다. 공화당은 11월 13일 전당대회를 열어 김종필 고문을 총재로 선출하면서 당의 활성화를 꾀하였다. 하지만 당 내부의 분열과 내각과 군부 엘리트의 지지를 받지 못함에 따라 '집권당'이 아닌 다수당으로 지위

가 하락하였다.[91)]

정부는 1979년 11월 19일 각 대학의 휴교령을 전면 해제한 데 이어, 12월 7일 국무회의에서 '대통령의 긴급조치 제9호' 해제를 의결하면서 유신체제의 법적인 탄압 장치를 해소하였다. 아울러 12월 8일 68명의 긴급조치 위반자를 전원 석방하고, 가택연금 중이던 김대중의 가택연금을 해제하였다. 신민당 김영삼 총재는 박정희 사망과 함께 곧바로 정치활동을 재개하고 있었다. 신민당은 3개월 내에 유신헌법을 폐지하는 헌법개정과 그 후 2개월 이내에 신헌법 아래 대통령의 국민 직접선거를 통한 민간정부 수립을 강력하게 주장하였다.

한편, 김대중을 비롯한 재야의 '국민연합' 세력들은 유신헌법에 따른 대통령 보궐선거 반대, 공화당과 유정회 그리고 통일주체국민회의 해체를 요구하며, 거국 민주내각의 구성을 주장하는 등 반정부 투쟁 전략을 구사하였다. 김대중은 김영삼의 단계적 절차에 따른 민주화 전략과는 결을 달리하였다. 이른바 3김(김대중 김영삼 김종필) 정치, '1980년 봄', '서울의 봄'은 이렇게 시작되었다.

최규하 대통령 권한대행은 자신 밝혔던 정치 로드맵을 그대로 이행하였다. 12월 6일 장충체육관에서 열린 통일주체국민회의에서 최규하 후보가 단독으로 입후보하여 재적의원 2,560명 중 11명(해외여행 2명, 신병 6명, 기타 3명)이 불참한 가운데 2,549명이 투표하여 2,465표 (96.7%)의 압도적 찬성으로 제10대 대통령으로 선출되었다.[92)] 권한대행의 딱지를 떼놓은 최규하 신정부의 내각이 12월 13일 출범할 예정이었다.

박정희 총격 사건과 관련하여 계엄사 합동수사본부의 수사는 10월 28일 중간발표에 이어 11월 6일 최종 발표를 완료하였다. 계엄사 합동수사본부장 전두환은 이 사건을 발표하면서 국민에게 자기의 존재감을 드러냈다. 전두환 합동수사본부장은 '사건의 전모'란 제목의 방송을 통해 발표하면서 국왕이나 임금이 죽임을 당했을 때 쓰는 '시해弑害'란 용어를 쓰며 박정희 대통령을 극존대하였다. 반면 김재규를 "아비를 죽인 만고의 패륜아"로 단정 지었다. 또한 그는 "미국 CIA가 배후에 개입되어 있더라도 수사를 중단하지 않겠다"고 수사관들에게 공언할 만큼 김재규에 대한 증오를 드러냈다.[93]

전두환의 증오감과 달리 김재규 등 피고인에 대한 공개 재판이 진행되면서 공소장이 공개되고 피고인들의 변호사가 적극적으로 변론을 제기하면서 김재규 등의 행위에 대한 다른 이야기가 세상에 알려졌다.[94] 12월 12일 사실심리를 끝내고 12월 13일 최후 진술을 들은 뒤 15일 선고공판이 예정되었다.

유신체제는 군대 자체가 권력이었고 국가였던 시대다. 권력의 공백 상태에서 신군부는 등장하였다. 군대 내의 파벌에서 우열을 점령한 것은 노장파였다. 노장파는 정승화 계엄사령관을 중심으로 비정규 육사출신(국방경비사관학교), 육군종합학교출신, 갑종간부후보생 등 한국전쟁 이전 또는 전쟁 중에 임관된 장교들을 일컫는다. 반면 소장파는 전두환 보안사령관 겸 합동수사본부장을 중심으로 한 정규 육사출신의[95] 하나회이다. 양쪽의 파벌적 대립이 표면화될 수밖에 없었다.[96]

정승화 계엄사령관은 10월 27일 군의 정치적 중립을 선포하고 합법적 방법에 따른 정치일정을 고수할 것을 선언하였다.[97] 아울러 시국대책회의에서 '군의 정치 불개입 원칙'에 따라 군부의 대표를 철수시켰다. 정승화 계엄사령관은 11월 8일 대국민 담화문을 통해 "이 역사적인 시련의 때를 당하여 우리 군은 맡은 바 계엄업무를 효과적으로 완수하고 하루빨리 군 본연의 임무인 국토방위에만 전념할 수 있게 되기를 바라고 있다"고[98] 공개적으로 발표하면서 군의 정치 불개입을 약속하였다.

1979년 11월 2일 자 『뉴욕타임지』에는 "한국군부의 노장급 장성들이 이번 주 월요일, 화요일(10월 29일, 30일) 양일에 걸쳐 국방부 내에서 비밀회합을 갖고 박정희 독재체제의 법적 근거로 되어온 유신헌법을 폐지할 것을 비공적으로 결의"하였지만, "박대통령에 대한 충성심이 강한 전두환 계엄사 합동수사본부장 등 일부에서는 유신헌법의 조기 폐지에 반대하여 폐지의 시기에 있어서 약간의 대립을 보였다"고[99] 보도하였다. 이날 『뉴욕타임지』는 유신헌법의 폐지를 주요 골자로 하여 노장파와 소장파의 견해 차이를 보도하였다. 두 파벌 간의 시국관을 알 수 있는 보도이다. 외국 언론에서 노장파와 소장파의 대립을 보도했다는 것은 당시 두 파벌 간의 갈등과 대립이 정점으로 치닫고 있다는 것을 추론해 볼 수 있다.

군의 최상층부라고 할 수 있는 육군 참모총장 겸 계엄사령관의 이러한 발표는 소장파에게 적지 않은 불만으로 드러났다. 특히 노장파의 선배 장군들은 군 생활의 절반 이상을 장군으로 보냈다. 반면, 소장파는 군대 내의 입지가 확고한 것도 아니었기에 인사 적체에 대한 불만이 강하였다. 특히 10·26총격사건 이후 단행된 군 인사는 불만을 더욱 가중시켰다. 김재규가 체포되면서 공석이 된 중앙정보부장에 이희성 육군 참모차장을 서리로 추천했고, 육군 참모차장에 3군단장 윤성민, 제3군단장에는 수도경비사령관 전성각, 수도경비사령관에는 교육참모부차장 장태완을 각각 임명하였다. 이는 노장파 정승화 육군 참모총장의 의중이었다.

11월 3일 정승화 계엄사령관은 '계엄공고 13호'를 발표하였다. 핵심은 계엄사 합동수사본부 및 지방 합동수사단 처리 업무의 축소 조정이다. 당시 계엄사 합동수사본부의 처리 업무는 매우 광범위하였다.

예컨대 중앙정보부법 및 대통령령 제5112호, 제6302호, 제6541호, 제6872호의 정보 및 보안업무 조정 감독 규정에 의한 업무를 수행하였다. 이를 중앙정보부법 제2조 1항 3호에 대한 업무 수행으로 축조 조정하였다.[100]

11월 6일 전두환 합동수사본부장은 기자회견을 통해 박정희 총격사건은 '김재규 단독 계획 범행'이라면서 미국 CIA가 개입되지 않았으며, 정승화 육군 참모총장도 이번 사건에 전혀 관련없다고 밝혔다. 사건의 경위는 "김재규가 지난 6월부터 개인적인 비위로 대통령의 친서 경고를 받은 데다 부산마산 소요사태와 관련 정책 무능 등으로 대통령의 힐책을 받아왔으며, 차지철 경호실장의 방자한 월권으로 수모를 당한데 불만을 품어오다가 최근 요직 개편설과 인책 해임을 우려해 그의 부하들을 지휘하여 일으킨 국헌문란기도사건"이라고 발표하였다.[101]

계엄사령부 합동수사본부는 어떠한 곳인가? 10·26총격사건 직전인 1979년 3월에 전두환은 보안사령부(현 국군기무사령부) 사령관으로 임명되었다. 보안사령부 임무는 군사에 관한 정보수집으로서 쿠데타 방지를 비롯한 군 통수권 보좌와 순수 군사기밀 보호, 대간첩정보 및 수사를 목적으로 창설된 국방부 직할 군 수사·정보기관이다. 따라서 중앙정보부와 함께 국내외 고급정보를 누구보다도 먼저, 그리고 정확하게 접근할 수 있는 기관이었기에 대통령의 신임이 두터운 군인이 사령관으로 임명되었다.

계엄포고령 제5호로 계엄사령부에 합동수사본부가 설치되었다. 합동수사본부의 역할은 모든 정보·수사기관(검찰, 군검찰, 중앙정보부, 헌병, 경찰, 보안사 등)의 업무를 조정, 감독하는 것이다. 합동수사본부는 3개 주요 수사국이 설치되었다. 제1국은 박정희 총격사건의 주범인 김재규 전

중앙정보부장을 정점으로 한 중앙정보부 내부 동조세력 색출 수사를 전담하였다. 보안사령부의 백동림 대령(육사 15기)을 국장으로 보안사령부 요원이 주축을 이루었다. 제2국은 군대 내 동조 세력 색출과 수사가 주임무이다. 육군 범죄수사단장인 우경윤 대령(육사 13기, 하나회)을 국장으로 하여 헌병대를 배속시켰다. 제3국은 중앙정보부와 군을 제외한 분야에서의 동조세력 색출과 수사를 맡았다. 이기창 총경을 국장으로 하여 치안본부 특수수사대 요원들로 구성되었다.[102]

계엄사 합동수사본부 설치는 계엄법상 아무런 법적 근거가 없는 위법기관이다. 계엄법 제13조에 "계엄사령부의 직제는 대통령령으로 정한다"고 규정했지만, 1980년 5월까지 계엄사령부의 직제를 정한 대통령령은 존재하지 않았다. 하지만 대통령, 중앙정보부장, 대통령 경호실장까지 한꺼번에 제거된 권력의 공백 상태에서 합동수사본부는 국민의 주목받을 수밖에 없었다. 무엇보다도 합동수사본부가 계엄사령관의 직속으로 되어 있었기에 헌병감실, 중앙정보부, 군검찰 등 다른 기관에서 견제할 수 없는 상황이었다. 신군부는 이를 이용하여 무소불위의 권력을 휘두르는 기관으로 변모해 나갔다.[103]

이러한 와중에 12월 9일 정승화 육군 참모총장이 노재현 국방장관에게 전두환 합수본부장의 동해경비사령부로 전보를 통해 교체를 건의하고[104] 1980년 실시를 예정으로 하나회 정치 장교들의 분산 및 처리 계획을 연구하도록 지시했다는[105] 정보를 소장파가 입수하였다. 소장파는 생존을 위한 모종의 조치를 강구할 수밖에 없는 상황으로 돌변하였다.

작전명 '생일집 잔치'. 정승화 육군 참모총장 겸 계엄사령관을 체포하기 위한 신군부의 작전이다. 12월 12일 저녁 6시가 넘어서자, 하나회 소속의 주요 지휘관들이 경복궁 옆에 위치한 수도경비사령부

30경비단(경비단장 장세동 대령)에 하나둘씩 모여들었다. 이들이 모두 집결한 시간 6시 30분이었다.[106] 훗날 제5공화국에서 "나는 새도 떨어뜨린다"고 할 정도로 전두환의 신임과 함께 절대적 권력을 행사했던 장세동 대령이 수도경비사령부 30경비단 단장을 맡고 있었다. 이날 '생일집 잔치'의 작전에는 제5공화국의 실세들이 등장한다.

정승화는 이미 합동수사본부에 정식으로 조사받겠다고 밝혔다. 합동수사본부의 자료에 따르면, "10월 29일 오전 10시 30분 정승화 계엄사령관이 전두환 본부장에게 2차 중간발표의 필요성을 강조한다. 정 사령관은 자신도 정식으로 진술서를 받겠다면서 합수본부 수사관 파견요청"하였다. 10월 28일 합동수사본부의 1차 중간 발표를 본 정승화는 자신의 진술을 통해 2차 중간 발표가 필요하다고 강조한 것이다. 이는 조사가 부족한 상태에서 성급하게 발표된 것으로 판단하였을 가능성이 크다.

정승화의 회고록에는 "전두환 본부장이 나에게 '궁정동에 가셨던 경위를 간단히 써주십시오'라고 했으나 정식 조사를 받겠다고 자청하였다"고 기록되어 있다. 회고록의 진실성이 합동수사본부의 자료를 통해 입증된 것이다. 전두환과 신군부가 12·12쿠데타의 원인으로 지적한 '정승화 총장의 조사 기피, 또는 방해'는 터무니없는 주장에 불과하였다.

12·12쿠데타에 주도적으로 가담한 장교는 37명이다. 이 중 73%에 해당하는 27명이 하나회 회원이며, 차규헌, 황영시, 유학성 등 중장 그룹은 그동안 하나회의 후견인 역할을 했던 선배 군인이다. 결과적으로 하나회와 관련된 인물이 30명으로 80% 이상을 차지한 하나회의 쿠데타였다.

12월 12일 저녁 6시 35분 전두환은 허삼수와 노경윤에게 정승화 총장을 연행할 것을 지시하였다. 저녁 6시 43분 '생일집 잔치'를 위해 보안사령관 겸 합동수사본부장 전두환은 최규하 대통령을 찾았다. 전두환은 국방부 장관을 경유하지 않고 중요한 보고가 있다는 구실로 대통령 면담을 요청하였다. 이때 전두환은 보안사 수사1국장 이학봉 중령을 대동하였다. 전두환은 최규하 대통령에게 정승화 총장의 연행·조사 조치에 대한 재가를 요구하였다. 최규하 대통령은 국방부 장관을 경유하지 아니하였다는 이유로 재가를 거절하였다. 노재현 국방부 장관은 이미 피신한 상태였다.

전두환이 총리공관에서 대통령 재가를 실패한 시간. 저녁 6시 50분경 보안사령부 인사처장 허삼수 대령과 우경윤 육본 헌병감실 범죄수사단장 등은 33헌병대와 보안사 수사관 등 60여 명을 동원하여 육군 참모총장 공관 안으로 들어가 정승화 총장을 총기로 위협하고 강제로 보안사 서빙고분실로 납치하였다. 이 과정에서 저항하는 총장 부관 이재천 소령과 경호장교 김인선 대위 등이 총격으로 부상을 당하였다.

전두환은 밤 9시 30분경 청와대 경호실장 직무대리 정동호와 청와대 경호실 작전과장 고명승에게 총리공관 봉쇄를 명령하였다. 정동호와 고명승은 대통령 경호실 병력을 무단으로 동원하여 총리공관 특별 경호대장 구정길 등을 총으로 위협하고 대통령 임시관저인 총리공관을 장악하고 봉쇄하였다. 전두환은 다시 유학성, 황영시, 차규헌, 박희도, 백운택 등을 대동하고 집단으로 최규하 대통령을 방문하여 정승화 총장 연행·조사에 대하여 재가를 요구하였다. 최규하 대통령은 똑같은 이유로 재가를 거절하였다.

최규하 대통령은 전두환의 단순 진술로는 정승화 총장의 체포에 절대 동의할 수 없으며, 합동수사본부의 상급자에 해당하는 노재현 국방부 장관과 상의를 한 후에야 재가를 검토하겠다고 버텼다. 이러한 상황을 예측하지 못한 신군부에서는 국방부 장관의 움직임이나 행적을 사전에 확보하지 못했다. 당시 공관에 있던 노재현 국방부 장관은 인근의 참모총장 공관에서 총소리가 나자 무슨 일인지 확인조차 하지 않은 채 가족들과 함께 피신하였기에 찾을 수가 없었다. 2023년 11월에 개봉한 영화 「서울의 봄」(감독 김성수)에서 김의성 배우가 그 역할을 맡았다.

신군부는 정승화 연행과 동시에 정승화 연행·조사에 대한 대통령 재가를 통해 합법화하려고 하였다. 그런데 대통령이 재가를 거부하면서 원래 계획대로 되지 않았다. 전두환을 비롯한 신군부는 군병력을 동원한 위력 과시에 나섰다. 첫 번째 위력과시는 육군 정식지휘계통의 제압이다. 전두환은 밤 11시경 박희도 제1공수여단장에 육군본부와 국방부를 점령하고, 노재현 국방부 장관을 보안사로 연행해 올 것을 지시하였다. 최세창 제3공수여단장에게는 정병주 특전사령관 체포와 휘하 병력의 경복궁 출동을 지시하고, 장기오 제5공수여단장에게는 휘하 병력의 육군본부 출동을 지시하였다. 조홍 대령의 수도경비사령부 헌병단 병력은 장태완 수도경비사령관을 비롯한 육군 지휘부 체포를 지시하였다. 제9사단장 노태우는 제9사단 참모장 구창회에게 휘하 병력의 중앙청 출동을 지시하고, 제1군단장 황영시는 박희모 제30사단장에게 휘하 병력의 고려대학교 진주를 지시하는 등 쿠데타 지휘부는 그동안 모의했던 군사 반란을 실행에 옮겼다. 이 과정에서 정병주 특전사령관은 3공수여단 반란군에 의해 총상을 입고 강제 예편당했으며,[107] 그의 비서실장 김오랑 소령이 총격으로 사망하였다.[108] 한편 국방부 근무 초병인 정선엽 병장이 쿠데타군의 총격으로 현장에서 즉사하였다.

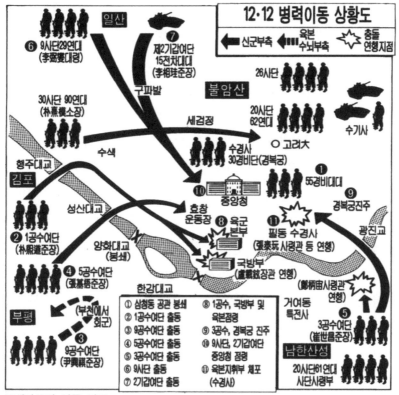

쿠데타군의 이동 경로
출처 : 『경향신문』 1995년 12월 8일

 1979년 12월 13일 새벽 서울 도심은 장갑차와 탱크 등으로 무장한 군인들이 점령하였다. 신군부의 무력시위이다. 새벽 5시 10분 전두환 등 신군부는 다시 대통령 임시 거처인 총리공관을 찾았다. 총리공관이 이미 봉쇄된 상태에서 최규하 대통령은 전두환 등의 신군부를 맞이하였다. 정승화 총장의 연행·조사에 대한 재가 서류에 최규하 대통령은 결국 서명하였다. 하나회 소장파의 승리로 군의 주도권은 완전히 신군부로 넘어갔다.

 신군부는 권력의 공백 상태를 그대로 둘 수 없었다. 첫째, 신군부는 군부 내의 주요 핵심 보직을 장악하였다. 군부대 주요 핵심보직이란 유사시 대전복부대對顚覆部隊(쿠데타 방지)를 책임지는 보직으로 보안사령부, 수도경비사령부, 특전사령부, 청와대 경호실 및 수도권 충정부대장을 지칭한다. 대장 보직으로 군부의 핵심 요직인 3개 군사령관(제1군, 제2군, 제3군)과 중장 보직으로 군 전체 장악 및 수도권 방위의 중책을 맡고 있어 정치권력의 친위대 역할을 했던 보안사령관과 수도경비사령관 그리고 육군 최정예부대인 특전사령관 등을 들 수 있다.

보안사령부는 국방부 직속기관으로서 평소에도 육군본부의 지휘권 밖에 있었다. 그 전신은 5·16쿠데타 당시 육군 방첩부대로서 박정희가 1977년부터 군부 내 도전세력 감시 등 정권 보안을 위한 친위 정보기관으로 키웠다. 제5공화국 시기 보안사령관은 모두 하나회 출신이었다. 12·12쿠데타 당시 보안사령관이 전두환이있기에 그 뒤를 이은 사람들은 제5공화국의 실세 중 실세이며, 이들은 하나회의 핵심이라고 할 수 있다. 전두환의 뒤를 이어 1980년 8월부터 노태우(11기), 박준병(12기), 안필준(12기), 이종구(14기), 고명승(15기) 등으로 이어졌다.

수도경비사령부는 박정희가 5·16쿠데타 이후 제일 먼저 창설한 부대이다. 5·16쿠데타는 수도 서울을 점령했기에 성공하였다. 서울만 점령하면 쿠데타가 성공할 수 있다는 사실에 유의하여 창설되었다. 12·12쿠데타 당시 장태완 수도경비사령관은 쿠데타를 막고자 노력했으나 체포되어 보직 해임되었다. 그 뒤를 이어 노태우가 수도경비사령관을 맡았고, 박세직(12기), 최세창(13기), 이종구(14기), 고명승(15기), 권병식(15기) 등 하나회 인맥이 사령관으로 계속 임명되었다. 1983년 이종구 사령관 시절에 수도경비사령부에서 수도방위사령부로 개칭되었다.

12·12쿠데타 성공의 결정적 역할에는 육군 최정예부대인 특전사를 빼놓을 수 없다. 정확한 명칭은 육군특수전사령부이다. 12·12쿠데

타 당시 특전사령관은 정병주 소장이었고, 예하부대로 7개 공수여단(제1·3·5·7·9·11·13공수여단)이 있었다. 제1·3·5공수여단이 쿠데타에 합세하였다. 제9공수여단 여단장 윤흥기 준장(보병학교 갑종간부 35기)은 정병주 사령관의 명령으로 보안사와 경복궁에 있는 30경비단을 공격하여 쿠데타를 진압하기 위해 나섰다. 이러한 사실을 감청한 신군부는 제9공수여단의 출동을 막기 위해 신사협정[109]을 맺었다. 이 기만작전에 현혹된 윤성민 육군 참모차장이 제9공수여단의 회군을 명령하면서 부대로 복귀하였다. 윤흥기 준장은 12·12쿠데타 종료 이후 곧바로 경질되었고, 1983년 1월 한미연합사령부 작전참모차장을 끝으로 군복을 벗었다. 윤흥기 준장의 경질로 하나회 소속 이진삼(육사 15기) 준장이 제9공수여단의 여단장으로 부임하였다. 윤흥기 준장은 1993년 7월에 정승화 총장과 함께 12·12쿠데타의 주도세력 34명을 반란죄 등으로 고소하는 데 주도적 역할을 하였다.

특전사의 제1공수여단(여단장 박희도)과 제3공수여단(여단장 최세창)은 직속상관이었던 정병주 사령관을 체포하고 국방부와 육군본부를 장악하면서 노재현 국방부 장관을 비롯한 군부 지휘관을 보안사로 연행하여 진압을 원천 봉쇄하는 역할을 주도적으로 수행하였다. 또한, 특전사는 한미연합사령부의 작전통제권을 받지 않는 부대이다.[110] 따라서 유사시 미국의 간섭을 받지 않고 병력 투입이 용이한 중앙정부의 기동타격대 역할을 할 수 있는 부대였다. 특전사령부 역시 정병주 사령관 후임으로 정호용(11기), 박희도(12기), 최세창(13기), 민병돈(15기)으로 이어지는 하나회 인맥이 장악하였다.

둘째, 신군부는 12·12쿠데타 이후 군부 내의 반대세력 및 도전 가능성이 있는 세력을 숙청하여 도전 세력의 씨를 말렸다. 신군부는 12·12쿠데타 당시 진압군 측에 섰던 이건영 제3군사령관, 문홍구 합동참모본부장 등 군부 내 노장파 및 그 직계 참모 등의 강제 전역과 함께 40여 명의 비하나회 출신 장성들을 제거하고, 핵심 보직을 하나회 인맥으로 채웠다. 이러한 숙청 인사는 전두환, 노태우, 유학성, 차규헌, 황영시, 김윤호(육사 10기, 전투교육사령부 부사령관) 등 6인이 주도하였다. 이른바 '숙군지침'은 심사대상 소장급 이상, 정승화·김재규 파벌의 제거, 진급·보직 운동자들 제거, 한국전쟁 때 후방 근무자 제거, 육사 8~10기 중 꼭 필요한 사람만 남기고 제거, 호화생활자나 품위불량자를 제거한다는 등이었다. 1차 12월 19일 자로 40여 명의 장성이 예편하게 되었다.[111] 1979년 12월 12일부터 1980년 12월 31일까지 1년여 동안 군복을 벗은 육군 장성은 모두 96명이다.[112] 12·12쿠데타 세력과 직간접으로 인연을 맺고 있었던 영관급 장교와 하급 장교들의 초고속 승진이 이루어졌다.

제5공화국~제6공화국(노태우)의 하나회 출신 핵심 보직 현황을 보면, 국방부 장관 4명, 육군 참모총장 5명, 보안사령관 9명, 수도경비사령관 9명, 특전사령관 6명, 대통령 경호실장 4명을 배출하였다. 1981년 이후 육군본부 인사참모부장 14명 중 11명이 하나회 회원이었다.[113]

3. 5·17 비상계엄 확대 조치

12·12쿠데타가 발생한 다음 날(13일), 신군부는 이희성 육군 중장을 대장으로 승진하여 육군 참모총장 겸 계엄사령관으로 임명하였다. 신군부가 내정한 것으로 최규하 대통령이 재가하였다. 신군부가 군부를 완벽히 장악하였음을 알리는 신호였다.

1979년 10월 26일 박정희가 사망함으로써 제4공화국 헌법(유신헌법) 제48조에 따라 당시 국무총리였던 최규하가 대통령 권한 대행을 수행하였다. 그리고 헌법 제45조 제②항의 "대통령이 궐위된 때에는 통일주체국민회의는 3월 이내에 후임자를 선거한다"는 규정에 따라 12월 6일 제10대 대통령 선거가 통일주체국민회의에서 있었고, 최규하가 대통령에 당선되었다. 최규하가 제10대 대통령에 당선되었지만, 누구도 그가 잔여임기를 모두 채울 것이라고는 생각하지 않았다. 최규하는 대통령권한대행 시절인 1979년 11월 10일 특별담화를 통해 "현행 유신헌법에 따라 대통령을 내년 1월 25일 이전에 선출하고, 새 대통령이 가능한 한 빠른 기간 안에 새 헌법을 개정, 그에 따라 선거를 실시하겠다"고[114] 밝혔다. 최규하 대통령은 헌법개정에 적극적이었다.

정치권에서도 분주하게 움직였다. 민주공화당 김종필 총재는 신민당 김영삼 총재를 내방하고, 평화적 정권교체 기틀을 합의하였다. 국회에서도 '헌법개정심의특별위원회'(이하 개헌특위) 구성 결의안을 여야 만장일치로 채택하고 여야 동수의 28명(공화당 7명, 유신회 7명, 신민당 13명, 통일당 1명)으로 발족하였다.[115] 개헌특위는 12월 3일 첫 모임을 가졌으며, 국회에서 헌법 개정안을 만들어 국민투표에 붙이기로 합의하였다. 헌법개정은 초미의 관심사였다. 개헌특위는 전국 5개 도시에서 여섯 차례의 공청회를 열어 다양한 의견을 수렴하였다. 개헌논의가 주요 의제로 등장하면서 정당이나 사회단체에서도 독자적인 개헌안을 발표하였다. 개헌논의는 4·19혁명 이후 처음으로 정당이 주도하는 모양새였다. 12월 9일 공화당과 신민당은 대통령책임제, 대통령 직선, 임기 4년으로 1차 중임을 골자로 하는 헌법 개정안을 확정하고 이를 국회 개헌특위에 제시할 예정이었다.

정부도 이에 발맞추어 1월 20일 법제처에 '헌법연구반'을 설치하였다. '헌법연구반'은 전문 및 총강, 정부형태 및 대통령, 기본권 및 사법권, 경제 등 4개 분과로 구성하였다. 정부는 '헌법연구반' 활동을 토대로 헌법개정심의위원회 규정에 의거, 1980년 3월 14일 '헌법연구반'을 각계 인사 60명으로 구성하고 새 헌법질서를 모색하는 움직임을 시작하였다. 이때 헌법연구반은 완전한 미국식 대통령제를 선호하였다.

한편 최규하 대통령은 2·29복권조치를 단행하였다. 1980년 2월 29일 사회안정의 바탕 위에서 착실한 정치발전을 추진한다는 이유로 윤보선 전 대통령, 김대중 전 의원, 지학순 주교 등 긴급조치 위반자 등 687명(정치인 22명, 종교인 42명, 학생 373명, 교직자 24명, 언론인 9명, 기타 217명)에 대해 사면·복권을 단행하였다.116) '서울의 봄'이 무르익고 있었다. '서울의 봄'은 '정치의 봄'이었다. 전국 곳곳에서 민주화의 물결은 봇물 터지듯이 솟구쳤다. 3월 신학기부터 각 대학의 학생회와 평교수회가 부활하였고, 2·29복권에 의해 해직 또는 재적 되었던 교수와 학생들이 학교로 돌아옴으로써 '학원 민주화'를 외치는 목소리가 드높아 갔다. 3월 27일 조선대학교의 교내시위를 시발로 서울과 지방의 각 대학에서 시위가 벌어졌다.

'정치의 봄', '학원민주화'의 낙관적 행보와 다르게 1980년 4월 14일 전두환 보안사령관을 중앙정보부장 서리에 겸임 발령하였다. 중앙정보부장과 보안사령관 직책을 현역 군인이 겸임한 전례는 여태껏 없었다. 신군부가 서서히 음모를 드러내고 있었다.

정치권의 움직임도 더욱 빨라졌다. 김영삼은 2월 12일 신민당 충남도지부 결성대회에서 대통령 후보 출마를 간접적으로 시사하였다. 2·29복권으로 정치활동이 풀린 김대중은 3월 1일 기자회견에서 "신민당의 정치적 거취는 재야인사들과 협의 결정하겠다"며 신민당 입당 문제를 유보하였다. 아울러 최규하 대통령에게 면담을 제의하는 것으로 정치활동을 재개하였다.[117] 1980년 '정치의 봄'에 신민당을 이끌었던 김영삼이란 거물과 1971년 대선 이후 정치활동에 발이 묶인 재야의 거물 김대중 간에는 신민당과 재야의 통합뿐만 아니라 목표점이 같았다. '대통령'이다. 3월 6일 두 사람은 회담을 가졌다. 범민주세력을 규합하는 협력을 다짐했지만, 세부적인 사항은 난항을 거듭할 수밖에 없었고 두 사람은 독자 행보에 나섰다.

5월 들어서면서 학생들은 학원 민주화 투쟁에서 사회 민주화 투쟁으로 전환하였다. 5월 1일 충남대에서는 3천여 명의 학생들이 오전 10시 20분 학교운동장에 모여 계엄령 철폐, 학생입영집체훈련 폐지, 국회 주도 헌법개정 촉구, 현 과도정권의 조속한 정권 이양, 어용교수 자진사퇴 등을 요구하며 가두시위를 펼쳤다. 5월 2일 서울대에서는 '민주화 대총회'를 열고, 유신세력 퇴진, 계엄철폐, 이원집정부제 반대, 정부 주도 개헌 반대 등을 주장하며 민주화 대행진을 벌였다.

5월 13일 밤 서울 광화문 일대에는 6개 대학 2,500여 명의 학생들이 '계엄철폐'를 외치며 가두시위를 벌였다. 이날 밤 10시 전국 27개 대학 총학생회장은 고려대학생회관에서 회의를 열었다. 학생들은 "우리의 평화적 교내시위는 이제 끝났다. 교문을 박차고 나가 싸울 것이다"면서[118] 14일부터 일제히 가두시위에 돌입할 것을 결의하였다. 14일 서울 시내 21개 대학 5만여 명의 학생들이 빗속에서도 밤 늦게까지 종로, 광화문, 시청, 서울역 등에서 가두시위를 벌였으며, 지방 15개 대학에서도 가두시위에 나섰다.

학생의 시위는 5월 15일 절정을 이루었다. 서울의 35개 대학과 지방의 24개 대학에서 참가하였다. 서울역 광장에는 학생 10만 명과 시민 5만 명이 집결하여 '계엄철폐'와 '유신잔당 퇴진' 그리고 민주화

일정 제시를 요구하였다. 시위가 절정에 달한 저녁 8시경 신현확 국무총리가 '연말까지 개헌안 확정, 내년 상반기까지 양대 선거 실시'라는 민주화 일정을 발표하며 학생 시위의 해산을 종용하였다. 시위를 이끌던 학생운동 지도부는 일단 여기서 시위를 멈추고 해산을 결정하였다. 이를 흔히 '서울역 회군'이라고 부른다. 당시 학생 지도부는 훗날 유명 정치인이 되었다. 서울대 총학생회장 심재철, 고려대 총학생회장 신계륜, 서울대 복학생 협의회 대표 이해찬, 서울대 총학생회 대의원회 의장 유시민, 서울대학교 학생처장 이수성 등이다.

당시 '서울역 회군'을 두고 평가가 크게 엇갈린다. 첫째, 시위가 계속되면 신군부의 무력 진압에 대한 빌미를 제공하면서 대규모 유혈 사태가 서울에서 먼저 벌어졌을 가능성이 있었다는 주장이다. 둘째, 광주와 달리 시울에서는 신군부가 학살극을 벌이지 못했을 것으로 보면서, 서울역 회군은 전두환의 신군부 세력의 집권을 막을 수 있는 마지막 기회를 포기한 결정이었다는 주장이다. 결과적으로 '서울역 회군'은 민주화의 열망을 스스로 포기한 처사이며 신군부에게 집권의 자신감을 실어준 계기가 되었다. 5월 15일 시위로 전경대원 1명(이성재 일경)이 숨졌다.

'서울역 회군'으로 5월 16일 학생의 시위는 일단 멈췄고, 학생 지도부는 16일 오후부터 17일까지 이화여대에 모여 제1회 전국대학총학생회장단 회의를 열었다. 서울 소재 31개 대학과 지방 25개 대학이 참여한 회의에서 학생 지도부는 가두시위의 결과를 평가한 뒤 서민경제와 국가안보를 위해 당분간 시위를 중단하고 17일부터 정상수업을 받기로 결의하였다. 그러나 그 결의문이 작성되기 전 17일 새벽 경찰이 투입되어 18명이 연행되고, 나머지는 강제해산되었다. '서울역 회군'이 잘못된 선택이었음이 확인된 순간이었다.

반면, 이날 회의에 참가하지 않은 전남대, 조선대, 광주교대 등 광주시내 대학 및 전문대학 학생 2만여 명은 16일 오후 3시경 전남도청 앞 광장에 모여 시국 성토를 위한 '민족민주대성회'를 열고 시국 결의문을 채택하였다. 학생들은 저녁 7시 반부터 밤 10시까지 '계엄 해제', '노동3권 보장' 등을 외치며 2시간 반 동안 횃불 가두시위를 벌였다.[119]

앞서 신현확 국무총리의 '연말까지 개헌안 확정, 내년 상반기까지 양대 선거 실시' 약속은 무용지물이 되었다. 1980년 5월 17일 밤 11시 40분 정부 대변인 이규현 문공부 장관은 "정부는 비상계엄선포지역을 17일 24시를 기해 전국 일원으로 변경한다"고 발표하였다. 계엄령 확대 조치이다. 신군부의 또 다른 쿠데타이다. 5·17쿠데타로 민주화 일정과 개헌논의는 완전히 중단되었다. 그리고 계엄사령부는 "국민의 지탄을 받아 오던 권력형 부정축재 혐의자와 사회불안조성 및 학생 노조 소요의 배후조정혐의자 26명을 조사 중"이라고 밝혔다. 권력형 부정축재 혐의자는 김종필, 이후락, 박종규, 김치열, 김진만, 오원철, 김종락, 장동운, 이세호 등 9명이었으며, 사회혼란 조성 및 학생 노조 소요 관련 배후 조종 혐의자는 김대중, 예춘호, 문익환, 김동길, 인명진, 고은, 이영희 7명과 학원 시위 주동자 등 총 26명을 연행하여 수사 중이라고 밝혔다.[120]

5월 17일 비상조치 확대는 당시 상황에서 특별한 의미 즉, 일상생활에 달라질 것이 없는 조치였다. 이미 제주도를 제외한 지역에 1979년 10월 27일 계엄령이 선포되었기에⋯. 하지만 권력적 측면으로 보면 얘기가 달라진다. 전국 비상계엄은 대통령과 계엄사령관에게 지휘체계가 있는 반면에 지역 계엄령은 대통령, 국방부 장관, 계엄사령관의 지휘체계이다. 일반적으로 국방부 장관이 조치하는 수준이 지역

계엄령이다. 당시 국방부 장관 주영복은 최규하 대통령이 선임했고, 그는 공군 참모총장 출신이었기에 신군부와 결이 달랐다. 그렇다고 주영복 국방부 장관이 신군부에 맞섰다는 것은 아니다. 전국 비상계엄령 확대 조치로 인하여 국방부 장관이 계엄에 관여할 지휘체계가 사라졌다. 대통령을 제외하면 계엄사령관 겸 육군 참모총장 이희성 대장이 전권을 행사할 수 있게 되었다. 이희성 계엄사령관은 12·12쿠데타 이후 신군부에 의해 추대된 '바지사장'이나 다름없었기 때문에 정국은 사실상 신군부가 쥐었다.

정치활동 금지 전대학 휴교령
비상계엄 전국에 확대, 18일 0시 기해 어제 심야 임시 각의 의결
출처 : 『경향신문』 1980년 5월 18일 호외

또한 신군부가 굳이 제주도까지 계엄령을 확대한 이유에는 여러 정치적 상황이 도사리고 있었다. 첫째, 5월 17일 비상조치 확대는 신

군부의 힘을 보여주고, 최규하 대통령을 압박하기 위한 수단이었다. 둘째, 신현확 총리의 민주화 일정 발표는 신군부가 원하는 정치 수습 과정이 아니었다. 이를 무마시켜야 하였다. 셋째, 학생 시위를 그대로 두면 4·19혁명과 같이 걷잡을 수 없는 상황으로 돌변할 수 있기에 이를 미리 차단해야만 하였다. 넷째, 학생 시위에서 신군부의 리더 '전두환 물러가라'는 구호가 등장하였다. 실질적 권력 행사를 계속 미룰 수만은 없었다.

5·17쿠데타를 신군부는 면밀하게 준비하였다. 16일 주영복 장관 주재의 전군 주요 지휘관 회의는 '시위 진압에 군을 투입할 것인가'를 두고 찬반으로 나누어졌다. 신군부 하나회 출신 정호용 특전사령관은 "현재는 소수가 다수를 지배하는 시대이다. 만약 이것을 놔두면 점점 위험해진다"면서 강력한 조치로 계엄령 확대를 주문하였다. 회의에 참여한 44명의 육·해·공 지휘관들은 백지 명부에 서명하였다. 계엄령은 대통령이 선포한다는 유신헌법 제54조를 무시하고 전군 주요 지휘관 회의에서 계엄령 확대 조치를 논하고, 결정하였다.

계엄령이 선포되기 전인 17일 새벽 2시경에 무장한 제33사단 101연대 병력이 국회의사당을 점령하고 봉쇄하면서 사실상 헌정을 중단시켰다. 또한 김대중을 비롯한 사회 혼란 및 학생 노조 배후 조종 혐의자를 전격 연행하였다. 김영삼은 오전 10시 가택 연금되었다.

5월 17일 비상조치 확대에 따른 계엄포고 제10호도 발동되었다. 모든 정치활동 금지, 언론 사전검열, 각 대학 휴교령, 태업이나 파업 행위 금지 등이다. '서울의 봄', '정치의 봄'은 203일 만에 다시 한 치 앞을 볼 수 없는 암흑 속으로 빠져들었다. 5·17쿠데타를 통해 신군부는 군대의 장악을 넘어 정치권력까지 완전하게 장악하였다.

4장
광주민주항쟁[121]

이 법은 1979년 12월 12일과 1980년 5월 18일을 전후하여 발생한 헌정질서 파괴범죄와 반인도적 범죄에 대한 공소시효 정지 등에 관한 사항 등을 규정함으로써 국가기강을 바로잡고 민주화를 정착시키며 민족정기를 함양함을 목적으로 한다.

앞의 인용문은 1995년 12월 제정되어, 4차례 개정된 「5·18민주화운동 등에 관한 특별법」의 제1조 목적이다. 이 법에 따라 '민주화운동'이라고 대체로 지칭한다. 그 역사 속으로 들어가 보자.

1980년 5월 21일 『경향신문』의 1면에는 '광주일원소요'란 제목 아래 계엄사의 발표 전문이 돌출기사로 보도되었고, 『동아일보』의 1면에도 '광주일원데모사태' 4단의 큰 제목에 짤막한 보도가 실렸다. 광주민주항쟁 4일째 된 날 신문에 처음으로 광주 상황이 보도되었다. 이날 보도는 계엄사령부의 일방적인 발표에 의존했기에 '광주사태', '광주소요' 등으로 국민에게 전달되었다. 광주 상황이 그나마 정확하게 전달된 날이 5월 22일이다.

광주데모 사태 닷새째
출처 : 『동아일보』 1980년 5월 22일

　5월 22일 『동아일보』는 특별취재반이 취재한 내용을 1면에 날짜
별로 상세하게 보도하였다.[122] 이날 보도는 계엄사의 일방적인 발표
가 아니라 기자들의 취재내용이라는 점에서 그 의미가 있다. 『경향신
문』은 1면 탑으로 '광주일원 심각 사태'란 제목으로 보도했지만, 계엄

사령부의 일방적 발표에 그쳤다. 『조선일보』도 '광주일원 소요사태'란 제목으로 『경향신문』과 마찬가지였다. 『조선일보』에 눈에 띄는 것은 '고정간첩 침투 선동'라는 문구이다. 이는 이희성 계엄사령관의 발언이었으며, '자위권 위해 조처강구'하고 있다고[123] 덧붙였다. 방송에서도 계엄사령부의 발표를 읽는 수준에 그쳤고, 5월 24일 KBS방송은 "24일 정오까지 광주시는 군 병원에, 여타 지방은 경찰서와 지서 군 부대에 무기를 반납하면 일체의 책임을 묻지 않겠다"는[124] 내용만 반복해서 방영하였다. 광주는 외부차단으로 고립된 섬이 되었다. 정부의 일방적인 주장만이 국민에게 사실처럼 전달되었다.

1. 특전사 공수부대의 출동

계엄사령부는 전라북도 익산시 금마에 주둔하고 있던 제7공수여단(여단장 신우식 준장, 육사 15기 하나회 출신)을 전북대·충남대·전남대 조선대에 1개 대대씩 출동할 것을 명령하였다. 제7공수여단 33대대(권승만 중령), 35대대(김일옥 중령)는 5월 17일 밤 10시 30분 주둔지를 출발하여 광주에 새벽 1시 10분경 도착하여 전남대와 조선대에 각각 숙영하였다. 광주에 투입된 제7공수여단 병력은 본부소속 장병 10/76명(장교/사병), 33대대 소속 장병 45/321명, 35대대 장병 39/283명이다. 또한 제7공수여단 31대대는 새벽 1시 29분 전북대, 32대대는 새벽 2시 50분 충남대에 도착하였다. 육군본부 「정기작전보고 80-5」에 따르면 제7공수여단은 이미 사흘 전인 5월 14일부터 비밀리에 이동 절차를 준비하였다.

한편 17일 오전 10시 40분 제2군사령관(진종채 중장)은 정웅 제31사단장에게 광주지역 8개 전문대에 제31사단 병력 투입을 지시했고, 오후 5시에는 제7공수여단을 위해 전남대와 조선대에 숙영할 천막을 24개 동棟을 미리 설치할 것을 지시하였다. 아울러 제7공수여단 33대대와 35대대를 제31사단 작전통제 아래 두도록 조치하였다. 이처럼 5·17계엄 확대조치 이전에 이미 제7공수여단 투입 준비를 마쳤다.

또한 계엄사령부는 17일 오후 7시 40분에 '18일 0시 1분부로 '충정작전'의 발효와 동시에 불순분자 체포는 17일 24시까지, 대학점거는 18일 새벽 4시 이전까지 완료'하도록 윤흥정 전투병과교육사령관 겸 전남북 계엄분소장에게 시달하였다. 이와는 별도로 광주지구 보안대(보안사령부 전남지구대)는 보안사의 지시에 따라 17일 밤 11시부터 시위주동자에 대한 예비검속을 실시하여 재야인사와 학생회 간부 등 연행대상자 22명 중 정동년을 비롯한 8명을 체포·연행하였다.125)

18일 새벽 1시 10분 제7공수여단 33대대는 전남대, 35대대는 조선대에 각각 도착함과 동시에 제31사단 96연대의 작전통제 아래 들어갔다. 18일 새벽, 전남대에 진주한 33대대는 교내를 수색하여 학생회관과 도서관에서 농성하거나 공부하고 있던 학생 69명을 체포했고, 조선대에 도착한 35대대 역시 학생 43명을 체포하여 제31사단 헌병대에 인계하였다. 전남대 총학생회는 17일 오후 늦은 시각 서울지역 총학생회장단이 계엄당국에 연행돼 갔다는 소식을 접하였다. 박관현 총학생회장 등 지도부는 18일 새벽까지 모두 광주를 빠져나가 여수 등지에 몸을 숨겼다. 같은 시각 전북대에서는 제7공수여단의 학생 검거과정에서 농학과 2학년 이세종이 학생회관 옥상에서 추락하여 사망하는 사고가 발생하였다.

비상조치 확대가 내려진 이후 5월 17일 24시 현재 전국 각 대학의 계엄군 점거현황은 아래와 같다.126)

계엄군의 점거 현황

투입 부대	투입된 학교	비고
1공수여단 4개 대대	연세대 서강대 홍익대	
3공수여단 5개 대대	예비부대로 거여동 주둔	5월 20일 광주로 이동
5공수여단 4개 대대	고려대	
7공수여단 4개 대대	전남대 조선대 전북대 충남대	5월 18일 새벽 광주도착
9공수여단 3개 대대	서울대 중앙대 숭전대127)	
11공수여단 3개 대대	동국대	5월 19일 광주로 이동
13공수여단 2개 대대	성균관대	
20사단 3개 연대	국민대 산업대 경희대 한양대 외국어대	5월 20일 광주로 이동
해병 1사단 2개 연대	경북대 부산대 경남대	

공수여단의 편제는 일반 보병 사단과 다르다. 여단 예하에는 4개 대대가 있고, 대대 예하에는 3개 지역대가 있으며, 지역대 예하에는 5개 중대로 편제되어 있다. 광주에는 제7공수여단이 처음 투입되었고, 19일에 제11공수여단, 20일에는 제3공수여단, 21일 보병 제20사단이 투입되었다. 광주에는 광주 주둔 제31사단 병력과 전교사 소속 계엄군 13,430명이 있었음에도 특전사 3개 공수여단과 제20사단 병력 6,949명을 투입하여 총 20,379명의 병력이 학살을 자행하였다.

1) 항쟁의 서막, 전남대학교

아침 뉴스를 통해 5·17비상계엄 확대조치 사실을 알게 된 전남대 학생들은 학교 정문 앞으로 모여들었다. '휴업령 또는 휴교령이 내리면 다음 날 오전 10시 전남대 교문 앞에 모이자'고 '민족민주대성회'

에서의 약속을 기억하고 나온 학생들이다. 전남대 정문과 후문은 제7 공수여단 33대대 병력에 의해 철저히 봉쇄되어 있었다. 교문에는 '정부조치로 휴교령이 내렸으니 가정학습하기 바란다'는 총장 명의의 공고문이 붙어 있었다. 5·17조치로 대학에 계엄군이 주둔하고 휴교령이 내려진 것은 전국적인 상황이었다. 그러나 5·17 계엄 확대 조치의 부당함을 주장하며 민주화 시위를 벌인 곳은 광주뿐이다.

오전 10시가 넘어서면서 200~300여 명의 학생이 교문 앞에 모였다. 이들 중에는 학교도서관에 들어가 공부하려는 학생들도 있었고 '민족민주대성회'의 약속에 따라 모인 학생도 있었다. 학생들은 "학교 출입 보장하라", "공수부대 물러가라"는 구호를 외치며 정문을 지키는 공수부대원들을 향해 항의하였다. 계엄군의 지휘자는 "우리는 상부의 지시로 전남대에 왔다. 휴교령이 내려 학교에 들어갈 수 없으니 즉시 귀가하지 않으면 강제로 해산시키겠다"며 위압적인 경고 방송을 하였다. 공수부대원들은 소총을 등 뒤에 메고 머리에는 방석망을 쓰고 손에는 진압봉과 방패를 들고 있었다. 경고 방송이 나간 지 1분이 지났을 때쯤에 스피커를 통해 '돌격'하는 명령이 떨어짐과 동시에 계엄군이 괴성을 지르며 진압봉을 휘둘렀다. 순식간에 벌어진 계엄군의 공격에 학생들은 진압봉의 세례를 받았고, 몸을 피한 학생들조차도 끝까지 추적하여 닥치는 대로 진압봉으로 내리치고 군홧발로 짓이겼다.

학생들은 완전무장한 공수부대원들의 상대가 되지 못하였다. 계엄군의 폭력은 그동안 시위 현장에서 봐왔던 진압방식과는 전혀 다른 잔인함 그 자체였다. 그때 어느 학생이 "여기만 있지 말고 도청광장으로 나가자. 시민들에게 이 사실을 알리고 민주화를 외치자. 우리 학교 학생회 지도부가 모두 연행됐다니 우리 모두 힘을 합쳐 전두환 일당을 분쇄하는데 앞장서자"고 외쳤다.[128] 학생들은 계엄군의 만행을 알리기 위해 도심으로 진출하였다. 학생들은 광주역 광장에 다시 집결하였다. 오전 10시 30분경 광주역 광장에서 대오를 가다듬고 공용버스터미널을 거쳐 광주 중심가인 금남로 쪽으로 향하였다. 학생들은 '비상계엄령 해제하라', '김대중 석방하라', '전두환 물러가라', '휴교령 철폐하라', '계엄군은 물러가라' 등의 구호를 외쳤다. 시위 학생들은 공용터미널에서 금남로로 빠져나와 가톨릭센터 앞까지 진출하였다. 이때가 11시 30분경이다. 다수 학생과 소수의 시민이 합세한 시위대열은 한쪽 차선을 점거한 채 항의 농성을 시작하였다. 이 가운데 일부는 도청광장으로의 진출을 시도하였다.

경찰이 시위진압에 나선 건 11시 40분경이다. 경찰기동대가 최루탄과 페퍼포그를 쏘며 해산에 나섰다. 학생 시위는 오후 3시 무렵까지 시내 곳곳에서 벌어졌다. 학생들이 시내에 진출하여 곳곳에서 시위를 벌였지만, 그 수는 몇백 명에 불과했고 산발적이었다. 경찰 10개 중대만으로도 충분히 진압할 수 있었다. 당시 전남도경 국장 안병하는 경찰기동대에게 "분산하는 자는 너무 추격하지 말 것, 부상자가 발생하지 않도록 할 것, 저항하는 자는 연행할 것, 연행과정에서 학생들의 피해가 없도록 할 것" 등 진압방침을 하달하였다. 경찰의 진압방침과 공수부대원의 진압작전이 달랐다는 것을 알 수 있다. 이때까지만 해도 광주 시내에는 아직 공수부대가 투입되지 않았다.

18일 오전부터 오후 3시까지 시위는 경찰과의 격렬한 대치는 있었지만, 종전의 시위와 같이 민주화를 요구하는 평상적인 시위 수준에 그쳤다. 무엇보다도 적극적으로 참여하는 시민이 많지 않아 경찰력만으로도 충분히 진압할 수 있을 정도였다.[129] 계엄사령부와 제2군사령부의 상황일지도 18일 시위 현장을 급박하지 않은 것으로 기록하였다.[130] 반면, 계엄부사령관인 육군 참모차장 황영시는 5월 18일 전남대학교의 시위에 대해 강력하게 진압하도록 지시하였다. 그 지시사항을 보면, "계엄부사령관은 전남대학교 소요에 단호한 계엄사의 조치를 보여주기 위하여 보안사 계통에서 전교사령관에게 지휘 조언, 강력하게 다루도록 조치해 줄 것을 요망하고 있음"이라고[131) 되어 있다.

2) 시내에 공수부대원 출현

오후 3시 30분 조금 넘어설 때, 유동삼거리 쪽에 1개 중대가량의 공수부대원들이 시민의 시야에 들어왔다. 제7공수여단은 광주 사정을 모르기 때문에 제31사단의 작전통제 아래 진압작전을 실시하였다. 정웅 제31사단장은 전남 도경을 통해 경찰의 시위상황을 보고 받은 결과 '경찰만으로도 진압할 수 있는 정도'의 시위라고 판단하였다.

18일 오전 전두환 중앙정보부장 서리, 이희성 계엄사령관, 황영시 육군 참모차장, 정호용 특전사령관 등은 윤흥정 전남북 계엄분소장(전투병과 교육사령관)으로부터 광주 상황을 보고 받았다. 5·17조치 이후 다른 지역에 없는 시위가 광주에서는 오전부터 계속되고 있다는 보고였다. 계엄사령부는 공수부대를 시내에 투입함은 물론 증원부대도 보낼 것이니 신속히 대처하라고 명령하기에 이르렀다. 윤흥정 전남북 계엄분소장은 정웅 제31사단장에게 제7공수여단 33대대와 35대대를 광주 시내에 투입하여 진압작전을 펼치도록 명령하였다. 정웅 제31사단장은 '경찰력만으로 진압이 가능하다'고 판단했으나, 계엄사령부의 거듭된 공수부대 투입 명령을 거역할 수 없었다.

정웅 제31사단장은 전남대와 조선대에 주둔한 제7공수여단 33대대장 권승만 중령과 35대대장 김일옥 중령에게 오후 4시까지 공수부대 병력을 시내에 투입하라고 명령하였다. 이 명령에 따라 오후 3시

30분이 조금 지나 제7공수여단 33대대가 유동삼거리에 나타났다. 35대대는 충장로를 중심으로 좌우 측 도로를 차단하고 33대대는 금남로 가톨릭센터에서 도청 방향으로 압축하여 시위대 해산에 나섰다.

한편 이희성 계엄사령관은 공수부대 2개 대대 병력(6백여 명)만으로는 시위진압이 어렵다고 판단하였다. 오후 3시 30분 정호용 특전사령관은 제11공수여단(여단장 최웅 준장, 육사12기, 하나회 출신)이 주둔하고 있는 동국대학교로 가서 최웅 여단장에게 광주로 출동할 것을 명령하였다. 최웅 제11여단장은 즉시 여단 작전참모와 예하 61대대 1개 지역대(260명)를 선발대로 오후 4시 30분 성남비행장에서 비행기로 출발케 하고 나머지 병력과 62대대는 오후 5시 청량리역에서 열차 편으로 광주로 이동하도록 하였다.[132]

광주에 투입된 제7공수여단을 선발대로 하여, 19일 제11공수여단 3개 대대, 20일 제3공수여단 5개 대대가 투입되었다. 공수부대는 얼룩무늬에 군복 머리에는 방석망이 달린 헬멧을 쓰고 손에는 방패와 진압봉을 들고, M16 소총을 대각선으로 등에 둘러맸다. 대한민국이 자랑하는 최정예부대였다. 국내는 물론 적지 어느 곳이든 명령만 떨어지면 목숨을 초개같이 버리고 뛰어드는 그야말로 삶과 죽음을 초월한 용감무쌍한 우리의 국군이다. 그러한 용감무쌍한 국군이 광주에 투입되었다.

묵직한 군홧발 소리로 위화감을 조성한 공수부대가 진압작전의 태세를 갖춘 시간은 오후 4시 정각이었다. 이때 대열을 따라온 초록색 1.5톤급 닙차량 위에 설치된 스피커에서 찢어지는 듯한 금속성의 위압적인 목소리가 터져 나왔다. "거리에 나와 있는 시민 여러분 빨리 집으로 돌아가십시오. 빨리 돌아가십시오." 시민들은 학생들의 시위와 경찰의 진압과정을 지켜보고 있었다. 귀가를 종용하는 방송이 있은 지 1분도 지나지 않은 극히 짧은 순간이 지나고 도열해 있던 공수부대원에게 명령이 떨어졌다. "돌격 앞으로…"

군인들의 진압봉은 시위 가담 여부와 상관없이 도로 주변에 있는 젊은 사람이면 남녀를 불문하고 군홧발로 차고 진압봉으로 두들겨 팼다. 반항하는 기색을 보이면 공수대원 2~3명이 몰려들어 진압봉을 내려쳤다. 그리고 피투성이가 된 채 쓰러진 사람을 질질 끌고 가서 트럭에 실었다. 시민들은 길바닥에 나동그라져 짓밟히고, 피투성이였고 비명과 고함이 여기저기서 들려왔다. 앞서 전남도경 국장 안병하가 경찰에게 하달한 진압방침과는 달라도 너무나 다른 진압작전이었다.

시민들은 인근 점포와 주택으로 피신하기에 바빴다. 계엄군은 도망가는 시민들의 뒤를 재빨리 쫓아가서 진압봉이나 대검을 무자비하게 휘둘러댔다. '저놈 잡아라', '저기 간다'는 소리와 동시에 '아이쿠', '억' 소리가 여기저기서 터져 나왔고, 일대는 삽시간에 생지옥으로 돌변해버렸다.

제2군사령부의 '계엄상황 일지'에는 5월 18일 하루 동안 광주에서 연행된 숫자가 405명이라고 기록되어 있다. 대학생 114명, 전문대생 35명, 고교생 6명, 재수생 66명, 일반시민 184명 등이다. 이 가운데 68명이 두부 외상, 타박상, 자상(대검 사용에 의한 부상)을 입었고, 12명은 중태라고 기록되어 있다.

18일 계엄군(제7공수여단)의 33대대장 권승만 중령은 '과잉진압'이란 용어 자체가 온당치 않으며 질서유지를 위해 불가피한 조치였다고 항변하였다.[133] 35대대장 김일옥 중령도 '과잉진압'을 하지 않았다고 주장하면서 광주민주항쟁 중 대검을 한 번도 사용한 적이 없다고 강조하였다.[134] 반면 전남북 계엄분소장 윤흥정 중장은 18일 밤 광주 시내에 있는 친지로부터 항의 전화를 많이 받았다면서 "공수부대의 과잉진압 이야기를 듣고 군복 입고 있는 것을 부끄럽게 여겼다"고 증언하였다.[135] 권승만과 김일옥은 1995년 과잉진압 혐의로 고소되었다. 1996년 1월 5일 서울지방검찰청의 김일옥 진술조서에는 "시위진압 과정에서 과잉진압 사실이 있었던 것은 사실입니다"면서 과잉진압 사실을 인정하였다. 권승만과 김일옥은 1988년 국회 청문에서는 '과잉진압'을 극구 부인했으나, 고소 사건에서는 과잉진압을 인정하였다.

제7공수여단이 광주 시내에 처음 모습을 나타낸 18일 오후 3시 30분, 특전사령관 정호용은 또다른 공수부대 광주 투입을 명령하였다. 정호용 사령관은 서울 동국대학교에 주둔하고 있는 제11공수여단을 직접 방문하여 "광주에서 제7공수여단이 매우 고전하고 있다"며 최웅 여단장에게 광주로 출동할 것을 명령하였다. 정호용이 최웅 여단장에게 명령을 하달한 3시 30분. 광주에 투입된 제7공수여단은 시내에서 시위 진압을 준비하고 있었다. 그런데 정호용은 제7공수여단이 '매우 고전하고 있다면서 제11공수여단 출동을 명령하였다.

또한, 서울 송파구 거여동에 주둔하고 있던 제3공수여단에도 20일 광주로 출동하라는 명령을 내렸다. 제3공수여단(여단장 최세창 준장, 육사 13기, 하나회 출신)은 특전사 중에서도 최정예의 부대이다. 제3공수여단의 265/1212명(1차 131/589명, 2차 134/623명) 병력은 5월 20일 두 차례에 걸쳐 청량리역에서 광주역으로 이동하였다.[136] 1차는 새벽 1시경에 청량리를 출발하여 아침 7시 5분경에 광주역에 도착했으며, 2차는 새벽 1시 10분경에 청량리를 출발하여 7시 45분경 광주역에 도착하였다. 제3공수여단이 광주에 투입된 20일 새벽 특전사령관 정호용도 광주를 방문하였다.

이러한 상황에서 최초의 희생자가 나왔다. 청각장애인 김경철(제화공, 1952년생)이다. 5월 18일은 김경철의 하나뿐인 딸의 백일잔치 가족

모임이 있었다. 그는 서울에서 내려온 처남이 영암으로 간다고 해서 고속버스터미널에서 배웅하고 집으로 돌아오던 중 금남로 지하상가 공사장에서 붙잡혀 수없이 두들겨 맞고 짓밟혔다. 김경철은 19일 아침 국군통합병원 영안실에서 시체로 발견되었다. 광주지방검찰청 사체검안서에 적혀 있는 사망원인은 '후두부 찰과상 및 열상, 좌안성검부열상, 우측상지전박부 타박상, 좌측어깨관절 타박상, 목뼈골절 둔부 및 대퇴부 타박상'이다. 얼마나 잔인하게 두들겨 맞고 짓밟혔는지를 시체검안서가 말하고 있다. 1980년 5월 18일부터 21일까지 전남대학교병원, 조선대학교병원, 기독병원, 임내과, 서석병원 등 시내에 있는 병원에는 총 461명이 총검에 의한 부상자로 나타났다. 또한 사망자의 대부분이 대검 혹은 진압봉에 의해 살해당한 사실이 전문검시관들의 검시 결과로 나타났다.[137]

2. 광주민주항쟁의 영원한 이름 '여성'

1) '두부처럼 잘리워진 어여쁜 너의 젖가슴'

5월 19일 월요일, 평상시와 다르지 않은 날이 밝았다. 초·중·고교 학생들이 평소와 같이 등교하고 관공서와 회사들도 다른 여느 때와 다르지 않은 정상적으로 근무하는 것처럼 보였다. 계엄군의 만행은 시민들의 입에서 입으로 전해졌다. 광주에는 제7공수여단에 이어 제11공수여단이 투입되었다. 이른 새벽부터 군인과 경찰은 시내 전 지역에 걸쳐 삼엄한 경비를 섰고, 금남로에는 모든 차량이 통행 금지되었다.

19일 오전 9시가 지나자 성난 민중들이 금남로 가톨릭센터 앞으로 모여들었다. 오전 10시쯤, 군중은 금방 3~4천 명으로 불어났다. 계엄군의 '상식 밖의 만행'에 시민들은 '공감대'를 형성하며 투쟁의 의지를 불태웠다. 시민의 공감대는 가만히 당하는 선량한 시민이 아니라 온당치 않은 국가공권력의 부당한 폭력에 저항할 줄 아는 '결속된 힘'으로 서서히 변모하였다. 결속된 힘을 이룬 '시민' 중에는 당연히 학생이 많았다. 그리고 소상인이나 자유업에 종사하는 젊은이들이 많았고, 부녀자나 중년의 남자들도 있었다. 아울러 10대 배달소년도, 60이 넘은 어르신도 흔하게 띄었다. 조직되지 않은 시민으로부터 결속된 힘으로 서서히 선회하면서 대응력도 달라졌다.

시민들은 계속해서 금남로 가톨릭센터 앞에서부터 도청으로 진출을 시도하였다. 도청광장에 저지선을 치고 있던 경찰은 스피커를 통해 해산을 종용하였다. 공수부대원들은 나타나지 않았지만, 공중에서는 군 헬기가 금남로에 모여든 시민들의 동태를 감시하였다. 경찰은 해산 권고에 응하지 않은 시민을 향해 최루탄과 페퍼포그를 쏘며 접근하였다. 시민들은 어제와 달리 물러서지 않고 적극적으로 대응하였다. 이 시각 처음으로 화염병이 등장하였다. 광주의 재야 민주세력의 거점이었던 녹두서점에서 윤상원 주도 아래 제작된 화염병이 시민에게 제공되었다. 그리고 시민의 손에는 각목·쇠파이프 등이 있었다. 맨손으로는 공수부대원에 맞설 수 없다는 절박함이었다. 도청 안에 있던 공수부대원 4백여 명이 전광석화처럼 금남로에 투입되었다. 공수부대의 『선투상보』를 보면,[138]

5·18작전 이후 시민감정이 악화하여 일부 시민이 주동자의 선동에 의해 데모대에 가담. 11시경 금남로 일대 폭도 3~4천 명 운집. 경찰과 대치, 택시

3대 소각시키고 "경상도 출신 군대가 광주시민을 죽이러 왔다"는 구호를 외치고 40~50대들도 가세. 부녀자까지 합세하여 수가 증가. 경찰과 치열한 투석전으로 더 이상 제지할 능력상실.

『전투상보』에는 '주동자의 선동에 의해'라며 마치 주동자 또는 특정세력이 있는 것처럼 기록했지만, 19일 시위는 말 그대로 성난 민중의 외침이었다. 그리고 광주민주항쟁을 지역감정의 표출로 몰아가려는 의도가 공수부대의 지휘부에 있었다는 것을 잘 보여준다. 공수부대원들은 젊은 사람뿐만 아니라 남녀를 가리지 않고 닥치는 대로 피투성이가 되도록 진압봉과 개머리판으로 두들겨 팼고 대검으로 찔렀다. 진압봉 또는 대검 사용의 빈도수가 훨씬 많아졌다.[139] 그리고 마구잡이로 질질 끌고 가 트럭에 실었다. 무차별 살상에 나선 공수부대는 이날 새벽 광주에 증파된 제11공수여단 소속 병력(장교 108명과 사병 1,038명)이었다.[140] 이들의 살상행위는 전날 제7공수여단보다 훨씬 잔인하고 혹독하였다. 제11공수여단이 투입되면서 공수부대원의 활동 범위는 시내 전역으로 확대되었고, 그럴수록 시민의 저항도 더욱 거세졌다.

오후 1시 30분이 되자 공수부대가 점심 식사를 위해 조선대로 철수하였다. 이들이 철수하자 금남로를 비롯한 시가지는 순식간에 수만 명의 시민으로 가득 찼다. 철수한 공수부대원 대신 경찰이 최루탄과 페퍼포그를 쏘며 진압에 나섰다. 그러나 시민들은 물러가지 않고 돌멩이와 화염병을 던지며 맞섰다. 가톨릭센터 앞에서 경찰과 대치하고 있던 시민들은 가톨릭센터 차고에 있던 기독교방송 취재 차량을 끌어내 시동을 건 채 시트에 기름을 붓고 불을 붙여 경찰 바리케이드를 향해 돌진시켰다.

공수부대가 오후 2시 40분쯤 다시 투입되면서 오전과 똑같이 잔악한 폭력이 이어졌다. 붙잡힌 시민들은 팬티만 남긴 채 발가벗겨져 군 트럭에 실려 갔다. 이날 낮부터 광주 시내 종합병원과 개인병원에는 부상자들이 줄을 이었다. 시민의 시위도 오전과는 완전히 달랐다. 무조건 도망가지 않았다. 시민들의 분노가 임계점을 넘었다. 도로변의 대형화분과 공중전화박스, 가드레일, 버스정류장 입간판 등을 뜯어 바리케이드를 치고 보도블록을 깨서 던지며 저항하였다. 지하도 공사장에서 일하던 인부들도 무기가 될 만한 연장이나 각목, 쇠파이프 등을 젊은이들에게 던져주었다.

오후 4시 50분, 계림동 광주고등학교 앞 도로에서 계엄군의 최초 발포가 있었다. 고등학생 한 명이 총에 맞아 쓰러졌다. 그는 주위 시민들의 도움으로 즉각 전남대병원에 옮겨져 생명은 구할 수 있었지만, M16 총알이 복부 오른쪽을 관통해 좌측 엉덩이로 빠져나가는 중상을 입었다. 19일 밤, 시위는 통행금지도 소용없을 만큼 자정까지 격렬하게 이어졌다. 이날 시위 현장에서 체포된 인원만 277명에 이르렀다. 부상자 가운데 5명은 날카로운 대검으로 추정되는 물체에 찔린 '자상'으로 확인되었다.

그런 과정에서 두 번째 희생자가 발생하였다. 이틀 동안 수많은 사람이 진압봉에 맞고 대검에 찔려 시내는 피바다가 되었고 1,700여 명이 연행되었지만, 그 당시 신원이 밝혀진 희생자는 김경철뿐이었다. 두 번째 희생자는 노동자 김안부이다.[141] 그는 평소와 달리 노동판에 나가지 않고 광주공원 쪽으로 나갔다가 희생된 것으로 전해졌다. 그의 검안서에는 머리·가슴 등 전신타박상으로 기록되어 있다. 얼마나 두들겨 맞았는지 짐작할 수 있다. 그리고 이날 공수부대원들은 M16 소총에 대검을 착검하고 시민들을 위협하며 마구 찔렀다.

19일 광주민주항쟁의 오랜 유언비어로 치부되었던 "계엄군이 여대생의 젖가슴을 도려냈다"는 사건이 발생하였다. 19일 오후 7시 30분 학동 남광주역 부근에 있는 친구 집으로 가던 최미자(19세)는 6~7명의 공수부대원들에게 대검에 찔리고 군홧발에 짓눌렸다. 그녀는 오른쪽 겨드랑이와 젖가슴 사이를 대검에 찔려 피를 쏟으며 의식을 잃고 쓰러진 후 시민에 의해 전남대병원으로 옮겨졌다. 그녀는 다행히 목숨을 건졌다.[142] 계엄사령부는 1980년 5월 31일 근거 없는 악의적 유언비어가 유포되고 있다며, 그 사례를 발표하였다. 그중에 "계엄군이 여대생의 유방을 칼로 도려내어 시청 앞에 걸어 놓았다"는 유언비어도 있다고 하였다.[143] 최미자의 피해 사실과 유언비어에는 분명 차이가 있지만, 가슴이 대검에 찔린 사건이 발생한 것만은 사실이다.

광주민주항쟁과 관련하여 「임을 위한 행진곡」, 「광주출정가」, 「오월의 노래」 등의 민중가요가 1980~90년대에 널리 불렸다. 다른 민중가요와 달리 「오월의 노래」는 작사가 미상이다. 멜로디는 프랑스 샹송 가수 미셸 폴나레프Michel Polnareff가 1971년에 발표한 '누가 할머니를 죽였는가?Qui a tué Grand' Maman'의 번안곡이다.

「오월의 노래」는[144] 「임을 위한 행진곡」과 함께 광주민주항쟁 관련 시위에서는 빠지지 않고 불린 곡이었다. 그러나 격한 감정과 직설적인 단어가 가사에 그대로 표현되어 있고 '양키놈'이라는 반미적 표현 때문인지 공식 석상에서는 불리지 않았다. 그리고 점점 잊혀졌다. 이 노래의 가사에서 가장 논란이 된 부분이 '두부처럼 잘리워진 어여쁜 너의 젖가슴'이다.

꽃잎처럼 금남로에 뿌려진 너의 붉은 피
두부처럼 잘리워진 어여쁜 너의 젖가슴
오월! 그날이 다시 오면 우리 가슴에 붉은 피 솟네

이 노랫말의 주인공은 최미자가 아니다. 또 다른 희생자가 있었다. 1980년 5월 19일 손옥례(19세)는 친구 집에서 자고 이튿날 집(광주시 동구 지원동 주남마을) 앞에서 행적이 사라졌다. 그의 행방을 수소문했으나 그는 어디에서도 찾을 수가 없었다. 가족들은 수소문 끝에 광주지방검찰청에서 손옥례의 검시 사진을 확인하였다. 손옥례는 신원불명자로 이미 망월 묘지에 가매장된 후였다. 손옥례의 '사망자 검시 내용'에는 1980년 5월 22일 장소 불상에서 사망했고, 검시는 5월 28일 상무관에서 하였다. 사인은 M16 총상 및 자상이다. 부위 및 사인은 좌유방부 자창, 우측흉부 총상, 하악골 총상, 좌측골반부 총상, 대퇴부 관통 총상, 직접 사인은 우흉부 관통 총상으로 기록되어 있다. 손옥례는 계엄군의 총에 다섯 발을 맞았고, 대검에 의해 좌측 유방이 찢겨서 사망하였다. 훗날 손옥례는 5월 23일 광주에서 화순군으로 통하는 길목에 매복해 있던 계엄군에 의해 살해된 것으로 밝혀졌다. 제11공수여단 62대대 4지역대가 버스에 집중사격을 가해서 탑승자 18명 중 17명이 사망한 주남마을 학살 희생자이다. 이때 손옥례와 같이 타고 있던 박현숙(선의여고 3)의 시신에도 대검 자국이 보이는 자상이 발견되었다.

계엄사령부가 밝힌 "계엄군이 여대생의 유방을 칼로 도려내어 시청 앞에 걸어놓았다"는 것은 유언비어가 맞다. 그렇다고 이와 유사한 사건이 없었다고 단정할 수 없다. 최미자와 손옥례 처럼 유방이 계엄군의 대검에 찔려 부상을 당하거나, 사망한 사실이 엄연히 존재한다.

2) 여성, 그 위대한 이름

5월 20일 화요일, 밤새 내리던 비가 오전 9시경 그쳤다. 18일과

19일, 이틀간 시민들은 자국 군대의 천인공노할 행위를 목격하였다. 시민들의 눈빛은 완연히 달랐고, 그 결속된 힘도 더욱 단단해졌다. 아울러 공수부대도 20일 새벽 청량리역을 출발한 제3공수여단 5개 대대 병력이 두 차례 걸쳐 광주역에 도착하였다. 이로써 광주에는 특전사령부 3개 공수여단 10개 대대가 투입되었다.

오전에는 비교적 시위가 소강상태였지만, 공수부대원의 폭력적 행위는 여전하였다. 점심시간이 지나면서 시가는 다시 팽팽한 대치 국면으로 접어들었다. 금남로 4가에는 순식간에 3천여 명의 시민들이 집결하였다. 자녀들이 집 밖으로 나가는 것을 극구 만류하던 부모님과 장년층마저도 거리에 나섰다. 시민들이 거리로 나섰던 이유는 입에서 입으로 전해지는 계엄군의 만행도 있었지만, 선전 활동도 빼놓을 수 없다. 대표적으로 『투사회보』와 선전 가두방송이다.

오후 4시쯤 도청광장 인근에는 2, 3만여 명이 모였다. 이날 10만 명이 넘는 인파가 금남로를 뒤덮었다는 기록도 있다. 시민들은 「우리의 소원은 통일」, 「아리랑」 등의 노래와 '공수부대 물러가라', '우리를 죽여라 죽여', '계엄령 해제하라', '전두환 물러가라' 등의 구호를 외치며 계엄군의 저지선을 향하였다. 시민들은 드럼통과 화분대를 방패막이로 진압부대 저지선으로 접근하였고, 화염병과 돌멩이를 던지며 격렬하게 저항하였다. 계엄군과 시민 간의 일진일퇴는 오후 늦게까지 계속되었다. 시민들 모두 결사적이었다. 그럴수록 공수부대는 잔혹성을 더해 갔다.

시위하는 시민 그 누구도 지휘하거나 주동하는 사람이 없었다. 국가공권력의 부당한 폭력에 저항하는 '결속된 힘'으로 모인 시민으로서 스스로가 선동자가 되었다. 시민 2~3만 명이 모였지만 즉흥적이며 비조직적인 시위는 항쟁 초기에 나타난 현상이었다. 시민들의 구호도 즉흥적인 선동을 따라 하는 정도였다. 그런데 계엄사령부와 정부는 '고정간첩 침투하여 조종을 받은 폭동'이라고 발표하였다.

즉흥적 비조직적이던 시위는 점점 결속력을 강화해 나갔다. 그 대표적인 시위가 5월 20일 저녁 7시 200여 대 택시 시위였다. 공수부대원의 만행을 직접 당하거나 목격한 택시 기사들이 무등경기장에 하나둘씩 모여들었다. 200여 대의 택시는 일제히 전조등을 켠 채 금남로로 향하였다. 시내버스와 트럭도 합세하였다. 차량 행렬이 금남로에 이르자 시민들은 '우리의 용사들 잘한다', '이기자 이겨야 한다'고 외치며 박수와 환호로 맞이하며 만세를 불렀다.

시민들이 도청으로 진격하기 위해 전력을 다했지만, 공수부대의 저지선을 뚫기에는 역부족이었다. 이러한 상황을 목격한 운전기사들은 차량을 무기 삼아 한꺼번에 몰고 들어가면 공수부대의 저지선을 무너뜨릴 수 있다고 보았다. 차량 행렬의 선두에는 시내버스가 섰고, 그다음에는 대형 화물차와 택시들이 줄을 이었다. 화물차 위와 버스 안에는 머리에 흰머리 띠를 두른 젊은이들이 태극기를 흔들며 구호를 외쳤고, 시민들 역시 구호를 외치며 그 뒤를 따랐다.[145]

공수부대는 도청을 향해 다가

시내 시위 : 불타는 승용차 시위를 벌이고 있는 시내 최중심가인 금남로 일대. 승용차에 불을 질러 저지선을 펴고 있는 군경 쪽으로 굴러 보내고 있다.
출처 : 『동아일보』 1980년 5월 23일

오는 차량 행렬과 시민을 향해 최루탄과 페퍼포그를 쏟아부었다. 그리고 특공조를 투입하여 개머리판으로 차량의 전조등을 부수며, 닥치는 대로 운전기사를 끌어내 두들겨 팼다. 차량 행렬과 시민도 도청을 향해 거센 파도처럼 다시 압박하였다. 저녁 7시 45분, 공수부대는 더 이상 후퇴할 수 없다는 듯 전일빌딩 앞을 최후의 방어선으로 삼고 장갑차로 가로막았다. 대형버스까지 동원되었지만, 장갑차로 가로막은 저지선을 뚫고 전진하기에는 역부족이었다.

20일 해가 어둑어둑 해질무렵 시민들은 격렬하면서 호소력 짙은 젊은 여성의 목소리에 모두 귀를 기울였다. 그리고 선전 가두방송을 따라 시민들은 도청으로 향하였다.[146)]

계엄군 아저씨, 당신들은 피도 눈물도 없습니까? 도대체 어느 나라 군대입니까?
경찰 아저씨, 당신들은 우리 편입니다. 제발 우리를 도와주십시오. 도청광장을 잠시만 비워주면 우리는 평화적으로 시위를 하고 물러나겠습니다.
경찰아저씨, 최루탄을 쏘지 마십시오. 우리는 맨주먹입니다. 그러나 우리는 꼭 이깁니다.
시민 여러분, 모두 힘을 합칩시다.
끝까지 물러서지 말고 광주를 지킵시다.

전옥주, 차명숙 두 여성이 방송 차량의 마이크를 잡았다. 두 여성의 목소리는 온 시내를 뒤흔들어 놓았다. 그녀들의 울부짖는 목소리는 광주시민의 심금을 울렸다. 특히 전옥주는 시위대를 새벽까지 이끌었다. 10만여 명의 인파에 포위돼 버린 공수대원들도 공포심에 휩싸였다. 방송하는 두 여성을 저격하려고 시도했으나 불가능하였다.

워낙 많은 사람이 에워싸고 있었기 때문이다. 당시 광주에 투입된 제11공수여단 나모 씨가 쓴 수기 '내가 보낸 화려한 휴가'에는[147]

광주시민 여러분, 우리 모두 공부부대 놈들을 찢어 죽입시다. 살인마 전두환은 물러나라 두환아 내 자식 살려 놓아라" 이 여자의 음성은 밤하늘의 시민들에게는 슬픔과 울분 분노 등을 온몸으로 느끼게 할 만큼 전율적이기에 충분했습니다. 목소리 또한 어찌나 고운지 저는 처음에는 불에 탄 문화방송의 여자 아나운서가 화가 나서 선무방송을 하나 하고 생각했고 〈중략〉 너무나도 심금을 울리는 선무방송이었습니다. 그래서 저희 요원들도 지휘관들도 그 여자를 저격해서 살상시키려고 집요하게 추적하였으나 시위대에 둘러싸여서 시위대를 해산시키기 전에는 저격할 수가 없었습니다.

전옥주와 차명숙의 목소리는 시민들에게 광주의 상황을 정확하게 인식시켰으며, 울분과 분노는 결속된 힘으로 가속화되었다. 반면, 계엄군에게는 위협 그 자체였다. 광주민주항쟁 초기 시민들의 결집에는 두 여성의 목소리가 있다. 전옥주와 차명숙은 계엄군이 물러난 5월 22일 오후 3시경 용달차를 타고 도청광장에 나타났다. 일부 시민들은 그들이 혹시 북에서 보낸 공작요원이 아닌가 하는 의심을 품었다. 반공주의 세뇌로 인하여 '간첩'이란 단어에 민감했던 시절이었기 '고정간첩 침투'란 계엄사령부의 발표를 허투루 들을 수만은 없었다. 안타깝게도 전옥주와 차명숙은 시민들에 의해 계엄군에게 인계되었다.[148]

광주민주항쟁에서 여성들의 활약은 과소 평가되어 있다. 5월 27일 새벽 2시 30분 전남도청 1층 상황실 옆 방송실에서 마지막 선전방송을 했던 박영순 등을 비롯하여 '계엄군 아저씨들은 어느 나라 군대냐'며 물러가라 구호를 외치던 단발머리 여학생, 헌혈 행렬에 줄을 지어 모여들었던 황금동의 술집 아가씨들, 총알이 빗발치는 와중에 김밥과 요구르트를 나눠주고 주먹밥 먹이려고 이리저리 뛰던 아주머니, 부상자를 돌보고 주인 없는 시신을 수습하는 부녀자들, 발포가 시작된 뒤 사흘 내내 도청 주위를 헤집고 다니며 널브러져 있는 시신들을 수습해 옥양목을 떠다가 수의를 해 입히고 향을 피워주던 술집 아가씨들, 수많은 전옥주·차명숙·박영선이 5월 광주를 지켰다.

3) 투사회보와 들불야학

광주민주항쟁에서 빼놓을 수 없는 또 하나가 『투사회보』의 선전 활동이다. 『투사회보』는 윤상원을 중심으로 한 들불야학[149] 팀에서 제작하였다. 관제 언론과 계엄당국의 거짓된 선무방송에 대항하기 위해 들불야학에서 자발적으로 발행한 것이다. 『투사회보』 제작에 투입된 인원은 20여 명이며,[150] 하룻밤에 6천~7천 장을 제작했고, 많게는 2만여 장을 제작하였다.

『투사회보』는 제1호부터 5월 27일 제10호까지 제작되었다.[151] 제1호와 제4호는 원본이 남아있지 않으며, 제8호는 5월 25일 발행될 예정이었으나 실제로 발행되지 않았다고 한다. 제10호는 시민들의 손에 들어가기 전 계엄군이 YWCA를 점령하면서 전량 몰수당하였다. 『투사회보』에서 문안 작성을 담당했던 전용호에 따르면, 18일부터

『투사회보』 제6호(1980. 5. 23 금)
당시 발행됐던 '투사회보'를 '박용준투사회보체'로 재현한 모습
출처 : 지역공공정책플랫폼 '광주로' 갈무리

19일경까지 3~4종의 전단으로 배포되었고, 20~21일에는 10종 이상 (명의가 모두 다름)의 수동형 등사기로 제작된 유인물이 시내에 광범위하게 살포되었다고 한다.[152]

『투사회보』가 언제부터 배포되었는지는 다소 이견이 있다. 김영택은 5월 20일 투사회보가 처음 배포되었다고 하나,[153] 현재 기록으로 보면 5월 21일 처음으로 배포되었을 가능성이 크다.『투사회보』의 필경을 담당했던 박용준을 기리기 위해 '박용준체' 또는 '박용준 투사회보체'의 서체를 복원하여 배포한 날이 5월 21일이다. 1980년 당시 첫『투사회보』의 발행을 기념하기 위해 이날을 배포일로 정하였다.

또한 미발굴 된 제1호로 추정되는『투사회보』의 내용이 전용호의 글에 실렸고, 날짜는 1980년 5월 21일로 기재되어 있다.

4백만 전남도민이여 총궐기하라!

전남 애국청년들이여 총궐기하라!

전남 애국근로자들이여 총궐기하라!

전남 애국농민들이여 총궐기하라!

삼천만 민주시민들이여 총궐기하라!

하늘이여! 이 원통하고 피맺힌 민주시민의 분노를 아는가? 삼천만 애국 동포여! 이 억울한 죽음의 소리가 들리는가?

처절한 공포의 광주! 피빛 물든 아스팔트 위에 무참히 죽어가는 시체더미 위에 우리는 죽음으로써 함께 모였다.

이제 우리가 무엇을 두려워하랴. 무엇을 무서워하랴.

일어서라! 일어서라! 일어서라! 우리에겐 분노와 원한과 구국민주 일념뿐이다.

애국시민이여! 손에는 돌, 몽둥이면 몽둥이를 들고 일어서라!

애국근로자여! 손에는 닥치는 대로 공구를 들고 일어서라!

애국농민이여! 손에는 삽과 괭이를 들고 일어서라!

삼천만 애국동포여! 모두 일어나라. 그리하여 이 땅 위에 이제는 포기할 수 없는, 이제는 다시 빼앗길 수 없는, 찬란한 민족의 꽃을 피우자!

승리의 그날까지 전 도민은 무기를 들고 매일 정오를 기하여 전남 도청 앞 광장, 공원, 금남로, 광주신역으로 모이자.

1980. 5. 21.

민주청년 민주구국 학생연맹

5월 20일 이후 광주에서는 신문 발행이 중지되었고, 통신마저 두절 되었기에 소식을 듣거나 알릴 방법이 없었다. 신문과 방송에서는 '폭동'과 '폭도'라는 계엄사령부의 일방적인 발표를 그대로 보도하면서 왜곡할 뿐이었다. 『투사회보』는 신문에 비하면 조잡한 소식지에 불과했으나, 당시 돌아가는 상황과 소식을 전달하는 언론의 기능을 톡톡히 수행하였다.

이러한 과정에서 사고가 발생하였다. 20일 밤 9시 20분경, 노동청 앞 오거리에서 시위 차량인 광주고속버스에 경찰 4명이 깔려 사망하였다. 시위 차량과 경찰이 저지선을 놓고 치열한 공방전을 벌였다. 경찰이 던진 최루탄이 시위 차량 앞 유리창을 깨고 버스 안에서 터졌다. 운전기사는 최루탄 가스를 배겨내지 못하고 운전대를 놓고 밖으로 뛰쳐나왔다. 운전자 없는 시위차량이 경찰대열을 덮쳤다.[154] 시위진압을 위해 파견 나왔던 함평경찰서 소속 강정웅(39)·박기웅(40)·이세웅(31)·정충길(40)이 숨졌고, 5명이 중경상을 입었다.

밤 10시경, 광주 궁동 쪽에서 불기둥이 솟구쳤다. 광주 MBC방송국이 불타기 시작하였다. 성난 민중들의 자위권이었다. 이날 저녁 7시 뉴스에서는 계엄당국이 발표한 거짓투성이의 보도가 방송되었다.

이날 방송은 전남북 계엄분소장 윤흥정의 담화문을 그대로 보도하였다. 담화문에는 "소요진압과정에서 일부 부상 학생은 정성껏 치료를 받고 있음을 알려드립니다. 중상자는 없습니다"라고 발표하였다. 중상자는 물론이고, 이미 사망자가 발생했는데도 중상자가 없다는 발표에 시민들은 분개하였다. 다음날 새벽녘에는 광주역 근처 KBS방송국도 불탔다. "거짓말하는 방송국", "전두환 꼭두각시 노릇하는 방송국"이라는 이유에서였다. 새벽 1시경, 광주세무서도 불길에 휩싸였다. '군대는 국민이 낸 세금으로 유지되는데, 군인들이 휴전선은 안 지키고, 국민을 죽이러 왔다'며 격분한 것이다.

5월 20일 오전부터 광주에 투입되어 진압작전을 하던 제3공수여단은 야간에 광주역 근처에 머물렀다. 저녁이 되면서 시위는 격렬해졌다. 공수부대원들도 차량 시위에 위협을 느낄 수밖에 없었다. 지녁 8시 30분경 대대장들로부터 실탄 지급을 요청받은 최세창 제3공수여단장은 '위협사격 이외'에 불가피하게 사용할 때는 사전 보고하라는 지시와 함께 실탄을 지급하였다. 현장 지휘관과 병사들은 실탄 지급을 발포 명령으로 인식하였다. 최초의 '발포' 명령이나 다름없는 조치였다. 하지만 제3공수여단장의 실탄 분배는 계엄사령관은 물론 작전통제 부대장인 제31사단장, 전남북 계엄분소장, 제2군사령관 등 공식 지휘체계에는 보고되지 않은 조치였다.

제3공수여단은 권총과 M16 소총으로 사격하는 한편 E-8발사기를 발포하여 돌진 차량을 저지하고 시민들을 해산시켰다. 이 과정에서 공수부대의 총격으로 시민 7명이 숨졌다.[155] 제2군사령부는 밤 11시 20분 '발포 금지', '실탄 통제' 등의 지침을 전남북 계엄분소에 긴급히 내려보냈다. 도청을 방어하던 제11공수여단에도 이날 밤 실탄이 분배됐다. 제11공수여단의 실탄 분배는 다음 날 21일 오후 1시

도청 앞 집단 발포로 이어졌다.

자정 무렵 전남북 계엄분소장 윤흥정은 이희성 계엄사령관에게 전화를 걸어 "공수부대에 대한 광주시민의 감정이 너무 악화돼 시위 진압이 사실상 불가능하니 공수부대를 시 외곽으로 철수시키고, 보병 부대를 투입하는 것이 좋겠다"고 보고하였다. 계엄사령관은 국방부 장관과 협의한[156] 뒤 공수부대 외곽 철수를 승인하였다. 21일 새벽 2시, 제3공수여단은 광주역 사수를 포기하고 전남대로 퇴각하였다.

21일 새벽 2시 20분경부터 서울은 물론 전국 주요 도시와의 전화 가 일제히 두절 되었다. 신군부가 광주의 상황이 외부로 확산되는 것 에 두려움을 느끼고 차단하였다. 광주에 있는 친척·친지들의 안부를 물을 수 없게 되면서 인근 도시 시민의 불안은 가중되었다. 기자들의 기사 송고도 어려움을 겪었다. 광주는 점점 고립되었다.

3. '절대 공동체', 광주와 민주주의

5월 21일, '부처님 오신 날'. 새벽부터 이희성 계엄사령관은 분주 하였다. 계엄사령관은 새벽 4시 30분, 긴급 참모회의를 소집하였다. 이 회의에서 계엄군의 '자위권 발동', '공수부대 외곽 철수', '광주 봉 쇄' 등의 방침을 정하였다. 계엄사 공식회의에서 발포와 관련해서 '자 위권 발동'이 처음 언급되었다. 21일 아침 제20사단(사단장 박준병, 육사 12기, 하나회 출신) 제60·제61·제62연대 보병 병력 4,766명(284/4,482)이 광 주에 투입되었다. 제20사단은 공수부대와 호흡을 맞춰 충정훈련을 했 기 때문에 시위진압에 최적화된 부대였다.

21일 아침 금남로 가톨릭센터 앞에는 지난밤 광주역에서 계엄군의 총격으로 사망한 시신 2구가 등장하였다. 조성호 기자는 "06:20 신역 앞에서 시신 2구 실은 리어카를 트럭 3대가 매달고 양림교-공원 앞-금남로2가에 도착, 앞세워 태극기 덮고 연좌농성(가톨릭센터 앞)"이라고 취재 수첩에 썼다.[157] 대형 태극기에 덮인 채 손수레에 실려 있는 시신은 시민들의 분노를 폭발시켰다.

불에 탄 7, 8대의 버스와 승용차가 거리에 널브러져 있고, 파손된 기물들이 어지럽게 나뒹굴었다. 이른 아침 8시부터 금남로에는 다시 시민들이 모여들었다. 청바지에 빨간 점퍼를 입고 머리를 길게 늘어뜨린 전옥주가 시위대 앞에 섰다. "군 사과와 시민의 명예회복"을 전제로 한 협상을 제시한 시민의 요구가 있었고, 전옥주는 공수부대 대대장에게 다가가 전라남도 도지사와 대화하도록 주선해 달라고 요구하였다.[158]

밀고 밀리는 공방전이 오전 내내 계속되었다. 오전 11시 50분쯤 아시아자동차에서 '징발'한 군용트럭에 탄 시위 대원들이 충장로 쪽에서 도청광장으로 진출하려다 계엄군과 경찰의 공동저지로 후퇴하고 말았다. 시내 곳곳에는 "전남인은 궐기하라"는 대자보가 붙었다. 시내 전체가 항거와 투쟁의 열기로 가득 차 있었다. 연도에 있는 시민들은 박수를 보냈고 빵과 음료수를 들고 길 복판으로 튀어나와 건네주었다. 광주만의 '절대 공동체'가 더욱 빛을 발하는 순간이었다. 시민들의 왕래가 잦은 시내 어디를 가도 아낙네들은 시위군중들에게 한 함지씩의 주먹밥과 빵과 음료수를 쥐여주었다. 시민들은 '계엄 해제하라', '살인마 전두환 물러가라'는 구호가 적힌 플래카드를 달고 있는 트럭 등을 몰고 도청 광장 시위대열로 다시 모여들었다. 계엄군과 시민들이 서로를 마주 보고 대치한 거리는 불과 10미터 정도밖에 되지 않았다.

21일 오후 1시경 도청 앞 저지선에 있던 계엄군의 장갑차에서 발포를 시작으로 공수부대의 M16 총구가 시위대를 향해 불을 뿜었다.[159] 일각에서는 시위대가 아세아자동차에서 탈취한 장갑차로 계엄군을 덮쳐서 동료 계엄군(권용운 일병)이 죽자 이에 격분한 계엄군들이 시민들을 향해 발포하게 되었다고 주장한다. 그러나 당시 희생된 권용운 일병은 시위대 장갑차가 아니라 시위대에 밀려 후진하던 계엄군의 장갑차에 의해 사망한 것으로 밝혀졌다. 10여 분간의 발포로 태극기를 흔들며 구호를 외쳤던 5, 6명의 머리와 가슴과 다리에서 붉은 피가 쏟아졌다. 삽시간에 아비규환의 생지옥이 되었다. 쓰러진 시민을 구하기 위해 거리로 뛰어든 사람에게도 정조준 사격이 가해졌다. 계엄군은 도청 부근 고층 건물에 저격병을 이미 배치했던 것이다. 시민들은 옆 골목 건물로 피신했다가 총성이 멈추자 다시 도로 한 가운데로 나왔다. 다시 계엄군의 총성이 울렸다.

이날 도청 앞 집단 발포를 명령한 자는 누구인가? 몇 명이나 희생당했는가? 이 집단 발포로 몇 명의 시민이 사망하고 부상했는지는 아직도 정확히 밝혀지지 않았다. 다만 당국의 발표와 피해자 신고를 종합해보면, 최소한 54명이 숨지고 5백여 명 이상이 부상한 것으로 추정된다.[160] 이날 『투사회보』을 담당했던 박용준[161]의 일기에는

1980년 5월 21일 밤. 오늘 오후 그들은 드디어 우리를 향해 사격을 가하였다. 쓰러지는 우리 학생 시민들 품에 번지는 피! 그들이 우리의 피를 원한다면. 이 조그마한 한 몸의 희생으로 자유라는 댓가를 얻을 수 있다면, 나는 희생하겠다. 헬기소리, 또 총소리. 싸우다 쓰러져간 우리 학우 그리고 광주시민. 나도 부끄럽지 않게 일어서리라.

계엄군의 집단 발포에 시민들은 스스로를 지키기 위해 무장에 나섰다. 맨주먹으로 계엄군에게 대항한다는 것은 생명을 내어놓는 일이었다. 시민들은 아세아자동차 공장에서 장갑차와 군용차량을 이용하여 광주 근교로 향하였다. 가까운 나주와 화순지역 예비군 무기고를 덮쳤다. 그리고 장성·영광·담양 등지의 경찰서나 지서에 보관된 예비군 무기고도 목표가 되었다. 전남지역 각 시·군의 지서에는 1~2명 밖에 경비 경찰이 남지 않았기에 무기 획득은 어렵지 않았다. 무장한 시민, 이른바 '시민군'의 등장이다.

시민들이 무장하기 위해 인근 도시로 나간 것은 광주민주항쟁의 확산을 의미하기도 한다. 시민들은 무기뿐만 아니라 광주 상황을 인근 도시에 전파하였다. 화순, 나주, 함평, 영암, 강진, 무안, 해남, 목포 등에서 광주의 치참한 상황을 인식하면서 그 지역 청년들이 광주로 들어와 시위에 합류하였다. 고립된 채 광주에서만 부글부글 끓던 항쟁이 전남 서남부지역으로 들불처럼 퍼져나갔다.

시민군은 광주공원의 시민회관 앞을 본부로 삼아 대열을 정비하였다. 시민군이 금남로에 나타난 시각은 오후 2시가 넘어서였다. 10여 명씩 조를 나누어 부대를 편성하였다. 조별로 지도부의 지시에 따라 광주 시내 주요 지점에 배치되었다. 시가전은 도청을 중심으로 전남대 의대 근방, 노동청, 공원, 금남로 등지에서 벌어졌다. 고도의 명중률을 자랑하는 최신무기인 M16으로 무장하고 특수 훈련을 받은 정예 공수부대와 급조된 일반 시민군의 전투력은 적수가 될 수 없었다. 21일 오후 금남로에서 시민군의 총에 맞아 사망한 공수대원은 단한 명도 없다는 것이 이를 증명한다.

오합지졸이었지만, 시민들의 무장은 계엄군에게도 충격이었다. 특히 그동안 맨손으로 구호를 외치던 시위 상황이 급변하면서 계엄군도 다른 조치가 필요하였다. 집단 발포 이후 시위대가 해산하리라 판단했으나, 오판이었다. 이미 시민군들은 도청 주변을 둘러싸고 있었다. 계속 자극하면 계엄군도 어느 순간 포위될 수 있었다.

오후 5시 30분경 전남북 계엄분소장 윤흥정은 도청과 그 주변을 장악하고 있던 공수부대의 철수를 결정하였다. 제7공수여단과 제11공수여단이 조선대로 후퇴했고, 이윽고 시 외곽으로 철수하였다. 도청을 벗어난 계엄군은 송정리 방면, 화순 방면, 목포 방면, 여수·순천 방면, 장성 방면 등 광주 외곽도로 7군데를 점거하고 광주를 외부로부터 완전히 차단·고립시켰다. 도청은 계엄군의 철수뿐만 아니라 전남도경 경찰들도 피신했고, 전남도청 공무원들도 몸을 숨기면서 텅 비었다.

시민들은 공수부대가 철수한 사실을 모르고 있다가 오후 8시경 뒤늦게 알고 도청을 접수하였다. 행정권과 경찰권의 공백으로 시민군은 아무런 저항없이 무혈입성하였다. 시민들은 계엄군을 외곽으로 몰아냈다면서 서로 얼싸안고 환호하였다. 바야흐로 광주는 '시민자치' 또는 '자치공동체'의 해방구가 되었다. 전남도청은 시민군이 제압당한 27일 새벽까지 해방구의 본산이 되었다.

5월 22일 해방구의 아침이 밝았다. 벅찬 감동으로 시민들은 도청 앞 광장으로 모여들었다. 도청을 접수한 시민군은 어수선한 내부를 정돈하고 도청을 본부로 정하였다. 1층 서무과에는 작전상황실을 설치하고 차량 통행증과 시내 주유소의 유류를 보급받기 위한 유류보급증, 상황실 출입증 등을 발부하였다. 한편, 외곽지역에서 방위를 맡고 있던 시민군들과 연락 체계를 구축하였다. 또한 기동순찰대를 편성하여 긴급 상황이 발생하면 출동하도록 대기시켰다. 시민들은 빠른 속도로 질서를 회복해 가고 있었다. 시장과 상점들이 정상적으로 문을 열기 시작했고, 사회복지단체에 식량 공급도 이뤄졌다. 전기·수도 등은 관련 공무원들의 지원으로 별다른 어려움 없이 해결됐다. 수많은 부상자 때문에 혈액 부족으로 곤란을 겪던 병원들도 시민들의 헌혈로 혈액이 남아돌았다. '무정부 상태'였지만, 약탈과 무질서는 찾아볼 수 없었다. 시민 스스로 질서와 규율을 유지하며 해방구 광주는 수준 높은 자치공동체를 실현하였다.

위 사진은 1980년 5월 25일 『조선일보』의 보도이다. 왼쪽 사진에는 "「무기회수반」이라고 쓰인 다섯 개의 입간판이 총기를 반납을 기다리며 텅빈 대로에 서 있다."고, 오른쪽 사진에는 "총기 널린 폐허의 광주, 신분을 감추기 위해 헬멧에 복면까지한 한 남자가 무기회수광경을 보고 있다"고 설명을 달았다.

12시 정각 도청 옥상에는 사망자를 추모하기 위해 검은 리본의 조기가 게양되었다. 그리고 12시 30분경, 신부·목사·변호사·교수·정치인 등 20여 명으로 '시민수습대책위원회'를 결성하였다. 이어서 학생들을 중심으로 '학생수습대책위원회'도 구성하였다. 지역의 유지급 인사들이 중심이 된 '시민수습대책위원회'는 계엄사 측과 협상했으며, '학생수습대책위원회'는 대민 업무를 맡았다. 학생수습위는 장례반, 홍보반, 차량 통제반, 무기 수거반으로 나누어 활동하였다.

'시민수습위'는 7개 요구사항[162]을 가지고 8명의 대표가 전남북 계엄분소를 찾아가 협상을 벌였다. 계엄당국의 입장은 강경하였다. 과잉진압 원인을 시민들의 과격한 시위라면서 '조건 없는 무기 반납'만을 요구하였다. 그리고 계엄군은 '작전상 후퇴한 것일 뿐'이라면서, 탱크 등 중화기를 동원해서라도 진압하겠다고 시민 대표를 겁박하였다. 성과 없이 돌아온 시민 대표들이 도청 앞 광장에서 '협상보고대회'를 열었다. 대표단은 계엄 당국의 강경 입장을 전하면서 더 이상 희생을 막기 위해서는 '무기 회수'를 서두르자고 하였다. 그러나 아무런 대가 없이 무기를 반납하는 것에 대해 시민들이 크게 반발하였다. 이 시기를 기점으로 시민수습위와 학생수습위는 각각 온건파와 강경파로 분리되어 수습방안을 모색하였다. 온건파는 더 이상의 희생을 막기 위해 무조건 무기 반납을 주장했고, 강경파는 "지금까지 흘린 피의 대가를 받고 민주화를 쟁취하기 위해 최후까지 투쟁하자"고 맞섰다.

최규하 대통령은 5월 21일 개각을 단행하였다. 새로 임명된 박충훈 국무총리서리에게 광주로 급히 내려가 필요한 대책을 강구하라고 지시하였다. 박충훈 국무총리서리는 22일 오전 김종환 내무부 장관, 유양수 동자부 장관, 진의종 보사부 장관을 대동하고 광주를 찾았다. 그러나 시민들의 기대와 달리 그는 계엄군의 일방적인 보고만 받고 서울로 돌아갔다. 그리고 박충훈 총리서리는 TV와 라디오의 방송을 통해 '광주사태에 대한 총리 특별담화'를 발표하였다. 그는 "현재 광주시내는 병력도 경찰도 없는 치안 부재의 상태이며 일부 불순분자들이 관공서를 습격, 방화, 무기를 탈취해서 군인들에게 발포했음에도 불구하고 군은 정부의 명령 때문에 시민들에게 발포하지 못하고 반격을 가하지 못하여 울화통이 터지는 상태에 놓여 있는 것 같다"면서 "그럼에도 불구하고 광주사태는 시청직원이 사무를 보고 전기 수도가 공급되며 은행 약탈 등이 없는 점 등으로 보아 호전돼 가고 있는 것으로 본다"고 말하였다.[163] 국무총리서리의 담화는 시민들을 더욱 분노케 하였다.

외부로부터 철저히 봉쇄된 광주의 다섯째 밤이 지나고 여섯째 날 (5월 23일)이 밝았다. 시민들은 자발적으로 거리를 청소하였다. 시장터 주변 길가에는 아낙네들이 가마솥을 걸어놓고 시민군에게 나누어줄 밥을 지었고, 동네 상점에서는 빵과 음료수를 가져와 시민군에게 나누어주었다. 도청 주변에는 '민주시민 만세', '살인마 전두환을 찢어 죽여라', '비상계엄 해체하라'는 등의 현수막이 곳곳에 붙어 있다. 희생자들이 안치된 상무관에는 수많은 관이 가지런히 놓여 있고, 미처 입관하지 못한 시신은 무명천으로 덮여 있다.

오후 3시 도청 앞 광장에서 제1차 '민주수호 범시민 궐기대회'가 열렸다. 10만 명이 넘는 시민들이 참가한 궐기대회에서 '민주 해방'이 올 때까지 싸우자는 결의문을 만장일치로 채택하였다. 무조건 무기를 반납하기보다는 계엄군에 대한 방어 태세를 갖추어야 한다는 주장이 호응을 얻었다. 이어 수습위원회는 미확인 사망자가 6백 명, 부상자 3천 명, 연행자 1천여 명이라고 보고하였다. '민주수호 범시민 궐기대회'는 23일부터 26일까지 하루에 1~2회씩 모두 5차례 열렸다.

24일도 23일과 마찬가지와 같은 날을 보냈다. 수습위는 무기 반납을 두고 평행선을 달렸다. 24일 저녁부터 외곽지역에서 발생한 민간인 학살 소식이 전해졌다. 25일 오전부터 광주지역 재야인사들은 모임을 갖고 타개책을 모색하였다. 윤상원 등은 도청을 지킬 학생들을 모집하였다. 오후 3시부터 3차 민주수호 범시민궐기대회를 열었다. 이 대회에서 「국민에게 드리는 글」, 「전국 종교인에게 드리는 글」, 「전국 민주학생에게 드리는 글」 등의 성명서가 낭독되었다. 밤 10시경 '항쟁지도부'가 새롭게 탄생하였다. 항쟁지도부는 학생수습대책위의 일부와 청년재야운동권, 그리고 무장 투쟁 국면에서 주도적으로 활약했던 기층민중 출신으로 구성되었다. 항쟁지도부는 즉각 무기 회수를 중단시켰다. '시민들의 투쟁역량을 재정비하여 계엄군과 협상을 유리하게 이끌겠다'는 생각이었다. 각자 역할을 새롭게 분담하고, 시민 생활의 정상화를 도모하였다. 그들은 '투쟁과 협상을 병행'하겠다는 '일면 투쟁 일면 협상'의 전략방침을 분명히 하였다. 항쟁지도부는 광주시장과 전남도의 국장급 공무원들과 머리를 맞대고 시민의 일상 생활을 정상화시키기 위한 방안을 강구하였다.[164]

1) 계엄군의 시민 학살

계엄사령부는 22일 오전 10시 시위진압에 소극적인 전남북 계엄 분소장 윤흥정 중장을 소준열 소장으로 전격적으로 교체하였다. 그리고 계엄군은 철저한 봉쇄 작전에 돌입하였다. 계엄군은 시위가 서울과 부산 등 대도시로 확산되는 것을 우려하였다. 철도와 항공편이 이미 정지된 상태에서 호남고속도로와 국도를 봉쇄하는 데 집중하였다. 제20사단 1개 대대가 호남고속도의 광주톨게이트를 차단했으며, 동광주톨게이트는 광주교도소에 주둔한 제3공수여단이 막았다. 전남서부 지역은 항쟁의 영향을 받아 직접 동참하거나 시위가 일어났다. 반면, 전남동부지역은 항쟁의 영향을 전혀 받지 못하였다. 전남동부지역은 지리적으로 전남서부지역에 비해 광주와 멀기도 했지만, 계엄군의 이러한 봉쇄 작전도 원인이었다.

계엄군이 장악한 지역에서는 '민간인 집단 학살'도 자행되었다. 특히 제3공수여단의 주둔지인 광주교도소와 제11공수여단의 주둔지인 주남마을에서는 10~20명 정도씩 사망자가 발생하였다. 또한, 제20사단 차단지역인 광주와 나주 사이에서도 21일 밤 나주에서 광주 시내로 진입하던 버스 한 대가 광주 효천역 부근 제20사단의 집중사격을 받아 10여 명이 몰살당하였다. 지역의 향토부대인 제31사단에 비해 외부에서 투입된 '충정부대'에서만 유달리 희생자가 많았다.

계엄군의 지휘체계도 일원화되지 않고, 혼선을 빚고 있음을 증명하는 사건이 발생하였다. 24일 오후 1~3시경 송암동 야산에 매복하여 봉쇄 작전을 수행 중이던 전교사 보병학교 교도대가 주남마을에서 광주비행장으로 이동하는 제11공수여단을 무장한 시민군으로 오인하여 90밀리 무반동총과 크레모아 등으로 장갑차와 군용트럭을 폭파하였다. 계엄군 간의 오인 사고가 발생한 것이다. 이에 따라 제11공수여단 대원 9명이 현장에서 사망하였다. 제11공수여단 대원들은 근처 송암마을 주민들을 상대로 분풀이 학살을 자행하였다.

광주 동구 주남마을은 광주와 화순을 잇는 길목이다. 계엄군은 이곳에서 광주로 들어오거나 나가려는 차량을 차단하고 있었다. 5월 23일 오전, 화순으로 향하던 버스에는 18명이 타고 있었다. 제11공수여단 62대대 4지역대는 주남마을 앞을 지나가던 버스에 향해 집중사격을 가하였다. 탑승자 18명 중 15명은 즉사했고, 2명의 부상자는 주남마을 뒷산으로 끌고 가 사살한 후 암매장하였다. 즉사한 손옥례와 박현숙의 시신에는 자상(대검으로 찌른 자국)이 남았고, 손옥례는 유방이 대검에 찔렸다. 일부에서는 23일 주남마을 버스 총격은 두 건이라는 주장이 있으나, 정확하게 확인되지 않고 있다.

2) 민주항쟁으로

26일 새벽 4시. 계엄군이 광주 외곽에서 탱크를 앞세우고 시내로 진입한다는 다급한 무전이 도청 상황실에 전달되었다. 계엄군의 탱크는 시민군이 설치한 바리케이드를 깔아뭉개고 1킬로미터를 진격하여 농성동 한국전력 앞에서 시내를 향해 포진하고 있었다. 김성용 신부는 수습위원들에게 "우리가 총알받이가 됩시다. 탱크가 있는 곳으로 걸어갑시다. 왜 약속을 어겼는가 하고 해명하고 사과하라고 합시다. 그리고 우리의 결의를 다집시다"고 제의하였다. 이에 동의한 김성용 신부, 이성학 장로 등 17명이 도청을 출발하여 농성동에 포진한 계엄군을 향해 발걸음을 옮겼다. 이른바 '죽음의 행진'이었다. 어른들이 죽음을 각오하고 온몸으로 계엄군의 탱크를 막겠다고 나섰다.[165] 수습위원들은 계엄군 측 책임자 전교사 부사령관 김기석 소장에게 "어젯밤 위치로 철수하지 않으면 우리가 여기서 죽을 수밖에 없다. 탱크로 깔아뭉개든지 알아서 하라"고 항의하였다. 김기석 부사령관은 탱크 병력을 후퇴시켰다. 그리고는 26일 자정까지 모든 무기를 내려놓고 도청을 비우라고 요구하였다. 수습위의 요구사항을 제시했음에도 그는 무조건 항복하라는 일방적인 최후통첩을 통보하였다.

26일 오후 계엄군의 진압작전이 임박했다는 사실이 알려지자, 항쟁지도부는 두 차례에 걸쳐 민주수호 범시민궐기대회를 열었다. 시민들은 평화적인 수습 노력을 외면한 채 대량 살상이 예상되는 유혈진압을 강행하겠다고 위협하는 계엄군의 일방적이고 고압적인 태도를 격렬하게 규탄하였다. 이 궐기대회에서 채택한 7개 항의 '80만 광주 시민의 결의'는 마지막까지 도청을 사수하고자 했던 시민들의 의지를 오롯이 담고 있다.

첫째, 이번 사태의 모든 책임은 과도정부에 있다. 과도정부는 모든 피해를 보상하고 즉각 물러나라.

둘째, 무력 탄압만 계속하는 명분 없는 계엄령은 즉각 해제하라.

셋째, 민족의 이름으로 울부짖는다. 살인마 전두환을 공개 처단하라.

넷째, 구속 중인 민주 인사를 즉각 석방하고, 민주 인사들로 구국 과도정부를 수립하라.

다섯째, 정부와 언론은 이번 광주의거를 허위 조작, 왜곡 보도 하지 말라.

여섯째, 우리가 요구하는 것은 피해 보상과 연행자 석방만이 아니다. 우리는 진정한 민주정부 수립을 요구한다.

일곱째, 이상의 요구가 관철될 때까지, 최후의 일각까지, 최후의 1인까지 우리 80만 시민 일동은 투쟁할 것을 온 민족 앞에 선언한다.

이 결의문은 '계엄 해제, 전두환 처단'의 기존의 주장을 포함하여 '민주정부 수립'을 새롭게 요구하였다. 시위의 성격을 '민주항쟁'으로 분명하게 표방하였다. 자연발생적이고 소극적 성격의 항쟁을 조직화된 민주주의 항쟁으로 발전시켰다. 그러면서 시민들은 최후까지 결사항전을 결의하였다. 오후 마지막 궐기대회 자리에서 청년과 대학생 중심으로 광주를 지킬 지원자를 모집하였다. 150여 명의 지원자 중 80여 명은 총기를 다룰 줄 아는 사람이었고, 60여 명은 군 경험이 전혀 없는 대학생과 고등학생이었다. 여성도 10여 명이 포함되었다. 한편 궐기대회 직후 항쟁지도부 대변인 윤상원은 도청에서 외신기자 회견을 열어 "미국이 나서서 도청 유혈진압을 중지시켜 달라"는 의견을 밝혔다. 외신기자를 통해 주한 미 대사와 유혈사태를 막기 위한 마지막 협상을 시도했지만 좌절되었다.

26일 오후 6시경 학생시민투쟁위원회의 마지막 회의가 열렸다. 계엄군의 임박한 진압을 앞두고 다시 온건론과 강경론이 맞섰다. 밤 9시경 무기를 반납할 것을 주장한 사람들이 도청을 모두 빠져나갔다. 항쟁지도부도 빠져나가는 사람들을 만류하지 않았다. 지도부는 이미 궐기대회에서 최후까지 싸우겠다는 사람만 남아달라는 말을 전하였다. 고등학생이나 여성들에게는 집으로 돌아가라고 간곡히 권유하였다. 어린 학생들은 살아남아서 "우리가 왜 마지막까지 싸울 수밖에 없었는지를 다른 사람들에게 증언해 달라"고 부탁하였다. 결사 항전을 앞둔 도청 내 시민군의 분위기는 비장하고, 결연하였다.

김종배, 박남선, 윤상원 등 항쟁지도부는 26일 오후 궐기대회가 끝난 후, YMCA에 자원해서 모인 청년 학생 150여 명을 기존의 시민군과 섞어 전투조로 새롭게 편성하였다.[166] 자정이 넘어 새벽 2시쯤 농성동 쪽에서 총소리가 간헐적으로 들려왔다. 외곽지역 순찰하던 기동타격대의 시야에 계엄군의 진입 움직임이 포착되었다. 순찰조의 무전 보고를 통해 계엄군 진입이 확인되자 항쟁지도부는 도청을 중심으로 YMCA, YWCA, 전일빌딩, 계림국민학교 등 주요 방어 지점에 새벽 3시경까지 시민군 배치를 완료하였다.

항쟁지도부는 계엄군 시내 진입을 시민들에게 알리기로 하였다. 박영순은 도청 내 방송실에서 최후의 선무방송을 시작했고, 그 방송은 도청 옥상에 설치된 대형 스피커를 통해 광주 전역에 울려 퍼졌다.[167]

시민 여러분, 지금 계엄군이 쳐들어오고 있습니다. 사랑하는 우리 형제, 우리 자매들이 계엄군의 총칼에 숨져 가고 있습니다. 우리 모두 계엄군과 끝까지 싸웁시다. 우리는 광주를 사수할 것입니다. 우리는 최후까지 싸울 것입니다. 우리를 잊지 말아주십시오.

박영순의 절절한 절규는 날카로운 비수가 되어 새벽공기를 가르고 시민들의 심장을 파고들었다. 그 목소리를 들었던 시민들은 청년

학생들이 처절하게 죽어가고 있지만 아무것도 할 수 없다는 무력감 때문에 오래도록 죄책감에 시달려야 했다.

새벽 4시 도청 앞 광장은 칠흑 같은 어둠만 가득하였다. 도청 내의 전등도 모두 꺼졌다. 제3공수여단 특공조는 4개 조로 나누어 도청을 포위하였다. 새벽 4시 무렵 교회당 종소리와 함께 총성이 울렸다. 도청 뒷담을 넘어 침투한 특공조가 맹렬히 총을 쏘아댔고, 사방에서 총탄이 쏟아졌다. 특공조는 도청 내부로 돌격해 들어간 다음 옥상부터 훑어 내려왔다. 각 방의 문을 걷어차면서 닥치는 대로 총을 쏘았고, 도청은 삽시간에 아비규환이 되었다. 총소리와 비명이 난무한 가운데 인기척이 나는 곳에 무조건 총격을 가하였다.

제11공수여단 특공조는 도청 주변 건물을 장악하라는 명령을 받고, 오전 5시 10분경 동이 터오기 시작할 무렵 YMCA, YWCA, 전일빌딩, 관광호텔 등을 장악하였다. 이 과정에서 YWCA 안에 있던 32명의 시민군과 교전한 끝에 3명을 사살하고 29명을 체포하였다. 이때 『투사회보』의 필사를 담당했던 박용준이 계엄군의 총에 맞아 사망하였다.

불과 1시간 40분 만에 항전은 끝났다. 아침 날이 밝아지면서 도청 건물 안에 있던 시신들이 실려 나와 현관 앞에 즐비하게 널렸다. 계엄군에게 붙잡힌 시민군들은 양팔이 뒤로 묶인 채 복도에 머리를 거꾸로 처박고 엎드려 있었다. 계엄군은 승리를 자축이라도 하는 듯 군가를 불렀다. 시민군 포로의 등에는 '총기소지', '극렬', '실탄소지' 등의 단어가 매직펜으로 쓰여 있었다. 포로의 성분을 파악하려는 조치였다. 이들은 군부대로 이송되었다. 완전한 소탕을 확인한 제3공수여단 특공조는 제20사단에 도청을 인계한 후 오전 7시경 시민들의 눈에 띄지 않게 은밀하게 광주비행장으로 발길을 옮겼다.

광주시내에 진입한 군인들이 도청에 버려진 무기를 회수해가고 있다.
출처 : 『조선일보』 1980년 5월 28일

항쟁의 피로 붉게 물든 광주의 아침이 밝았다. 1980년 5월 27일 광주민주항쟁은 잔학한 총부리 앞에 끝내 막을 내렸다. 그러나 그 잔학함에 공분한 국민이 있었다. 민주주의 불꽃을 기억하고 그것을 쟁취하려는 국민이 있었다. 결국 신군부는 철퇴를 맞았다. 전두환을 비롯한 신군부는 오랫동안 역사의 죄인으로 기록될 것이다.

3) 광주민주항쟁의 새로운 인식

1980년 군법회의에서는 광주시민의 저항을 '국가의 헌법을 문란하게 한 내란'으로 규정하였다. 2,522명을 검거했고, 훈방 1,906명, 군법회의 회부 616명, 그 가운데 212명이 불기소 처분되었고, 404명이 군사 재판을 받았다. 1981년 3월 31일 대법원은 83명에 대하여 계엄법 위반, 내란 주요 임무종사, 살인 등의 죄목으로 형을 확정하였다. 그러나 형이 확정된 지 3일 만인 4월 3일, 관련자 83명 전원에게 특별감형, 특별사면 또는 복권 조치가 취해졌다. 사형선고를 받은 정동년은 무기로, 상황실장 박남선 등은 징역 20년으로 감형되었고, 그해 12월 25일까지 형집행정지 등으로 모두 풀려났다.

그리고 17년 후인 1997년 대법원은 광주시민의 저항은 '내란 행위가 아니라 헌정질서를 수호하기 위한 정당 행위'라고 판결하였다. 1980년 군법회의와 정반대의 판결이다. 신군부가 광주시민을 살상한 행위에 대해서는 '내란'이라는 목적을 달성하기 위한 수단이라고 판결하였다. 1980년 5월 27일 전남도청 유혈진압에 대해서는 '광주 시위가 타지역으로 확신되면 정권 징악이라는 목적 달성이 어려울 것으로 판단한 신군부가 자행한 내란 목적 살인'이라고 규정하였다.

1995년 12월 21일 법률 제5029호로 제정된 '5·18민주화운동 등에 관한 특별법'에 따르면 '이 법은 1979년 12월 12일과 1980년 5월 18일을 전후하여 발생한 헌정질서 파괴 범죄 행위에 대한 공소시효 정지 등에 관한 사항 등을 규정함으로써 국가 기강을 바로잡고 민주화를 정착시키며 민족정기를 함양함을 목적으로 한다'고 규정하였다. 1979년 12·12쿠데타 및 5·17계엄령 확대조치 등 헌정질서를 파괴한 범죄행위로 간주하였고, 광주시민은 헌정질서를 수호하기 위한 저항의 역사로 규정하였다.

광주민주항쟁의 저항정신은 대한민국의 민주주의 가치이며 정신이다. 세계사적으로도 거룩한 역사 유산으로 자리매김하였다. 광주민주항쟁의 저항권이 국민의 기본권으로 그 정신이 이어지기를 소망한다.

4. 국가보위비상대책위원회

1980년 신학기 개학과 함께 대학생들의 민주화 열기는 드높았다. 5월 들어서면서 대학생의 시위는 학내민주화에서 '비상계엄 해제라', '전두환 물러가' 등 정치문제로 전환되었다. 민주화 열기로 군부의 영향력이 점점 배제되는 시국을 전두환과 신군부는 가만히 지켜볼 수만은 없었다. 그리하여 작성한 게 '시국수습방안'이라는 특단의 조치이다. 주요 내용은 첫째, 합법적인 국회를 무력화하는 것이다.[168] 둘째, 군의 장악력을 최대한 강화하기 위해 계엄의 강도를 한 단계 높인다. 셋째, 실질적인 통치행위를 할 수 있는 기구를 설립한다. 신군부 '시국수습방안'의 첫째와 둘째는 5·17비상계엄 전국확대 조치로 그 목표를 달성한다. 그리고 마지막으로 실질적 통치기구 설립에 나섰다.

제1조(설치) 비상계엄하에서 계엄법 제9조 및 제11조의 규정에 의하여 계엄업무를 지휘감독함에 있어서 대통령을 보좌하고 국가를 보위하기 위한 국책사항을 심의하기 위하여 대통령 소속하에 '국가보위비상대책위원회'(이하 '비상대책위원회'라 한다)를 설치한다.

1980년 5월 27일 정부는 국가보위비상대책위원회령(대통령령 제9897호)을 발령하여 국가보위비상대책위원회(일명, 국보위)를 설치하였다. 국보위는 5월 17일 비상계엄령 전국확대 조치 당시에 이미 계획된 기구로써, 사실상 국가 최고기관으로서 국정 전반을 통제·운영하였다. 민주공화국의 삼권분립 권력구조와는 전혀 어울리지 않는 기구를 설치한 것이다. 이는 박정희의 국가재건최고회의를 재현한 것이다.

국보위 설치 이전에 전두환과 신군부는 자신들에게 방해가 될 만한 세력을 대부분 제거하였다. 그런데도 군인 신분이었기에 국정에 개입할 근거와 권한이 없었다. 신군부는 '계엄업무를 지휘 감독함에 있어서 대통령을 보좌하고 국가를 보위하기 위한 국책사항을 심의한 다'는 명목으로 임시기구를 설치하였다. 국보위 의장은 대통령이며, 국무총리와 각부 장관들, 중앙정보부장, 대통령비서실장, 계엄사령관, 합참의장, 각 군 참모총장, 국군보안사령관 등 당연직 16명과 대통령이 임명하는 임명직 10명 이내로 구성되었다. 임명위원에는 신군부의 주요 인물이 대거 임명되면서,[169] 신군부가 국정에 직접 개입하는 장치가 마련되었다.

6월 5일 최규하 대통령은 전두환을 국보위 상임위원장으로 임명하고 상임위원 30명을 임명하였다.[170] 국보위 위원 가운데 임명직에 7인의 현역 군인이 임명되었고, 당연직인 사무처장과 13개 분과위원장 등 14명 중 12명의 현역 군인이 임명되었다. 전두환이 군권을 넘어 정치적 권력까지 완전하게 장악한 순간이다. 국보위는 상임위원장 전두환을 중심으로 13개 분과위원회를 설치하고 운영하면서 제5공화국 정권 출범을 위해 속도를 냈다. 그러면서 최규하 대통령은 점점 허수아비로 전락해 갔다.

국보위는 사회정화의 제1차 작업으로 부패·비리 정치인의 척결에 착수하였다. 국보위는 권력형 부정축재자로부터 모두 853억여 원의 재산을 국가에 자진 헌납하도록 하였으며, 이들 모두를 공직에서 사퇴시켰다.[171]

권력형 부정축재자

성 명	전 직	비위내용	축재금액
김종필	공화당 총재	정치자금 명목의 재원형성	216억4,648만

이후락	공화당 국회의원	이권개입, 부동산투기	194억3,510만
이세호	육군 참모총장	공금횡령, 부동산투기, 외화불법보관	111억5,100만
김진만	국회의원	정치압력특혜, 부동산투기	103억3,706만
김종락	코리아타코마 사장	툭혜기업운영, 부동산투기	92억2,987만
박종규	공화당 국회의원	직위이용 기부금수수, 특혜기업운영	77억3,342만
이병희	공화당 국회의원	이권개입, 부동산투기	24억1,850만
오원철	청와대 경제제1수석비서관	이권개입, 부동산·증권투기	21억7,894만
장동운	원호처장	이권개입, 공금착복, 부동산투기	11억8,117만
합 계			853억1,154만

또한, 계엄사령부는 1980년 8월 19일 전직 장관, 여야 국회의원 등 국가 기강을 문란케 한 정치적 비리와 부패행위자를 발표하였다. 아울러 공직자 정화작업을 2급 이상 고급공무원부터 시작하였다. 국 보위는 국가기강의 기본요체가 되는 권력 상층부, 특히 지도적 위치 에 있는 고급공무원의 부패·부조리를 우선 척결하여 국민의 신뢰를 회복하고자 하였다.

정치 비리와 부패행위자

성 명	직 전	비위 내용
구자춘	내무부장관	기업인으로부터 금품수수, 공금착복
고재일	건설부장관	기업인으로부터 금품수수, 부정축재
김현옥	내무부장관	기업인으로부터 금품수수, 인사부조리
구태회	공화당 국회의원	정치자금모금, 인사부조리
김용태	〃	기업인으로부터 금품수수, 재산은닉
길전식	〃	이권개입 금품수수, 인사부조리
신형식	〃	건설업체로부터 금품수수 특혜자금모금
장영순	〃	정치자금모금, 인사부조리

현오봉	〃	기업인으로부터 금품수수, 정치자금모금
정해영	신민당 국회의원	기업인으로부터 정치자금모금, 부정축재
송원영	〃	기업인으로부터 정치자금모금, 반국가적정치행태
고흥문	〃	기업인으로부터 정치자금모금, 이권개입
김수한	〃	기업인으로부터 정치자금모금, 이권개입
박영록	〃	기업인으로부터 정치자금모금, 부정축재
박해원	〃	운수업체로부터 금품수수, 인사부조리
최형우	〃	협조금명목으로 금품수수, 인사부조리
김동영	〃	정치자금모금, 인사부조리

국보위 활동은 곧 전두환의 업적이었으며, 찬양으로 이어졌다. 전두환은 8월 9일 미국 『뉴욕타임즈』와 인터뷰에서 "한국은 분명히 군의 영도력과 동세를 필요로 하고 있다"면서 "새로운 세대의 지도자를 필요로 하고 있다"고 말하며[172] 최규하 대통령을 압박하였다. 1980년 8월 16일 최규하 대통령은 하야를 발표하였다. 마치 기다렸다는 듯이 전국에서는 '全 장군 추대 결의대회'가 열렸다. 그리고 『조선일보』는 8월 23일 「인간 전두환」, 8월 24일 「'파워 엘리트' 교체」 제목으로 전두환과 신군부를 집중 조명하였다(다음 쪽 사진 참조).

최규하 대통령의 하야로부터 11일 만인 1980년 8월 27일, 전두환에 의한 전두환을 위한 시대가 활짝 열렸다. 전두환은 2,525명의 통일주체국민회의 대의원 중 2,524명의 찬성으로 제11대 대통령으로 선출되었다. 1979년 10월 28일, '박대통령 시해사건'의 중간수사 발표를 통해 계엄사령부 합동수사본부장으로 전두환은 세상에 첫 얼굴을 내밀었다. 그리고 그로부터 305일 만에 권력의 정점이 되었다. 전두환의 철권통치 시작이다.

국보위는 기능이 마비된 국회의 입법 기능을 흡수할 목적으로

1980년 9월 29일 국가보위입법회의로 확대 개편하였다. 국가보위입법회의는 1980년 10월 27일 공포된 제5공화국 헌법의 부칙에 따라 국회를 해산하고 국회의 권한을 부여받아 행사하였다. 국가보위입법회의는 신군부의 원활한 정권 이양을 위한 조처를 마련한 후 1981년 4월 11일 제11대 국회 개원과 더불어 해산되었다.

전두환 찬양 기사 : 인간 전두환
출처 : 『조선일보』 1980년 8월 23일

5장
제5공화국 헌법

1980년 9월 29일 정부의 헌법개정심의위원회에서 마련한 제5공화국 헌법 개정안(제8차 개헌)이 공고되었다. <전문前文>과 10장 131조 및 부칙 10조로 구성되었다. 헌법 개정안은 10월 22일 국민투표에서 91.6%의 찬성으로 확정되었고, 10월 27일 공포되면서 제5공화국 헌법은 완성되었다.

1. 헌법 전문前文이 바뀌었다

제4공화국 헌법 <전문>

유구한 역사와 전통에 빛나는 우리 대한국민은 3·1운동의 숭고한 독립정신과 4·19의거 및 5·16혁명의 이념을 계승하고 조국의 평화적 통일의 역사적 사명에 입각하여 자유민주적 기본질서를 더욱 공고히 하는 새로운 민주공화국을 건설함에 있어서

> 제5공화국 헌법 〈전문〉
>
> 유구한 민족사, 빛나는 문화, 그리고 평화애호의 전통
> 을 자랑하는 우리 대한국민은 3·1운동의 숭고한 독립
> 정신을 계승하고 조국의 평화적 통일과 민족중흥의 역
> 사적 사명에 입각한 제5민주공화국의 출발에 즈음하여
> 정의·인도와 동포애로써 민족의 단결을 공고히 하고,
> 모든 사회적 폐습과 불의를 타파하며

제5공화국의 헌법 〈전문〉은 유신헌법의 '4·19의거와 5·16혁명의 이념을 계승'한다는 구절을 삭제하였다. 신군부는 '4·19의거'와 '5·16혁명'을 구舊 정치의 유산으로 보았고, 박정희 정권과 차별화를 선언하였다. 제5공화국 헌법은 3·1운동의 숭고한 독립정신 계승을 천명했고, 조국의 평화적 통일과 민족중흥을 입각한 제5민주공화국의 출범을 〈전문〉에 명기하였다. 주목할 점이 헌법에 제 몇 공화국이란 표현이 처음 등장하였다. 공화국의 명칭에 관하여 그동안에 있었던 학설상의 대립(제3공화국이냐, 제4공화국이냐 등의 논쟁)을 입법론적(법적 개념)으로 처음 해결한 헌법 〈전문〉이다.[173] 특히 전두환 신군부는 제5민주공화국으로 명명하였다. 12·12군사반란과 5·17쿠데타[174]로 집권한 후 헌법개정에 성공한 전두환 정권이 스스로를 새로운 민주공화국의 창설자로 자임한 것이다.[175] 여기서 '민주공화국'이란 표기는 북한의 '인민공화국'과 대척점으로 체제수호 또는 대한민국의 체제를 명확하게 천명하기 위함이었다.

유신헌법에서 등장한 '자유민주적 기본질서'는 그대로 수용되었다. 자유민주적 기본질서란 무엇일까? 헌법재판소는 자유민주적 기본질서

에 대해서 "모든 폭력적 지배와 자의적 지배를 배격하고 그때 그때의 다수의사와 자유, 평등에 의거한 자기결정을 토대로 한 법치국가적 통치 질서"로서, 구체적으로 "기본적 인권의 존중, 권력분립, 의회제도, 복수정당제도, 선거제도, 사유재산과 시장경제를 골간으로 한 경제질서 및 사법권의 독립 등"의 제도로 구성된다고 해석하였다.[176] 일반적으로 '자유민주주의'를 반공주의와 동일시하는 시각이다. 즉, 북한의 '인민민주주의'와 다른 체제로 인식하는 경향이다. 헌법재판소의 '자유민주적 기본질서'의 해석에서 생각할 점이 있다. '자유민주적'이란 정치적 체제를 의미한다. 그런데 경제적 체제로서 해석하여 '사유재산과 시장경제를 골간으로 한 경제질서'를 자유민주적 기본질서의 해석에 포함하였다. 이에 따라 시장경제질서의 자본주의의 다른 이름으로 '자유민주주의'를 이해하는 경향도 있다는 것이다.

또한 제5공화국 헌법 〈전문〉에서 추가된 내용으로는 ① 정의·인도와 동포애로써 민족단결을 공고히 한다는 것 ② 모든 사회적 폐습과 불의를 타파한다는 것 등이 담겼다. ①과 ②가 전혀 새로운 것이 아니다. 제헌헌법에서부터 제3공화국 헌법의 〈전문〉에 담고 있던 내용을 복원한 것이다. 이는 제5공화국의 '사회정화 의지 표명'이라고 할 수 있다. 신군부의 대표적인 사회정화사업으로 널리 알려진 게 삼청교육대 사업이다.[177]

아울러 제헌헌법부터 담고 있었던 "정치, 경제, 사회의 모든 영역에 있어서 모든 사람에게 기회를 균등히 하고, 국민생활의 균등한 향상을 기하며, 국제 평화유지에 노력할 것"을 그대로 명기하였다. 헌법은 시대의 상황과 정치적 상황이 변화하면서 개정하는 경우가 대부분이다. 그 개정을 해석하는 데 제헌헌법에 담겼던 내용이 무엇인지를 정확하게 인지하고 인식하는 게 중요하다. 제헌헌법의 제정과정에서 반북, 반공주의에 근거한 자본주의 체제로서의 '자유민주주의'는 찾아볼 수 없다. 오히려 민주주의 제도 속에서 모든 사람에게 기회균등과 국제평화를 강조하였다. 이는 제헌헌법이 평등의 가치를 중요하게 여긴 사회적 민주주의 체제를 깊이 담고 있는 것으로 해석할 수 있다.

제5공화국의 헌법 〈전문〉에 '조국의 평화적 통일'의 의미를 확고하게 강조하기 위해 대통령의 평화통일 의무를 규정하여 평화통일원칙을 선언하였다(헌법 제38조 제3항). 국가 안위에 관한 중요한 정책, 외교·국방·통일을 국민투표에 붙일 수 있도록 했다(제47조). 또한, 통일주체국민회의를 폐지하고, 평화통일정책의 수립에 관한 대통령의 자문에 응하기 위하여 '평화통일정책자문회의'를 두어(제68조) 평화통일의 실현을 다짐하였다. '평화통일정책자문회의'는 1987년 명칭을 '민주평화통일자문회의'로 변경하여 지금에 이르고 있다.

2. 국민 주권주의 복원

제1조
① 대한민국은 민주공화국이다.
② 대한민국의 주권은 국민에게 있고,
   모든 권력은 국민으로부터 나온다.

첫째, 제5공화국 헌법의 제1조는 유신헌법의 탈피이다. 유신헌법 제1조 제2항은 "대한민국의 주권은 국민에게 있고, 국민은 그 대표자나 국민투표에 의하여 주권을 행사한다"로 규정하였다. '국민 주권주의'를 그 대표자나 국민투표에 위임하게 함으로써 박정희만을 위한 헌법으로 전락하게 한 규정이다. 민주주의와 주권재민의 헌법정신과 가치를 현저하게 훼손한 헌법이 유신헌법이었다. 이를 제5공화국 헌법에서는 원래 상태로 복원하였다.

둘째, 국군의 사명 부활이다. 제헌헌법 당시부터 '국군의 사명'이 규정되었다. 제1~2공화국에서는 "국군은 국토방위의 신성한 의무를 수행함을 사명으로 한다"로 규정하였다. 군대는 전쟁까지 대비하여 목숨을 걸고 그 임무를 수행해야 하는 조직이라는 점에서 '신성한 의무'라고 표현하였다. 5·16쿠데타로 집권에 성공한 박정희는 제3공화국 헌법에서 국군의 사명을 삭제하였다. 다시 말하면 5·16쿠데타는 헌법에서 규정한 국군의 사명을 위배한 헌정질서 파괴행위이며, 국군의 신성한 의무를 저버리는 반헌법적 행위였다. 이로써 군軍이 국가 위에 군림했으며 또 다른 국가처럼 존재하는 '이상한 나라'가 되었다.

제5공화국 헌법 제4조 제2항 "국군은 국가의 안전보장과 국토방위의 신성한 의무를 수행함을 사명으로 한다"를 복원하였다. '국가의 안전보장'이란 전시·사변 또는 이에 준하는 국가비상사태에 있어서 병력으로써 군사상의 필요에 응하거나 공공의 안녕질서를 유지할 필요가 있을 때 계엄령 선포 등으로 군인의 직접 시민과 접촉할 상황을 대비한 조처로 보인다.[178] 국군의 이념과 사명을 구체적으로 규정한 「군인의 지위 및 복무에 관한 기본법」에 따르면, '국민의 생명과 재산을 보호하는 것'도 국군의 사명 중 하나이다. 국가의 안전보장은 국민의 생명과 재산의 보호와 같은 맥락으로 이해할 수 있다.

셋째, 재외국민의 국가 보호 규정이 신설되었다. 대한민국 국민의 요건은 법률로 정하였다(제2조). 재외국민에 관한 규정은 제5공화국 이전 헌법에는 없었다. 제2조 "②재외국민은 국가의 보호를 받는다"고 명기함으로써 재외국민도 국가의 보호를 받게 되었다. 재외국민이란 일반 용례에 따르면 "국외에 거주하고 있으나 우리나라의 국적을 가진 사람"란 의미이다. 1980년 제5공화국 헌법 제정 당시에는 "재외국민은 '대한민국 국적을 가진 외국에 거주하는 교민'으로 이해되었다. '교민僑民'이란 다른 나라에 정착하여 사는 교포나 일시적으로 머무르는 유학생, 주재원 등을 모두 포괄하는 단어이다. 다만, 어떻게 보호를 받을 것인지에 관한 하위 법률이 없기에 소극적인 재외국민 보호라고 할 수 있다.

넷째, 정당 운영의 국가 보조금 지원이 신설되었다. 정당의 설립과 운영 및 해산은 유신헌법과 큰 차이가 없다(제7조). 정당은 기본적으로 복수정당제를 보장하고 있다. 정당의 조직과 활동이 민주적이며, 국민의 정치적 의사 형성에 참여하는 조직이라고 정당의 역할을 규정하고 있다. 또한 정당은 법률에 의해 국가의 보호를 받으면서, 정당의 운영에 필요한 자금을 보조할 수 있다(제7조 제3항). 정당의 국가 보조는 제5공화국 헌법에서 새롭게 추가된 규범이다.

다섯째, 전통문화와 민족문화의 창달의 의무를 규정하였다. 국가는 전통문화의 계승·발전과 민족문화의 창달을 위하여 노력할 의무를 제5공화국 헌법에서 신설하였다(제8조). 아울러 대통령의 취임 선서에서도 "민족문화의 발전"을 위하여 대통령의 책임을 다할 것을 선서함으로써 민족주의 색채를 강하게 나타내고 있었다.

문제는 전통문화와 민족문화가 무엇이냐는 것이다. 헌법재판소에서는 "헌법 〈전문〉과 헌법 제9조에서 말하는 '전통', '전통문화'란 역사성과 시대성을 띤 개념으로 이해하여야 한다. 과거의 어느 일정 시점에서 역사적으로 존재하였다는 사실만으로 모두 헌법의 보호를 받는 전통이 되는 것은 아니다. 전통이란 과거와 현재를 다 포함하고 있는 문화적 개념이다. 만약 전통의 근거를 과거에만 두는 복고주의적 전통 개념을 취한다면 시대적으로 특수한 정치적·사회적 이해관계를 전통이라는 이름 아래 보편적인 문화양식으로 은폐·강요하는 부작용을 낳기 쉬우며, 현재의 사회구조에 걸맞은 규범 정립이나 미래지향적 사회발전을 가로막는 장애 요소로 기능하기 쉽다"고 판결하였다.[179] 또한 헌법 제9조의 정신에 따라 "우리가 진정으로 계승·발전시켜야 할 전통문화는 이 시대의 제반 사회·경제적 환경에 맞고 또 오늘날에 있어서도 보편타당한 전통 윤리 내지 도덕관념이라 할 것이다"고 판시하였다. 전통의 역사성과 시대성을 새삼 다시 한번 생각해 볼 대목이다. 일부에서는 '전통문화와 민족문화 창달의 규정'은 시대에 동떨어진 조항이라면서 폐기할 것을 주장하기도 한다.

3. 다시 강조되는 기본권[180]

제9조

모든 국민은 인간으로서의 존엄과 가치를 가지며,
행복을 추구할 권리를 가진다.
국가는 개인이 가지는 불가침의 기본적 인권을
확인하고 이를 보장할 의무를 진다.

유신헌법에서는 기본권의 법적 성격에 대하여 기본적으로 실정권설[181]의 입장이 지배하였다. 제5공화국 헌법에서는 이를 다시 천부적 자연법상의 권리인 자연권설로 인정하고 있다.

국민의 권리와 의무에서 개인이 가지는 불가침의 기본적 인권을 강조하고 행복추구권을 신설하였다(제9조). 이를 국가는 보장할 의무를 지며, 국민의 자유와 권리는 이 헌법에 열거하지 아니한 이유로 경시되지 아니한다(제35조 제1항)고 규정하였다. 자유와 권리의 본질적 내용을 침해할 수 없다(제35조 제2항)는 규정 및 개별적 법률유보조항의 폐지 등은 국민의 기본권이 자연권임을 반영하고 있다.

국가의 의무와 책임을 강화하되 국민의 기본적 권리를 대폭 확대하였다. 거주·이전의 자유(제13조), 직업선택의 자유(제14조), 통신의 불가침(제17조)에 관해서는 기본권의 개별적 법률유보조항을 삭제하여 기본권보장을 강화하였다. 또한 연좌제 폐지(제12조 제3항), 환경권(제33조)과 보건권 신설, 평등원칙의 선언과 양성평등 조항 신설(제34조 제1항), 국민의 인간다운 생활할 권리로 국가의 사회보장과 사회복지 조항을 신설(제32조)하였다.

이외에도 구속적부심사제를 부활(제11조 제5항), 고문 등 강요에 의한 임의성 없는 자백의 증거능력 부인 조항(제11조 제6항), 사생활 비밀·보호 조항(제16조), 언론·출판의 사회적 책임(제20조 제2항)을 신설했고, 언론·출판의 사회적 책임을 강조하여 타인의 권리, 공중도덕이나 사회윤리를 침해하지 못하도록 명문화하였다.

4. 제5공화국의 권력구조

제38조

① 대통령은 국가의 원수이며, 외국에 대하여 국가를 대표한다.

② 대통령은 국가의 독립·영토의 보전·국가의 계속성과 헌법을 수호할 책무를 진다.

③ 대통령은 조국의 평화적 통일을 위한 성실한
의무를 진다.

④ 행정권은 대통령을 수반으로 하는 정부에 속한다.

제39조

① 대통령은 대통령선거인단에서 무기명투표로 선거한다.

제45조

대통령의 임기는 7년으로 하며, 중임할 수 없다.

권력구조는 유신헌법과 마찬가지로 대통령제를 채택하였다. 다만, 임기 7년의 단임제이다.[182] 대통령 선거는 '대통령선거인단'을 구성하여 무기명투표로 선출하였다. 유신헌법에서는 통일주체국민회의를 별도의 장으로 두고(제3장), 제35조~제42조까지 통일주체국민회의의 구성과 운영 조직 등을 규정하는 데 이를 폐지하였다.

첫째, 제5공화국은 유신헌법과 마찬가지로 대통령중심제의 통치구조이다. 개헌심의과정에서 의원내각제 또는 이원집정부제 등의 논의가 있었으나, 광주민주항쟁과 학생의 시위를 겪으면서 대통령제로 선회하였다.

대통령은 국가원수(제38조 제1항)인 동시에 행정부 수반의 지위(제38조 제4항)를 가졌다. 대통령의 선출은 "대통령선거인단에서 무기명투표로 선거한다"(제39조 제1항)로 규정했으며, "대통령선거인단의 수는 법률로 정하되 5,000인 이상으로 한다"(제40조 제2항)고 명기함으로써 대통령 간접선거제를 채택하였다. 신군부는 유신헌법의 핵심이라고 해도 과언이 아닌 대통령 간접선거제를 그대로 채택하였다. 대통령 직접선거제로는 선거에서 승리할 수 없을 것으로 예측했기 때문이다. 대통령에 입후보하려는 자는 정당의 추천 또는 법률이 정하는 일정의 대통령 선거인의 추천을 받아야 했다(제39조 제2항).

"대통령의 임기는 7년으로 하며, 중임할 수 없다"(제45조) 규정하면서 7년 단임제 대통령제를 처음으로 시행하였다. 대통령의 임기 또는 중임 금지에 관련한 헌법개정은 개정 당시 대통령에게는 효력이 없게 하여 장기 집권을 배제했다(제129조 제2항). 이승만과 박정희가 헌법개정을 통해 임기연장을 시도했던 사례를 반복하지 않겠다는 의지가 내포되어 있다. 유신헌법 중에서도 최고의 악법이라고 할 수 있는 긴급조치권(유신헌법 제53조)은 삭제되었다. 그러나 이는 긴급조치권의 완전 삭제라고 할 수 없다. 유신헌법의 대통령 긴급조치권보다 다소 완화되었지만, 대통령의 비상 조치권이 명문화되었다.

유신헌법과 제5공화국헌법이 비상조치권 비교

유신헌법	제5공화국헌법
제53조 ①대통령은 천재·지변 또는 중대한 재정·경제상의 위기에 처하거나, 국가의 안전보장 또는 공공의 안녕질서가 중대한 위협을 받거나 받을 우려가 있어, 신속한 조치를 할 필요가 있다고 판단할 때에는 내정·외교·국방·경제·재정·사법 등 국정전반에 걸쳐 필요한 긴급조치를 할 수 있다.	제51조 ①대통령은 천재·지변 또는 중대한 재정·경제상의 위기에 처하거나, 국가의 안전을 위협하는 교전상태나 그에 준하는 중대한 비상사태에 처하여 국가를 보위하기 위하여 급속한 조치를 할 필요가 있다고 판단할 때에는 내정·외교·국방·경제·재정·사법 등 국정전반에 걸쳐 필요한 비상조치를 할 수 있다.
②대통령은 제1항의 경우에 필요하다고 인정할 때에는 이 헌법에 규정되어 있는 국민의 자유와 권리를 잠정적으로 정지하는 긴급조치를 할 수 있고, 정부나 법원의 권한에 관하여 긴급조치를 할 수 있다.	②대통령은 제1항의 경우에 필요하다고 인정할 때에는 헌법에 규정되어 있는 국민의 자유와 권리를 잠정적으로 정지할 수 있고, 정부나 법원의 권한에 관하여 특별한 조치를 할 수 있다.

③제1항과 제2항의 긴급조치를 한 때에는 대통령은 지체없이 국회에 통고하여야 한다.	③제1항과 제2항의 조치를 한 때에는 대통령은 지체없이 국회에 통고하여 승인을 얻어야 하며, 승인을 얻지 못한 때에는 그때부터 그 조치는 효력을 상실한다.
④제1항과 제2항의 긴급조치는 사법적 심사의 대상이 되지 아니한다.	④제1항과 제2항의 조치는 그 목적을 달성할 수 있는 최단기간내에 한정되어야 하고, 그 원인이 소멸한 때에는 대통령은 지체없이 이를 해제하여야 한다.
⑤긴급조치의 원인이 소멸한 때에는 대통령은 지체없이 이를 해제하여야 한다.	⑤국회가 재적의원 과반수의 찬성으로 비상조치의 해제를 요구한 때에는 대통령은 이를 해제하여야 한다.
⑥국회는 재적의원 과반수의 찬성으로 긴급조치의 해제를 대통령에게 건의할 수 있으며, 대통령은 특별한 사유가 없는 한 이에 응하여야 한다.	

　　비상조치를 대통령의 권한으로 두었지만, 국회의 승인을 얻지 못한 경우 그 효력을 상실하게 하였다(제51조 제3항). 또한 국회가 재적의원 과반수의 찬성으로 해제를 요구할 때는 대통령은 비상조치를 해제하도록 하였다(제51조 제3항).

　　둘째, 입법권의 주체인 국회는 단원제를 채택하였다. 국회의원의 수는 법률로 정하되 200인 이상으로 규정하였다(제77조 제2항). 국회의원의 선출은 선거구와 비례대표제로 구분하였다(제77조 제3항). 이는 사표死票를 방지한다는 목적이었다. 가중치가 부여된 비례대표제는 제1당의 우위를 제도적으로 보장함으로써 민의를 왜곡하였다. 국회의원 임기는 다시 4년으로 환원하고 일원화하였다. 유신헌법에서 유신정우회 같은 대통령의 지명에 의한 국회의원의 탄생을 폐지하였고 국민의 직접선거에 의한 국회의원 총선거를 실시하여 국민 주권주의를 확립하였다. 부정부패를 배제하여 도덕 정치를 확립하고 사회정의를 실현하기 위하여 국회의원의 청렴 의무(제82조 제1항)와 국익 우선 의무(제82조 제2항) 조항 등을 신설하였다. 국무총리의 해임 의결권을 제한(제99조 제1항)했으며, 국회의원의 겸직 제한이 완화(제79조)되었다. 국회 기능의 활성화를 염두에 둔 조치로 국회해산권 발동요건을 강화하고 국회 구성에 대한 대통령의 관여권을 배제하였다.

셋째, 제5공화국 헌법은 대통령책임제의 권력구조이지만, 미국형 대통령제와는 다소 결이 달랐다. 대통령의 국회해산권(제57조 제1항), 국가 안위에 관한 중요정책을 국민투표에 붙일 수 있으며(제47조), 대통령 비상 조치권(제51조), 헌법개정제안권(제129조 제1항) 등이 있으며, 의원내각제 요소를 가미한 정부의 법률안 제출권(제88조), 국무위원의 수를 15인 이상 30인 이하로 확대하였다. 아울러 국정자문회의 신설(제66조 제1항), 평화통일정책자문회의 신설(제68조) 등이 있다. 전반적으로 국회의 권력에 비해 대통령의 권한이 절대적으로 우월한 권력구조였다.

넷째, 법원(제5장)에는 법관의 독립성 보장(제105조 제3항), 일반법관은 대법원장이 임명으로 개정되었으며, 대법원에 행정·조세·노동·군사 등 전문부 설치 근거 마련(제103조 제2항), 행정심판제도를 신설하였다(제108조 제3항). 대법원의 임기를 기존 6년의 연임이 가능한 규정을 임기 5년에 중임 금지로 개정하였다(제106조 제1항).

5. 경제질서

제120조
① 대한민국의 경제질서는 개인의 경제상의 자유와

창의를 존중함을 기본으로 한다.

② 국가는 모든 국민에게 생활의 기본적 수요를
충족시키는 사회정의의 실현과 균형있는 국민경제의
발전을 위하여 필요한 범위 안에서 경제에 관한
규제와 조정을 한다.

③ 독과점의 폐단은 적절히 규제·조정한다.

경제질서의 기본구조는 유신헌법과 동일하다. 개인의 경제상 자유
와 창의를 기본으로 하였으나(제120조 제1항), 사회정의의 실현과 균형
있는 국민경제를 위해 국가의 통제경제·관리경제를 그대로 적용하였
다. 특히 주목할 점은 "독과점의 폐단은 적절히 규제·조정한다"(제120조
제3항)는 규정을 신설하여 공법적 규제를 강화하였다. 제5공화국 헌법
에서도 사회적 시장경제를 기본원리로 삼았다. 이는 헌법 전문의 '정
치·경제·사회·문화의 모든 영역에 있어서 각인의 기회를 균등히 한다'
는 맥락과 같이하고 있다.

도량형 등을 표준규격으로 통일하는 과제를 국가적 사업으로 인
식하고 국가표준제도(제128조 제2항)를 확립하고, 중소기업의 성장을 조
장하고 나아가 산업구조의 고도화와 국민경제의 균형 있는 발전을 도
모함을 목적으로 중소기업의 보호·육성(제124조 제2항), 건전한 소비 행
위를 계도하고 생산품의 품질향상을 촉구하기 위한 소비자보호운동을
보장(제125조)하는 규정 등을 헌법에 신설하였다. 한편 농지소작제를
법률로 금지했던 것을 '농지의 임차권 및 위탁경영의 예외적 인정'(제
122조) 방안으로 개정되었다.

제5공화국은 개인의 경제상 자유와 창의를 기본으로 하는 시장

주의 경제를 밑바탕으로 하였다. 그러나 "시장이란 국가조직과 마찬가지로 독재정권이 자신의 정치적 목적을 달성하기 위해 동원할 수 있는 주요 정책도구"[183]란 말처럼 권위주의 정권에서 경제는 정권의 입맛에 따라 움직였다. 전두환은 재벌의 중화학공업에 대한 과잉 중복투자를 조정한다는 명분 아래 기업을 매각 또는 교환하도록 강요하였다. 이런 과정에 정부가 깊이 개입하여 전두환은 재임 기간 7년 동안 수천억 원의 비자금을 조성하였다. 이를 민정당 당 운영비뿐만 아니라 총선거 때 후보자 지원금, 군 장성을 비롯한 각계 인사들에게 촌지, 야당 정치 공작금 등으로 운용하였다. 김영삼 정부에서(1996년 1월) 전두환을 특가법상 뇌물수수죄로 기소했는데, 정치자금을 무려 9천5백억 원을 조성한 것으로 드러났다.[184] 전두환 동생 전경환의 새마을성금 비리,[185] 일해재단 비리,[186] 평화의 댐 건설[187] 성금은 당시 세상을 떠들썩하게 했다. 전두환은 1997년 대법원에서 추징금 2,205억 원을 선고받았으나, 그가 죽을 때까지(2021년 11월 23일) 미납 추징금이 956억 원이나 되었다.

6. 전두환에 의한 전두환의 시대

제5공화국 헌법이 1980년 10월 27일 공포되면서 정치권은 빠르게 대통령 선거와 국회의원 총선거에 돌입하였다. 유신헌법에 따라 통일주체국민회의에서 제11대 대통령으로 당선된 전두환을 비롯한 신군부도 정치 행보에 나섰다. 그 시작은 민주정의당(이하 민정당)의 창당이다. 민정당은 전두환을 정점으로 노태우, 정호용, 권정달, 권익현, 이춘구 등 신군부가 창당작업을 기획하고 주도했고, 민주공화당과 유정회의 다수 국회의원도 창당에 참여하였다. 민정당은 신군부의 새로운 정치세력처럼 보이지만, 군사쿠데타로 정권을 탈취한 민주공화당을 사실상 이어받았다.

1981년 1월 15일 서울 잠실체육관에서 민정당 창당대회 및 대통령 후보 지명대회가 열렸다. 전두환을 초대 총재로 선출하고 제12대 대통령 후보로 지명하였다. 전두환을 위한 전당대회였다. 야당도 기지개를 켜며 정치활동을 재개하였다. 야권의 대표적 정치인인 김대중, 김영삼, 김종필 등을 비롯한 이른바 '구시대 정치인'으로 분류된 567명의 정치인이 규제에 묶임으로써 그 파급력은 상대적으로 약세였다.

1981년 2월 25일 제12대 대통령 선거가 시행되었다. 유신헌법의 대통령 선출 기관인 통일주체국민회의를 폐지하고 새롭게 대통령선거인단 제도를 마련한(헌법 제39조 제1항) 첫 번째이자 마지막 선거였다. 대통령선거인단 5,277명 중 5,271명이 투표하여 민정당 전두환 후보가 4,755(90.11%)를 득표하여 당선되었다. 야당에서 민주한국당 유치송, 한국국민당 김종철, 민권당 김의택이 출마했지만, 들러리에 불과하였다. 이때 야당을 '어용 야당', '여당의 2중대', '사쿠라 야당' 등으로 불렀다.

전두환은 2월 25일 대통령 선출과 함께 제12대 대통령 임기를 시작하였다. 이는 제5공화국 헌법 부칙 제3조의 "이 헌법 시행당시의 대통령의 임기는 이 헌법에 의한 최초의 대통령이 선출됨과 동시에 종료된다"는 규정 때문이었다. 전두환이 임기를 마친 1988년 2월 24일이다. 전두환의 약속대로 단임제로 임기를 끝마치면서 그 후임인 제6공화국의 노태우, 김영삼, 김대중, 노무현, 이명박, 박근혜까지 6명의 대통령 모두 취임일이 2월 25일이다. 박근혜 대통령이 탄핵 되면서 문재인 대통령부터는 취임일이 5월 10일이다.

대통령 선거에 이어 제11대 국회의원 총선거가 1981년 3월 25일 치러졌다. 제5공화국 헌법에 따라 처음 시행된 총선거는 지역구 184석, 전국구 92석으로 총 276명을 선출하였다. 지역구는 1선거구당 2석의 중선거구제를 채택하였다. 선거 결과 민정당 151석(90/61), 민한당 81석(57/24), 한국국민당 25석(18/7) 기타 정당 및 무소속이 19석 차지하였다. 여당인 민정당의 전국 득표율은 35.6%에 불과하였다. 하지만 제1당에 비례대표제(전국구) 2/3석을 배분함으로써 전국구 92석 중 61석을 차지하면서 과반(139석)을 넘긴 151석을 차지하였다.

제5공화국은 유신정권과 다르지 않았다. 군부의 힘이 대통령을 뒷받침했고, 대통령은 행정부를 넘어 입법부(의회)까지 장악하면서 권력 의존도가 대통령으로 집중되었다. 제5공화국은 형식적으로나마 의회 민주주의를 표방하며 다당제 정당구조를 갖추었다. 하지만 제5공화국의 다당제는 대중적 지지가 결여된 급조한 여당과 '구시대 정치인' 규제라는 제한 틀에서 인위적으로 창출된 야당이 경쟁보다는 상호보완적 관계를 유지하는 패권정당제의 모습을 보였다.

패권정당제Hegemony Party System란 정당이 공식적으로 또는 사실적으로도 권력을 둘러싼 경쟁을 허용하지 않는 개념이다. 외관상으로 경쟁적 정치체계를 갖추고 있지만, 경쟁적 정치는 실질적으로 이루어지지 않았다. 야당에 의한 정권교체는 실제로 존재할 수 없을 뿐 아니라 일어날 수도 없다.[188] 제5공화국의 패권정당제는 야당인 민주한국당의 창당에서 그 실례를 찾아볼 수 있다. 민주한국당은 신군부에 협조적인 정치인들과 친정부적인 인사들로 구성되었고, 여기에는 국가안전기획부(안기부)가 깊이 개입되었다. 또 제2야당인 한국국민당은 전직 신민당 인사들로 하여금 창당하도록 보안사와 안기부가 공작·관여하였다. 무소불위 전두환의 철권정치에서 인권이 지켜질 리 만무하였다.

소결
제5공화국, '겨울공화국'

제5공화국의 시작은 1979년 10월 26일이다. 일명 '박정희시해사건'이다. 10·26총격사건 당시 육군 보안사령관이었던 전두환은 계엄사령부 합동수시본부에 임명되면서 세상에 얼굴을 알렸다. 그는 권력의 공백과 혼란스러운 국정을 이용하여 군내 사조직인 하나회를 중심으로 12·12쿠데타를 통해 군부의 권력을 장악하였다. '대한민국에는 군의 영도력이 필요하다'는 신념은 5·17 비상계엄령 확대 조치로 신군부 독재시대의 서막을 열었다. 광주에는 특전사 공수여단이 투입되어 전남대와 조선대에 숙영하였다. 5월 18일 '비상계엄령 해제하라', '전두환 물러가라', '휴교령 철폐하라'를 주장하며 전남대생들을 중심으로 시위가 펼쳐졌다. 군홧발로 짓밟고 진압봉으로 내리치는 무자비한 폭거에 시민들도 합세하였다. 그렇지만 자치공동체 광주는 오래가지 못하였다. 공수부대원의 맹활약으로 광주는 처참하게 짓밟히고 무너지고 수많은 사람이 총칼 앞에 쓰러졌다. 선두환의 제5공화국은 박정희의 18년 군부독재의 또 다른 이름이었다.

전두환의 "새로운 세대의 지도자를 필요로 하고 있다"는 압박에 1980년 8월 16일 최규하 대통령은 하야를 발표하였다. 전두환의 실권이 완성된 날이다. 제11대 대통령에 전두환이 당선되었다. 전두환은 국보위 산하에 과도입법기구로 '국가보위입법회의'를 설치하였다. '입법의원' 81명을 대통령이 임명하였다. 행정부의 대통령이 입법부까지 장악하는 놀라운 시대이다.

전두환은 시민과 정치권의 끊임없는 민주화 요구에도 불구하고 강력한 대통령제를 채택하고 임기 7년 단임제의 간접선거제를 골자로 한 헌법 개정안을 국민투표에 부쳐 제8차 헌법개정을 공포하였다. 제5공화국 헌법이다. 제5공화국 헌법 아래 대통령선거인단의 체육관 선거를 통해 전두환은 대한민국 제12대 대통령에 당선되었다. 본격적인 제5공화국 체제가 출범하였다. 전두환은 제5공화국 집권 초기부터 유신정권과의 차별을 내세웠다. 지난 유신정권의 실세들을 권력형 비리자로 낙인찍었다. 박정희 시대를 부정과 부패, 비리의 시대로 규정하고 정의사회 구현을 제5공화국의 최대 목표로 설정하였다. 야권 정치인의 정치활동도 유신 때와 별반 다르지 않았다. 김대중은 내란음모사건으로 사형을 선고받고 수감 되었으며, 김영삼은 2차례나 가택연금 당하였다. 제5공화국에서 야당은 말 그대로 전두환 정권의 비호를 받는 관제 야당으로, '전두환의 2중대'라는 비아냥을 들었다.

이 과정에서 전두환은 자기를 정점으로 '심복 정치'를 강화하였다. 군부의 하나회 출신 인사들을 정치권 요직에 두루 배치하였다. '중앙정보부'를 '국가안전기획부'로 이름을 바꾸고 유학성, 장세동 등 하나회 출신 인사들을 부장으로 임명하였다. 국가안전기획부는 전두환의 친위부대였다. 하나회의 2인자인 노태우 역시 제5공화국 시기 체육부 장관 및 내무부 장관을 역임했고, 마침내 그의 뒤를 이어 대통령이 되었다.

사회정화 사업의 일환으로 폭력배·범죄자들을 색출하여 재교육한다는 삼청교육대는 제5공화국의 반인권 행위 표본이다. 언론의 정부에 대한 감시 및 견제 기능을 축소 시키고, 자신들의 입맛에 맞지 않는 언론사에 대해서 온갖 음해와 탄압을 가해 언론 통폐합시켰다. 이 시기 공중파 방송국인 KBS와 MBC의 저녁 9시 뉴스의 첫 멘트가 "오늘 전두환 각하께서는~"으로 시작하였다. 이른바 '땡전 뉴스'이다.

겉으로 유신체제와 차별화를 꾀했지만, '군의 영도력'이 필요한 신군부에 불과하였다. 제5공화국의 헌법이 유신헌법에 비해 기본권을 강화했다고 하지만, 그것은 겉으로 표출된 민주주의였다. 실상은 독재를 추구하는 양면성을 보여줬다. 전두환 정권은 표면적으로 민주주의를 지향했지만, 그 내용에 있어서는 '자유민주적 기본질서'와는 전혀 다른 통치를 보여주었다. 민주주의 없는 자유민주주의 구호만 난무한 전두환의 칠권통치가 제5공화국의 실체였다.

1988년 11월 23일 전두환은 연희동 골목에서 기자들 앞에 섰다. 일명 '골목성명'이다. 그는 자신의 재임 중 과오와 비리에 대해 사과하고 사과문을 발표하였다. 그의 사과문에는 "당시 국가적 비상시국 하에서 아무런 준비와 경험도 없이 국정의 책임을 맡게 되었다"고 밝혔다. 1980년 당시 "한국은 분명히 군의 영도력과 통제를 필요로 하고 있다"면서 정치 전면에 나섰던 자신감과는 대조적인 사과문이다. 1979년과 1980년 그 누구도 전두환에게 국정을 책임져 주라고 하지 않았다. 국정을 운영할 준비와 경험이 없었지만, 권력에 눈이 어두워 권력을 찬탈하였다. 영광의 순간은 짧았다.

골목성명을 발표한 전두환은 곧장 강원도 백담사로 떠났다. 당시 사과문에는 삼청교육대, 공직자 언론인 해직 문제, 광주민주항쟁, 일해재단 비리 등이 담겨있다. 그리고 그의 재산(연희동 자택, 서초동 땅 2백평, 용평 콘도 1건, 골프회원권 2건, 현금 23억 원)과 여당 총재로 사용하다가 남은 돈 1백39억 원을 정부가 국민의 뜻에 따라 처리해 주기를 바란다고 했다. 그는 백담사 은둔 생활 767일 만인 1990년 12월 30일 다시 연희동 자택으로 돌아왔다. 그가 헌납한다고 약속했던 그 연희동 자택으로 다시 돌아왔다.

전두환은 1996년 1월 뇌물수수와 군형법상 반란 혐의로 구속기소되어 무기징역과 추징금 2,205억 원을 청구받았다. 2022년 10월 27일 기준 추징금 2,205억 원 중 환수된 금액은 1,283억 원가량으로 58.2% 정도만 환수되었다.[189] 1997년 12월 22일 김영삼 정부는 '국민대통합'을 명분으로 대법원판결 8개월 만에 전두환 등을 특별사면하였다.[190] 전두환을 특별사면함으로써 국민대통합은 이루어졌는가.

전두환은 2021년 11월 23일 향년 90세로 사망하였다. 그리고 그의 유해는 아직도 묻힐 곳을 찾지 못하고 연희동 자택에 임시 안치되어 있다. 역사의 심판은 준엄해야 한다. 그 준엄함이 사람에 따라 달라서는 안 된다. 전두환과 신군부는 헌정질서 파괴 범법자다. 전두환만이 아니었다. 박정희도 그랬고, 이승만도 그랬다.

1) 전 YH노동조합·한국노동자복지협의회, 『YH노동조합사』, 형성사, 1984, 12쪽

2) 1970년대 도시화와 산업화 과정에서 소외된 도시빈민과 직장인, 노동자들의 선교와 교양 교육, 구호 활동을 전개하였다. 특히 1970년대 노동자들의 소모임 구성, 노동조건 개선과 민주노조 건설을 지원하였으며, 민주화운동을 진행하였다. 1970년대 도시산업선교회는 가톨릭노동청년회와 함께 노동자의 인권과 민주화를 위해 활동한 대표적인 기독교 단체이다.

3) 『동아일보』, 1979년 8월 10일

4) 김삼웅 편, 『민족·민주·민중선언』, 일월서각, 1984

5) 가족으로는 어머니 최영자와 동생 김준곤(당시 18살 전남기계공고 3년)이 있다.(『조선일보』, 1979년 8월 12일)

6) 부마민주항쟁진상규명및관련자명예회복심의위원회의 『부마민주항쟁 진상조사보고서』, 정주신의 「부마항쟁의 진실과 역사적 성찰」 등을 참고하여 작성하였다.

7) 『더불어민주당 60년사』, 412쪽.

8) 서중석·김덕련, 『서중석의 현대사 이야기 13』, 오월의 봄, 2018, 106~107쪽

9) 『경향신문』, 1979년 9월 8일

10) 『동아일보』, 1979년 9월 10일

11) 『부마민주항쟁 진상조사보고서』, 103쪽, 재인용

12) 『조선일보』, 1979년 9월 20일

13) 『조선일보』, 1979년 10월 5일

14) 『부마민주항쟁 10주년 기념자료집』, 257쪽

15) 『동아일보』, 1979년 10월 6일

16) 『조선일보』, 1979년 10월 4일

17) 『동아일보』, 1979년 10월 13일

18) 「부마민주항쟁 관련자의 명예회복 및 보상 등에 관한 법률」 제2조 제1항.

19) 부마아카이브(http://buma1979.com/portal/bumaRecord/view.do?record_id=36)

20) 부마아카이브(http://buma1979.com/portal/bumaRecord/view.do?record_id=37)

21) 부산대학교 총학생회, 『거역의 밤을 불사르라』, 40~41쪽

22) ①유신헌법 철폐 ②안정성장정책과 공평한 소득분배 ③학원사찰 중지 소득분배의 정의실현 ④학도호국단 폐지 ⑤언론·집회·결사의 완전한 자유와 보장 ⑥YH사건에서의 같은 반윤리적 기업주의 엄단 ⑦전국민에 대한 정치보복 중지

23) 효원(曉原)은 부산대학교의 다른 별칭이다. '효원인'은 부산대학교 학생을 지칭한다.

24) 박범종, 「한국현대사에 부마민주항쟁의 의미」, 『한국과 국제사회』제5권 6호, 2021, 307쪽

25) 1970년대 말 한국경제는 제2차 오일쇼크라는 세계자본주의체제의 위기와 결합해 신각한 위기에 빠졌다. 중화학공업의 과잉 중복투자는 한국경제를 심각한 위기로 몰고 갔고, 결국 국제통화기금의 구제금융과 함께 1979년 4월 긴축 등을 골자로 한 '경제안정화정책'을 정부는 수용하기에 이르렀다. 경제위기를 해소하기 위해 정부는 중소자본가, 봉급생활자, 도시 노동자와 농민 등에게 안정화 비용을 부과할 수밖에 없게 됐다. 이와 같은 안정화정책은 경제위기로 어려운 처지에 있던 중소기업들의 도산을 더욱 부채질하여 기업의 부도율이 사상 최고치로 치솟고

가뜩이나 어려운 도시하층민들을 더욱 어렵게 만들었다.

26) 부산대학교 총학생회, 앞의 책, 49쪽

27) 「부산소요사태 개요」(1979.10.16.~10.18.), 6쪽(『부마민주항쟁 진상조사보고서』 재인용)

28) 『동아일보』, 1979년 10월 17일

29) 조갑제, 『유고』2, 한길사, 1987, 15쪽

30) 『동아일보』, 1979년 10월 18일

31) 박범종, 앞의 논문, 312쪽

32) 부마민주항쟁기념사업회, 『마산, 다시 역사를 이야기하다』마산편 2, 2019, 399쪽

33) 부산대학교 총학생회, 앞의 글, 59쪽

34) 정주신, 「10월 부마항쟁의 진실과 역사적 성찰」, 『한국과 국제사회』제2권 1호, 2018, 24쪽

35) 『경향신문』, 1979년 10월 18일

36) 당시(1979년)에는 전국적으로 자정부터 새벽 4시까지 야간통행금지가 실시되었다. 야간통행금지는 1982년 1월 5일 전면 해제되었다.

37) 내무부, 「10.19 마산 2차 데모와 전국 치안 상황」(1979.10.20.) 19쪽(『부마민주항쟁 진상조사보고서』 재인용)

38) 향후 표기된 병력의 인원은 장교/사병이다.

39) 부산대학교 총학생회, 앞의 책, 61~62쪽

40) 내무부, 「부마지역 학생소요사태 교훈」, 7쪽(『부마민주항쟁 진상조사보고서』 재인용)

41) 정주신, 앞의 논문, 17쪽

42) 부마아카이브에서 갈무리.

43) 정주신, 앞의 논문, 24쪽

44) 조갑제, 앞의 책, 124쪽

45) 육군 부대가 계속 한 지역에 주둔하며 그 지역의 경비, 군대의 질서 및 군기 감시와 육군에 속하는 건축물과 시설물 보호에 임하는 것에 관해 규정했던 대통령령이다. 계엄령의 경우 그 지역 행정 및 사법업무까지 계엄사령관이 행사하지만, 위수령은 행정이나 사법에 권한은 전혀없이 단지 질서유지를 위한 경비와 군기 감시 및 육군에 속하는 건물 기타 시설물을 보호만을 목적으로 한다.

46) 『동아일보』, 1979년 10월 20일

47) 『경향신문』, 1979년 10월 22일 ; 『조선일보』 1979년 10월 21일

48) 『동아일보』, 1979년 10월 22일

49) 「상황보고」 1979년 10월 21일(『부마민주항쟁 진상조사보고서』 재인용)

50) A급은 주동자이거나 시위현장의 적극 가담자로서, 구속 대상이었다. 학생은 사전모의에 가담하거나 현장에서 주동하는 등 적극 가담하여 시위에서 중요한 역할을 수행한 경우, 일반 시민은 무직자로서 현장에서 호응하여 시위에 가담한 경우가 포함되었다. 이외에 저명인사이거나 신민당 등 정부에 비판적인 조직의 관련자인 경우, 기물을 파괴하거나 방화한 경우가 해당 되었다. B급은 현장 가담자로서, 즉결심판에 회부 되었다. 학생과 일반인 구분 없이, 현장에서 시위에 가담했거나, 단순히 구호를 제창하고 투석한 경우, 3회 이상 투석한 경우가 포함되었다. C급은 훈방처리 대상으로, 학생에게만 적용되었다. 부화뇌동하여 시위에 참가한 것으로 파악하고, 학사 처리를 통해 조치하도록 하였다.

51) 김재규 중앙정보부장은 10월 18일 새벽 부산에 도착하여 08시 30분 1차 계엄 관계관 회의에 참석하였다. 최석원 부산시장, 지검장·시경국장·교육감·관구사령관·법원장 등 계엄위원들이 참석하였다.

52) 「김재규의 항소이유 보충서」, 1980년 1월 28일

53) 글의 문맥상 김재규의 항소이유 보충서에서 밝힌 '부마사태'란 용어를 그대로 사용한다.

54) 『조갑제닷컴』, 2010년 10월 20일
(https://www.chogabje.com/board/view.asp?C_IDX=35405&C_CC=AC)

55) 「김재규의 항소이유 보충서」, 1980년 1월 28일.

56) 부마아카이브(http://buma1979.com/portal/bumaRecord/view.do?record_id=38)

57) 장준하, 「5·16혁명과 민족의 진로」, 『사상계』1961년 6월호, 35쪽

58) 정병진, 『실록 청와대 궁정동 총소리』, 한국일보사, 2014, 39쪽

59) 김계원은 1979년 12월 10일 4회 공판에서 검찰과 일문일답의 사실심리에서 하오 5시 45분에서 50분 사이에 차지철로부터 "오늘 6시에 각하를 모시고 만찬을 하게 되니 부장한테 가시오"라고 사무실에 받았다고 진술하였다.(『경향신문』, 1979년 12월 11일)

60) 소행사는 대통령 혼자서 즐기는 것이고, 대행사는 측근 권력자 3~4명이 함께 하는 행사이다.

61) 1979년 10월 27일 오전 7시 23분 문공부장관 김성진은 중앙청 기자실에서 박대통령의 서거를 처음 발표하였다. 이 발표에서 "김재규 중앙정보부장이 마련한 만찬에 참석하시어…"고 발표하였다.

62) 심수봉은 10월 29일 오후 4시 30분경 중앙정보부 의전과장 박선호로부터 연락을 받고, 5시 30분 경복궁역 인근에 있는 내자호텔에서 만났다. 신재순과 동승하여 궁정동 안가에 도착한 시간은 6시가 조금 지났다. 보안각서를 쓰고 6시 40분경 연회석으로 들어갔다.

63) 신재순은 한양대학교 연극영화과 3학년 재학생이며, CF모델로 활동하고 있었다. 그는 박선호 의전과장으로부터 26일 오후 4시 30분경 전화로 연락을 받고 5시 10분경 프라자호텔에서 만나 내자호텔에서 심수봉과 함께 궁정동 안가로 이동하였다.

64) 심수봉은 차지철의 「도라지」를 부를 때 남효주가 들어와서 김재규의 귓속말로 "과장님이 좀 뵙자고 합니다"라고 했다고 한다.

65) 박선호 의전과장의 역할은 중앙정보부 궁정동 본관을 관리하고, 대통령이 사용하는 구관 가나다 동을 관리한다. 90% 이상이 대통령 행사를 지원한다. 따라서 궁정동 內에서 경비 병력을 관장한다.

66) 유혁인은 『동아일보』 정치부 기자 출신으로 당시 청와대 대통령비서실 정무 제1수석비서관이다.

67) 당시 최규하 대통령 권한대행은 1979년 12월 1일 국무총리 공관에서 검찰관 중령 전창렬은 검찰서기 상사 이승근을 참여케 하고 임의진술 하였다. 이날 임의진술은 최규하 본인이 요청해 이루어졌다.

68) 『경향신문』, 1980년 1월 25일

69) 박선호의 사실심리에는 7시 8분으로 기록되었다. 이는 오기이거나 속기 과정에서 잘못 들은 것으로 보인다.

70) 김광희, 「인간 김재규와 10·26에 대한 재인식」, 『한국학연구』제63집, 2021 논문을 참조

71) 한국일보가 2004년 6월 26일 공개한 김재규의 『옥중 수양록』

72) 안동일, 『나는 김재규의 변호인이었다』, 김영사, 2017, 359쪽

73) 조선 연산군 때, 미녀와 좋은 말을 궁중에 모으기 위해 지방으로 파견하였던 벼슬아치.

74) 중앙정보부의 의전과장은 부장이 가장 신임하는 오른팔이 맡았다. 대통령과 중정부장의 내밀한 사생활을 관리하는 직책이 되면서부터였다. 국가기밀과 정보관리를 내세워 일반 국민의 눈에 완전히 가려져 있는 중앙정보부에 대통령을 위시한 최고권력자의 환락 생활을 뒷바라지하도록 한 것이다. 그 실무 책임자가 의전과장이었고, 박선호였다.

75) 강준만, 『한국 현대사 산책 1970년대편』3, 인물과사상사, 2002, 273쪽

76) 대한상공회의소 임원들과의 환담장소에서 박정희가 말이다(『경향신문』, 1975년 3월 29일)

77) 충청남도 순시에서 인사말 중(『동아일보』, 1975년 4월 3일)

78) 당시 김대중은 '한국의 정치'란 시국강연회를 하였다. 이날 강연은 1975년 당시 유신체제를 적확하게 직시했다는 점에서 읽어볼 필요가 있다. 당시 『동아일보』에 실린 전문을 부록으로 게재한다.

79) 박근혜와 최태민과 관련한 기록은 수없이 많다. 예컨대 당시 공보비서관 선우연의 비망록 등을 참고 바란다.

80) 「김재규의 항소이유 보충서」, 1980년 1월 28일

81) 김성익, 『전두환 육성증언』, 『조선일보』사, 1992, 348쪽

82) 이만섭, 『정치는 가슴으로』, 나남출판, 2014, 194쪽

83) 조갑제, 『박정희12:부마사태 전후』, 조갑제닷컴, 2015, 340쪽

84) 비리법권천(非理法權天)은 기원전 2세기 중국의 법가학파를 대표하는 사상가 한비자가 군왕에게 고하는 글에서 유래하였다. '비(非)는 이치를 이길 수 없고, 이치는 법을 이길 수 없으며 법은 권력을 이길 수 없고, 권력은 천(민심)을 이길 수 없다.'는 엄한 가르침이다.

85) 「'김재규의 변호인' 안동일 변호사의 작심 토로」, 『시사IN』, 2017년 8월 3일

86) 김정남, 『진실, 광장에 서다』, 창비, 2005, 316쪽

87) 박종민, 『김재규 對 차지철』, 창작예술사, 1988, 206~241쪽

88) 5.16쿠데타 이후 박정희 국가재건최고회의 의장의 전속부관을 지냈으며, 군정 종식 이후 군으로 복귀하여서는 육사 11기의 선두주자로 중령 때 청와대 외곽의 경비를 책임지는 수도경비사령부 30대장을 역임하였다. 후임 30대대장이 전두환이다. 연대장도 동기 중 가장 먼저 되어 제9보병사단 29연대장으로 베트남 전쟁에도 다녀왔다. 승승장구하던 손영길은 별을 단 지 100일도 채 되지 않아 윤필용 사건에 휘말려서 징역 12년형을 선고받고 준장으로 강제 예편당하였다. 당시 수도경비사령관으로 권력 실세였던 윤필용의 참모장이었던 손영길은 윤필용이 박정희에 대한 역모죄로 숙청당하자 함께 숙청당하였다. 징역 15년을 선고 받았으나 1년 뒤 형집행정지로 풀려났다.(손영길의 증언 https://jmagazine.joins.com/monthly/view/313770)

89) 이날 비상계엄령은 1979년 10월 17일 부산과 마산지역에 내려진 계엄의 연속선상에서 확대된 계엄령이다.

90) 『동아일보』, 1979년 11월 10일

91) 한용원, 『한국의 군부정치』, 대왕사, 1993, 365쪽

92) 『경향신문』, 1979년 12월 6일

93) 천금성, 「전두환의 12·12 일곱가지 책략」, 『월간중앙』1989년 11월호, 226~239쪽

94) 『조선일보』 등에서 재판과정과 검사의 신문과정을 자세하게 보도하였다.

95) 신군부의 중심인 전두환, 노태우, 정호용 등은 육군사관학교의 4년제를 처음으로 졸업한 11기 생이다. 1952년 1월 입학하여 1955년 소위로 임관한 11기생들은 '정규육사 1기'란 자부심이

대단했으며 4년간의 학창시절을 통해 강한 동료의식을 형성했고, 육사가 육군의 최고 교육기관이라는 엘리트 의식이 강하였다.

96) 「강창성 전 보안사령관 증언, 전두환과 하나회 군맥」, 『신동아』1991년 2월호, 428쪽

97) 『동아일보』, 1979년 10월 27일

98) 『동아일보』, 1979년 11월 8일

99) 정승화, 『대한민국 군인 정승화』, 휴먼앤북스, 2002, 98쪽

100) 『경향신문』, 1979년 11월 5일

101) 『동아일보』, 1979년 11월 6일

102) 대한민국재향군인회호국정신선양운동본부편찬위원회, 『12·12, 5·18 실록』, 1997, 34쪽

103) 정상용 외, 『광주민중항쟁-다큐멘터리 1980』, 돌베개, 1990, 58쪽

104) 정승화, 앞의 책, 150쪽

105) 조갑제, 『군부』, 『조선일보』사, 1988, 129쪽

106) 전두환 보안사령관, 노태우 9사단장, 유학성 군수차관보, 황영시 1군단장, 차규헌 수도군단장, 박준병 20사단장, 백운택 71방위사단장, 박희도 1공수여단장, 최세창 3공수여단장, 장기오 5공수여단장, 장세동 수경사 30경비단장, 김진영 수경사 33경비단장 등이다.

107) 정병주 사령관은 10년의 세월을 회한 속에 보내다가 1988년 10월 16일 밤 10시에 갑자기 행방불명되었고, 결국 실종 139일 만인 이듬해 3월 4일에 경기도 고양시 송추 인근 야산에서 목매달아 죽은 시체로 발견되었다.

108) 김오랑의 부인 백영옥은 남편의 죽음에 충격으로 쓰러져 실명하였다. 1991년 6월 28일에 그녀가 사람들 돕겠다고 봉사하던 시설(불교자비원) 위에서 추락사한 채 발견되었다.

109) 서울 시내에서의 무력 충돌을 막기 위해 일단 "쌍방이 철수한다"는 반란군과 육군본부 사이에서 맺어진 협정이다. 이를 일명 '신사협정'이라고 한다. 이를 먼저 제시한 전두환은 협정을 어기고 제1공수여단 등을 서울로 진격했으나, 육군본부는 큰 의심없이 회군 명령을 내렸다. 윤흥기 준장은 육군본부의 회군 명령에 따라 다시 부대로 복귀하면서 쿠데타는 성공할 수 있었다.

110) 1978년 제11차 한미안보협의회에서 한국과 미국 양국은 한미연합사 창설에 합의하면서 '평시 한국군 2군, 수도경비사령부, 특전부대 등은 연합사의 작전통제를 받지 않기로' 합의하였다. (정상용 외, 앞의 책, 100쪽)

111) 조갑제, 앞의 글, 418쪽

112) 이계성, 『지는 별 뜨는 별』, 한국문원, 1994, 276~277쪽

113) 대한민국재향군인회호국정신선양운동본부편찬위원회, 앞의 책, 527쪽

114) 『동아일보』, 1979년 11월 10일

115) 국회회의록, 제103회 제8호(1979년 11월 26일)

116) 『경향신문』, 1980년 3월 1일

117) 『동아일보』, 1980년 3월 1일

118) 『동아일보』, 1980년 5월 14일

119) 『동아일보』, 1980년 5월 17일

120) 『경향신문』, 1980년 5월 18일 호외 2호

121) 김영택 「5·18광주민중항쟁 연구」(국민대학교 대학원 박사학위논문), 이재의 『죽음을 넘어 시

대의 어둠을 넘어』, 한국기독학생회 총연맹『아, 광주여 민족의 십자가여』, 윤재걸『광주, 그 비극의 10일간』등의 발간자료와 5·18기념재단의「5·18 열흘간의 항쟁」을 참고하였다.

122) ◇사회부 심송무·김충근·김충식 기자 ◇지방부 김영택·신광연·홍건순 기자 ◇사진부 홍종건 기자

123) 『조선일보』, 1980년 5월 22일

124) 『동아일보』, 1980년 5월 24일

125) 대한민국재향군인회호국정신선양운동본부편찬위원회, 앞의 책, 251~252쪽

126) 정상용.조홍규 외, 앞의 책, 146쪽

127) 현, 숭실대학교

128) 나의갑, 「5·18의 전개과정」, 『5·18민중항쟁사』, 광주광역시사료편찬위원회, 2001, 228쪽

129) 정상용 외, 앞의 책, 160쪽

130) 계엄사령부, 「상황일지」, 1980년 5월 18일 ; 육군 제2군사령부, 「상황일지」, 1980년 5월 18일(김영택, 앞의 논문 재인용)

131) 국군보안사령부, 「광주사태 일일속보철」(1980.05.19.)

132) 재향군인회, 앞의 책, 257~258쪽

133) 제144회, 국회「5·18광주민주화운동진상조사특별위원회 회의록」제20호 1988년 12월 20일 권승만 증언내용

134) 제144회, 「국회청문회회의록」제25호 1989년 1월 26일 김일옥 증언내용

135) 제144회, 국회「5·18광주민주화운동진상조사특별위원회 회의록」제16호 1988년 12월 7일 윤흥정 증언내용

136) 국군기무사령부, 「충정병력 출동 및 광주사태 상황일지」, 1980, 24쪽

137) 계엄군의 총격에 의한 첫 피해는 5월 19일 광주고등학교 근처에서 제11공수여단 63대대 작전장교 차정환 대위가 쏜 총알에 김영찬(조대부고 3년) 등이 부상을 당했다. 이를 두고 위협사격과 조준사격이란 논쟁은 아직 정리되지 않았다.

138) 국회「5·18민주화운동진상조사특별위원회」의 요청을 받고 국방부가 제출한 특전사의「전투상보」로서 1980년 5월 19일 오전 금남로에서 전개된 상황의 개요 全文.

139) 정상용 외, 앞의 책, 203쪽

140) 제11공수여단은 이날 새벽 0시 15분 광주에 도착 제31사단의 작전통제하에 들어갔다. 제11공수여단은 곧이어 조선대학교로 이동했고 거기에 주둔하고 있던 제7공수여단 35대대를 휘하에 두게 되었다.(「국회 5·18광주민주화운동진상조사특별위원회회의록」제20호. 1988년 12월 20일)

141) 김안부는 광주민주항쟁에서 최초의 계엄군에 의한 총격 사망자로 밝혀졌다.

142) 정상용 외, 앞의 책, 188~195쪽

143) 『조선일보』, 1980년 6월 6일

144) '2절' 왜 쏘았지 왜 찔렀지 트럭에 싣고 어딜 갔지 / 망월동의 부릅뜬 눈 수천의 핏발 서려있네 /오월! 그날이 다시 오면 우리 가슴에 붉은 피 솟네
'3절' 산자들아 동지들아 모여서 함께 나가자 / 욕된 역사 투쟁없이 어떻게 헤쳐 나가랴 / 오월! 그날이 다시 오면 우리 가슴에 붉은 피 솟네
'4절' 대머리야 쪽바리야 양키놈 솟은 콧대야 / 물러가라 우리 역사 우리가 보듬고 나간다 / 오월! 그날이 다시 오면 우리 가슴에 붉은 피 솟네 / 오월! 그날이 다시 오면 우리 가슴에 붉

은 피!피!피!

145) 황종건·김녕만 사진집, 『광주 그날』, 사진예술사, 1994, 38~39쪽

146) 김영택, 『실록 광주민중』, 창작시대사, 1996, 85~86쪽

147) 김영택, 「5·18광주민중항쟁 연구」, 국민대학교 대학원 박사학위논문, 2004, 153쪽

148) 차명숙은 병원에 있는데 전옥주가 계엄군과 함께 와서 체포되었다고 증언하였다.

149) '들불'은 1978년 8월 광주 공업단지가 있는 광천동 성당 교리실에서 배움에 목말라하는 노동청소년들과 교사로 참여한 대학생들이 창립하였다.

150) ◇문안작성 윤상원 전용호, ◇등사 김성섭 나명관 서대석 이영주 ◇필경 박용준 동근식 ◇물자보급 김경국 정재호 신병관 ◇배포 들불야학 강학들 광주 학생들 ◇취사 노영란 양숙경 등 야학출신 여성들 ◇작업실 야학근처빈집, 5월 25일부터 YWCA

151) 제9호부터는 『민주시민회보』로 제호를 바꿨다.

152) 전용호, 「5월 선전(선동)활동 보고서」, 『민족현실과 문화운동』1989년 봄호, 1989년

153) 김영택, 앞의 논문, 152쪽

154) 이 시위차량의 운전기사는 광주고속회사 소속 배용주(34세)였다. 그는 살인혐의로 군법회의에서 정동년 등 다른 관련자 3명과 함께 사형선고를 받았다가 1982년 12월 형 집행정지로 석방된 후 사면복권 되었다. 그는 버스를 몰고 저지선을 뚫기 위해 서서히 운전하고 가다 갑자기 터진 최루탄가스에 정신을 잃고 운전대를 놔버린 것이었지 경찰을 깔아뭉개려했던 것은 결코 아니었다고 술회하였다.(이재의, 『죽음을 넘어 시대의 어둠을 넘어』, 풀빛, 1985, 94쪽)

155) 초기에는 사망 4명, 부상자 6명으로 알려졌다. 사망자 김재화(26), 이북일(28), 김만두(45), 김재수(25)이며 부상자는 최명철(39세), 김명환(16세), 나순돈(20세), 강인곤(20세), 김현택(24세), 성명 미상 등 6명이다.

156) 이희성 계엄사령관은 국방부 장관과 협의하였다고 하나, 5·17계엄확대조치로 국방부 장관은 계엄의 지휘체계에서 벗어나 있었다. 이희성은 신군부의 핵심인 전두환에게 보고하고 협의했을 가능성이 더 크다고 본다.

157) 조성호, 「취재 수첩(1)」, 1980, 13쪽

158) 협상대표는 전옥주(32, 여), 김범태(조선대 법과 4년), 김상호(전남대 상대 2년) 3명으로 이들은 ①유혈사태에 대해 도지사가 공개 사과할 것, ②연행시민·학생을 전원석방하고 입원중인 학생의 소재와 생사를 알릴 것, ③계엄군은 21일 정오까지 모두 시내에서 철수할 것, ④ 전남북 계엄분소장과의 시민대표들의 협상을 주선할 것 등을 요구했다(『동아일보』, 1980년 5월 22일). 장형태 지사는 자신의 할 수 있는 역할을 적극적으로하겠다고 하였다. 그는 시민들에게 직접 합의된 사항을 발표해 달라는 요구를 수락했으나, 끝내 단상에 서지 않았다. 이날 장형태 지사가 더욱 적극적으로 시민 앞에 섰다면 '피의 학살'은 일단락될 수도 있었다.

159) 일각에서는 시위대가 아세아자동차에서 탈취한 장갑차로 계엄군을 덮쳐서 동료 계엄군(권용운 일병)이 죽자 이에 격분한 계엄군들이 시민들을 향해 발포하게 되었다고 주장한다. 그러나 당시 희생된 권용운 일병은 시위대 장갑차가 아니라 시위대에 밀려 후진하던 계엄군의 장갑차에 의해 사망한 것으로 밝혀졌다. 또한 일부에서는 21일 오후 1시 정각. 도청 옥상 스피커에서 애국가가 흘러나왔다. 애국가가 끝나는 순간 공수부대의 M16 총구가 시위대를 향해 불을 뿜었다고 주장하기도 한다.

160) 정상용 외, 앞의 책, 221쪽

161) 들불야학에서 강학하면 『투사회보』에서 필경을 담당하였다. 5월 27일 새벽 5시 10분경 제11공수여단이 YWCA에서 향해 총격을 가하였다. 그는 머리 총을 맞고 운명하였다. 그의 나이

24살이었다.

162) 1. 계엄군의 과잉 진압 인정
2. 구속 학생 및 민주 인사 연행자 석방
3. 시민의 인명과 재산 피해 보상
4. 발포 명령 책임자 처벌과 국가 책임자의 사과
5. 사망자 장례식은 시민장으로 할 것
6. 수습 후 시민 학생들을 보복하지 말 것
7. 이상의 요구가 관철되면 무기 자진 회수 및 반납 무장 해제

163) 『동아일보』, 1980년 5월 23일

164) 광주시가 책임지고 매일 쌀 한 가마씩과 부식 및 연료 등 생필품을 생계가 어려운 시민들에게 공급토록 하고, 시내버스가 정상 운행될 수 있도록 조치해 줄 것을 요구하였다. 희생자 시신을 입관할 관 40개와 구급차 1대도 마련키로 하고, 장례는 '도민장'으로 치르자는데 합의하였다.

165) 김성용 신부는 그의 책에 "① 1시간 이내에 군은 본래 위치로 철퇴하라, ② 그렇지 않으면 전 시민의 무장화를 호소하고, ③ 게릴라전을 싸웁시다. ④ 최후의 순간이 오면 TNT를 폭발시켜 전원 자폭한다"를 계엄군에 전달했다고 한다.(김영택, 박사학위 논문에서 재인용)

166) 5·18민주유공자유족회는 5월 27일 도청에서의 최후항쟁 당시 현장에 남아있던 시민군은 중학생 3명, 고교생 26명, 대학생 23명을 비롯하여 157명이며, 현장에서 사망한 인원은 14명이 조사되었다고 밝혔다(『미디어 오늘』, 2000년 5월 18일).

167) 목소리의 주인공은 박영순과 이경희(목포전문대생)라는 주장도 있다. 27일 새벽 2시쯤 계엄군의 재진입 작전이 시작되었다는 보고를 받고 학생시민투쟁위원회는 이 사실을 시민들에게 알려야 한다고 결의하고 홍보부 두 여학생에게 선무방송을 하도록 했다(재향군인회, 앞의 책, 305쪽).

168) 학원가의 시위가 점차 가열됨에 따라 신민당과 공화당은 5월 12일 여야 총무회담을 열고 5월 20일부터 6월 8일까지 제104회 임시국회를 소집하기로 합의하였고, 국회가 시국의 상황을 해결하는데 전면에 나서기로 했다.

169) 육군대장 진종채·윤성민·황영시, 육군중장 차규헌·정호용, 해군중장 김정호, 공군중장 이희근

170) 상임위원회는 임명직 위원 16명과 당연직 위원 14명을 두었다.

171) 국가보위비상대책위원회, 『국보위백서』, 1980, 33쪽

172) 『조선일보』, 1980년 8월 12일

173) 헌법전문에 제5공화국임을 명시하여, 제5공화국의 개념은 역사적 개념이 아닌 법적 개념이 되었다(한태연 외, 『한국헌법사』(상), 한국정신문화연구원, 1988, 129쪽).

174) 대법원 전원합의체(1997. 4. 17. 선고 96도3376)는 5·17군사쿠데타를 '5·18내란'으로 규정하였다. 1980년 5월 17일 24:00를 기하여 비상계엄을 전국으로 확대하는 등 헌법기관인 대통령, 국무위원들에 대하여 강압하는 일종의 협박행위로서 내란죄의 구성요건인 폭동에 해당한다고 명시하였다.

175) 김종철, 「헌법전문과 6월항쟁의 헌법적 의미」, 『헌법학연구』 제24권 제2호, 2018, 220쪽

176) 이국운, 「자유민주주의란 무엇인가?-헌정주의자의 시각-」, 『공법연구』47, 2019, 92~95쪽

177) 국보위 시절 전두환은 삼청계획 5호에 따라 1980년 8월 4일 '계엄포고 제13호'를 발령하였다. '삼청계획 5호'란 1호 부정축재자 척결, 2호 정치비리자 척결, 3호 고급 공무원 숙청, 4호 3급 이하 공직자 숙청, 5호 불량배 소탕 및 교화 등이다. 정치인과 공무원을 숙청한 다음

국보위는 전 국민을 대상으로 사회악 일소란 사회정화사업을 전개했고 '불량배 소탕계획'을 바탕으로 삼청교육대 사업이 전개되었다.

178) 국군의 이념과 사명을 구체적으로 규정한 「군인의 지위 및 복무에 관한 기본법」 제5조 국군의 강령은 다음과 같다. "첫째, 국군은 국민의 군대로서 국가를 방위하고 자유민주주의를 수호하며 조국의 통일에 이바지함을 그 이념으로 한다. 둘째, 국군은 대한민국의 자유와 독립을 보전하고 국토를 방위하며 국민의 생명과 재산을 보호하고 나아가 국제평화의 유지에 이바지함을 그 사명으로 한다. 셋째, 군인은 명예를 존중하고 투철한 충성심, 진정한 용기, 필승의 신념, 임전무퇴의 기상과 죽음을 무릅쓰고 책임을 완수하는 숭고한 애국애족의 정신을 굳게 지녀야 한다"고 규정하고 있다.

179) 헌재 1997. 7. 16. 95헌가6등, 판례집 9-2, 1, 19

180) 김백유, 「제5공화국 헌법의 성립 및 헌법발전」, 『일감법학』 제34호, 2016, 99~103쪽 참조

181) 기본권은 헌법에 규정함으로써 비로소 창설(인정)된다는 설이다.

182) 유신헌법 제47조 대통령의 임기는 6년으로 한다.

183) 오문준, 「민주화 이후 한국의 정치부태에 관한 연구」, 고려대학교 대학원 석사학위논문, 2006, 42쪽

184) 『조선일보』, 1996년 1월 13일

185) '새마을 횡령 사건'이며 5공비리의 결정판으로 일컬어지는 사건으로, 전경환이 새마을성금 88억여 원을 횡령했으며, 각종 이권에 개입했다. 전경환은 1989년 5월 징역 7년, 벌금 22억 원, 추징금 9억 원이 대법원에서 확정되었다.

186) 일해재단은 '순국사절 및 부상자와 국가유공자 자녀 교육을 위한 장학금 지원'과 '86·88 국제경기에 대비한 우수선수 및 체육지도자 육성 지원'을 목적으로 설립했다. 전두환은 1984년 185억 5,000만 원, 1985년 198억 5,000만 원, 1986년 172억 5,000만 원, 1987년 42억 원 등 총 598억 5천만 원의 기금을 조성했다. 성금 출연자 총 56명은 이름과 액수가 공개되었다.

187) "북한이 추진하던 임남댐이 무너지면 63빌딩 중턱까지 물이 차오르게 될 것"이라는 건설부장관의 발표에 여론이 들끓었다. 대응댐 건설이 발표되었고, 이것이 '평화의 댐'이다. 전두환 정권은 대응댐 건설에 국민의 성금을 모았다. 말이 성금이지 실은 반강제 할당이었다. 모은 성금이 모두 733억 원이다. 1993년 감사원 조사 결과, '시국 안정 및 국면 전환을 위한 과잉 대응'으로 평화의 댐을 건설했다는 것이 드러났다. '안보팔이'의 대표적인 사건이다.

188) 이수영 역, 『현대정당론』, 동녘, 1992, 177쪽

189) 노태우는 군형법상 반란·내란과 뇌물수수 등 혐의로 기소돼 1997년 4월 대법원에서 징역 17년과 추징금 2628억여 원의 확정판결을 받았다. 이후 2397억 원을 납부하였고, 230억여 원이 미납이었으나, 2013년 9월 미납액을 납부하였다.

190) 전두환, 노태우 사면은 제15대 대통령으로 당선된 김대중 당선자의 의견을 수렴하여 김영삼 대통령이 사면한 것이다.

6부

제6공화국

대한민국 현재

지금 이 시간에도 7천만 우리 민족의 마음이 여기 평양을
향해 집중되어 있습니다. 또 전 세계의 눈과 귀가 이곳에
모아지고 있습니다. 김정일 위원장과 저는 정상회담을
성공리에 마무리했다는 것을 보고합니다. 이제 비로소
민족의 밝은 미래가 보입니다. 화해와 협력과 통일에의
희망이 떠오르기 시작하고 있습니다. 생각해 보면 참으로
오랫동안 기다려 온 이날이었습니다. 얼마 전까지만 해도
꿈에도 생각지 못했던 일이기도 합니다.

김대중 2000년 6월 15일 평양에서
<김대중 자선전>2, 296쪽

1장
1987년 6월민주항쟁

1. 전두환의 '3S' 정책

전두환이 군사쿠데타를 실행하고 폭력으로 정권을 획득했음에도 불구하고 취임사에서 "민주주의를 토착하기 위해 헌법 절차에 의한 평화적 정권교체의 전통을 반드시 확립할 것"임을 다짐하였다. 또한 "임기가 끝나면 순순히 물러나 무슨 일이 있어도 정권의 평화적 교체만은 기필코 실현시켜 놓고야 말겠다"라고[1] 약속하였다. 전두환 정권은 헌법에 따라 형식적으로는 합법적인 정부처럼 보였지만, 그 정당성을 인정받지 못했다. 그 이유로는 12·12쿠데타 및 5·17쿠데타를 통해 권력을 탈취하였으며, 광주민주항쟁을 물리적 폭력으로 과잉 진압하였고, '대통령선거인단'이라는 간접선거제도를 통해 대통령에 당선되었기 때문이다. 지지기반이 취약하고 정당성을 인정받으려는 방안으로 체육과 문화정책에 심혈을 기울였다.

제5공화국 헌법의 '국가는 전통문화의 계승·발전과 민족문화의 창달에 노력하여야 한다'(제8조)는 이러한 일환에서 새롭게 규정된 조항이다. 이를 위해 사회문화적 제도와 정책, 그리고 이벤트를 적극적으로 기획하였다.[2] 전두환 정권이 적극적으로 다양한 문화정책을 시행하고자 했던 것은 국가적 안정과 국민통합을 추구했던 목적을 이루기 위함이었다. 그 시작은 '국풍81'이다.[3] '국풍81'은 1981년 5월 28일부터 6월 1일까지 5일간 서울 여의도광장에서 대학생을 대상으로 한 축제이다. 이 축제는 한국신문협회가 주최하고 KBS가 주관하였으며, 고려대 민족문화연구소가 후원하였다.[4] 행사를 주관한 KBS에 따르면 '국풍81'은 민족문화의 주체성을 고취하고 우리 국학에 대한 젊은이들의 관심을 제고시키기 위한 문화축제라고 밝혔다.[5] 하지만, 1981년 초 당시 청와대 정무제1비서관 허문도는 '5·18광주민주화운동' 1주기를 앞두고 군사정권에 대한 학원가의 저항을 약화시키고자 하는 의도에서 대학생들의 주의를 분산시킬 수 있는 대규모 축제를 기획하였다고[6] 말하였다. 즉, 이 축제의 목적은 당시 전두환 정권이 1981년 광주민주항쟁 1주년을 맞아 학생들이 반정부 투쟁에 나서는 것을 막고 시선을 돌리기 위한 정략적 행사였다.

전두환 정권의 대표적인 우민화 정책은 '3S 정책'이다.[7] 전두환 정권이 국민의 관심을 정치로부터 다른 곳으로 돌리기 위해서 '3S 정책'을 통해서 사회문화적으로 유흥, 향락, 퇴폐, 사치 풍조를 조장했다고 비판이 있는가 하면[8], '3S 정책'은 실체가 없는 프레임에 불과하다고 주장하는 사람도 있다.[9] 하지만, 대한민국 정부 산하 기관인 대통령기록관에서도 '3S 정책'이라고 서술한 점으로 보아, 전두환 정권의 '3S 정책'은 우민화를 목적으로 기획한 정책으로 보아야 할 것이다.

'3S'란 Screen(영상), Sports(스포츠), Sex(성문화)를 일컫는다. '3S' 중 'Screen(영상)'은 '성애영화' 또는 '에로영화'로 지칭되는 성 표현과 신체 노출을 강조한 성인영화가 대표적이다.[10] 또한, 전두환 정권의 Screen(영상) 정책은 영화에만 국한하지 않고 당시 컬러color 영상물의 소비를 촉진한 컬러텔레비전, 영화, 비디오VCR의 관계 속에서도 논의하였다. 전두환 정권은 당시 컬러 영상 매체와 영상기기를 '제2의 도약'의 발판으로 삼아 "선진조국 건설"을 이룩하겠다는 청사진을 제시하기도 하였다.[11] 1980년대에 TV는 스포츠 붐 조성과 '땡전 뉴스'뿐 아니라 전두환 정권의 경제정책까지도 전달하면서[12] 통치 이데올로기를 유포하는 수단으로 역할을 다했다. 여기에 컬러텔레비전은 그 효과를 증폭시켰다.

Sex(성문화)는 유흥과 향락업으로 특정할 수 있다. 1980년대에 유흥과 향락업은 전두환 정권의 완화책과 긴축통화 정책의 영향 아래 급속도로 성장하였고, 행정의 관리를 받으며 성 상업 발전으로 이어졌다. 전두환 정권의 유흥·향락 정책은 대국민적 임시 대응 요소가 강했다. 민생, 관광, 경기 부양이란 명분이 작용했기 때문이다. 이 시기에 유흥과 향락이 하나의 산업으로 자리 잡았음을 간접적으로 입증해 주는 것이 '유흥산업'과 '향락산업'이라는 용어의 정착이다. 유흥업과 향락업은 1990년 1월 1일부터 유흥업소의 심야영업이 금지되고, 1991년 6월 '풍속영업의 규제에 관한 법률'(법률 제4337호)이 제정되면서 국가 차원의 유흥업·향락업의 완화, 촉진책은 막을 내렸다.

'3S' 중 스포츠Sports에 대해서는 발전국가의 여가 문화 측면에서 논의한 연구들이 많다. 전두환 정권은 이전 박정희 군사정권과 마찬가지로 국제 스포츠 행사 유치에 심혈을 기울였다. 올림픽과 같은 국제적 스포츠 행사 유치는 국민의 시선을 집중시키기 때문에 지배 세력이 국민을 동원하는 데에 유리한 지점을 제공하였다. 그리고 빠른 국면 전환은 물론, 개최국으로서 얻을 수 있는 경제적 이익과 사회적 변화(국민통합, 사회 개방성, 사회 가속화, 국제 기준의 도입 등)를 끌어낼 수 있었다. 또한, 자국의 스포츠 경쟁력과 함께 스포츠 산업을 발전시키는 기회이기도 하였다. 전두환 정권은 스크린 정책이나 유흥·향락 정책과는 달리, 스포츠를 통한 국민의 여가 문화 개발을 적극적으로 표명하였고, 국민의 '정치 과잉'을 지적하면서 탈정치화의 의도를 숨기지 않았다. 대표적으로 "어린이게 꿈을, 젊은이에게 정열을, 온 국민에게는 건전한 여가선용을!"이란 슬로건을 내세우고 1982년 프로야구가 출범하였다.

전두환 정권의 즉각적이고 적극적인 '3S 정책'은 속도를 선보였고, 산업화를 통해서 일상화되었고, 재생산되었다. '3S 정책'은 사회 전반적으로 가속을 추동하며 제5공화국의 가속 통치[13] 이데올로기를 내재화하는 데 좋은 방편이 되었다.

全大統領「제1球」… 프로野球 플레이볼

전대통령 「제1구」… 프로야구 "플레이볼"
출처 : 『조선일보』 1982년 3월 28일

2. 다시 찾아온 '개헌'

제12대 총선을 앞두고 1985년 1월 야당에서는 신한민주당(이하 신민당)을 창당하였다. 당시 정가에서는 '1대대(민정당) 2중대(민한당) 3소대(국민당)'라는 말이 떠돌았다.[14] 신민당은 김영삼과 김대중의 지지 세력을 중심으로 선명 야당을 기치로 들고나왔다.[15] 신민당은 대통령

직선제 개헌, 지방자치제 조기 실시, 군대의 정치적 엄정중립 등의 정강 정책을 표방하며 1985년 2월 12일 실시된 제12대 총선에서 지역구 50석과 전국구 17석을 차지하면서 민주한국당을 누르고 제1야당이 되었다. 선거일을 불과 25일 앞두고 창당되어 놀랄만한 성과를 보이자 무소속과 민주한국당 소속 정치인들이 대거 입당하면서 103명의 의원을 갖는 거대 야당이 되었다. 1986년 새해가 밝았다. 신민당은 개헌 서명운동을 본격적으로 추진하겠다고 선언하였다.

민정당 대표위원 노태우는 '86년 아시안게임과 88년 서울올림픽'의 국가 대사를 위해 정쟁을 지양하고 개헌논의는 1988년 이후로 미루자고 제안하였다. 그러면서 가칭 '86·88거국지원협의회' 구성을 제의하였다.[16] 신민당은 제의를 거부하였다. 신민당 총재 이민우는 '89년 이후 헌법 논의 및 국회 내 헌법기구 설치 세의'에 대해 본말本末이 전도되었다면서 "정부가 민주화 일정을 조속히 제시해서 국민적 합의를 존중할 것을 촉구"하면서, "구체적인 민주화 일정을 밝히지 않으면 2월 중 개헌 서명운동을 시작하여 금년 말까지 1천만 서명을 완료하겠다"고[17] 밝혔다. 신민당은 개헌추진본부를 구성하고 10개 시도 지부장을 임명하였다.

2월 들어서면서 서울대·고려대·연세대·이화여대 등 경인지역 15개 대학생도 '개헌 서명운동 추진본부'를 결성하고,[18] 개헌에 불을 지폈다. 신민당과 민주화추진협의회(이하 민추협)는 2월 12일 '1천만 개헌서명 착수'를 선언하였다.[19] 1987년 12월로 예정된 제13대 대통령 선거를 앞두고 1986년 연초부터 개헌은 정치권의 주요 이슈로 등장하였다.

전두환 정권도 강경하게 대응하였다. 검찰과 경찰은 개헌 서명을 "헌정질서를 부정, 국가 기강을 흔들어 놓는 반사회적 행동 또는 체

제 전복을 위한 선동 행위로 규정"하고 강력한 사전봉쇄를 폈다.[20]
따라서 가두서명 주동자, 가두시위 참가자를 비롯하여 단순 서명자도
모두 처벌하겠다고 엄포를 놓았다. 국민의 기본권인 참정권과 청구권
그리고 집회·결사 자유를 국가 공권력으로 겁박하였다.

정부의 엄포에도 불구하고 개헌 서명운동은 활화산처럼 타올랐다.
3월 23일 신민당 개헌추진 부산시지부(지부장 이기택) 결성대회를 시작
으로 3월 30일 전남도지부(지부장 이중재), 4월 5일 대구경북지부(지부장
김수한), 4월 19일 충남도지부(지부장 양순직), 4월 27일 충북도지부, 5월
3일 인천경기지부(지부장 노승환), 5월 10일 경남도지부(지부장 최형우), 5월
31일 전북도지부 등이 열렸다.

신민당의 개헌추진 결성대회 중 주목할 사건이 발생하였다. 5월 3
일 인천경기대회이다. 이를 '5·3인천사태'로 명명한 사람도 있다. '사
태事態'란 표현은 권력자의 관점 또는 정치권의 자의적 해석이다. '5·
3인천항쟁'으로 칭한다. 5월 3일 신민당의 인천경기 개헌추진 결성대
회는 '폭력사태'로 무산되었다. 배경에는 정치인의 자만이 작용하였
다. 야당인 신민당과 민추협의 김영삼과 김대중은 개헌이나 민주화
일정 등은 정치권을 중심으로 이루어져야 한다고 주장하였다. 그러면
서 학생과 노동자의 '개헌추진'의 과정에서 발생한 시위 등을 과격한
행동으로 몰아붙인 정부와 여당에 동조하는 모양새를 취하였다. 학생
들은 이들의 행태를 "기회주의적 정치세력"이라고 몰아붙였다.[21]

이처럼 야당의 행동에 분개한 재야와 학생들은 5월 3일 신민당의
개헌추진 인천경기지부 결성대회가 열릴 예정이던 인천시민회관 앞에
서 대회 시작 전부터 격렬한 시위를 벌였다. 1만여 명의 시위대는 도
로를 장악하고 산발적인 시위를 벌이다가 오후가 되면서 스크럼을 짜
고 화염병과 돌을 던지며 경찰과 충돌하였다. 이날 뿌려진 유인물은

줄잡아 50여 종에 달하였다. 단체마다 각각 다른 주장이 담겼지만, 유인물의 핵심은 반미·반파쇼·보수대연합 성토였다.[22] 그리고 민주세력이라는 이름 아래 상호 지원 또는 동조자였던 신민당을 '매판 재벌 및 미제국주의 세력과 결탁한 사대적 기회주의 집단'으로 공격하고, 이민우 총재, 김대중, 김영삼을 '어리석은 배신자'로 규정하였다. 이윽고 국민 헌법 제정을 위해 '헌법제정 민중회의'를 소집할 것을 주장하였다.[23]

한편, 5·3인천항쟁의 암묵적 배경에는 정부의 정보기관이 프락치를 넣어 과격한 행동을 유발하는 등 갖가지 공작으로 사건을 조작했다는 주장도 있다.[24] 이는 공안당국의 향후 행보에서도 드러난다. 공안당국은 '5·3폭력사태'라 명명하고 좌경용공 세력의 반정부 폭력행위로 규정하여 대대적인 검거에 나섰다. 319명이 연행되었고 129명이 구속되었다. 이날을 계기로 김영삼·김대중 중심의 제도권 야당과 재야 및 학생 운동권은 한동안 서먹서먹한 관계가 되었다. 1987년 4월, 전두환의 호헌(일명 4·13호헌조치)이 선언된 이후 다시 관계가 회복되어 '개헌투쟁'에 나섰다.

'86년 아시안게임과 88년 서울올림픽'이란 국가 대사의 성공적 개최를 주장하며 개헌을 1988년 이후로 미루자고 했던 민정당도 국민의 열망을 무조건 뒤로만 미룰 수 없었다. 1986년 6월 24일 민정당·신민당·국민당의 합의로 '헌법개정특별위원회'(이하 헌법특위) 발족을 결의하고, 7월 30일 첫 회의를 열었다. 여야 총 45명(민정당 23명, 신민당 17명, 국민당 4명, 무소속 1명)으로 구성된 헌법특위는 권력구조 등의 골격과 공청회 진행 방법 등에서 여야의 이견이 노출되었다. 야당은 권력구조부터 심의하고, 공청회를 서울, 부산, 대구, 광주, 대전 등 5개 도시에서 열자고 주장하였다. 반면 여당인 민정당은 현행 헌법 체계대로 기본권, 권력구조, 경제조항 순으로 처리하고 공청회는 국회 내에서만 개최하자고 하였다.

　신민당과 국민당은 이미 개헌안을 제출했고, 민정당이 개헌안을 제출한 날은 1986년 8월 18일이다. 여야의 개헌안 쟁점은 크게 두 가지로 나뉘었다.[25] 권력구조에서 민정당은 의원내각제를 채택했고, 신민당과 국민당은 대통령중심제를 채택하였다. 대통령의 선출 방안에서도 민정당은 국회에서 간접선거를 주장했고, 야당은 직접선거를 주장하였다. 개헌안의 특이점은 대체로 야당은 의원내각제를 선호했고, 여당은 정치안정을 주장하며 강력한 대통령제를 고집하였다. 그동안 헌정사에서 서로 주장했던 통치구조와는 정반대의 주장을 들고나왔다.

3. 박종철 열사 고문치사[26]

　지금까지 8차례 개헌은 특정인 또는 특정 집단의 정치권력 장악 수단으로 이용되었기에 통치구조와 대통령의 선출 방법은 여야의 첨예한 대립을 예고했고, 개헌안 합의에 최대 관건이었다. 헌법특위는 국민의 관심과 기대와 달리 자가당착 입장만 내세우면서 허송세월하였다. 이러한 가운데 1987년 1월을 맞이하였다. 1월 15일 중앙일보 석간의 사회면에는 1987년을 뜨겁게 달구는 기사가 보도되었다.

경찰에서 조사받던
대학생 "쇼크사"
14일 연행되어 치안본부에서 조사를 받아오던 공안사건 관련 피의자 박종철 군(21, 서울대언어학과 3년)이 이날 하오 경찰 조사를 받던 중 숨졌다.

경찰은 박 군의 사인을 쇼크사라고 검찰에 보고하였다.

그러나 검찰은 박 군이 수사기관의 가혹행위로 인해 숨겼을 가능성에 대해 수사 중이다.

학교 측은 박 군이 3~4일 전 학과 연구실에 잠시 들렀다가 나간 후 소식이 끊겼다고 밝혔다.

한편 부산시 청학동 341의31 박 군 집에는 박 군의 사망소식을 14일 부산시경으로부터 통고받은 아버지 박정기 씨(57, 청학양수장 고용원) 등 가족들이 모두 상경하고 비어 있었다.

박 군의 누나 박은숙 씨(24)는 지난해 여름방학때부터 박 군이 운동권에 가담하고 있다는 사실을 어렴풋이 알고 있었을뿐 최근 무슨 사건으로 언제 경찰에 연행됐는지는 모른다고 말하였다. 박 군은 부산 토성국교, 영남중, 혜광고교를 거쳤으며 아버지의 월수입 20만 원으로 가정형편이 어려운 형편이다.[27]

경찰에서 조사받던 대학생 "쇼크사"
출처 : 『중앙일보』 1987년 1월 15일

『중앙일보』 신성호 기자는 15일 오전 9시 50분쯤 이홍규 대검찰청 공안4과장으로부터 '고문치사'와 관련한 이야기를 듣는다. 신문사 사회부 데스크에 취재 내용을 1차 보고 후 추가 취재에 나선다. 이진강 중앙수사부 1과장, 최명부 서울지검 1차장 등을 추가 취재하면서 '고문치사'를 재차 확인한다. '박종철'의 인적사항 등을 확인한 후 11시 35분 기사 작성을 시작한다. 12시 10분 신문을 인쇄 중이던 윤전기를 멈추고, '경찰에 조사받던 대학생 쇼크사' 기사를 추가한다. AP, AFP 등 외신이 서울발 긴급기사로 박종철 고문치사를 전 세계에 타전한다. 오후 6시 강민창 치안본부장과 박처원 치안감은 박종철 고문치사 사건을 공식 발표한다. "수사관이 책을 탁 치며 추궁하자 갑자기 억하고 쓰러졌다".[28] 훗날 보고서에는 "냉수를 몇 컵 마신 후 심문을 시작, 박종철 군 친구의 소재를 묻던 중 책상을 '탁' 치니 갑자기 '억' 소리를 지르면서 쓰러져, 중앙대 부속병원으로 옮겼으나, 12시경 사망하였다"고 기록되어 있다.[29]

경찰의 '고문치사' 은폐 시도는 박종철이 숨진 직후부터 시작되었다. 강민창 내무부 치안본부장은 1월 15일 오후 6시 첫 발표를 통해 '탁'하고 쳤더니 '억'하고 죽었다며 고문 사실을 은폐하였다. 이보다 앞서 경찰은 당시 서울지검 공안부장 최환 검사를 찾아가 "유족과도 합의가 됐으니 오늘 밤(1월 14일) 안으로 화장할 수 있게 지휘해 달라"고 하였다.[30]

법원 판결문에 따르면, 치안본부 대공수사2단 경찰관들은 1987년 1월 14일 박종철 군을 연행해 조사하던 중 이날 오전 11시쯤 물고문을 하다가 박 군을 숨지게 하였다. 사건 발생 20분 후인 오전 11시 20분쯤 대공수사2단 5과장 유정방 경정, 5과 2계장 박원택 경정은 현장 확인과 보고 등을 통해 고문치사 사실을 알게 되었다. 하지만, 대공수사관들의 사기 저하와 수사 인력 손실로 인한 대공수사업무 수행에 지장을 초래할 것을 우려하여 고문치사 사실을 은폐하기로 공모하였다. 이 과정에서 경찰은 1987년 1월 15일 오후 1시쯤 유족에게 9천5백만 원을 건네면서 일체 민형사상 문제를 거론하지 않기로 한다는 각서를 작성하도록 하였다.[31]

경찰의 은폐 시도와 달리 언론사는 집중취재에 나섰다. 『동아일보

』 1월 16일 사회면에는 '대학생 경찰 조사받다 사망'이란 제목 아래 '박종철 고문사건'이 보도되었고, 『조선일보』 1월 17일(석간)에 보도하였다. 『동아일보』 1월 17일 보도를 보면,

> 박종철은 1987년 1월 14일 오전 8시 10분경 그가 하숙하고 있던 집에서 치안본부 대공2단 소속 형사들에 의해 서울 용산구 갈월동 대공수사2단 사무실(남영동 대공분실)로 연행되었다. 오전 9시 16분경 경찰이 제공한 밥과 콩나물국으로 아침식사를 조금하고 "전날 술을 마셔 갈증이 난다"고 말해 조사관이 갖다준 냉수를 몇 컵을 마시고는 오전 10시 50분경부터 취조실에서 조사가 시작됐다. 오전 11시 20분경 수사관이 주먹으로 책상을 치며 혐의 사실을 추궁하자 갑자기 "억"하며 책상 위로 쓰러졌다.
>
> 15일 밤 9시 5분부터 10시 25분까지 한양대병원에서 서울지검 형사부 안상수 검사의 지휘와 국립과학수사연구소의 황적준 박사의 집도로 부검이 실시됐다. 부검에는 가족 대표로 삼촌 박월길(36)과 한양대 의사(박동호 박사) 한 명이 입회했다. 경찰은 부검 결과에 대해서 "사체외표검사에서 왼쪽 무릎에 0.6cm의 찰과상이 있었고 오른쪽 손의 엄지와 검지 사이의 손등쪽에는 작은 멍이 들어있는" 것이 확인되었으며, 사체의 내경검사 결과 오른쪽 폐에서 탁구공 크기만 한 출혈반이 발견됐는데 부검을 집도한 의사는 "출혈반의 원인은 여러 가지가 있을 수 있으나 전기충격요법이나 인공호흡을 했을 때 생길 수도 있다"고 말하고 "특별한 치명상은 발견되지 않았지만, 목과 가슴 주위에 피멍이 많이 발견됐다"고 말했다.
>
> 부검을 끝낸 시신은 15일 밤 10시 반경 경찰병원 영안실로 옮겨져, 16일 오전 9시 10분경 벽제화장장에서 화장됐다.[32]

박종철은 남영동 대공분실로 연행되어 조사를 받았다. 치안본부 남영동 대공분실은 1970~80년대 당시 중앙정보부(또는 국가안전기획부)의

남산, 서빙고 보안사 분실과 함께 '고문과 폭압정치의 대명사', '독재 정권 유지의 최선봉'으로 꼽혔다. 남영동 대공분실은 명목상으로 '국가안보'를 내세웠으나 실제로는 독재정권에 비판적인 민주세력을 탄압하는 등 '정권안보'를 위해 최선두에 있었다. 이 기관들은 정식명칭이 있음에도 '남산', '서빙고', '남영동' 등의 별칭으로 불려 왔으며, 이는 공포의 대명사였다. 남영동 대공분실 고문 피해자는 1977년 리영희 필화사건의 리영희·백낙청·박관순을 시작으로 2002년까지 393명으로 밝혀졌다. 대공수사 2반장 백남은은 피해자들 앞에서 "이 자리에서 이재문, 이태복, 김근태, 허인회가 모두 나한테 당했다", "김근태는 결국 내 앞에서 살려달라고 말하며 기었다"고 떠들어댔다. "고문으로 내 목이 날아갈 리 없다"는 말도 스스럼없이 내뱉었다. 이들의 고문 방식은 '잠 안 재우기', '구타', '볼펜 고문', '관절 뽑기', '통닭구이', '물고문', '전기고문', '협박(성적굴욕감, 가족을 인질로 협박)', '밥 굶기기', '심리고문(회유, 피해자간 불신 강요)', '악의 평범성' 등 인간의 존엄성이라고는 찾아볼 수가 없다.[33]

경찰은 박종철을 왜 연행하였던 것일까? 서울대 인문대학 '민중민주화 투쟁위원회'(민민투) 사건과 관련하여 수배 중이던 박종운(서울대 사회학과4년)과의 연계활동 여부 및 그의 소재를 파악하기 위해 박종철을 연행하였다. 박종운은 1987년 1월 8일 박종철의 하숙집에 들러 다른 친구와의 연락을 부탁하면서 현금 1만 원을 빌렸다. 수배 학생을 체포하면 일 계급 특진에 현상금까지 붙어 있던 상황에서 경찰은 박종철이 박종운의 소재를 잘 알고 있다고 판단하였다.

박종철은 1965년 부산에서 태어났다. 그는 재수하여 84학번으로 서울대 인문대학 언어학과에 입학해 학생운동을 시작하였다. 1985년 5월 서울 미국문화원 점거농성 당시 농성지원 가두시위에서 체포되어

5일 구류를 살았고, 6월에는 구로구 구로동 가두시위로 구류 3일을 살았다. 1986년 4월 노동자 학생연대(노학연대) 투쟁에 참여하였다가 청계피복노조 합법화 요구 가두시위에서 체포, 구속되었고 징역 10개월에 집행유예 2년을 선고받았다.

'박종철 고문치사'는 감쪽같이 묻힐 수 있었다. 『중앙일보』 신성호 기자의 재치에 언론이 발 빠르게 움직이면서 세상에 드러났다. 당시 『동아일보』는 '조사받던 대학생의 죽음'이란 사설(1987년 1월 16일)을 실을 정도로 관심을 드러냈다. 또한 1987년 1월 19일 자에는 '숨진 박종철 군 연행에서 고문-사망-화장까지'란 제목으로 당시 상황을 자세하게 보도하였다.

1월 19일 강민창 치안본부장(현 경찰청장)은 "조한경 경위가 박종철의 뒷목덜미와 머리칼을 잡고 누르고 깅진경 경사는 양팔을 꺾어 붙잡고 욕조에 넣는 과정에서 급소인 목 부위가 욕조턱에 눌려 질식 사망했다"고 발표하였다. 경찰은 조한경 경위와 강진경 경사 두 사람이 고문에 가담하였다고 밝혔지만, 훗날 5명으로 고문 가담자가 늘어났다. 두 경찰을 비롯하여 황정웅 경위, 반금곤 경장, 이정호 경장 등이 합세하였다. 경찰의 처음 발표 "주먹으로 책상을 치니까 '억'하며 쓰러졌다"고 했던 것과는 다른 발표이다.

그런데 고문 사실을 밝힌 이유는 무엇일까? 박종철의 부검에 참석하였던 국립과학수사연구소 1과장 황적준은 물고문 도중 욕조에 목이 눌려 질식사한 것 같다는 소견을 밝혔다. 경찰은 황적준에게 사인을 심상마비로 해달라고 요청하고 협박하였으나, 황적준은 이에 응하지 않았다. 또한 부검에 참여한 박종철의 삼촌 박월길도 고문 의혹을 강력히 제기하였다. 이를 언론이 대대적으로 보도하면서 경찰은 사실을 밝힐 수밖에 없었다. 19일 강민창 치안본부장은 고문 사실을 낱낱이 밝혔다고 하였지만, 이날 발표는 꼬리자르기식의 축소 발표였다.

1987년 1월 16일 새벽 박종철 열사의 시신을 실은 영구차는 벽제화장장으로 향했다. 화장은 가족의 동의 없이 이루어졌다. 주변에는 경찰차가 호위(?)하였다. 영구차에는 가족 이외는 아무도 없었다. 친구도 동료도…… 박종철 열사의 고향은 부산이었으나, 화장된 뼛조각마저 고향에 가지 못했다. 누구의 지시였는지 임진강 샛강으로 향했다. 강물은 얼지 않았고 그날 비까지 내렸다. 그의 아버지(박정기)는 "철아! 잘 가 그래이. 아부지는 아무 할 말이 없대이…." 읊조림만이 샛강을 맴돌았다.

서울대학교 학생들의 시위

1월 20일 서울대학교에서 추모제를 시작으로 박종철 열사의 죽음을 애도하고, 진상을 밝히기 위한 집회와 시위는 멈추지 않았다. 재야인사들은 '박종철 군 국민추도회 준비위원회'를 결성하고 2월 7일 추도식을 거행하였다. 3월 3일은 박종철의 49재였다. 추도위원회와 학생들은 '고문추방 민주화 국민대행진'을 벌였다. 계속되는 추도회를 둘러싼 시위에 연행자가 속출하였다. 사법부 법관 중에는 시위관련자를 무죄 선고하기도 하고, 구속영장 청구를 기각한 법관도 나왔다. 전두환 정권의 강경일변도와는 다른 선택들이 사회 곳곳에서 터져 나왔다. 하지만, 전두환 정권은 잘못을 인정하고 진상을 규명하기보다는 고문치사를 축소하고 시선을 다른 곳으로 돌리는 데 급급하였다.

4. 4·13 호헌선언

> 이제 본인은 임기 중 개헌이 불가능하다고 판단하고 현행 헌법에 따라 내년 2월 25일 본인의 임기가 만료와 더불어 후임자에게 정부를 이양할 것을 천명하는 바입니다. 이와 함께 본인은 평화적인 정부 이양과 서울올림픽이라는 양대 국가 대사를 성공적으로 치르기 위해서 국론을 분열시키고 국력을 낭비하는 소모적인 개헌 논의를 지양할 것을 선언합니다.[34]

1987년 4월 13일 오전 9시. 전두환은 전국 방송을 통해 특별담화를 발표하였다. 위 인용문은 그 특별담화 중 일부이다. 현행 헌법으로 정부를 이양하겠다는 이른바 4·13호헌조치이다. '호헌護憲'이란 "현재의 헌법憲法을 옹호護한다"는 뜻이다. 대통령은 현행 헌법을 바꾸지 않고 계속 유지하겠다고 발표하였다. 그동안 정치권에서는 개헌을 위한 '헌법개정특별위원회'를 국회에 설치하고 논의와 협상을 시도했지만, 합의안을 도출하지 못하였다. 이에 전두환은 "개헌은 '88올림픽' 이후에는 생각할 일"이라며, "일체의 개헌 논의를 중단한다"고 선언하였다. 현행 헌법에 따른 정부 이양이란, 제5공화국의 헌법에 따라 대통령선거인단에서의 선거 시행을 의미한다. 즉, 체육관에서 간접선거로 대통령을 선출하여 1988년 2월에 정부 이양하겠다는 선언이다. 12·12쿠데타에 동행했던 친구이자 육사 동기였던 민정당 대표위원 노태우에게 권력을 대물림하며, 군부정권을 연장하겠다는 선언과 진배없었다.

'4·13대통령 특별담화'에는 단골 멘트가 또 등장하였다. 전두환은 "사회에 일각에서는 과격한 좌경세력이 민주화라는 가면 아래 자유민주주의 자체를 부정하고 폭력과 불법과 선동으로 공산주의 세상을 세우겠다고 준동하고 있다"면서 민주화 투쟁을 자유민주주의체제 전복세력으로 간주하고 엄격하게 다스리겠다고 엄포를 놨다. 당시 개헌은 국내 정치문제이며 국민의 민주주의에 대한 열망이었다. 하지만, '좌경세력', '공산주의 세상' 등으로 호도하는 잘못된 인식은 하루 이틀의 문제가 아니다. 전두환은 청와대 수석비서관 회의에서도 민주주의를 떠드는 자들의 대부분이 공산화를 민주화라고 착각하는 자들이며 기반 없는 야당이 이들을 이용하고 있을 뿐이라고 자신있게 말하곤 하였다.[35]

박종철 '고문치사'로 인한 반독재 민주화 투쟁의 열기는 가속화되었지만, 전두환은 이를 성공적으로 봉쇄하였다는 자신감에서 4·13호헌조치를 선언하였다. 호헌조치에 전국경제인연합회, 한국무역협회, 한국경영자총연합회, 광복회, 한국반공총연맹, 한국노총, 한국문인협회, 대한노인회 등이 평화적 정부 이양과 서울올림픽을 위한 불가피한 조치라며 적극 지지하고 환영한다는 성명을 발표하였다. 그러나 4·13호헌조치는 오히려 감당하기 어려운 폭풍으로 돌변하였다.

신민당 등 야권은 '장기집권 음모'라고 비난하며 강력한 투쟁을 다짐하였다. 대학가에서도 "현 정권은 호헌 강경 입장으로 다시 선회함으로서 장기 집권 일정을 순탄하게 진행시키려하고 있다"면서 "호헌반대로 장기집권 음모를 분쇄하자"는 대자보가 나붙었고, '호헌철폐'를 주장하는 격렬한 시위를 벌였다. 민주화운동의 구심체인 민주통일민중운동연합을 비롯한 재야단체도 4·13호헌조치를 격렬히 비난하며 국민과 함께 반독재투쟁에 총궐기로 국민이 직접 참여하는 직선제 개헌투쟁에 앞장서겠다고 선언하였다. 호헌철폐를 요구하는 성명과 단식, 기도회가 전국으로 점차 확산되었다. 농민, 교사, 문화예술인, 여성단체 등에서 동참하면서 '호헌철폐'는 들불처럼 번져갔다.

5월 18일. 광주민주항쟁 7주년을 맞이하여 명동성당에서 '5·18항쟁희생추모미사'를 마친 뒤 천주교정의구현전국사제단 김승훈 신부는 '박종철 군 고문치사사건의 진상이 조작되었다'는 유인물을 배포하고 낭독하였다. 사제단은 유인물에서 "박 군을 직접 고문하여 죽음에 이르게 한 진짜 범인은 현재 구속기소돼 재판계류 중인 조한경 경위와 강진규 경사가 아니라 학원문화1반 소속 황정웅 경위 반금곤 경장 이정호 경장 등 3명으로 현재 경찰관 신분을 그대로 유지하고 있다"고[36] 밝혔다. 그러면서 이번 은폐 기도에는 치안본부 5차장(대공담당) 박처원 치안감, 대공수사2단장 전석린 경무관, 대공수사2단 5과장 유정방 경정, 대공수사2단 5과 2계장 박원택 경정 등이 직접 가담했다고 밝혔다. 그런데 법무부와 검찰의 최고책임자들은 2월 초에 범인은폐정보를 이미 인지하였음에도 아무런 조치없이 대책만 숙의했던 것으로 밝혀졌다. 재수사로 밝혀진 '고문치사'의 상황은 다음과 같다.[37]

- 1월 14일 오전 8시경 조한경 황정웅 반금곤 이정호 등이 박 군을 치안본부 대공3부 청사 제9호실로 동행함.
- 조한경 이정호 등이 오전 10시 30분까지 간단한 인정신문 및 아침식사 제공 휴식을 취하게 함.

- 조한경 강진규 이정호 등이 조사반으로 편성되어 오전 10시 30분경부터 불법시위 가담혐의와 수배된 박종운의 소재 등에 관하여 신문하였으나 박 군이 이에 순순히 응하지 않고 완강히 반항함.
- 조한경은 강진규로 하여금 황정웅 반금곤을 불러오게 하여, 조한경의 지시에 따라 이정호가 욕조가 물을 채우고 박종철을 욕조 앞으로 끌고 간 뒤, 황정웅은 박종철의 왼쪽 팔을 겨드랑이 밑으로 집어넣어 껴안고, 반금곤은 오른쪽 팔을 겨드랑이 밑으로 집어넣어 껴안아 잡고 이정호는 뒤에서 밀고 강진규는 욕조에서 끌어당기며 머리를 잡고 2회에 걸쳐 1분 내지 2분 정도로 물속에 밀어 넣었음.
- 그 과정에서 박 군의 목이 욕조턱에 눌려 숨을 쉬지 못하게 함으로써 오전 11시 20분경 경부압박에 의한 질식으로 사망에 이르게 함.

실제 고문에 가담한 경찰은 2명에서 5명으로 늘었다. 그리고 이를 은폐 조작한 혐의로 치안본부 5처장(대공담당) 박처원 치안감, 대공수사 2단 5과장 유정방 경정, 대공수사2단 5과 2계장 박원택 경정 등 3명을 범인도피죄를 적용하여 구속하였다. 파장은 여기서 그치지 않았다. 야권은 내각 총사퇴를 요구하였고, 국민의 분노는 정권 핵심부를 향하였다. 전두환은 민심수습 방안으로 대폭 개각을 단행하였다. 노신영 국무총리를 비롯해 부총리, 법무부 장관, 내무부 장관, 재무부 장관, 법제처장과 검찰총장을 교체하였다. 무엇보다도 전두환의 심복으로 알려진 안기부장 장세동을 안무혁으로 교체하였다.

고문에 가담한 경관들은 특정범죄가중처벌법(고문치사)을 적용하여 조한경 징역 10년, 강진규 징역 8년, 반금곤 징역 6년, 황정웅 징역 5년, 이정호 징역 3년이 각각 2심에서 선고되었으며,[38] 대법원에서 최종 확정되었다.[39] 이들은 가석방 또는 만기출소 후 경찰청 산하단체 또는 유관단체에서 근무하였다. 강진규와 이정호는 경찰공제회의 일반직으로 재직했으며, 조한경은 총포화약안전기술협회에 일반직 3급 총포지도과장으로 재직하였다. 특채가 이루어진 것이다. 총포화약안전기술협회 내규에는 "형기가 끝나지 않은 사람이나 금고 이상 형을 선고받고 형집행이 종료된 지 2년을 경과하지 않은 자는 채용할 수 없다"고 규정되어 있으며, 경찰공제회의 내규도 해당자에 대해 "5년을 경과해야 한다"고 규정되어 있다.[40] 경찰 산하단체가 관련 규정까지 어기면서 이들을 임용한 것은 치안본부(현, 경찰청)의 비호 없이는 불가능하다고 할 것이다.

범인도피죄의 박처원은 징역 1년 6개월에 집행유예 3년, 유정방, 박원택은 징역 1년에 집행유예 2년을 각각 1심에서 선고받았으나,[41] 2심에서 무죄를 선고받았다.[42] 검찰은 "법원이 스스로 권위를 실추시켰다"고 통박하면서 항소하였고, 대법원에서 유죄를 선고하라는 취지로 원심파기 선고를 내렸다. 이들 3명은 1993년 2월 26일 열린 파기환송심 선고에서 범인도피죄를 적용받아 1심 원심대로 확정되었다.

1988년 7월 1일 박처원[43] 치안감의 정년 퇴임식이 서울 서대문구 치안본부 청사 지하 강당에서 경찰 1천여 명이 참석한 가운데 열렸다. 퇴임식에서 박처원의 소개는 거창하였다. "박 치안감께서는 41개 성상星霜을 대공수사 경찰의 외길을 걸어 오시며…" 등의 대공경찰의 대부라고 그를 소개하였다.[44]

5. 6월민주항쟁

5월 27일 민주화추진협의회 등 재야단체와 야당은 연합하여 '민주헌법쟁취국민운동본부'(이하 국본)를 결성하고 대여투쟁에 전 역량을 집결하였다. 당시에는 대학가의 학생운동과 재야의 반독재투쟁, 그리고 제도권 내에서의 야당 활동이 비공식적인 연결고리를 갖고 있었다.[45] 아울러 시민들은 시위하는 학생들에게 매우 우호적인 시선을 보낼 정도로 인식의 변화와 함께 사회참여 의식이 높았다.

국본은 박종철 군 고문살인과 은폐 조작을 규탄하며 호헌철폐를 요구하는 대중 집회를 열기로 하였다. 디데이는 민정당 대통령 후보 지명대회가 열린 6월 10일로 정하였다. 국본은 많은 국민이 참여할 수 있는 다양한 국민 행동 지침을 개발하는 데 주력하였다.[46] 무엇보다도 종전의 집회와는 달리 직장인들의 참여를 유도하기 위해 퇴근 시간인 오후 6시로 집회 시간을 정하였다.

국본이 발표한 국민행동 요강은 △ 전국의 자동차는 대회당일 오후 6시 정각 애국가가 끝남과 동시에 경적을 울리고 △ 전국의 교회와 사찰은 타종, 민주헌법쟁취를 위한 국민적 의지를 표시하며 △ 모든 대회 참석자는 태극기를 지참하고 대회장으로 나올 것을 발표하였다. 아울러 국본은 "국민대회는 철저히 평화적으로 진행할 방침이므로 이와 같은 행동 요강을 무시하는 사람은 우리 대회를 오도하려는 세력으로 규정할 것"이라고 밝혔다.[47]

'고문살인 은폐조작 규탄 및 호헌철폐 민주헌법쟁취 국민대회'가 임박할수록 긴장감은 고조되었다. 이러한 분위기를 주도한 것은 역시 학생들이었다. 서울의 고려대·연세대·서강대·이화여대 등 대학에서는 6월 1일부터 호헌철폐를 요구하며 시한부 농성에 들어갔다. 또한 전국의 대학에서 호헌철폐 등을 요구하며 교내시위를 벌였다.

1987년 6월 9일 오후 3시 연세대학교 민주광장에서는 '6·10대회 출정을 위한 범연세인 총궐기대회'(애국연세인 6.10국민집회 참가 총궐기대회)의 출정식이 열렸다. 출정식을 마친 학생들은 교문까지 진출하여 시위를 벌였다. 경찰은 최루탄을 발사하며 학생들의 교문 진출을 막았다. 오후 5시경 최루탄이 마구 터지는 교문 앞 시위에 참가했던 학생이 최루탄을 머리에 맞고 쓰러졌다. 이한열 열사이다. 옆에 있던 이종창이 의식을 잃은 이한열을 부축해 일으키는 한 장의 사진은 외신(로이터 통신)을 타고 전 세계 언론에 보도되었다. 머리에 피를 흘리며 고개를 떨어뜨린 이한열의 모습은 대한민국 상황의 긴박성을 전 세계에 피력하였다.[48] 이한열

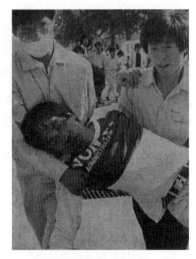

병원이송 중태 연대생
연세대생 이한열군이 9일 오후 교문앞 시위도중 경찰이 쏜 최루탄 파편으로 보이는 물체에 머리를 맞고 실신하자 동료 학우들이 병원으로 옮기고 있다.
출처 : 『동아일보』 1987년 6월 19일

열사는 '사투死鬪 27일'이 되던 7월 5일 끝내 숨을 거두었다.

6월 10일 오전 10시. 서울에서는 상반된 두 개의 집회가 동시에 열렸다. 잠실체육관에서는 민정당 제4차 전당대회 및 대통령 후보 지명대회를 열고 노태우 대표위원을 민정당 차기 대통령 후보로 지명하였다. 반면, 서울 중구 태평로 서울성공회에서는 국본의 '박종철군 고문살인 은폐조작 및 호헌철폐규탄 국민대회'가 열렸다. 한쪽은 요란한 음악 속에 전두환과 노태우가 두 손을 맞잡고 축하와 감격의 꽃다발이 오가는 축제였고, 다른 쪽에서는 분노와 규탄의 피울음에 무자비하게 쏘아대는 경찰의 최루탄으로 시민들의 얼굴은 눈물로 뒤범

벽되었다.

서울시내 20여 개 대학을 비롯하여 전국 40여 개 대학 학생들이 오전부터 6·10대회 참가 출정식을 열고 집결지로 모여들었다. 경찰은 전국 주요 도시의 대회장소 근처의 버스정류장과 지하철역을 임시 폐쇄하고, 대회장으로 통하는 도로 봉쇄, 고층건물 창문과 옥상을 폐쇄하였다. 아울러 대회장 주변의 회사직원 조기 퇴근과 대회장소에 가지 말도록 설득하고 운수회사에는 소속 차량의 경음기를 제거하거나 선을 끊어 경적을 울리지 못하도록 하였다. 각급 관공서는 오후 6시 애국가 옥외방송을 금지하고, 각 시도교육청은 대회장 주변의 중·고교의 상황에 따라 단축 수업하도록 하였다. 검찰은 오후 6시 이후 대회장 주변을 배회하는 사람은 지위고하와 신분 여하를 막론하고 일단 연행키로 하였다.[49]

경찰은 5만여 명을 동원하여 대회를 원천 봉쇄하였지만, 오후 6시 대한성공회의 옥외스피커를 통해 애국가가 울려 퍼졌다. 그리고 "해방 후 42년 동안의 독재에 종식을 고하고 새로운 민주정치의 장을 열게 하기 위한다"는 뜻에서 42번 타종이 울렸다. 차량에서는 10여분 이상 경적을 계속 울렸고, 시민들은 태극기를 흔들며 시위군중에 박수를 보냈다. 서울역과 남대문 쪽에 집결해 있던 여성단체 회원과 민가협 회원 등이 보라색 스카프를 흔들며 차도로 뛰어들어 차량의 경적을 유도하였다. 이제까지 볼 수 없었던 시민들의 적극적인 행동과 참여였다.

맨 먼저 차도로 나온 것은 학생들이었다. 시간이 흐르면서 도심의 사무실에서 이를 지켜보던 회사원들이 자연스럽게 학생들과 합류하기 시작하였다. 일명 '넥타이 부대'이다. 그 인파는 걷잡을 수 없이 불어났다. 이날 대회는 서울을 비롯한 부산, 광주, 대구, 인천, 대전, 전주, 수원, 마산, 춘천, 성남, 청주, 울산, 목포, 경주, 이리, 천안, 원주 등 20개 지역에서 밤늦게까지 '독재타도', '호헌철폐'를 외치며 격렬한 가두시위를 벌였다. 6·10대회는 민주 장정의 시작이었다.

서울역, 남대문시장, 퇴계로, 충무로, 을지로 입구 롯데쇼핑 등지에서 경찰에 쫓기던 시민과 학생들은 밤이 되자 명동성당 안으로 들어갔다. 국본의 행동 수칙에도 없었으며, 제안자나 지도부가 따로 있었던 것도 아니었다. 명동성당에는 1천여 명에 이른 시민들이 자발적으로 모여들었다. 명동성당 점거 농성은 또 다른 민주주의 참모습을 보여주었다. 15일 해산될 때까지 5일 동안 명동성당은 환희와 감동 그 자체였다.

명동성당 농성대는 임시 집행부를 자발적으로 결성하고 농성의 지속과 해제를 두고 토론을 벌였다. 임시 집행부는 준비 안 된 농성을 계속 이어갈 수 없었다. 11일 오후 경찰이 최후통첩을 보내왔다. 즉시 해산하지 않으면 전원 연행하겠다면서 무지막지하게 최루탄을 퍼부었다. 최루탄의 파편에 부상자가 속출하였다. 저녁 8시경 일부 시민들이 농성장을 빠져나갔고, 그보다 더 많은 시민이 농성을 지원하기 위해 들어왔다. 12일 새벽에는 천주교 서울교구청 신부 40여 명이 농성대를 보호하기로 결의하였다.

명동성당의 시위
출처 : 『조선일보』 1987년 6월 12일

시민들은 성당 담 너머로 의약품과 먹을 것과 의류 등을 보내왔다. 꽁꽁 묶은 손수건 뭉치에는 돈과 쪽지가 들어 있었다. 그리고 시민들은 농성대를 향해 손을 흔들며 지지하였다. 쏟아진 편지의 사연은 농성장을 감격의 울음바다로 만들었다.[50]

나의 형제 자매들에게
몸은 함께 하지 못하나 마음을 함께 보냅니다. 당신들과 같이 피는 흘리지 못하나 눈물만은 함께 흘립니다. 당신들을 사랑합니다. 나는 자신있게 말합니다. 당신들은 진정 우리의 희망이라고.

고등학생이라 아무것도 드릴 게 없습니다. 지갑을 털어 작은 성금을 보냅니다. 장한 일 하십니다. 더욱 용기 내십시오. 시민 일동.

마음 약한 40대의 못난 선배입니다. 못난 놈들 용서하시오. 정부 발표를 보니 다시 80년 5·18이 생각나오. 섬뜩하고 무서운 생각이 드오. 이번만은 절대로 그리 되어서는 안되오.

반역자들에게 절대로 빌미를 주어서는 안될 것이오. 말없는 많은 국민들이 당신들을 지지합니다. 부디 건강을 비오.

명동성당에서는 엿새째 농성시위가 계속되었다. 6월 15일 농성대는 자진 해산을 결정하였다. 12시 20분경 스크럼을 짠 채 태극기를 앞세우고 성당 밖으로 나왔다. 시민들은 우레와 같은 환호와 박수로 격려하였다.

6·10국민대회 이후 대학생의 시위는 더욱 거세졌다. 국본은 18일을 '최루탄 추방의 날'로 정하였다. 민가협 회원들과 여성단체는 장

미꽃을 전경의 가슴, 투구, 최루탄 발사기의 총구에까지 꽂아 주며 '쏘지 마'를 외쳤다. 이날 대학생과 시민들의 시위는 다음 날 새벽까지 이어졌다. 6·10국민대회 보다 훨씬 대규모로 이루어졌다. 주력은 학생이었으며 시위는 중소도시까지로 확산되었다. 이날 시위대는 파출소와 민정당 당사 습격 방화, 고속도로 점거, 열차운행 차단, 진압 경찰 장비 탈취 등 더 격렬한 양상을 보였다.

국본은 6월 20일 아침 4·13조치 철회, 6·10대회 관련 구속자 및 양심수 석방, 집회 시위 및 언론자유 보장, 최루탄 사용 중지 등 4개 항을 정부에 촉구하고 "이에 대한 조치를 22일까지 국민 앞에 밝히라"고 요구하였다. 만약 이러한 요구가 받아들여지지 않으면 '민주헌법쟁취를위한 국민평화대행진'을 23일에 결행하겠다고[51] 밝혔다. 정부는 법과 질서의 유지가 어려워지면서 비상한 각오를 할 수밖에 없다고 겁박으로 일관하였다.

국본은 날짜를 연기하여 6월 26일 '국민평화대행진'을 거행하였다. 경찰의 행사 장소 원천 봉쇄와 최루탄의 무차별적인 난사에도 서울을 비롯하여 전국 37개 시·군에서 열린[52] 이날 대행진은 제5공화국 이래 최대의 시민이 시위에 참여하였다.[53] 이날 시민들은 '호헌철폐'보다 훨씬 구체적으로 '직선제 개헌', '민주쟁취', '독재타도' 등의 구호를 외쳤다. 이날(26일) 개스틴 시거Gaston Sigur 미국 국무부 동아시아태평양담당 차관보는 대한민국을 다녀온 기자회견에서 "한국 국민들은 민주주의를 아주 열망하고 있으며 민주주의의 진로는 이제 역행할 수 없게 됐다"고[54] 말하였다. 국민의 민주화 열망은 그 누구도 막을 수 없었다. 전두환은 결국 '직선제 개헌'을 수용할 수밖에 없었다.

6월 26일 평화대행진-서울역 앞
출처 : 『동아일보』 1987년 6월 27일

6월민주항쟁의 평가와 의미를 헌법적 측면에서 살펴볼 필요가 있다.[55] '대한민국은 민주공화국이다'는 대한민국의 국체(정체)의 실현 및 현재 우리가 누리는 제6공화국의 근간에는 6월민주항쟁이 있었다.

첫째, 6월민주항쟁의 직접적 성취는 "호헌철폐 직선쟁취", "호헌철폐 독재타도"라는 상징적 구호가 의미하듯 국민의 반독재투쟁 승리이다. 소위 제5공화국의 체제는 헌법에서 독재체제를 표방한 유신헌법의 독재적 요소를 상당 부분 제거하였으나 여전히 국가원수이자 헌법 수호자의 책무를 가진 대통령에게 비상대권은 물론 국회해산권까지 부여하는 독재적 권력을 헌법적으로 부여하였다. 아울러 삼권분립의 원칙을 훼손하고 입법부까지 그 영향을 미쳤다. 국회의원 지역구 선거 결과 제1당인 정당에게 다수의 의석을 보장해 주는 전국구비례

대표제는 불공정한 국회의원 선거제도의 대표적 사례이다. 이러한 정치관계 입법이 제왕적 대통령제 권력구조를 가진 헌법의 우산 아래서 작동하였다. 집권 여당인 민주정의당과 당총재인 전두환 대통령에게 정치적으로 우월적 지위를 보장하고 야당과 국민에 대한 정치적 억압을 구조화한 체제였다. 5공체제를 독재화하는 상징적 장치가 독재의 정점에 있는 대통령을 주권자인 국민이 직접 선출하지 않고 대통령선거인단을 통해 간접 선출하는 제도였다. 행정권의 수반이자 국가원수로서 실질적으로 입법권과 사법권에 우월적인 대통령을 직접 선출하지 않는 제도는 관권선거 등 정치적 불평등을 구조화하였다. 이러한 불평등한 정치구조를 뛰어넘기 위해 1985년 총선에서 사실상 승리한 야당과 민주화 세력은 대통령직선제 쟁취를 위한 개헌투쟁에 역량을 집중하였다. 그리고 그 결정판이 1987년 5월 결성된 '민주헌법쟁취국민운동본부'(국본)였다. 국본은 5공 폭압체제의 상징이었던 남영동 대공분실에서 박종철 열사의 고문치사사건이 폭로된 상황을 계기로 6월 10일 '박종철 군 고문살인 조작·은폐규탄 및 호헌철폐 국민대회'를 전국적으로 개최하였다. 이후 지속된 전 국민의 개헌운동은 급기야 6월 29일 민정당 노태우 후보로 하여금 대통령 직선개헌을 수용하게 하였다. 직선개헌으로 귀결된 반독재투쟁으로서 6월민주항쟁의 성격은 '민주공화국'이란 헌법적 의미를 전국민적 항쟁으로 실현했다는 점에서 그 의의가 크다고 할 수 있다.

둘째, 6월민주항쟁은 정치적 억압체제 속에서도 국민의 정부선택권으로 표상되는 정치적 자유의 실질적 보장을 향한 분수령이었다. 특히 1987년 10월 제6공화국 헌법에 규정된 헌법재판소는 6월민주항쟁의 정신과 사회변화를 수용하여 권위주의 체제하의 악법을 위헌결정하여 정치적 자유의 공간을 확대하는 데 이바지하였다. 그뿐만 아니라 6월민주항쟁의 기폭제는 박종철 열사의 고문치사 은폐 조작 사건과 이한열 열사의 최루탄 사망사건이었는바, 국가권력의 오남용으로 인한 법치의 유린이 국민적 분노를 낳고 민주공화체제의 열망을 집약시키는 계기였다. 정치적 자유의 확대와 6월민주항쟁 이후 1987년 헌정에서 지속적인 법치의 위력은 간혹 '정치의 사법화judicialization of politics'로 명명되는 정치과정의 위축과 사법과정의 정치적 영향력 확대로 상징된다. 6월민주항쟁이 안정적인 법치체제를 구축했다고 단언할 수는 없지만, 지난 2016년 촛불시민혁명이 1987년 헌법이 구축한 헌법재판소에 의한 탄핵 절차를 통해 국정농단의 책임자인 박근혜를 대통령에서 탄핵시켰다는 사실만으로도 그 역사적·헌법적 의의를 확인할 수 있다. 결국 6월민주항쟁은 정치적 자유의 확대와 법치체제의 구축이라는 '민주공화국'의 두 번째 헌법적 의미를 구현하는 역사적 계기임을 확인할 수 있다.

셋째, 6월민주항쟁은 급격한 근대화와 산업화를 추진한 개발독재체제의 정경유착과 불균형 사회경제발전의 문제점을 대한민국 사회가 해결해야 할 과제로 부상하였다. 이를 해결하기 위한 대안으로 경제의 민주화를 헌법화하는 계기였다. 6월민주항쟁 직후 7월 노동자 대투쟁으로 상징되는 사회영역의 변혁운동은 그 이전에 경험하지 못한 경제·사회영역의 변혁운동으로 활발히 전개되었다. 대한민국 사회 전체의 변화가 필연적으로 맞이할 수밖에 없는 계기를 구축하였다. 그 상징은 경제질서의 기본원칙 조항에 결부된 "경제주체 간의 조화를 통한 경제의 민주화를 위하여" 국가가 경제에 관한 규제와 조정을 할 수 있게 한 것이다. 경제영역 및 이와 결부된 사회영역이 결코 사적 영역에 머무는 것이 아니라 경제주체 간의 민주적 결정 과정으로 전환될 가능성을 열어준다는 점에서 변혁적이라고 할 수 있다. 또한

'민주공화국'의 세 번째 헌법적 의미를 실현하는 매개가 되었다.

넷째, 6월민주항쟁은 시민의 자발적이며 적극적인 시민단체의 탄생으로 이어졌다. 1960~70년대 재야로 일컫는 민주화 세력의 반독재 민주화투쟁은 6월민주항쟁의 국민적 투쟁으로 군부독재 체제를 퇴진시켰다. 그러면서 시민의 자발적인 참여로 부문별 시민운동이 조직되었다. 시민운동은 '반체제적 운동'이 아니다. 기존 사회구조와 제도를 변화·개선하고자 하는 대중과 시민이 자발적으로 참여하는 운동이다. 1989년 경제정의실천시민연합을 필두로 참여연대, 환경운동연합 등의 시민운동단체는 사회·경제의 민주화와 '삶의 질' 향상 등 사회 문제 해결에 노력하였다. 또한, 국가권력의 부패와 권력 남용, 불투명한 기업 운영, 정부·자치 단체나 기업의 환경 파괴 등을 감시하는 활동을 폄으로써 정부와 기업에 대한 강력한 견제 세력으로 등장하였다. 1990년대 이후 세계화의 본격적인 전개에 따라 국제, 경제, 환경, 노동, 통일 등의 문제도 국제화되었다. 이에 시민운동단체는 국제적 연대를 통한 문제 해결을 적극적으로 모색하였다. 시민운동은 점점 더 세분화 다양화되어 여성, 빈민층, 외국인 노동자 등 소수자와 약자를 보호하는 활동도 활발히 전개되고 있다.

6. 수많은 열사, 그 이름

폭정의 시대는 수많은 박종철과 이한열을 탄생시켰다. 분신焚身을 택한 열사도 있고, 강제징집·녹화사업으로 끌려가 소리소문없이 사라진 열사도 있었다. 이한열 열사처럼 최루탄이나 경찰의 무력 진압에 맞아 숨진 열사도 있었고, 의문의 죽임을 당한 사례도 적지 않다. 폭정의 시대를 청년·학생·노동자들은 온몸으로 맞섰다.

1) 강제징집·녹화사업[56]

12·12쿠데타와 5·17쿠데타로 권력을 찬탈한 신군부는 정권에 반대하는 학생운동이 확산하자 학원 안정을 꾀한다는 명분 아래 시위 학생들을 학원으로부터 격리하기 위하여 강제징집이라는 비상 수단을 동원하였다.

1980년 초 계엄령 아래에서도 학생들은 '어용교수·족벌재단 퇴진' 등의 학내문제를 넘어서 '병영집체훈련 거부', '정치일정 단축', '계엄 해제', '전두환 퇴진'을 주장하며 민주화 시위에 나섰다. 그러나 신군부는 학생들과 국민의 민주화 요구를 무시하면서 권력을 다져갔다. 오히려 제11대 대통령으로 취임한 전두환은 1980년 10월 28일 「학원소요 엄단 지시」를 통해 "학원의 소요는 용납하지 않을 것이며 지시 위반학교에 대하여는 먼저 1~2회 경고하고, 계속 지시 위반할 때에는 장기간 학교 문을 닫는 등 엄격히 다스려 나갈 것이다"고[57] 위협하였다. 전두환 정권은 정권에 저항할 가능성조차 용납하지 않겠다는 태도에서 학생운동 세력에 대한 적극적 대응 방식으로 강제징집을 시행하였다.

1980년 9월 4일부터 집단징집이 시작되었고, 1980년 11월 27일 조기 입영 방침 확정으로 조기 징집이 진행되었다. 전두환은 1981년 4월 2일 국방부 장관에게 "소요 관련 학생들은 전방 부대에 입영조치토록 하라"고 지시했고 같은 해 4월 6일 국방부는 "앞으로 소요 관련 학적변동자는 별도로 구별하여 이들을 최전방부대에 배치한다"

는 내용을 재확인하였다.

국방부는 1981년 12월 1일 「소요 관련 대학생 특별조치 방침」을 마련하여 청와대에 보고하고 육군본부와 해군본부 및 해당 부대에 하달함으로써 정부 관계부처의 역할분담을 통한 체계적이고 조직적인 강제징집이 이루어지게 되었다.[58] 「소요 관련 대학생 특별조치 방침」에는 '대학원 및 전문대 학생을 포함하여 대학 재학생 관련 부서장이 결정한 학생운동 관련자와 병영 집체훈련 시위주모자 전원' 강제징집 대상으로 결정하였다. 그리고 일선 경찰서장, 대학 총장 등이 학생운동 관련자로 결정하면 징집 대상이었고, 대상자는 징병 적정 연령 여부나 징병검사 실시 여부, 신체상태 여부, 수형 사유, 소집면제 여부에 관계없이 최우선적으로 징집되었다. 이처럼 정부의 특별조치에 의해 강제 징집된 대학생을 '특수학적변동자'(일명 '특수학변자' 또는 '특변지')라고 하였다.

강제징집의 유형은 ① 시위 현장이나 그 주변에서 사복경찰 등에 의해 연행되어 수사받던 중 입대동의서를 쓰고 강제징집 되었다. ② 문교부와 대학 당국은 자체적으로 수집한 정보와 보안사, 안기부, 경찰관계기관들이 협조해 준 자료를 바탕으로 운동권 학생들을 등급별로 선별해 관리했는데 순화 관리(선도) 불능자에 대해서는 '지도휴학제도'를 이용해 강제로 휴학시킨 후 병무청에 통보하여 강제징집 하였다. ③ 1980년 4월~5월의 민주화 시위 과정에서 계엄포고령 위반 등으로 구속된 학생들 가운데 상당수가 기소유예나 재판 과정에서의 공소취소·공소기각·선고유예 등에 의해 석방된 이들은 풀려나자마자 강제징집 되었다.[59] ④ 전방훈련 시위 관련자 집단 강제징집 등 사건별로 혹은 주요 정치 일정에 따라서 집단적으로 강제징집 되었다.

1982년 9월 강제징집으로 입대한 학생운동 출신 징집자가 600명에 이르게 되었다. 이들에 대한 보다 체계적이고 조직적인 감시·관리 활동의 필요성이 대두되었다. 1982년 9월 6일 보안사는 '대의식화 전담공작반'을 신설하였다. 일명 녹화사업을 위해서.

녹화사업은 보안사가 자체적으로 파악한 운동권 출신 병사에 대해 일정기간 복무 동향을 관찰한 후, 이들을 심사(조사)하고 순화 업무를 실시하였다. 순화 뒤에는 협조자로 활용하거나 프락치활동을 강제하는 한편, 전역 후에도 운동권에 다시 가담하지 않도록 관리하는 일련의 사업을 진행하였다. '녹화작업'이란 명칭은 차후 업무 관련 부대원들 사이에 비공식적으로 불린 명칭이다. 녹화사업을 받은 강제징집자에 대해서는 개인별 고유번호를 부여하여 체계적으로 관리하도록 하였다.

개인별 고유번호 사례 : 서울 78-3A-2051
※ 서울 78은 서울대 78학번, 3A 3학년으로 관리등급은 A급이며
205보안부대에서 1번째로 녹화사업을 실시한 인물이라는 뜻이다.

보안사령부 심사과는 1982년 9월 6일 신설되어 1984년 12월 19일 해체될 때까지 강제징집자 921명과 비특수학적변동자(학생운동출신 정상입대자 및 관련 민간인) 271명 등 1,192명을 대상으로 녹화사업을 수행하였다.[60]

구 분	대상자 수	비 고
강제징집	1,152명	이 가운데 921명 '녹화사업' 실시, 231명 미실시
녹화사업	1,192명	강제징집자 921명, 정상입대자 247명, 관련 민간인 24명

강제징집으로 정성희(연세대)·김두황(고려대)·한영현(한양대)·최온순(동국대)·한희철(서울대)·이윤성(성균관대)이 사망하였다.[61] 이들 가운데 이윤성(심사 중 보안부대 영내에서 자살), 한희철(심사 후 자대 복귀 뒤 자살) 등 2명은 '녹화사업'과 직접 관련된 것으로 밝혀졌다. 정성희·김두황·한영현·최온순은 의문의 죽임을 당하였다.

2) 열사烈士, 그 이름들[62]

1970년대부터 1990년대까지 수많은 열사로 인하여 민주주의는 한층 발전하였다. 전두환 정권 아래서 그리고 1991년 공안정국에서 산화한 열사 몇 분을 불러본다.

김세진과 이재호 열사는 "전방입소 훈련 전면거부 및 한반도 미제 군사기지화 결사저지를 위한 특별위원회"를 결성하여 최선봉에서 투쟁하였다. 1986년 4월 28일 아침 9시 30분 서울대 총학생회 주관으로 400여 명의 서울대학교 2학년 학생들이 '반전반핵 양키고홈', '양키의 용병교육 전방입소 결사반대'를 외치며 가두투쟁을 전개하였다. 반전반핵 투쟁위원장 이재호, 자연대 학생회장 김세진 열사는 전방입소 거부 투쟁을 지도하던 중 인근 건물 3층 옥상에서 온몸에 신나를 뿌리며 강제진압 하려는 경찰에 경고하였다. 그러나 이를 무시한 경찰의 강제진압 도중, 두 열사는 분신으로 항거하였다. 김세진 열사는 5월 3일, 이재호 열사는 5월 26일 운명하였다.

강상철 열사는 1986년 6월 6일 12시 목포역 광장에서 민주화운동 탄압 중지와 광주민주항쟁 규명, 직선제 개헌 단행을 촉구하는 양심선언을 외치며 분신하였고, 1986년 6월 26일 운명하였다. 열사는

1980년 5월 광주시민을 무참히 학살하고 들어선 전두환 정권의 비정함이 정국을 어지럽게 만들고 있으며 각 민주단체의 각성이 필요함을 주장하였다. 삼민(민주, 민족, 민중)주의를 좌경, 용공으로 모는 전두환 및 신군부 쿠데타 주동자를 몰아내고 민주인사 사면복권 및 석방과 직선제 개헌 단행을 촉구하였다. 열사는 "정의로운 죽음은 의로운 죽음이요, 승리의 죽음이며 마지막으로 남은 것은 전 민중의 함성이며, 동참이며, 투쟁의 길이며, 승리만이 남아있을 뿐입니다"라고 확신하며 장렬히 산화하였다.

곽현정 열사는 1986년 '건대항쟁'에 참여하여 구속된 후 115일 만에 출소(징역1년 6월, 집행유예 2년)하였다. '건대항쟁' 진압과정은 마치 전쟁과도 같았으며 경찰은 학생들을 구속하는 중에도 구둣발과 몽둥이로 짐승처럼 폭행하고 폭언을 일삼았다. 열사는 경찰의 악랄한 고문으로 인한 후유증에 시달리면서도 '87년 봄학기와 가을 학기를 간신히 마치고 휴학하였다. 결국 고문의 후유증으로 고통받다가 자결하였다.

박선영 열사는 1985년 서울교대에 입학한 후 수학과 학회 편집부에서 활동하였고, 학교 측의 학회와 동아리의 해체 조치 이후에는 교회 대학부 연합모임에 참가하면서 지속적인 활동을 전개하였다. 그러나 서울교대는 전두환 정권 시절 악질적인 교육 관료들의 횡포로 인해 학내에 지하 취조실이 있을 정도였다. 열사 또한 문제 학생으로 지목받던 처지였다. 1987년 2월 20일 학내 비민주적 학사 운영 및 미제국주의 매판 세력의 지배를 받는 암담한 조국의 현실에 분노, 항의하는 내용의 유서를 남기고 목을 매 자결하였다.

표정두 열사는 1980년 당시 대동고 학생으로 광주민주항쟁에 참여하여 정학처분을 받았다. 이후 호남대에 입학하였으나 비민주적 학사운영 및 가정환경의 어려움으로 학교를 자퇴하였다. 이후 낮에는 공장(하남공단의 신흥금속)에서 일하고 밤에는 무등교회 내 '무등터야학' 교사로 활동하면서 미국과 군부독재가 저지른 광주민주항쟁의 만행을 알리는 데 주력하였다. 1987년 3월 6일 열사는 서울 세종문화회관 근처에서 캐로신(등유)을 몸에 끼얹고 불을 붙인 후 '내각제 개헌 반대' '장기집권 음모 분쇄' '박종철을 살려내라' '광주사태 책임지라'는 구호를 외치면서 주한미대사관 앞으로 달리다 쓰러졌다. 3월 8일 운명하였다.

이태춘 열사는 1987년 6월 18일 6월항쟁의 시위 도중 부산시 좌천동 오버브릿지 밑에서 전경들이 쏜 다연발탄과 직격탄을 맞고 쓰러진 채 발견되었다. 이날 저녁 좌천동 시위는 6월항쟁 중 부산에서는 가장 규모가 큰 시위였다. 경찰이 갑자기 다연발탄과 총류탄을 난사하면서 밀집하여 있던 사람들이 정신없이 위쪽으로 피하면서 흩어졌고, 사람들이 떠밀기도 하고 넘어지는 등 극도로 혼란스러운 상태에서 열사는 발견되었다. 6월 24일 뇌수술을 받았으나 운명하였다. 87년 6월항쟁에서 첫 번째 사망 희생자가 되었다.

박래전 열사는 1988년 6월 4일 숭실대학교 학생회관 옥상에서 "광주는 살아있다", "청년학도여 역사가 부른다. 군사파쇼 타도하자"라고 외친 후 온몸에 신나를 뿌리고 불을 붙인 후 분신하였다. 전신 80% 3도 화상으로 한강성심병원에서 몹시 고통스러워하다가 6월 6일 운명하였다. 열사는 "저의 뒤로 저와 같은 죽음이 뒤따라서는 안 됩니다"라는 절규와 함께 1988년 6월의 불꽃으로 타올랐다.

양영진 열사는 1988년 10월 조국에 대한 애틋한 사랑과 이 땅의 올바른 문학운동의 활성화를 위해 고민하였다. 갑작스러운 입대로 인해 군의 폭력적 지배 방법, 미제국주의의 복종, 예속의 한반도 수탈

구조를 실감하였다. 인간의 뜨거운 피와 순수한 생존 원동력인 열정으로 민족통일을 조국산하에 뿌리 박기 위해 1988년 10월 10일 부산대 재료관 옥상에서 "이제 조국 산하에 실하디 실하게 뿌리 박은 진달래가 되고파 하며…"라고 절규한 후 투신하였다.

강경대 열사는 1991년 4월부터 6월까지 공안정국에 맞선 '분신정국'의 시발이었다. 1991년 4월 24일 명지대학교 박광철 총학생회장이 불법 연행되자, 명지대 학생들은 즉각적으로 투쟁을 전개하였다. 그러나 경찰은 총학생회장의 석방을 요구하는 학생들에게 최루탄을 난사하며 진압하였고, 학생들은 철야농성에 들어갔다. 4월 26일 '학원 자주화 완전승리와 노태우 군사정권 타도 및 총학생회장 구출을 위한 결의대회'를 갖고 경찰과 대치하던 강경대 열사는 시위자를 검거하기 위해 교내로 진입한 백골단의 쇠파이프에 의해 집단 구타당하여 내출혈로 병원으로 옮기는 도중에 운명하였다.

박승희 열사는 고교(목포 정명여고) 재학 중 학생회장으로 출마하였고, 전교조와 관련해 사회 문제에 일찍 눈을 떴으며, 대학 생활로 더욱더 진지한 모습으로 운동을 고민해 왔다. 분신 전날인 4월 28일 목포 집에 가서 부모님을 끌어안고 "가족들을 사랑한다"며 해후하였다. 4월 29일 전남대에서 열린 '고 강경대 열사 추모 및 노태우정권 퇴진 결의대회' 중 "노태우정권 타도하고 미국놈들 몰아내자"라고 외치며 분신하였다. 열사는 "2만 학우가 잘 다니는 곳에 묻어 달라. 항상 함께 있고 싶다"는 유서를 남겼다. 한때 몸의 상태가 호전되자 손가락으로 '노정권 타도, 미국놈들 몰아내자'는 표현을 힘겹게 쓰기도 하며 강인한 투혼을 보였으나, 강경대 열사의 운구가 광주에 도착한 5월 19일 끝내 운명하였다.

김귀정 열사는 1991년 5월 25일, 전국적으로 '공안통치 민생파탄 노태우정권 퇴진을 위한 제3차 범국민대회'(주최:공안통치분쇄 및 민주정부수립을 위한 범국민대책위)에 참여하였다. 시민 학생 등 1만여 명의 시위에 경찰은 엄청난 양의 최루탄을 쏘며 시위대를 몰아 부쳤다. 전경과 백골단이 토끼몰이식으로 시위대를 포위하고 방패와 곤봉으로 무차별 구타하는 과정에서 열사는 압박 질식사하였다. 이날 범국민대회는 '고 강경대 열사 살인 만행 규탄과 공안통치 종식'을 위한 대회였다. 그런데 또다시 살인 만행이 저질러졌다.

김철수 열사는 전남 보성군 보성고등학교 학생이었다. 열사는 1991년, 5월 광주민주항쟁 11주년 기념일이자 강경대 열사의 장례행렬이 망월동으로 향할 때 보성고 학생회 주최로 열린 광주민주항쟁 기념행사를 치르던 중 열사는 운동장에서 온몸에 불을 붙인 채 '노태우징권 퇴진'을 외치며 행사장으로 달려가면서 친구들에게 "잘못된 교육을 계속 받을래?"라고 외치며 쓰러졌다. 병원으로 옮기는 도중에는 '우리의 소원'을 친구들에게 불러 달라고 했다. 열사는 박승희 분신 이후 죽음을 각오했다고 한다. 병상에서 남긴 유언을 보면,

> 학교에서는 자기만을 위한 사회를 만들기만을 강요하고 있습니다. 학생들을 로봇으로 만들고 있습니다. 앞으로 여러분, 무엇이 진실한 삶인지 하나에서 열까지 생각해주면 고맙겠습니다. 하는 일마다 정의가 커져 넘치는 그런 사회가 되어 주시기 바랍니다.[63]

전신 3도 화상을 입은 열사는 분신 2주만인 6월 1일 운명하였다. 당시 18살이었다. 그리고 수없이 많은 열사들.

2장
직선제 개헌의 성취

1. '6·29선언'

6월 29일 오전 민정당 대표위원 노태우는 8개 항의 시국수습방안에 대한 특별선언을 발표하였다. 일명 '6·29선언'이다.

1. 여야 합의 아래 조속히 대통령 직선제로 개헌, 1988년 2월 새 헌법에 따른 대통령 선거를 통해 평화적 정부 이양.
2. 김대중을 포함한 시국사범 등을 사면복권 및 석방.
3. 언론 관련 제도와 관행을 개선, 언론자유를 최대한 보장.
4. 자유로운 출마와 공정한 경쟁이 보장되도록 대통령선거법 개정.
5. 인간의 존엄성을 존중하기 위해 새 헌법은 기본권을 강화.
6. 사회 각 분야의 자치와 자율을 최대한 보장을 위해 지방자치 및 교육자치를 실시.
7. 자유로운 정당 활동을 보장하고 대화와 타협의 정치 풍토를 조속히 마련.
8. 서민생활침해사범을 척결하고 사회의 비리와 모순 등의 사회정화 조치를 강구.

노대표, 직선제 개헌선언 : 김대중 씨 등 사면·복권
새헌법으로 대통령 선거 88년 2월 정부이양
출처 : 『조선일보』 1987년 6월 29일 호외

　　노태우는 6·29선언을 발표하면서 청와대에 건의해 만약 이것이 받아들여지지 않는다면 대통령 후보는 물론이고 당 대표직을 포함한 모든 공직에서 사직할 것이라고 밝혔다. 6·29선언이 마치 노태우의 '구국의 결단'처럼 잘 꾸며진 '쇼'였다.[64] 직선제를 먼저 결정한 사람은 전두환이다. 전두환이 노태우에게 직선제 수용을 발표하도록 하여 노태우의 대통령 당선 가능성을 높이겠다는 각본에서 나온 조치였다. 후일 밝혀진 전두환의 말을 보면, "사실은 2주일 전에 노 대표와 저녁을 함께 할 때 내가 '필사즉생, 필생즉사'라고 했어. 그리고 인간 사회의 모든 원리가 백보전진을 위한 일보후퇴에 있다. 지는 사람이 이기는 거라고 말해 주었다"고[65] 하였다.

　　노태우의 6·29선언에 대한 의미를 생각해 볼 필요가 있다.[66] 전두환 정권은 6월민주항쟁이라는 국민적 열망에 직면하자 6·29선언으로 이를 해소하고자 하였다. 이 선언은 6월민주항쟁으로 표출된 국민적 요구를 전두환 정권이 수용함으로써 직선제 개헌을 비롯한 8개 항의 민주화 조치가 실현될 수 있는 결정적 계기로 작용하였다. 이로써 여야 정치권의 합의에 따라 헌법개정이 가능한 상황이 되었다.

대통령 직선제 개헌의 수용을 핵심으로 한 6·29선언의 한계에 대한 지적은 그 선언의 발표 직후부터 꾸준히 나왔다. 1986년 국회에 헌법특위가 설치될 때 민정당은 내각제 개헌론을 들고나왔다. 1990년 3당 합당(민주정의당+신한민주당+신민주공화당)의 주요 합의사항이었던 내각제 개헌론은 6·29선언이 사실상 정권 재창출을 위한 한 방편에 지나지 않았음을 보여준다. 6·29선언 당시 노태우 민정당 대표위원은 "의원내각제가 우리나라 민주주의의 정착을 위해 가장 바람직한 제도라는 저의 생각에 변화가 온 것은 아니다"고 하였다. 그런 점에서 전두환·노태우에게 대통령 직선제는 위기에서 벗어날 수 있는 정치적 도전이었던 것이지 결코 민의民意에 굴복해서 수용한 것이 아니다. 그들의 '민의 수용'은 솟구친 민의에 대한 정치적 역이용에 가까웠다. 민정당은 6·29선언으로 더 이상 양보할 것이 없다는 입장을 견지함으로써 개헌 협상에서 유리한 고지를 선점하였다. 국민의 저항으로 이미 '대통령 직선제'는 확정되었지만, 민정당은 선심성으로 협상에 나섰고 야당은 '직선제 쟁취'에 갇혀 주도권을 행사하지 못하였다. 민정당의 입장은 역설적이게도 민주세력이 '6·29선언은 국민에게 항복한 것'이라는 주장을 반복할 때마다 더 강화되는 경향을 띠었다.

6.29선언 이후 제9차 개헌을 위한 준비는 매우 빠른 속도로 진행되었다. 7월 1일 전두환은 노태우의 특별선언을 받아들여 내년(1988년) 2월 25일 평화적으로 정부를 이양하겠다고 정치 일정을 밝혔다. 국민운동본부는 "민주화의 결정은 대통령이나 노태우 대표의 선심사항이

아닌 국민 모두의 승리이며 특히 제5공화국 출발 이래 몸을 바쳐 투쟁해 온 민주인사들로부터 비롯된 것"이라고 밝혔다. 야당의 김영삼과 김대중은 "만사지탄이 있으나 크게 환영한다"면서 "학생 재야 종교계 등 온 국민의 줄기찬 민주화 투쟁의 결과"라고 평가하였다. 그러면서 김영삼과 김대중은 "두 사람의 단합을 염원하는 국민의 뜻을 우리는 결코 어기지 않을 것이다"라고 천명하였다.[67] 그런데 훗날 두 사람은……

1986년 국회에 헌법특위가 구성되었지만, 여당인 민정당은 의원내각제를 선호하고 야당은 대통령 직선제를 주장하면서 헌법특위는 개점휴업 상태였다. 이러한 과정에서 전두환의 '4·13호헌조치'로 국회의 개헌논의는 중단되었다. '6·29선언'과 전두환이 향후 정치 일정을 발표하면서 여당과 야당은 대통령 직선제를 골자로 개헌안 마련에 나섰다. 국민의 열망을 받아들여 12월 대통령 선거 이전에 헌법을 개정해야 한다는 현실적인 상황에 여야 정당은 개헌안 착수에 돌입하였다.

민정당은 이치호, 남재희, 현경대, 현홍주를 개헌안 작성위원으로 선정하였다. 신한민주당은 이중재 부총재를 중심으로 개헌안 7인 특위를 구성하고, 분야별 주요 과제의 연구에 돌입하였다.[68] 신민당의 주요 연구 과제는 다음과 같다.

◇ 전문 : 임시정부의 법통성, 4.19정신의 부각, 저항권의 선언, 기본권 신장정신, 국시, 평화적 정권교체
◇ 기본권 : 구속적부심, 보안처분, 사전영장, 국가보상제도 확대, 언론출판 집회 시위 결사의 자유 확대, 선거권 연령, 재산권 보호, 노동3권 보장, 정당활동 보장

◇ 권력구조 : 대통령 임기, 부통령제 신설, 대통령권한 조정, 삼권분립강화, 국정감사권 부활, 비례대표제 채택여부, 국회 회기 연장
◇ 법원 : 인사독립성, 예산자율권, 위헌심사권 및 정당해산권 탄핵결정권 문제
◇ 부칙 기타 : 정치보복금지조항 삽입여부, 개헌확정 절차
◇ 경제 사회 노동 : 노동자의 경영참여, 국가의 환경보호의무

신민당의 이러한 개헌안의 연구 과제와 맞물려 초선모임 정민회는 "국민의 저항권 삽입, 대통령의 취임 선서를 국회에서 할 것, 대통령을 포함한 고위공직자의 수사를 위한 특별검사제도 규정과 부칙 조항에 12·12쿠데타 피해자와 광주민주항쟁 피해자에 대한 명예회복과 적절한 보상원칙을 선언할 것과 가해자에 대한 형사처벌을 불문에 붙인다"는[69] 내용을 삽입할 것을 요구하였다. 정민회의 요구에 신민당도 국민저항권과 광주민주항쟁을 〈전문〉에 삽입하려는 노력을 시도하였다.

2. 헌법특위와 8인 정치회담

1986년 국회에 설치된 헌법특위의 활동을 다시 살펴보자. 헌법특위를 공식 발족시킨 것은 역사적인 합의개헌안을 마련하겠다는 것이다. 헌법특위는 민정당 23명, 신민당 17명, 국민당 4명, 무소속 1명 등 총 45명으로 구성되었다. 1986년 7월 30일 제1차 회의에서 민정당 채문식 의원을 위원장으로, 간사 윤길중, 이치호, 이중재, 김수한, 신철균을 선임하였다.[70] 특위 활동 시한은 1986년 9월 말까지로 국

회 교섭단체 대표 간에 합의하였다. 헌법특위 제2차 회의에서 소위원회 구성 및 논의 내용을 정하였다.[71]

헌법특위 소위원회 구성 현황

구분	소위명	논의 내용	구성인원
제1소위	기본권소위원회	헌법 전문, 총강, 기본권, 정당제도	12명
제2소위	권력구조소위원회	입법, 사법, 행정 등 정부형태 선거제도, 지방자치에 관한 사항을 분장	20명
제3소위	경제·사회소위원회	경제 재정 사회 기타 분야	12명

헌법특위는 제4차 회의에서 3당(민정당, 신민당, 국민당)의 시안 설명이 있었다. 제5차 회의는 전국 7개 도시 공청회 및 공청회 생중계를 두고 여야 간의 첨예한 논쟁만으로 끝났다. 국회의 헌법특위는 제5차 회의를 끝으로 잠정적 중단되었다. 그리고 1987년 4월 13일 전두환의 호헌조치가 있었다.

다시 헌법특위 회의가 열린 것은 1년이 지난 1987년 8월 17일이다. 그동안 교섭단체에 변화가 생겼다. 신민당은 당권과 노선 문제를 두고 이민우 총재와 김영삼·김대중 간의 갈등이 극도로 표면화되었다. 신민당의 다수파인 김대중계와 김영삼계가 창당을 선언하면서 1987년 4월 8일 통일민주당(이하 민주당)이 창당되었다. 이날 제6차 회의에서는 특별위원 변경 및 선임[72] 그리고 교섭단체 간사로 민정당에서 현경대, 민주당 허경만, 신민당 신경설, 국민당 신철균 등을 선임하였다.[73] 제7차 회의에서는 소위원회 건을 상정하여 민정당의 현경대·허청일·류상호·김종인·이치호 5명과 민주당의 허경만·김봉호·박관용 3명, 신민당의 신경설, 국민당의 신철균 등 10명을 선임하였다. 소위원장에는 민정당의 현경대가 선임되었다.

헌법특위 제2차 회의에서 3개 소위원회로 구성했던 것과 전혀 다른 구조이다. 6월민주항쟁 이후 헌법개정은 국회 헌법특위를 넘어섰다. 여야 정치지도자의 8인 회담 또는 4인 회담을 통해 쟁점 사항을 합의했고,[74] 헌법특위는 조문을 정리하는 정도로 역할이 축소되었다. 8인 정치회담에 참여하지 못한 국민당의 위원들은 "정당 차원의 회담이 국회 운영의 차원보다 강조한 결과가 되고, 국회에서 헌법을 다뤄야 된다는 헌법정신을 위배한다"고 강하게 반발하였다.

헌법특위 소위원회는 9월 1일부터 17일까지 8차례 회의를 열었다. 그러나 소위원회 이전에 민정당과 민주당의 8인 정치회담은 7월 31일부터 8월 31일까지 세 차례 회의를 거쳐 부칙을 제외한 110개의 쟁점 사항을 합의한 상태였다.[75] 또한 민정당과 신민당 및 국민당의 4인 정치회담에서도 대체로 합의했지만, 주요 쟁점은 합의하지 못하였다.

8인 정치회담의 가장 중요한 의제는 대통령 임기와 단임제 혹은 중임제였다. 민정당은 단임 정신을 살린다는 차원에서 7년 단임을 1년 줄인 6년 단임제를 내놓았고, 민주당은 부통령제 도입과 4년 1차례 중임제를 제시하였다. 결론은 부통령제 없는 5년 단임제였다.[76] 대선 후보로 거론되던 노태우 민정당 대표, 김영삼 민주당 총재, 김대중 민주당 고문 등 3자 간의 정치적 타협이었다는 게 당시 협상 관계자들의 설명이다. 1노 2김은 모두 대선에서 승리를 장담하면서도 '완벽한 승리'를 자신하지 못하였다. 따라서 자기들의 재출마가 가능하도록 한 기형적인 5년 임기의 단임제를 차선으로 선택했다고 할 수 있다. 이후 노태우, 김영삼, 김대중은 차례로 대통령이 됨으로써 1987년 헌법이 1노 2김의 정략적 담합의 산물이었다는 것을 확증하

였다. 그런 점에서 1987년 헌법은 양김 시대에 최적화된 대통령 선거 규칙이 반영된 셈이다.[77]

헌법특위 소위원회는 8인 정치회담의 합의사항을 중심으로 하여 개정안 기초를 마련하여 9월 18일 국회 본회의에 보고하였다. 여야 합의개헌안이다. 하지만 국민의 의견을 묻는 공청회는 열리지 않았고, 국회는 헌법 조문에 대해 축조심의도 하지 않았다. 오로지 민정당과 민주당의 거대 양당의 합의에 의존하였다. 6월민주항쟁은 민권民權의 승리이다. 그 주역은 학생이고 시민이며 시작에는 민주헌법쟁취국민운동본부가 있었다. 이들과 사회운동 대표들과 관련 전문가들이 개헌에 관한 요구사항과 의사를 표명하였으나 결국 8인 정치회담에 전달되지 못했다. 특히 야당인 민주당마저도 이들의 개헌안 요구사항을 외면하였다. 참여적 시민 권력의 미성숙과 소수 정치명망가 중심의 당대 정치적 현실이 낳은 한계였다.

국회는 264명의 서명을 받아 발의하고, 10월 13일 국회 본회의에서 〈전문〉과 〈본문〉 103조, 부칙 6조로 된 개헌안을 258명이 참가하여 찬성 254표, 반대 4표로 가결하였다. 부칙에는 개정헌법의 발효 시기를 1988년 2월 25일로 하고, 대통령 선거는 개정헌법 시행일 40일 전까지 실시하기로 하였다. 또한 개정헌법에 따른 최초의 국회의원선거는 헌법 공포일로부터 6월 이내에 실시하기로 하였다.[78]

국회는 개정헌법을 10월 13일 정부에 이송하였다. 이를 대통령이 10월 17일 공포하였고, 10월 27일 국민투표를 시행하였다. 제9차 개헌이다. 국민투표에 즈음하여 정부에서 공고한 헌법 개정안의 개정이유를 다음과 같이 설명하였다.

우리는 1948년 7월 17일 대한민국 정부수립의 기초가 된 헌법을 제정·공포한 이래 8차에 걸친 헌법개정을 경험하였다.

이제 제12대 국회의 여·야 의원은 지난 39년간 겪은 귀중한 헌정사적 교훈을 거울삼고 우리 국민의 창의와 근면으로 이룩한 경제성장과 더불어 꾸준히 변화·성숙되어 온 민주 역량과 다양화된 민의를 폭넓게 수용하여 대한민국 헌정사의 새로운 장을 여는 합의개헌안을 제안함으로써 국민 모두의 동의와 자발적 참여를 바탕으로 자유민주주의 이념과 체제를 더욱 확고히 계승·발전시키고 조국의 평화통일 기반을 공고히 하여 세계 속에 웅비하는 2천년대의 새 역사 창조에 획기적인 계기를 마련하고자 한다.

지난 제12대 총선 이후 우리 사회는 개헌 문제를 둘러싸고 갈등과 대립, 그리고 혼란을 거듭하기도 하였으나 마침내 국민대화합을 이룩하여 우리 역사상 처음으로 여·야 합의에 의하여 대통령직선제 헌법 개정안을 제안할 수 있게 되었다.

이 헌법 개정안은 여·야 정당 간에 합의된 내용을 기초로 하여 국회 내의 모든 교섭단체 등이 참여한 헌법개정특별위원회에서 만장일치로 기초·성안한 것을 그대로 제안하는 등 국민적 합의를 도출하는데 필요한 모든 절차를 거친 것으로써 참다운 민주화 시대의 전개를 향한 국민적 여망과 정치인의 시대적 사명이 함께 담긴 것이다.[79]

10월 27일 국민투표 결과 총투표인 수 78.2% 투표에 93.1% 찬성으로 확정되었으며, 10월 29일 대통령은 개정헌법(제9차 개헌)을 공포하였다. 현행 제6공화국의 헌법은 이렇게 탄생하였다.

3장
제6공화국 헌법

제6공화국 헌법은 〈전문〉을 비롯하여 〈본문〉 10장 130조, 부칙 6조로 구성되었다. 헌법의 구성을 보면 제5공화국에서는 제3장이 '정부'이고 제4장이 '국회'였다. 이를 제6공화국에서는 제3장에 '국회', 제4장을 '정부'로 바꾸었다. 국민의 대표기구인 '국회'를 존중하겠다는 의미이다. 국회 또는 의회라고 하지만, 현행 헌법 제40조 "입법권은 국회에 속한다"고 명시하였다. 의회란 표현보다 국회라고 표현하고 명기하는 게 옳을 것이다. 입법권이 국회에 속한다는 말은 행정권은 정부에 그리고 사법권은 법원에 속한다는 의미를 포함하고 있다. 삼권분립이다.

국민이 선출한 의원으로 구성된 합의체의 입법기관을 '국회'라고 한다. 합의체란 구성원들이 함께 모여 합의에 따라 결정하는 기관이라는 뜻이다. 주권자인 국민이 직접 선출한 국회의원들이 국회를 구성하고, 그 국회가 국정을 담당하도록 한다는 원리가 의회주의다. 의회주의는 주권자인 국민의 의사를 잘 반영하고, 군주나 대통령의 권한을 견제하는 데 효율적이라고 생각되어 만들어 낸 정치 원리이다.[80]

제헌헌법, 제5공화국 헌법, 현행 제6공화국 헌법 체계를 비교하면,

제헌헌법·제5공화국헌법·제6공화국헌법의 체계 비교

제헌헌법	제5공화국 헌법	제6공화국 헌법
전문	전문	전문
제1장 총강	제1장 총강	제1장 총강
제2장 국민의 권리와 의무	제2장 국민의 권리와 의무	제2장 국민의 권리와 의무
제3장 국회	제3장 정부	제3장 국회
제4장 정부	제4장 국회	제4장 정부
제5장 법원	제5장 법원	제5장 법원
제6장 경제	제6장 헌법위원회	제6장 헌법재판소
제7장 재정	제7장 선거관리	제7장 선거관리
제8장 지방자치	제8장 지방자치	제8장 지방자치
제9장 헌법개정	제9장 경제	제9장 경제
제10장 부칙	제10장 헌법개정	제10장 헌법개정
	부칙	부칙

1. 헌법 〈전문〉

헌법 〈전문〉은 〈본문〉의 조항에 들어가기 전에 헌법이 제정된 역사 또는 헌법이 채택하고 있는 기본원리와 기본가치 등을 정하고 있는 서문으로서 성문헌법의 구성 부분을 말한다. 각국의 헌법을 살펴보면 〈전문〉을 두고 있는 나라도 있으나, 〈전문〉이 없는 나라의 헌법도 상당하다. 즉, 〈전문〉을 반드시 두어야 하는 것은 아니다. 다만 헌법에 〈전문〉을 두는 경우 그곳에서 명시하고 있는 근본이념, 기본가치, 기본원리 등은 헌법의 모든 규정을 지배하는 이념적·가치적인 기초로서 기능하게 된다.[81] 대한민국 헌법은 1948년 제정 당시부터 〈전문〉을 두었다.

1948년 7월 17일 제헌헌법 제정 이후 9차례 개헌이 이루어졌다. 9차례 개헌에서 헌법 〈전문〉이 수정된 것은 1962년 제5차 개헌, 1972년 제7차 개헌, 1980년 제8차 개헌, 제9차 개헌 1987년 등 다섯 차례이다. 제헌헌법과 제6공화국 헌법의 〈전문〉을 제외하고는 모두 권력자가 자신의 권력 쟁취에 정당성을 담았다.

구분	헌법 〈전문〉	공화국
제헌헌법	유구한 역사와 전통에 빛나는 우리들 대한국민은 기미 삼일운동으로 대한민국을 건립하여 세계에 선포한 위대한 독립정신을 계승하여 (이하 생략)	1공화국
제5차 개정 1962년	유구한 역사와 전통에 빛나는 우리 대한국민은 3·1운동의 숭고한 독립정신을 계승하고 4·19의거와 5·16혁명의 이념에 입각하여 (이하 생략)	3공화국
제7차 개정 1972년	유구한 역사와 전통에 빛나는 우리 대한국민은 3·1운동의 숭고한 독립정신과 4·19의거 및 5·16혁명의 이념을 계승하고 조국의 평화적 통일의 역사적 사명에 입각하여 자유민주적 기본질서를 더욱 공고히 하는 새로운 민주공화국을 건설함에 있어서, (이하 생략)	4공화국 유신헌법
제8차 개정 1980년	유구한 민족사, 빛나는 문화, 그리고 평화애호의 전통을 자랑하는 우리 대한국민은 3·1운동의 숭고한 독립정신을 계승하고 조국의 평화적 통일과 민족중흥의 역사적 사명에 입각한 제5공화국의 출범에 즈음하여 (이하 생략)	5공화국

제6공화국 헌법 〈전문〉
유구한 역사와 전통에 빛나는 우리 대한국민은
3·1운동으로 건립된 대한민국임시정부의 법통과

불의에 항거한 4·19민주이념을 계승하고,

조국의 민주개혁과 평화적 통일의 사명에 입각하여

정의·인도와 동포애로써 민족의 단결을 공고히 하고,

모든 사회적 폐습과 불의를 타파하며,

자율과 조화를 바탕으로 자유민주적 기본질서를

더욱 확고히 하여 정치·경제·사회·문화의

모든 영역에 있어서 각인의 기회를 균등히 하고,

능력을 최고도로 발휘하게 하며,

자유와 권리에 따르는 책임과 의무를 완수하게 하여,

안으로는 국민생활의 균등한 향상을 기하고

밖으로는 항구적인 세계평화와 인류공영에 이바지함으로써

우리들과 우리들의 자손의 안전과 자유와 행복을

영원히 확보할 것을 다짐하면서

1948년 7월 12일에 제정되고 8차에 걸쳐 개정된 헌법을

이제 국회의 의결을 거쳐 국민투표에 의하여 개정한다.

1) 대한민국 임시정부 법통 계승

제6공화국 헌법의 〈전문〉은 제5공화국 헌법 및 역대 헌법과 비교하여 새로이 추가되거나 수정되었다.[82] 첫째, 제헌헌법 이래 제4공화국 헌법에 이르기까지 "유구한 역사와 전통에 빛나는 우리 대한국민은"으로 기술되었던 〈전문〉의 서두를 제5공화국 헌법에서는 "유구한 민족사, 빛나는 문화, 그리고 평화애호의 전통을 자랑하는 우리 대한

국민"으로 개정하였다. 제6공화국 개정헌법에서는 다시 원래대로 복원함으로써 제헌헌법의 전통을 계승하는 의지를 보여주었다.

둘째, "3·1운동으로 건립된 대한민국임시정부의 법통"을 계승함을 명시하여 우리나라가 3·1운동 결과 봉건적 군주제를 포기하고 국민주권의 원리와 민주공화국의 체제를 도입하여 1919년 4월 상해에서 건립된 대한민국임시정부의 법적 전통성을 계승하고 있음을 선언하였다. 이는 제헌헌법의 "기미 삼일운동으로 대한민국을 건립하여 세계에 선포한 위대한 독립정신을 계승"한다는 것과 맥락을 같이하고 있다. 제헌헌법은 대한민국의 건국을 1919년 4월로 규정하였고, 제6공화국 헌법에서는 이를 다시 확인하였다. 이외에도 국민저항권, 평화통일 등을 〈전문〉에 담았다.

2) 국민저항권

우리 헌법에는 저항권이 명문으로 규정되어 있지 않다. 다만, 〈전문〉에 "불의에 항거한 4·19민주이념을 계승한다"고 명시함으로써 간접적으로 인정되거나, 주권자로서 당연히 인정되는 국민의 기본권으로 헌법학자들 사이에서 인정하고 있다.[83]

저항권Widerstandsrecht, Right of resistance이란 "민주적 헌법질서를 침해하거나 배제하려고 하는 개인이나 기관에 대하여 다른 법적 구제 방법이 없는 경우 주권자로서의 국민이 그 헌법 질서를 유지하고 회복하기 위한 최후의 비상 수단으로서 이에 저항할 수 있는 권리를 말한다."[84] 이러한 좁은 의미의 저항권 개념 속에는 불법행위의 명백성, 최후 수단성, 목적의 보수성 등을 내재하고 있다. 이러한 개념의 저항권은 현실에서 합법적으로 인정될 수 없으며 행사할 수 있을지도의문이라는 견해도 있다. 현대정치에 있어서 정부는 국민생활의 모든 영역에 개입하거나 관여하고 있다. 국회의 입법도 마찬가지이다. 정부의 정책이나 입법과정에서 주권자의 의사를 반영하지 못하거나 변질되어 국민 생활이 심대하게 침해받는다고 그것이 '헌법 질서를 유지하고 회복하기 위한 최후 비상수단'으로 볼 수 있느냐는 해석이다.

제6공화국 헌법 〈전문〉의 큰 변화는 "불의에 항거한 4·19민주이념을 계승한다"를 명시함으로써 국민저항권을 인정하고 있다는 것이다. 이는 진정한 국민주권주의 가치를 실현하기 위해 위함이다. 제6공화국의 헌법의 개정과정에서 '국민저항권'은 핵심적 의제였다. 민주당의 '불의에 항거한 4·19민주이념을 계승'한다는 것은 오랫동안 민주주의에 헌신했던 이들의 요구였다. 민주당 공청회 참석한 이돈명 변호사는 "저항권을 신설하여 민주헌법 수호 제도를 항구화해야한다"고[85] 주장하였다. 이러한 기조에는 6월민주항쟁은 국민저항권의 승리가 깊이 내포된 주장이다.

민주당은 국민의 자연법적 권리로서 저항권을 인정하고 3·1운동, 4·19의거와 함께 광주민주항쟁에서 6·10항쟁까지 민주화 정신을 삽입할 것을 요구하였다.[86] 민정당은 저항권에 대하여 폭력에 의한 국법 질서 교란, 불법 집단에 의한 악용 우려를 표명하면서, 헌법 〈전문〉에 국민저항권 삽입은 상징적 의미밖에 없다며 반대하였다.[87] 민정당이 주최한 공청회에서는 반대 목소리가 강하였다. 공청회에 참석한 장석권 단국대 교수는 "저항권은 자연법적 원리로서 선언적 의미를 가질 수는 있으나, 그것을 실정 헌법에 규정할 수 있는 성질인지는 의문스럽다"고[88] 주장하였다. 또한 이병호 변호사는 "저항권을 두는 것은 힘에 의한 혁명을 인정하고 폭동이나 시위도 합헌적이라고 주장할 수 있는 근거를 제공한다"며[89] 저항권에 대한 문제점을 지적하였다. 이러한 바탕을 근거로 민정당의 조일문 의원은 "국민저항권 신설은 법이 스스로 불법을 용인하는 자가당착이므로 반대한다. 집단 항쟁의 정당성 유무는 아무도 판단할 수 없다"며 강력하게 반대입장을 표명하였다.

대체로 제6공화국 헌법 가장 큰 성과로 '대통령 직선제 쟁취'를 말한다. '대통령 직선제'는 이미 6월민주항쟁의 성과물로 헌법개정 과정에서 여야의 이견이 존재하지 않았다. 제6공화국 헌법 개정과정에서 여야가 대립했던 주요 핵심 중의 하나는 국민저항권이었다. 결과적으로 국민저항권은 법조문으로 규정되지 못하였다. 이를 보완하기 위해 〈전문〉에 "불의에 항거한 4·19민주이념을 계승"한다고 명시하였다. 이로써 간접적으로나마 저항권의 실정법적 근거를 마련하였다.

하지만 대법원은 저항권을 인정하지 않는다. 1975년 '인혁당 재건단체 및 민청학련 사건'에서 "저항권은 실존하는 헌법질서를 무시하는 초법규적인 권리개념으로서 현행 실정법 위반행위의 정당화를 주장하는 것은 그 자체만으로서도 받아들일 수 없다"고 판시하였다.[90] 또한, 1980년 이른바 '김재규 사건'에서도 저항권의 인정 여부에 관하여 직접적으로 판단하지 않은 채 "설령 저항권이 인정된다고 하더라도 실정법에 근거가 없는 자연법상의 권리를 재판규범으로 적용할 수 없다"고 하였다.[91]

반면, 헌법재판소는 입법 절차상 하자와 관련된 노동조합 및 노동관계조정법 등 위헌제청 사건에서 저항권에 대하여 "국가권력에 의하여 헌법의 기본원리에 대한 중대한 침해가 행하여지고 그 침해가 헌법의 존재 자체를 부인하는 것으로서 다른 합법적인 구제수단으로는 목적을 달성할 수 없을 때 국민이 자기의 권리·자유를 지키기 위하여 실력으로 저항하는 권리"라고 판시하였다.[92] 헌법에 명문으로 규정되지는 않았지만, 헌법 〈전문〉을 인용하여 저항권을 헌법적 권리로 인정하고 있다. 즉 우리나라 헌법에는 저항권이 존재한다는 것이다.

헌법재판소가 저항권을 인정한 것처럼 〈전문〉에서 표현한 내용이 효력을 지녔다고 본 사례가 많다. 예컨대 헌법에 국가유공자를 인정한 규정은 없으나, 〈전문〉에 "3·1운동으로 건립된 대한민국임시정부의 법통을 계승한다"는 내용을 근거로 헌법재판소는 "국가는 조국의 자주독립을 위해 공헌한 독립유공자와 그 유족에게 응분의 예우를 하여야 할 헌법적 의무를 이행해야 한다"고 결정하였다.[93] 또한, 헌법재판소는 "우리 헌법의 〈전문〉과 〈본문〉 조항의 전체에 담겨있는 최고 이념은 국민주권주의와 자유민주주의에 입각한 입헌민주 헌법의 본질적 기본원리에 기초하고 있다"면서 헌법 〈전문〉이 단순한 법령 해석의 기준이나 입법의 지침을 넘어 독자적인 규범적효력을 가지며 재판규범으로 기능할 수 있음을 분명히 하였다.

현행 헌법에 저항권은 헌법 〈본문〉에 조항으로 명문화되어 있지 않다. 헌법학자들은 "불의에 항거한 4·19민주이념을 계승한다"고 명시함으로써 간접적으로 인정되고 있거나, 주권자로서 당연한 국민의 기본권이라고 인정하고 있지만 현실은 그렇지만은 않다. 대법원과 헌법재판소가 저항권에 대해 각각 다르게 판시하고 있다. 특히 대법원에서는 저항권을 인정하지 않고 있음에 주목해야 한다. 따라서 대법원과 헌법재판소가 저항권을 인정하는 판결을 위해서는 〈본문〉 조항으로 명문화된 저항권이 필요하다.

예컨대 "불의에 항거한 '4·19혁명', '부마민주항쟁', '5·18민주화운동', '6월민주항쟁' 민주이념을 계승"한다고 〈전문〉 개정을 원한다. 그렇지만 헌법 〈전문〉에 각각의 사건을 명기한다고 하여 국민의 기본권인 저항권이 법적으로 완전하게 인정되지는 않는다는 점을 직시할 필요가 있다. 국민의 기본권으로써 저항권을 실현하기 위해서는 헌법 〈본문〉에 조항으로 저항권을 명문화하는 것이 필요하고, 제7공화국 헌법개정에서 반드시 유념해야 할 중요한 사항이다.

예컨대 독일처럼 말이다. 독일기본법 제20조 제4항은 "모든 독일인은 이 헌법질서를 폐지하려고 하는 자에 대하여 다른 가능한 구제수단이 없는 때에는 저항할 권리를 가진다"고 규정하였다.[94] 다른 나라는 어떠할까. 미국의 1786년 연방헌법에는 국민의 저항권에 대한 명시적 규정은 없다. 이는 저항권을 인간의 기본적 권리로 천명한 1766년 독립선언이 실질적으로 미국 헌법의 일부로 인정하고 있기에 굳이 저항권을 연방헌법에 규정하지 않았다. 또한, 프랑스의 헌법 역시 저항권을 인간의 권리로 선언한 1789년(프랑스혁명) "인간과 시민의 권리선언 세2조"의 정신을 그대로 계승하고 있다. 헌법에는 서항권에 관한 규정이 없지만, 저항권을 인간의 기본권리로 인정하고 있다.

3) 평화통일 명시

헌법 〈전문〉에는 '조국의 민주개혁과 평화적 통일의 사명에 입각'한다고 명시하였다. 헌법 〈전문〉에 추가된 것으로 "조국의 민주개혁"은 제5공화국 헌법 〈전문〉에서 "민족중흥의 역사적 사명에 입각"한다고 했던 것과는 사뭇 차이가 있다. 이것은 국민의 민주화에 대한 여망을 헌법으로 승화한 것이라고 할 수 있다. 독재체제 또는 권위주의체제를 청산하고 정치·경제·사회·문화 등 모든 영역에서 민주화의 필요성을 표명한 것이다.[95] 아울러 제5공화국 헌법 〈전문〉에 표기했던 '제5민주공화국'을 삭제하면서 제5공화국과 결별을 선언하였다.

또한 헌법 〈전문〉에 '평화적 통일의 사명에 입각'이라고 명시함으로써 통일의 지향점을 명시하였다. 그리고 헌법 제4조에는 "대한민국은 통일을 지향하며, 자유민주적 기본질서에 입각한 평화적 통일 정책을 수립하고 이를 추진한다"고 규정되어 있다. 이를 정리하면, 대한민국은 통일을 지향점으로 삼고 있다. 통일의 방법으로는 무력을 배제하고 '평화적'으로 해결하겠다는 것이다. 헌법에는 평화통일을 지향점으로 삼았지만, 평화통일을 위한 전제조건은 실현되지 않고 있다. 통일에 대한 깊은 고찰이 필요하다.

2. 헌법 제4조 '통일'

제4조

대한민국은 통일을 지향하며,

자유민주적 기본질서에 입각한

평화적 통일정책을 수립하고 이를 추진한다.

앞서 1권 제1부(대한민국 제1공화국)에서 대한민국 영토 규정 "대한민국의 영토는 한반도와 그 부속도서로 한다"는 규범에 대한 문제를 지적하였다. 영토조항은 현행 제6공화국 헌법에도 그대로 담고 있다. 영토조항에서 '한반도'는 남과 북을 통틀어 일컫는 영역의 표현이다. 북한은 대한민국의 헌법 질서를 거부하고 함부로 국토 일부를 점령한 불법 집단에 불과하다. 북한은 국가보안법 제2조 제1항에서 명시한 국가가 아니라 '반국가단체'일 뿐이다. 하지만 북한은 '조선민주주의인민공화국'이란 국호로 헌법과 국가기구를 갖추고 있으며, 1991년 9

월 대한민국과 동시에 유엔에 가입하여 국제적으로 독립국가로 인정받고 있다.[96] 이는 우리 헌법 제4조 '통일을 지향'하는 부분과 모순된다. '통일統一, unification'은 다른 두 정치단위가 합치는 것이다. 북한이 합법적인 정치단위로써 인정되어야만 가능한 게 통일이다. 특히, 영토조항은 대부분 나라에서 규정하지 않고 있다는 점을 다시 한번 주목할 필요가 있다.

헌법 제4조는 제6공화국에서 새롭게 〈본문〉에 명문화된 조항이다. 대한민국은 통일을 지향한다. 그 전제는 '자유민주적 기본질서에 입각한 평화적 통일'이다. '평화'란 무엇인가. 평화는 좁은 의미로는 전쟁이 없거나, 폭력이 행사되지 않는 상태라고 한다. 보다 적극적으로 넓게 해석하면, 단순히 전쟁 및 갈등이 존재하지 않는 것이 아니라, 구조적인 폭력까지도 부재한 상태를 평화의 개념으로 정의하기도 한다.[97] 평화통일은 무력이나 전쟁을 배제한다는 의미이다. 민족의 재난을 초래하는 전쟁이나 무력적인 방법을 반대한 통일을 평화통일이라고 일컫는다.

1945년 세계2차대전이 연합국의 승리로 종결된 뒤에 등장한 분단국가는 우리나라 말고도 세 나라가 더 있다. 베트남, 독일, 예멘이다. 이들 세 분단국가는 이미 통일을 이룩하였다. 그런데 세 분단국가가 통일을 이룩한 방법은 제각각 달랐다. 독일은 이른바 '독일식 흡수통일unification by absorption'을 이룩하였다. 서독과 동독으로 분단되었던 체제에서 서독의 정치체제로 통일을 이룩하다 보니, 동독이 흡수되었다고 인식한 경향이 있다. 독일의 흡수통일은 서독이 동독을 흡수한 게 아니라, 동독이 서독으로 흡수되기를 원한 '흡수통일'이다. 흡수통일의 이면에는 서독과 동독 간에 일정한 합의가 있었다. 예컨대 동독의 사회주의적 법질서를 민주적 법질서로 전환 시켜 서독과 결합하게 한

'제1국가조약'이 바로 그것이다. 제1국가조약은 두 개의 국가, 대립된 이데올로기를 접근·동화시키는 것을 목적으로 하여 장차 완전한 통합을 달성하기 전의 과도기 상황에서 사회와 경제 부분의 통합을 규정하고 있다. 이 조약의 합의에 따라 동독의 주권은 소멸되지 않았지만, 서독에 부분적으로 흡수되는 형태로 통일을 달성하였다.[98]

예멘은 분단 당사자(남예멘과 북예멘) 간의 합의를 통해 1990년 5월 22일 세계2차대전 종결 이후 분단국가 중에서 최초로 '합의통일'을 이룩한 사례이다. 예멘이 이뤄낸 합의통일은 탈냉전이 가져온 세계평화의 상징적인 장면이었다. 통일을 먼저하고 통합하겠다는 이른바 '선통일 후통합'은 독일의 '선통합 후통일'과는 비교되는 통일과정이다. 예멘의 구상은 그 자체로 나쁘지 않았다. 하지만 통일을 이루었지만, 통합은 생각보다 빠르게 이뤄지지 않았다. 단순히 정치세력 간의 통합뿐만 아니라 종교와 같은 주민 간의 생활규범 역시 예상보다 깊은 갈등의 골을 가지고 있었다. 아울러 통일정부의 무능은 남북예멘 사이 내재했던 갈등을 제공하는 빌미가 되었다. 결국 통일 4년 만에 1994년 4월 27일 남북 예멘군대 간의 대규모 무력충돌이 발생하였고, 같은 해 5월 21일 남예멘이 다시 분리독립을 선언하면 내전으로 빠져들었다. 북예멘이 남예멘을 침공하여 무력으로 재통일을 이룩했지만, 서로 간의 반목으로 내전은 지속되고 있다.[99] 예멘은 합의통일이라는 기적을 쓰고도 무력통일이라는 비극으로 통일의 종지부를 찍었다. 통일도 중요하지만, 사회·경제·문화의 통합이 얼마나 중요한지를 보여준 사례이다.

베트남은 북베트남과 남베트남 사이 무력으로 통일을 이룩하였다. 베트남의 통일은 세계2차대전 종결 이후 분단된 국가 중 최초의 통일 사례이자 최초 무력으로 통일을 이룩한 사례이다. 독일과 예멘은 평화적으로 통일을 이룩했으며, 베트남은 무력으로 통일을 이룩하였다. 현재 베트남은 사회주의공화국이다.

대한민국의 평화적 통일에는 전제가 있다. '자유민주적 기본질서'에 입각한 통일이다. 북한은 사회주의 체제를 기본으로 하는 국가이다.[100] 북한이 사회주의 체제를 포기하지 않으면 '자유민주적 기본질서'에 반하는 행위가 되기에 통일을 논의하거나 진행하려는 것은 헌법을 위반한 행위가 될 수 있다. 그런 점에서 '통일統一, unification'이란 의미를 생각해봐야 한다. 통일이란 궁극적으로 별개의 실체를 가진 복수의 정치단위가 하나의 주권 국가 속으로 들어가는 것을 의미한다.[101] 복수의 정치단위가 같은 체제일 수도 있지만, 대체로 다른 체제일 가능성이 매우 크다는 게 그동안 인류사가 보여주었다. 앞서 독일, 예멘, 베트남도 분단국가 당시 서로 다른 정치단위이며, 체제도 달랐다.

남과 북은 별개의 실체를 가진 복수의 정치단위이다. '대한민국은 통일을 지향한다'고 헌법에 명시한 것은 북한을 적敵이 아닌 같은 민족으로 인식하고 있기 때문이다. 민족이라는 공동의식을 토대로 무력 또는 폭력을 배제한 통일을 하겠다는 게 우리 헌법의 통일 지향점이다.

그렇다면 북한은 어떠한 통일을 지향하고 있을까. 앞서 설명했지만, '통일'이란 별개의 실체를 가진 복수의 정치단위가 존재함을 인정하는 것이며, 복수의 정치단위는 서로 다른 정치체제의 국가(정부)라는 것을 상기해야 한다.

북한 헌법 제9조에는 "조선민주주의인민공화국은 북반부에서 인민정권을 강화하고 사상, 기술, 문화의 3대 혁명을 힘있게 벌려 사회주의의 완전한 승리를 이룩하며 자주, 평화통일, 민족대단결의 원칙에서 조국통일을 실현하기 위하여 투쟁한다"고 명시하였다. 북한은 사회주의를 기반으로 조국통일을 지향하면서 자주, 평화통일, 민족대단결의 원칙을 내세우고 있다. 북한이 제시한 3대 원칙은 1972년 7·4 공동성명에서 제시한 통일 3대 원칙(자주적, 평화적, 민족대단결)을 바탕으로 하고 있다.

남한과 북한의 통일개념과 의미, 지향하는 가치와 태도에 분명한 차이가 있다. 남한은 자유민주주의체제로의 통일을 지향하고, 북한은 사회주의 체제로써 통일을 추구하고 있다. 헌법에 드러난 명시적인 규범으로만 보면, 결국 통일은 남한과 북한 모두에게 상대방을 자기중심적으로 통합하는 흡수통일을 의미하고 있다.

통일 논의에서 고려해야 할 것은 국가보안법이다. 국가보안법에서는 북한을 나라로 인정하지 않고, '반국가단체'로 규정하고 있다. '반국가단체'란 "정부를 참칭하거나 국가를 변란할 것을 목적으로 하는 국내외 결사 또는 집단으로서 지휘통솔체계를 갖춘 단체를 말한다"고 (국가보안법 제2조 제1항) 명시하고 있다. 그렇다면 북한은 평화통일을 위해 합의해야 할 대상이 아니라 물리쳐야 할 적敵일 뿐이다. 그런 면에서 국가보안법은 평화통일을 지향하는 대한민국의 헌법정신에 부합하지 않으므로 폐지해야 옳다.[102]

헌법에서 제시한 통일의 지향점을 확인하기 위해서는 남북한의 통일정책 또는 통일방안에 대한 검토가 필요하다. 현재 대한민국의 통일방안은 1989년 9월 11일 국회 특별연설을 통해 노태우 대통령이 제시한 '한민족공동체 통일방안'이다.[103] 1970년대 말까지는 정부 차원의 공식적인 통일방안이 없었다. 북진통일, 인구비례에 따른 남북한 총선거 통일이라는 일반적인 방향만이 있었다. 그런 점에서 '한민족공동체 통일방안'은 정부 차원의 통일방안을 최초로 공식 발표했다는 점에서 그 정치적 역사적 의미가 크다고 할 수 있다.

한민족공동체 통일방안은 과도적 통일체제로 '남북연합Korea Commonwealth'을 제시하였다. 남북연합은 국가연합confederation이나 연방federation과 달리, 통일을 지향하는 과도적이고 특수한 형태의 결합이다. 즉, 1민족 내부의 2체제 연합 형태로 남북연합 안에서 남북의 개방과 교류협력을 실현하고 민족사회의 동질화와 통합의 기반을 다져나가자는 것이다. 이는 통일의 전제조건으로써 민족의 동질성 확보를 통한 점진적이고 단계적 통일을 이루고자 하는 방안이다.

한민족공동체 통일방안의 기본원칙으로는 "자주·평화·민주"를 제시하였다. '자주의 원칙'은 우리 민족의 뜻에 따라, 우리 민족의 역량에 의해 통일을 이룩하겠다는 민족자결의 정신이다. 이는 민족 자주적으로 통일을 실현한다는 원칙을 말한다. '평화의 원칙'은 전쟁이나 무력행사 또는 기타 상대방을 전복하려는 방식에 의하지 아니하고 평화적으로 통일을 이룩한다는 원칙을 말한다. '민주의 원칙'이란 민족 구성원 모두의 자유와 권리를 바탕으로 민주적 통합절차와 방법에 의해 통일을 이룩한다는 원칙을 말한다.104) 그리고 통일과정으로는 "남북 정상회담을 통해 민족공동체 헌장 채택 → 남북연합 형성(민족공동체 회복) → 통일 헌법이 정하는 바에 따라 총선거를 실시하여 통치구조 형성"을 제시하였다. 그리고 통일국가 미래상으로는 "자유·인권·행복이 보장되는 민주국가"를 설정하였다.105)

김영삼 대통령은 1994년 8월 15일 광복절 제49주년 기념사에서 '한민족공동체 통일방안'을 수정한 통일방안을 발표하였다. '한민족공동체 형성을 위한 3단계 통일방안', 약칭 '민족공동체 통일방안'이다. 이는 현재까지도 대한민국의 공식적인 통일방안이다.

'민족공동체 통일방안'은 통일의 기본원칙을 그대로 유지했으며, 통일과정으로는 "화해·협력 → 남북연합(화해협력단계에서 구축된 상호신뢰 바탕) → 통일 헌법에 따라 남북 자유총선거 실시, 민족통일·국가통일 동시달성" 등 3단계로 설정하였다. 통일국가의 미래상은 '자유·복지·인간존엄성이 구현되는 선진민주국가'로 설정하였다.

북한은 통일 문제를 전국적인 범위에서 하나의 제도를 수립하는 문제로 보고, 복잡한 단계를 설정하는 것은 비현실적이라고 비판하였다. 아울러 남한의 통일방안은 사실상 통일을 바라지 않은 정책이라고 평가절하하였다. 그렇다면 북한이 통일을 추진하는 과정에서 지향하는 통일원칙은 무엇일까. 북한은 7·4남북공동성명에 명시된 '자주·평화(통일)·민족대단결'을 '조국통일 3대원칙'으로 삼고 있다. 북한은 자주의 원칙을 외세배격 혹은 반미 자주의 입장으로, 평화(통일)의 원칙을 반전평화 혹은 한반도에서의 침략과 전쟁 책동 반대와 전쟁위험 제거로, 민족대단결의 원칙을 각계각층 인민들의 자유 접촉·왕래 및 이를 위한 사상적·제도적 장벽 제거, 나아가 '우리민족끼리 민족공조'로 해석하고 있다.[106]

그리고 북한이 제시한 통일방안은 '고려민주연방공화국'이다. 북한의 '연방제(federation)' 통일방안은 남북한이 서로의 사상과 제도를 인정하는 바탕 아래 민족통일정부 및 남북한 자치정부를 운영한다는 것으로 '하나의 민족, 하나의 국가, 두 개의 제도, 두 개의 정부'의 통일안을 말한다. 고려연방제는 1960년부터 북한이 주장한 통일방안이다.[107] 고려연방제는 현재 남한과 북한의 사상과 제도를 인정하면서 서로 연합하는 방식으로 하나의 연방국가를 형성하는 것을 의미한다. 고려민주연방공화국 창립방안은 자주적 평화통일, 연방정부의 구성 및 운영

원칙, 연방정부의 10대 시정방침 등 3부분으로 이루어져 있다.

1991년부터 고려연방제는 다소 변화가 생겼다. 남북한 지역정부에 대해 외교·군사권 등을 더 많이 부여하는 '낮은 단계 연방제'를 제시하였다. 기존의 고려연방제를 2단계의 통일구도로 '낮은 단계 연방제' → '높은 단계 연방제'(연방국가통일)로 전환하였다.

1) 남북기본합의서

제6공화국의 시작을 알렸던 노태우 정권은 '한민족공동체 통일방안'을 제시하며 북방정책과 통일정책을 마련하였다. 이러한 노력의 일환이 1991년 12월 13일 제5차 남북고위급회담에서 "남북사이의 화해와 불가침 및 교류·협력에 관한 합의서(이하 '남북기본합의서'라 함)"와 "남북비핵화공동선언(이하 '비핵화공동선언'이라 함)"을 채택하였다. 역사적인 남북 사이의 화해와 불가침 및 교류·협력에 관한 합의서는 국내·외 정세 변화가 그 영향을 미쳤다.

남북기본합의서 채택에는 당시 국제정세의 전환과 국내정세의 변화가 있었다. 세계2차대전 이후 국제질서는 동·서 양진영으로 갈라져 정치적·군사적으로 대립하였다. 이른바 냉전체제이다. 1980년대 말 소련의 고르바쵸프는 개혁·개방정책을 전면에 내세우며 이념대립과 체제경쟁의 종식을 선언하였다. 냉전체제의 붕괴는 정치적 이념대립과 군사적 긴장을 급속도로 해소하였고 국제사회는 새로운 질서로 재편되었다. 국제사회의 재편은 한반도에도 변화를 요구하였다. 미·중·일·러의 한반도 주변의 4강은 서로 간에 실리를 취하는 '전략적 동반자 관계Strategic Cooperation Partnership'를 형성하면서, 남북의 문제도 국제질서 속에서 다시금 생각하게 되었다. 국내정세도 큰 변화가 일어났다. 군부독재를 철폐시키고 이룩한 민주화 투쟁은 그동안 금기시되었던 통일운동으로 이어졌다. 민족 간의 불신과 군사적 긴장을 해소하고 민족통일을 이룩해야 한다는 요구가 다양한 부문에서 강력히 요구되었다. 아울러 월등한 경제성장은 남북 간의 문제에 자신감을 불어넣었다.

1990년 9월 4일부터 7일까지 서울에서 제1차 고위급 회담이 열렸다. 이 회담은 분단사상 남북의 총리(강영훈 국무총리, 연형묵 북한 정무원 총리)가 만나 남북 간의 제반 문제를 포괄적으로 협의한 최초의 회담이다.

좌 연형묵 총리, 우 강영훈 총리
출처 : 『동아일보』 1990년 9월 4일

고위급 회담은 제8차(1992년 9월 15일~18일)까지 서울과 평양을 오가면서 진행되었다. 1991년 9월 17일(뉴욕시간) 남북한은 유엔에 동시 가입도 하였다.[108] 그리고 제5차(1991년 12월 10일~13일) 고위급 회담에서 역사적인 남북기본합의서(전문, 25개 조항)가 서명되었다. 남북기본합의서의 전문을 보면,

남과 북은 조국의 평화적 통일을 염원하는 온 겨레의 뜻에 따라, 7·4 남북공동성명에서 천명된 조국통일 3대원칙을 재확인하고, 정치 군사적 대결상태를 해소하여 민족적 화해를 이룩하고, 무력에 의한 침략과 충돌을 막고 긴장완화와 평화를 보장하며, 다각적인 교류·협력을 실현하여 민족공동의 이익과 번영을 도모하며, 쌍방 사이의 관계가 나라와 나라 사이의 관계가 아닌 통일을 지향하는 과정에서 잠정적으로 형성되는 특수관계라는 것을 인정

하고, 평화통일을 성취하기 위한 공동의 노력을 경주할 것을 다짐하면서, 다음과 같이 합의하였다.

남북기본합의서는 서문에서 남북관계를 국가관계가 아닌 '통일을 지향하는 과정에서 잠정적으로 형성된 특수관계'로 규정하였다. 남북기본합의서의 성격이 국가 간의 조약이 아니라 특수한 합의라는 점을 시사하고 있다. 남북기본합의서는 국제법상 조약에 관한 정의에 비추어 보면, 국제법상 상호 승인한 국가 간의 조약은 아니지만, 분단국을 구성하는 대한민국과 조선민주주의인민공화국이라는 두 정치 실체 즉, 국제법 주체 간에 적법하게 이루어진 당국 간 합의로 볼 수 있다.[109] 두 정치 실체 간에 '민족 내부 문제'로 인식하였다.

남북기본합의서에서 통일이란 평화적 통일을 지향하였다. 통일을 이룩하기 위한 과정으로 단계적 접근을 공통으로 인식하고 단계론적 통일의 틀을 설정하였다. 남북기본합의서는 통일을 지향하는 과정에서 제1단계로 남북 간 화해·협력 단계를 기본 규범으로 정하였다. 남북한은 민족의 화해를 이룩하기 위하여 정치적이고 군사적인 대결상태에서 벗어나 상호 불신과 반목을 해소하고 신뢰 구축을 우선으로 하였다. 이를 위해서는 다양한 여러 부문에서 인적·물적 교류와 협력을 활성화함으로써 남북 양쪽의 이념과 제도의 차이를 좁혀 나가는 방법으로 민족공동의 번영과 이익을 도모하기로 하였다.

남북기본합의서는 남한과 북한이 분단된 엄연한 현실을 인정하고 상호 체제를 잠정적으로 존중·승인함으로써, 통일지향적 평화공존체제를 제도화했다는 점에서 그 의미가 매우 크다고 할 수 있다. 이러한 의미에도 불구하고 남북기본합의서는 분단체제에서 공고화된 체제안보와 이념대립이라는 구조적 차원 문제를 비롯한 대한민국의 정책적 기조 및 특성이 정권에 따라 제각각 해석되었다. 그리고 국내·외 정세의 변화에 민감하게 반응하면서 그 합의 내용이 제대로 이행되지 못해 아쉬움이 크다.

2) 김일성 사망

1993년 2월 25일 제14대 대통령 취임식에서 김영삼 대통령은 북한의 김일성 주석에게 "세계는 대결이 아니라 평화와 협력의 시대로 나아가고 있다"면서 "김 주석이 참으로 민족을 더 중요하게 생각한다면, 남북한 동포의 진정한 화해와 통일을 원한다면 이를 논의하기 위해 언제 어디서라도 만날 수 있다"고 남북 정상회담을 제의하였다.[110) 북한은 1993년 5월 25일 김영삼 대통령과 김일성 주석이 임명하는 부총리급 특사를 교환하자고 제안하였다. 북한은 이날 서한에서 "민족 앞에 누적돼 있는 중대사들을 포괄적으로 풀어가기 위해 쌍방 최고 당국자가 임명하는 특사를 교환하자"며 "특사들은 나라의 통일문제 해결을 위해 쌍방 정상들이 만나는 문제를 타결하기 위한 임무를 맡을 것"이라고 밝히면서[111) 오는 5월 31일 오전 10시 판문점 북측지역 통일각에서 만날 것을 제의하였다. 북한의 제의는 그동안 남북관계의 틀을 뛰어넘는 획기적이고 파격적이었다. 당시 1차 북핵 위기로[112) 곤궁에 빠진 북한이 국제사회의 압력을 회피하려는 속셈으로 회담을 제의했다면서 북한의 핵 해결이 우선이라는 신중론이 남한 내에서 우세하였다. 정부도 북한의 제의는 긍정적인 측면과 부정적인 측면이 있기에 신중한 대처가 필요하다고 하였다.

'최고 당국자가 임명하는 특사'의 만남은 남한과 북한의 정상회담을 전제로 한 만남이었으나 끝내 성사되지 못하였다. 남한에서는 반드시 북한의 핵 문제가 포함돼야 한다고 주장했고, 북한에서는 특사 교환 문제만을 논의하자고 주장하였다.

"남북한 동포의 진정한 화해와 통일을 원한다면 이를 논의하기 위해 언제 어디서라도 만날 수 있다"는 김영삼 대통령이 취임사에서 공허해지고 한반도는 북한의 핵 문제로 전운이 감돌았다. 『워싱턴포스트』는 미국 레스 애스핀Les Aspi,(1993.1-1994.2 재임) 국방장관이 빌 클린턴 대통령에게 보고한 「USFK50-27」이라는 제목의 한반도 전쟁 상황에 대한 가상시나리오를 1993년 12월 12일 보도하였다. 북한의 핵개발 문제가 점차 국제문제로 비화 되면서 한반도는 전쟁 발발 위험이 최고조에 달하였다.

"언제 어디서라도 김일성 주석을 만날 수 있다"고 했던 김영삼 대통령의 취임사는 4개월이 채 못돼 "핵무기를 가진 상대와 악수할 수 없다"는 강경론으로 바뀌었다. 그리고 취임 1주년 기자회견에서는 "핵문제 해결 전이라도 김 주석과 남북 정상회담을 추진하겠다"고 유화론으로 바뀌었으나, 여전히 '북핵문제의 해결을 위해서'라는 전제가 있었다.113) 당시 언론에서는 김영삼 대통령의 정상외교에 의문부호를 제기했으며, 야당에서는 '무능 외교로 위기를 조장'하고 있다고 맹비난하였다. 김영삼 대통령의 오락가락한 행보에 당시 민주당의 이기택 대표는 "북한에 아무리 속더라도 정부가 남북 직접 대화로 전쟁 위기를 해소하려는 노력을 해야 한다"면서 "김 대통령은 지금이라도 남북 정상회담을 제의하고 남북간의 실무자 협상을 진행 시켜 전쟁을 예방해야 한다"고 촉구하고 나섰다.114)

북한과 미국의 북핵 문제 해결을 위한 협상이 진척을 보이던 1994년 6월 19일 남북한 정상회담과 관련한 기쁜 소식이 전해졌다. 6월 15일부터 18일까지 지미 카터James E. Carter Jr. 전 미국 대통령이 북한을 방문하여 북핵 문제에 관한 타협안을 이끌어 냈다. 아울러 카터 전 대통령은 김영삼 대통령의 정상회담 제의를 전달하였고 김일성 주석이 조건없이 수락하면서 정상회담의 논의가 본격적으로 진행되었다.

6월 28일 판문점 평화의 집에서 남북 정상회담을 개최하기 위한 쌍방 부총리급 예비 접촉이 열렸다. 남측의 수석대표 통일원(현 통일부) 장관 이홍구와 북측의 단장 김용순 통일정책 위원장은 1994년 7월 25일부터 7월 27일까지 평양에서 남북 정상회담을 개최하기로 합의하였다. 7월 1일과 2일 실무단 접촉에서는 정상회담 형식, 대표단 규모, 선발대 파견, 방송보도, 신변안전보장 등 14개 항을 합의하였다.

김일성 사망 : 김정일 승계 시사···'체제' 굳힐지 주목
출처 : 『동아일보』 1994년 7월 10일

남북한 정상회담의 실무절차는 순조로웠다. 그러나 역사적인 남북한 정상회담은 끝내 무산되었다. 1994년 7월 10일 국내 조간신문은 '김일성 사망'을 대서특필하였다. 북한의 중앙방송과 평양방송은 7월 9일 정오 특별방송을 통해 "김일성 주석이 8일 새벽 2시에 급병으로 서거하셨다"고 보도하였다. 정상회담의 상대가 사라져 버렸다. 북한은 7월 11일 남북 정상회담을 연기하겠다고 공식 통보하였다. 김일성 사망 이후 김정일이 권력을 승계하였으나, 끝내 김영삼 대통령과는 정상회담이 이루어지지 않았다.

3) 햇볕정책과 6·15남북공동선언

1990년대 들어와 북한의 경제 침체는 가속화되었다. 계획경제의 비효율성, 중공업과 군수산업에 치우친 자원분배 등에 기인하는 북한의 만성적인 경제난은 소련 해체 이후 경제적 지원 단절과 미국의 대북 제재가 겹치면서 더욱 심화되었다.[115] 1997년 12월 대선에서 역사적인 정권교체를 이룩한 김대중 대통령은 기존의 통일정책에 변화를 주었다. 김대중 대통령은 취임사에서 "남북관계는 화해와 협력 그리고 평화 정착에 토대를 두고 발전시켜 나가야 할 것"이라면서 대북정책의 3원칙으로 "한반도의 평화를 파괴하는 일체의 무력도발을 허용하지 않으며, 흡수통일을 배제하고, 화해와 협력을 적극적으로 추진해 나가겠다"고 밝혔다.[116]

김대중 정부의 핵심은 햇볕정책이다. '햇볕정책'이라는 용어는 이솝우화 '북풍과 태양'에서 착안했다고 한다. "행인의 외투를 벗게 한 것은 북풍이 아니라 햇볕이므로 우리도 북한을 몰아칠 것이 아니라 햇볕을 쬐어서 마음을 열게 만들어야 한다"는 게 요점이다. 독일이 분단국가였던 시절 서독이 동독을 향해 추진했던 동방정책Ostpolitik[117]을 많이 참조했다고 알려져 있다. 다만, 김대중 대통령은 1998년 6월 9일 미국 백악관에서 열린 한미 정상회담에서 미국 클린턴 대통령의 "햇볕정책은 무엇입니까?"의 질문에 대해 다음과 같이 말했다고 한다.

> 햇볕정책은 따지고 보면 미국의 성공에서 배운 것입니다. 제2차 세계대전 후에 미국은 소련에 대해서 극단적인 냉전체제를 유지했지만 결국 돌아오는 것은 무기경쟁 뿐이었습니다. 그러다 보니 공멸의 위기감만 고도 되었습니다. 그래서 미국은 1970년대 중반부터 데탕트 정책으로 바꿨고, 경제협력과 교류를 했습니다. 그리고 15년 정도 지나니 세계를 양분해서 지배하던 소련이 그대로 무너져 내렸습니다. 외부에서 총 한 방 쏘지 않고, 안에서 폭동 한 번 일어나지 않았지만 붕괴 되었습니다. 이러한 변화는 인류 역사에 일찍이 없었습니다.[118]

김대중은 베트남과 쿠바를 예로 들었다. 베트남을 개방으로 유도하자 친미국가로 변모했지만, 쿠바는 미국이 봉쇄하고 압박했지만 40년 넘게 굴복시키지 못했음을 지적하였다. 그러면서 햇볕정책은 미국의 대외정책을 통해 이미 검증되었다고 하였다.

햇볕정책은 대북對北 포용정책이다. 김대중 정부는 북한 체제가 자체적인 변혁이나 붕괴로 남한에 흡수될 것이라는 흡수통일론이 설득력이 없다고 판단하였다. 장기적으로 북한의 변화를 유도해야 한다는 인식에 기초하여 남북의 화해와 교류, 협력 증대를 통한 대북 포용정책이 긍정적으로 작용할 것으로 보았다.

햇볕정책은 이전 대북정책과 근본적인 차이를 보였다. 기존 정부는 정치상황에 따른 가변적인 대북정책을 추진했으며, 우선 통일에 초점을 맞추는 대북정책을 추진하였다. 반면, 햇볕정책은 통일을 우선하지 않았다. '선先화해협력, 후後통일'을 주창했으며, 통일 또한 남한의 주도 아래 이루어지는 흡수통일을 배제하고 북한 체제의 인정을 전제로 한, 교류·협력이 항구적으로 정착되는 실질적인 통일의 상태de facto unification를 추구하였다.119) 이러한 햇볕정책은 남북한 사이의 심각한 정치적 갈등 때문에 당분간 추진이 어려운 당국자 중심의 정치적 대화를 배제하고, 당장 실현이 가능한 비정치 분야인 경제 교류와 협력을 추진하였다. 특히 김대중 정부는 정경분리원칙 아래 민간차원의 대북 경제협력을 중심으로 북한에 지속하여 경제적 지원과 협력을 추진하였다.

남북 교류 물꼬 트리 : 정주영 현대그룹 명예회장 소 500마리 몰고 방북
출처 : 『한겨레신문』 1998년 6월 17일

그 결과, 1998년 6월 16일 현대그룹 정주영 명예회장은 소 500마리를 몰고 휴전선을 넘었다. 그리고 10월 말 다시 소 떼를 몰고 북으로 간 정주영 회장은 김정일 국방위원장을 만나 금강산 개발사업, 유전 공동개발 체육 교류 등을 합의하였다. 11월 18일 금강산 관광을 알리는 뱃고동이 울렸다. 남한의 관광객을 태운 '현대금강호'가 동해항을 떠나 북한의 장전항으로 향하였다. 이렇게 민간이 주도하는 금강산 관광을 시작으로 대북 투자와 사회, 문화, 언론, 예술, 체육 등 다양한 분야의 대북지원과 교류가 활발하게 진행되었다.

김대중 정부의 햇볕정책은 2000년 6월 남북한 정상회담으로 이어졌고, 회담의 성과로 6·15남북공동선언을 발표하기에 이르렀다. 김대중 대통령은 취임사에서 남북한 특사 교환을 제의하면서 "북한이 원한다면 정상회담에 응할 용의가 있다"고 밝혔다. 또한 2000년 3월 10일 독일 베를린자유대학 연설에서 "지구상에 마지막으로 남아있는 한반도 냉전구조를 해체하고 항구적인 평화와 남북 간의 화해·협력을 이루고자 한다"면서 남북한 당국의 대화를 제의하였다. 이를 '베를린 선언'이라고 한다. 베를린 선언은 ① 남북경협과 대북 경제지원 ② 냉전 종식과 평화정착 ③ 이산가족상봉 ④ 남북한 당국간 대화 등이다.

베를린 선언 이후 북한이 남북 정상회담을 개최할 수 있다고 제의함으로써 여러 차례 비공개 접촉이 있었다. 2000년 4월 10일 당시 문화관광부 장관 박지원이 남북 정상회담의 예정을 발표하였다. 원래 발표된 일정은 6월 12일부터 6월 14일까지 2박 3일이었다. 하지만 북한 측이 준비가 덜 되었다는 이유로 하루 연기를 통보하고 남한도 이걸 받아들이면서 6월 13일로 조정되어 15일까지 2박 3일 동안 평양에서 열렸다.

김대중 대통령은 2000년 6월 13일 오전 10시 27분 분단 55년 만에 처음으로 북한의 평양 순안공항에 역사적인 첫발을 내디뎠다. 공항에는 북한의 김정일 국방위원장이 김 대통령을 기다리고 있었다. 평양 순안공항에서 남북한 정상이 손을 잡았다. 남북 정상은 같은 차를 타고 숙소인 백화원 영빈관으로 이동하여 환담을 나누었다. 이 자

리에서 김정일 국방위원장은,

> 대통령께서는 무서움과 두려움을 무릅쓰고 용감하게 평양에 오셨습니다. 전
> 방에서는 군인들이 총부리를 맞대고 방아쇠만 당기면 총알이 나갈 판인데,
> 대통령께서는 인민군의 명예의장대 사열까지 받으셨습니다. 이건 보통 모순
> 이 아닙니다. 지금 세계가 주목하고 있습니다. 김 대통령께서 왜 방북했는
> 지, 김 위원장이 왜 승낙했는지 의문들이 대단합니다. 2박 3일 동안 우리가
> 대답해줘야 합니다.[120]

6월 14일 남북 정상회담이 백화원에서 열렸다. 남한에서는 임동원
국정원장, 황원탁 외교안보수석, 이기호 경제수석이 배석했고, 북한에
서는 김용순 조선노동당 대남비서가 배석하였다. 의제마다 이미 조율
을 마쳤기에 회담은 순조로웠다. 그러나 합의문 서명을 두고 김정일
국방위원장은 서명을 거부하였다. 남한의 보수정권이 집권하면 합의
문은 종잇조각에 불과할 것이고, 대북정책이 정략적으로 악용될 것이
라며 직접 서명에 난색을 표명한 것이다. 김대중 대통령의 집요한 설
득으로 6월 15일 자정이 가까운 시각에 '6·15남북공동선언'의 조인식
이 있었다.

남북공동선언
조국의 평화적 통일을 염원하는 온 겨레의 숭고한 뜻에 따라 대한민국 김대
중 대통령과 조선민주주의인민공화국 김정일 국방위원장은 2000년 6월 13
일부터 6월 15일까지 평양에서 역사적인 상봉을 하였으며 정상회담을 가졌
다.
남북 정상들은 분단 역사상 처음으로 열린 이번 상봉과 회담이 서로 이해를
증진시키고 남북관계를 발전시키며 평화통일을 실현하는데 중대한 의의를

가진다고 평가하고 다음과 같이 선언한다.

1. 남과 북은 나라의 통일문제를 그 주인인 우리 민족끼리 힘을 합쳐 자주적으로 해결해 나가기로 하였다.
2. 남과 북은 나라의 통일을 위한 남측의 연합제 안과 북측의 낮은 단계의 연방제 안이 서로 공통성이 있다고 인정하고 앞으로 이 방향에서 통일을 지향시켜 나가기로 하였다.
3. 남과 북은 올해 8·15에 즈음하여 흩어진 가족, 친척 방문단을 교환하며 비전향장기수 문제를 해결하는 등 인도적 문제를 조속히 풀어나가기로 하였다.
4. 남과 북은 경제협력을 통하여 민족경제를 균형적으로 발전시키고 사회, 문화, 체육, 보건, 환경 등 제반 분야의 협력과 교류를 활성화하여 서로의 신뢰를 다져나가기로 하였다.
5. 남과 북은 이상과 같은 합의사항을 조속히 실천에 옮기기 위하여 빠른 시일 안에 당국 사이의 대화를 개최하기로 하였다.

김대중 대통령은 김정일 국방위원장이 서울을 방문하도록 정중히 초청하였으며 김정일 국방위원장은 앞으로 적절한 시기에 서울을 방문하기로 하였다.

2000년 6월 15일

대 한 민 국   조선민주주의인민공화국
대 통 령   국방위원장
김 대 중   김 정 일

6·15남북공동선언은 통일의 원칙과 방법, 그리고 인도적 문제와 교류협력 및 당국간 대화에 관한 내용을 담고 있다. 남과 북의 정상들은 자주 통일 원칙(1항), 통일방안 공통성 인정(2항), 이산가족문제와 비전향장기수 문제 등 인도적 문제의 조속한 해결(3항), 남북 협력·교

류의 활성화를 통한 신뢰구축(4항), 합의사항 실천을 위한 당국간 대화 개최(5항) 그리고 김정일 국방위원장의 적절한 시기 서울 방문 들을 합의하였다.[121] 6·15남북공동선언은 남북한의 화해협력, 공존공영의 시대를 열었으며, 평화통일을 실현하는 기틀을 마련했다는데 그 의미가 매우 크다.

2000년 6월 14일 평양 목란관의 만찬장
출처 : 김대중기념사업회

공동선언 1항의 자주 통일 원칙은 "나라의 통일문제를 그 주인인 우리 민족끼리 힘을 합쳐 자주적으로 해결"하기로 함으로써 한반도의 운명을 외세에 의존하지 않고 민족 자주적으로 해결하겠다는 의지의 표명이다. 공동선언 2항의 "통일을 위한 남측의 연합제 안과 북측의 낮은 단계의 연방제 안이 서로 공통성이 있다고 인정"은 남한의 민족 공동체 통일방안의 3단계 연합제와 북한의 고려연방제의 낮은 단계

통일방안에는 공통성이 있음을 확인하고 인정하였다.

역사적인 남북 정상회담 결과로 「6·15남북공동선언」을 채택하면서 분단 55년간 적대적 대립이 화해·협력의 길로 접어들었지만, 남한 내에서는 논쟁의 산물이 되었다. 북한 변화 여부 논쟁, 대북지원과 관련한 '퍼주기' 논란, 통일방안의 공통성 인정과 관련한 통일논쟁 등으로 남남갈등은 더욱 심화되었다. 그리고 2023년 한반도는 다시 전쟁의 위험이 최고조에 이르고 있다.

4) 평화번영정책과 10·4공동선언

2002년 12월 대선에서 민주당 노무현 후보가 제16대 대통령으로 당선되었다. 노무현 대통령은 대선 과정에서 김대중 정부의 '햇볕정책'을 계승·발전시키고 6·15남북공동선언을 이행하겠다고 약속하였다. 노무현 대통령은 취임사에서 "평화증진과 공동번영을 목표로 하는 '평화번영정책'을 추진하겠다"고 밝혔다. 평화번영정책은 '한반도의 평화증진'과 '남북한 공동번영'을 추구하는 정책이다. 이러한 목표를 달성하기 위해 첫째, '대화를 통한 문제 해결'의 원칙이다. 한반도의 모든 갈등과 위기는 대화를 통하여 평화적으로 해결되어야 하며, 한민족의 공멸을 가져올 수 있는 어떠한 형태의 전쟁도 반대한다는 것이다. 둘째, '상호신뢰 우선과 호혜주의' 원칙이다. 상호신뢰는 남북 관계 뿐만 아니라 동북아 국가들의 협력을 증대시키는 기반이며, 이를 통해 관련국들의 동등한 관계에서 서로 이익을 얻을 수 있는 호혜주의가 가능해지기 때문이다. 셋째, '남북 당사자 원칙에 기초한 국제협력'이다. 이는 한반도 평화체제 구축과 남북경제공동체 형성과정에서 남북한 당사자의 이해가 반영될 수 있는 국제협력을 추진하겠다는 것이다. 넷째, '국민과 함께하는 정책 추진'을 원칙으로 삼았다. 노무현 정부는 대북통일정책 수립과 추진과정에서 국민참여를 촉진하고 이 과정을 통해 형성된 국민적 합의를 바탕으로 정책을 추진하겠다고 밝혔다.[122]

평화번영정책의 요체는 남북 화해 상태를 평화체제로 제도화시키고 협력관계를 더욱 강화하여 한층 높은 차원의 공동번영을 추구하는 데 있다. 이러한 평화번영정책은 남북한 평화와 번영의 추구를 위한 실천 영역의 지평을 한반도를 넘어 동북아 수준으로 확대하였다. 지금까지 국내적 시각 속에 머물렀던 국가발전전략의 비전을 동북아지역으로 확대했으며, 또한 민족문제를 더 넓게 조망할 수 있다는 점에서 의의가 크다. 이런 점에서 평화번영정책은 김대중 정부의 대북화해협력정책(햇볕정책)의 성과를 바탕으로 남북관계의 심화 발전을 담은 내용적 형식적 측면에서 한 단계 진전된 정책으로 평가된다.[123] 이는 평화통일의 기반조성과 동북아 경제중심국가로의 발전토대를 마련하고자 하는 노무현 정부의 전략적 구상이었다.

2007년 8월 8일 오전, 대한민국과 북한은 동시에 제2차 남북 정상회담이 2007년 8월 28일부터 8월 30일에 걸쳐 개최될 것이라 발표하였다. 그러나, 2007년 8월 18일 북한은 수해로 인해 회담 일정 연기를 요청하였고 구체적인 회담 일정을 남측에 일임하였다. 이에 남측은 2007년 10월 2일에서 10월 4일까지 회담을 개최하기로 제안하였다.

일정 첫날인 10월 2일 9시 5분 대한민국 대통령 노무현은 1945년 남북 분단 이후 국가 원수로서는 최초로 도보로 군사분계선을 넘어 북으로 갔다. 북한의 국방위원장 김정일은 4·25문화회관 앞에서 평양으로 들어온 노무현 대통령을 맞이하였다. 일정 둘째 날인 10월

3일 9시 30분 남북 양측 정상은 소수의 배석자를 대동하여 회담을 가졌다. 일정 마지막 날인 10월 4일 양측은 '6·15남북공동선언'에 기초해 남북의 '평화와 번영'을 목표로 한 2007 남북정상선언문을 채택하였다. 원제목은 '남북관계 발전과 평화번영을 위한 선언'이지만, 대체로 '10·4남북정상선언' 또는 '10·4선언'이라고 한다. 이후 이명박과 박근혜 정부에서 남북한은 다시 냉랭한 기조로 돌아섰다. 그리고 문재인 정부에 들어서서 3차례 정상회담이 있었지만, 그 진척을 보지 못하였다.

3. 군의 정치적 중립성

제5조
② 국군은 국가의 안전보장과 국토방위의
신성한 의무를 수행함을 사명으로 하며,
그 정치적 중립성은 준수된다.

국군의 사명은 제헌헌법부터 명시되었다. 제5공화국에서는 "국군은 국가의 안전보장과 국토방위의 신성한 의무를 수행함을 사명으로 한다"고 규정하였다. 여기에 제6공화국 헌법은 "그 정치적 중립성은 준수된다"를 추가하여 국군의 사명을 명문화하였다.

국군은 공무원이다. 제6공화국 헌법 제7조 제②항은 "공무원의 신분과 정치적 중립성은 법률이 정하는 바에 의하여 보장된다"고 명시하였다. 굳이 국군에게 '그 정치적 중립성은 준수된다'를 추가할 필요가 있었는가? 국군은 국민의 군대, 국가의 군대라는 뜻이다. 그동안 국군은 국민의 군대 또는 국가의 군대이기보다는 권력자의 사유물 이거나 국민 위에 군림하는 국가권력 기구로서 존재 이유를 드러낸 경우가 허다하였다.

제6공화국 제5조 제②항의 국군의 사명, 즉 '정치적 중립성'은 공무원에게 규정한 정치적 중립성과는 그 연원이나 의미가 다르다. 다시 말하면 국군을 공무원으로 국민의 봉사자로만 규정한다면 굳이 국군의 사명에 정치적 중립성을 명시할 필요가 없다.[124] '군인의 지위 및 복무에 관한 기본법' 제33조에도 정치 운동의 금지를 규정하고 있다.[125] 이는 군인의 정치 운동의 금지와 헌법에서 규정한 국군의 정치적 중립성 준수는 다른 의미라는 것을 알 수 있다. 군인은 군대에 복무하는 국군의 개개인을 일컫지만, 국군은 군인의 집합체로서 조직을 의미한다. 권력기관 국군의 정치적 중립을 의미한다.

국군의 정치적 중립은 헌법개정 과정에서 주장하고 민주당에서 요구하였다. 이는 1961년 5·16쿠데타, 1979년 12·12쿠데타 등 군대가 조직적으로 정치에 개입한 사례에 대한 교훈이었다. 헌법에서는 '군의 정치적 중립'이라고 표현했지만, 당시 논의는 '군의 정치개입 금지'이다. 비민주적인 방법을 동원하여 정치에 개입한 사례를 거울삼아 국가권력이 민주적 절차를 어기고 남용하는 것을 헌법으로 규제하기 위함이었다.

달콤한 과거에 심취된 국군도 가만히 있지만은 않았다. 1987년 당시 육군 참모총장 박희도는 "김대중 씨가 대통령에 출마하면 불행한 일이 있을지도 모른다"는[126] 발언이 『뉴욕타임스』에 실렸다. 이를 『동아일보』가 짧게 인용하여 보도하였다. 박희도의 발언은 7월 초순, 언론인들과 비공개적인 자리에서 나왔다. 노태우의 '6·29선언' 그리고 이한열 열사의 장례식 등으로 국민이 전두환 정권에 대해 적개심을 드러내고 있을 때이다. 그리고 7월 9일 김대중이 사면 복권되면서 그의 정치 행보에 관심이 쏠렸다.

박희도는 김대중의 '대통령 출마'를 가만히 두고 볼 수 없다고 판단하였다. 이유는 김대중을 공산주의자이거나 공산주의 동조자로 간주했기 때문이다. 또한, 김대중이 대통령이 되면 군에 대한 보복에 나설 것으로 염려하였다. 이러한 이유로 박희도는 육군 참모총장으로서 언제든 군이 정치에 개입할 수 있다는 자신감을 드러내면서 김대중에게 여러 차례 경고장을 보냈다.

민주당에서 군의 정치적 중립을 주장하고 나섰지만, 더 단호한 태도를 밝힌 사람은 김대중이었다. 김대중은 일체 정치적 보복은 배제되어야 한다면서 군의 자율성은 보장하되 정치적 중립 문제에 대해서는 단호한 입장을 취하겠다고[127] 밝혔다. 반면 김영삼은 "우리 당이 군과 반목하는 인상을 주지말아야 한다"면서 군을 자극하는 발언의 자제를 요청하였다. 김영삼과 김대중의 태도가 달랐던 것과 마찬가지로 김영삼 지지계열(상도동계)과 김대중 지지계열(동교동계)의 대응 수위도 사뭇 달랐다.

군의 정치적 중립 문제를 거론할 때마다 언급된 인물이 있다. 미국의 제34대 대통령 아이젠하워Dwight David Eisenhower이다. 아이젠하워는 세계2차대전을 승리로 이끈 전쟁 영웅이다. 그는 전쟁이 끝난 후 1948년 5월 군인으로 현역에서 은퇴하고, 1953년 대통령 선거에 공화당 후보로 출마하여 당선되었다. 하지만 아이젠하워의 사례로 군의 정치적 중립을 언급하는 것은 본질에서 벗어난 태도이다. 미국의 헌정사는 군 출신의 대통령을 가진 적은 있으나, 군 조직 자체가 정치와 선거에 관여한 사례는 없다. 더욱이나 군 조직이 쿠데타로 정권을 장악한 경우는 없다. 그런데도 아이젠하워를 들먹이면서 군은 정치에 개입하고자 했다.

헌법 제5조 제②항의 "국군은 국가의 안전보장과 국토방위의 신성한 의무를 수행함을 사명으로 하며, 그 정치적 중립성은 준수된다"는 규정은 공무원으로서 정치적 중립성이 아니라 국군의 정치적 개입을 금지한 의미를 담고 있다는 것이 1987년 헌법개정 당시의 규범이고 정신이다.

4. 최저임금제

제32조

① 모든 국민은 근로의 권리를 가진다.
국가는 사회적·경제적 방법으로 근로자의
고용의 증진과 적정임금의 보장에 노력하여야 하며,
법률이 정하는 바에 의하여 최저임금제를
시행하여야 한다.

제6공화국 헌법의 기본권 조항은 제5공화국과 비교하여 다소 강화했지만, 큰 틀은 그대로 유지되었다. 그리고 새롭게 헌법에 명문화된 것이 제32조 최저임금제이다.

최저임금제란 개념을 파악하기 위해 먼저 임금의 정의를 살펴볼 필요가 있다. 임금賃金은 노동관계의 본질적 요소로 임금 수준은 노동조건의 가장 중요한 부분이다. 또한 임금은 노동의 대가이기도 하지만, 노동자가 제공하는 노동은 그 노동자의 인격과 분리하여 생각할 수 없으므로, 임금은 곧 노동조건에서의 인간의 존엄과 인간다운 생존의 보장을 뜻한다.[128] 최저임금이란 어떻게 결정되는 것일까? 최저임금은 노동자가 사회에서 생존을 유지할 수 있을 정도의 노동에 대한 반대급부이다. 노동자의 단위 노동만으로 최저임금이 결정되는 것이 아니라, 노동자가 최소 생활을 유지할 수 있는 사회적 기준을 반영하여 결정된다.[129]

우리나라에서 최저임금이 처음 도입된 것은 1953년 5월 10일 법률 제286호로 공포된 근로기준법이다.[130] 근로기준법 제34조에는 사회부 장관이 필요에 따라 최저임금을 정할 수 있다고 규정하였다. 여러 경제적 여건으로 이 규정은 실제로 운용되지 않았다. 최저임금에 대해서는 학계와 노동계에서 오랫동안 도입을 촉구했지만, 정부와 사용자 측의 시기상조론에 밀려서 실시되지 못하였다.

1970년대 중반부터 저임금 해소를 위해 정부에서는 행정지도를 실시하였으나, 저임금 노동을 해소하지 못하였다. 1980년대 들어서면서 경제성장의 성과에 대한 노동자들의 적정배분 욕구가 커지고 지나친 저임금을 해소해야 한다는 사회의 요구가 높아졌다. 1986년 9월 1일 당시 전두환 대통령은 '국민복지증진정책'을 발표하였다. 국민복지증진정책은 의료보험 단계적 전국민 확대 적용, 국민연금제 도입, 최저임금제 도입 등이다.[131]

1986년 12월 31일 법률 제3927호로 최저임금법이 제정·공포되었다. 최저임금법 제1조 목적에는 "이 법은 근로자에 대하여 임금의 최저수준을 보장하여 근로자의 생활안정과 노동력의 질적 향상을 기함으로써 국민경제의 건전한 발전에 이바지하게 함을 목적으로 한다"고 명시하였다. 최저임금제 실시 목적은 ① 저임금 해소로 임금격차가 완화되고 소득분배 개선에 기여 ② 노동자에게 일정한 수준 이상의 생계를 보장 ③ 노동자의 생활을 안정시키고 노동자의 사기를 증진하여 노동생산성 향상 기대 ④ 적정한 임금을 지급하여 소비 진작을 통한 국민경제 발전 등이다.

'국민복지증진정책' 발표에 따른 최저임금제를 시행하기 위해 1987년 상반기 중 업종별·지역별 임금실태와 최저생계비를 조사·분석하고, 1987년 7월부터 노·사·공익 대표로 구성되는 최저임금심의위원회 심의를 거쳐 1988년 1월부터 실시하는 것으로 정하였다.

1988년 당시 최저임금제는 두 그룹으로 나누어서 시행되었다. 적용대상은 28개 업종으로 상시근로자 10인 이상인 제조업체에서 근무하는 노동자 227만 명이다. 최저임금액 제1그룹(저임금)은 12개 업종으로 일급 3,700원 시간급 462.5원, 제2그룹(고임금)은 16개 업종으로 일급 3,900원 시간급 487.5원이 결정되었다.[132] 1989년부터 업종별 그룹을 나누지 않고 최저임금액을 일원화했고, 1989년 최저임금액은 시간급 600원, 일급 4,800원이었다.

1989년~2024년까지 최저임금제 변화

적용연도	시간급	일급(8시간기준)	인상률	비고
1989년	600	4,800	26.3	
1990년	690	5,520	15.0	
1991년	820	6,560	18.8	
1992년	925	7,400	12.8	
::	::	::	::	
2017년	6,470	51,760	7.3	
2018년	7,530	60,240	16.4	문재인 정부

2019년	8,350	66,800	10.9	
2020년	8,590	68,720	2.97	
2021년	8,720	69,760	1.5	
2022년	9,160	73,280	5.1	
2023년	9,620	76,960	5.0	윤석열 정부
2024년	9,860	78,880	2.5	

제6공화국의 제32조 최저임금제의 규범화는 어떤 의미를 담고 있는 것일까?[133] 헌법 제32조와 제33조에 규정된 노동의 권리는 인간으로서의 존엄 보장과 인간다운 생활을 할 권리로서 사회적 기본권에 해당한다. 헌법재판소는 근로권(노동의 권리)에 대해 "근로의 권리란 인간이 자신의 의사와 능력에 따라 근로관계를 형성하고, 타인의 방해를 받음이 없이 근로관계를 계속 유지하며, 근로의 기회를 얻지 못한 경우에는 국가에 대하여 근로의 기회를 제공하여 줄 것을 요구할 수 있는 권리를 말한다"면서 "이러한 근로의 권리는 생활의 기본적인 수요를 충족시킬 수 있는 생활수단을 확보해 주고 나아가 인격의 자유로운 발현과 인간의 존엄성을 보장해 주는 기본권이다"고 명시하였다.

우리 헌법은 사회적 기본권의 중요성을 인식하고, 여러 형태로 규범화하였다. 예컨대 헌법 제10조 "모든 국민은 인간으로서의 존엄과 가치를 가지며, 행복을 추구할 권리를 가진다. 국가는 개인이 가지는 불가침의 기본적 인권을 확인하고 이를 보장할 의무를 진다"고 명시하였다. 이는 인간의 존엄과 가치, 행복추구권, 기본적 인권보장을 사회적 기본권으로 선언한 것이다. 또한, 헌법 제34조 제1항에서는 "모든 국민은 인간다운 생활을 할 권리를 가진다"고 명시하였다. 인간다운 생활을 할 권리는 사회권적 기본권의 일종으로서 인간의 존엄에 상응하는 최소한의 물질적인 생활의 유지에 필요한 급부를 요구할 수 있는 권리를 의미한다고 밝히고 있다.

1987년 헌법의 개정이유에서도 근로자의 인간다운 생활을 할 권리를 확충하여 기본적 인권을 신장하기 위해 노동3권의 실질적 보장과 함께 최저임금제를 실시하는 것임을 분명히 밝혔다. 따라서 실질적인 최저임금 수준이 경제적인 이유 등으로 노동자의 생활 안정을 위한 수준에 현격히 미달한다면, 이는 기본권이 제한되는 것이나 다름없다고 봐야 할 것이다.

최저임금은 사회적 합의기구를 통해 1년 단위로 정한다. 현재 최저임금위원회는 노동자 대표 9명, 사용자 대표 9명, 공익위원 9명 등 총 27명으로 구성되어 있다. 최저임금위원회는 인상안을 심의하여 정부에 제출하면, 노동부 장관이 8월 5일까지 확정하여 고시한다. 그런데 이것이 제대로 지켜진 경우는 많지 않다. 최저임금의 인상안을 두고 사용자와 노동자의 뚜렷한 인식의 차이가 그 근원이다. 노동계는 노동자의 소득이 늘면 국내 경기 활성화에 도움이 된다는 주장을 들어 큰 폭의 인상을 요구한다. 반면, 경영계는 과도한 인상은 기업의 생산성을 저하시킨다고 맞선다. 최근 가장 논란이 컸던 최저임금제 1만 원을 살펴보자.

2017년 5월 9일 제19대 대통령 선거를 앞두고 문재인 후보는 '2020년 최저임금 1만 원' 공약을 발표하였다. 또한, 최저임금 결정기준에 가구생계비 등을 포함하고, 최저임금 전담 근로감독관을 신설하고 상습·악의적인 위반 사업주를 제재하겠다고 밝혔다. 2017년 최저임금위원회는 시간당 최저임금을 7,530원을 결정하였다. 인상액 1,060원은 최저임금제가 도입된 이후 최대 수준이었으며, 인상률도 16.4%로 2001년도 인상률 16.6%에 육박한 수준이었다.

2018년 최저임금을 10.9% 인상한 8,350원으로 결정하자 보수언론과 야당의 공세가 거세졌다. 재계는 최저임금 대폭 인상으로 기업 경쟁력이 약화되고 실물경제에 부담이 커지고 정부지출이 증가한다고 주장하였다. 그리고 문재인 대통령은 임기 마지막까지 최저임금 1만 원 공약을 지키지 못하였다.

5. 제6공화국의 권력구조

제6공화국 정부형태(통치구조)를 '대통령제'라고 한다. 정부형태는 국가권력을 입법부와 행정부에 어떻게 배분하느냐에 의해 결정된다. 대통령제와 의원내각책임제 또는 중간지점의 이원집정부제가 있다. 대통령제 정부형태의 특징은 대통령이 국가원수인 동시에 행정부의 수반으로서 지위를 가진다는 점이다. 대통령이 대외적으로 국가를 대표하고 대내적으로는 행정부의 우두머리로 실권을 장악한 지배체제이다. 의원내각제는 국가원수와 행정부의 수반이 분리된 정부형태이다. 행정부는 의회에 의해 구성하여 수상(총리)이 우두머리로 실권을 장악한다. 왕이나 대통령은 상징적으로 국가의 대표자 지위에 있다. 사회신분에 의해 왕이 존재하는 영국이나 일본은 의원내각제 국가로 입헌군주국이라고 한다.[134]

대한민국의 정부형태는 대통령제이다. 그렇다면 미국식 대통령제인가라고 묻는다면 그렇지 않다. 이론상으로는 대통령제나 의원내각제를 구별할 수 있을지 모르지만, 어떠한 국가든 양쪽 형태의 요소가 혼합되어 있다. 나라마다 정치적 전통과 환경에 따라 고유한 특성의 정치구조를 형성하고 있다. 우리나라도 마찬가지이다. 우리나라의 현행 헌법상 정부형태는 미국식 대통령제도 아니며 영국식 의원내각제도 아니다. 대통령제의 권력구조를 기본적으로 유지하면서 의원내각제 요소를 가미하고 있는 변형적인 대통령제이다.

제6공화국의 현행 헌법은 대통령 직선제를 채택하였다.[135] 국민의 직접선거에 의한 정부 선택을 보장하였다. 헌법 제66조는 대통령의 지휘·책무·행정권을 규정하였다.

제66조

① 대통령은 국가의 원수이며, 외국에 대하여
    국가를 대표한다.
② 대통령은 국가의 독립·영토의 보전·국가의 계속성과
    헌법을 수호할 책무를 진다.
③ 대통령은 조국의 평화적 통일을 위한 성실한 의무를 진다.
④ 행정권은 대통령을 수반으로 하는 정부에 속한다.

대통령제 정부형태의 최고 권력자는 대통령이다. 대통령의 피선거권은 선거일 현재 40세에 달해야 했다(제67조 제4항). 대통령의 임기는 5년이며 단임제로 규정하였다(제70조).[136] 대통령의 중임제와 단임제 그리고 대통령 임기는 초미의 관심사였다. 당시 민주당은 4년 중임제를 주장했고 여당인 민정당은 6년 단임제를 주장하였다. 이를 절충하여 5년 단임제로 결정되었다. 대통령의 권한 중 가상 눈에 띄는 것은 국회해산권의 삭제이다.[137]

한 연구 결과에 의하면, 대통령제 국가는 99개국이다. 이 중 83개

국가는 대통령 직선제를 운용하고 있다. 그러나 비용이나 효율성 등의 문제 때문에 대통령을 간접적으로 선거하는 국가도 16개국이다. 대표적인 나라가 미국이다.[138] 우리나라의 경우 제1공화국 출범 당시에는 국회에서 간접선거로 대통령을 선출하였으나, 제1차 개헌(이른바 발췌개헌, 1952년 7월 7일)으로 국민이 직접 대통령을 선출하였다. 제2공화국은 내각책임제를 통치구조로 대통령을 국회에서 선출하였다. 제3공화국은 임기 4년 중임제로 직선제를 선출하였다. 그러나 유신헌법으로 대통령을 통일주체국민회의에서 선출하였다. 제5공화국은 대통령선거인단에서 대통령을 선출한 간선제를 채택하였다. 1987년 6월민주항쟁의 산물로 1987년 헌법이 개정되면서 대통령 직선제가 부활하였다.

제6공화국 들어서서 여덟 차례 대통령 선거를 치렀다. 여덟 번의 선거 중 과반수의 득표로 당선된 대통령은 단 한 명에 불과하다.

제6공화국의 대통령 선거 당선자 및 현황

구분	당선자	출마인원	당선자득표율	차점자득표율	득표차 비율
제13대	노태우	8	36.64	28.03	8.61
제14대	김영삼	8	41.96	33.82	8.14
제15대	김대중	7	40.27	38.74	1.53
제16대	노무현	7	48.91	46.58	2.33
제17대	이명박	12	48.67	26.14	22.53
제18대	박근혜	7	51.55	48.02	3.53
제19대	문재인	15	41.08	24.03	17.05
제20대	윤석열	14	48.56	47.83	0.73

현행 대통령 선거제도는 상대다수대표제를 채택하여 득표율과 무관하게 최고 득표자를 당선인으로 정한다. 국민이 직접 대통령을 선출한 직선제 이후 최소 7명 많게는 15명까지 대통령 선거에 출마하였다. 후보자가 난립하면서 50% 이상의 득표율을 얻기란 어렵다는 게 지난 8차례 선거가 잘 보여주고 있다. 때문에, 대통령의 민주적 정당성과 대표성이 부족하다는 비판이 끊임없이 제기되면서 일부에서는 결선투표제를 주장한다. 결선투표제란 1차 투표에서 과반 혹은 따로 정한 득표율 기준을 넘긴 후보자가 없는 경우 최다 득표 순위 1위, 2위 후보자만 놓고 다시 결선투표를 시행하는 제도다.[139] 이를 절대다수대표제라고 한다.

대통령 선거에서 결선투표제를 시행하는 나라 중 가장 잘 알려진 나라는 프랑스다. 그 밖에도 오스트리아, 폴란드, 슬로베니아, 체코, 불가리아, 핀란드, 포르투갈 등 유럽 국가와 브라질, 페루, 칠레, 에콰도르, 아르헨티나 등 남미 국가에서도 1979년 이후 결선투표제를 채택하였다. 이 가운데 프랑스, 오스트리아, 체코 등은 헌법에 결선투표제를 규정하고 있다.

1948년 헌법 제정 이래 대통령의 직무를 대행한 사례는 여섯 차례가 있다. 1960년 4·19혁명으로 이승만 대통령이 하야하자 외무부장관 허정이 헌정사상 처음으로 대통령 권한대행을 맡았다. 1961년 5·16쿠데타로 군부의 압력에 윤보선 대통령이 사임하면서 국가재건최고회의 의장 박정희가, 1979년 10·26사태로 대통령 박정희가 피살되면서 국무총리 최규하가, 1980년 전두환의 신군부 압력으로 대통령 최규하가 사임하면서 국무총리서리 박충훈이 대통령 직무를 대행하였다. 2004년 대통령 노무현에 대한 국회의 탄핵소추안이 의결되어 직무가 정지되자 국무총리 고건이 대통령 권한대행이 되었고, 2016년 대통령 박근혜도 국회의 탄핵소추안이 의결되어 직무정지 및 이후 헌법재판소에서 탄핵 심판이 결정되면서 국무총리 황교안이 대통령의 권한을 대행하였다.

6. 헌법재판소

제111조

① 헌법재판소는 다음 사항을 관장한다.

1. 법원의 제청에 의한 법률의 위헌여부 심판
2. 탄핵의 심판
3. 정당의 해산 심판
4. 국가기관 상호간, 국가기관과 지방자치단체간 및 지방자치단체 상호간의 권한쟁의에 관한 심판
5. 법률이 정하는 헌법소원에 관한 심판

② 헌법재판소는 법관의 자격을 가진 9인의 재판관으로 구성하며, 재판관은 대통령이 임명한다.

③ 제2항의 재판관 중 3인은 국회에서 선출하는 자를, 3인은 대법원장이 지명하는 자를 임명한다.

④ 헌법재판소의 장은 국회의 동의를 얻어 재판관 중에서 대통령이 임명한다.

헌법은 권력을 법으로 억제하는 데서 효력이 보장되는 법이기 때문에 헌법의 규제를 어기려는 권력자나 정치세력의 끊임없는 도전이

있게 마련이다. 헌법을 수호하려는 의지의 산물이 헌법재판소이다.[140)

　1948년 제헌헌법에서 헌법위원회를 두었다. 당시 헌법위원회의 위원장은 부통령이고. 대법관 5인과 국회의원 5인의 위원으로 구성하였다. 법률적 판단으로만 헌법 위반 여부를 판단할 수 있는 구성이 아니라는 것을 알 수 있다. 그러나 헌법위원회는 유명무실하였다. 1960년 4·19혁명 이후 제2공화국에서 우리나라 처음으로 헌법재판제도를 도입했지만, 실질적으로 헌법재판소를 설치하지 못한 채 막을 내렸다. 1962년 제5차 개정으로 출범한 제3공화국 헌법에서는 미국식 사법심사제도를 채택하였다. 군부정권 아래서 그 기능은 유명무실했고, 1972년 유신헌법으로 다시 헌법위원회가 재등장하였다. 그리고 1987년 제6공화국의 현행 헌법에서 독일식 헌법재판소제도를 도입하였다. 헌법재판소는 1987년 6월민주항쟁의 신물이며, 그 이후 국민의 눈과 귀를 사로잡는 심판을 하게 된다.

　헌법재판소가 관장한 사무는 헌법 제1항에 규정되어 있다. 사무는 ① 법원의 제청에 의한 법률의 위헌 여부 심판(위헌법률심판) ② 탄핵의 심판 ③ 정당의 해산 심판 ④ 국가기관 상호간, 국가기관과 지방자치단체간 및 지방자치단체 상호간의 권한쟁의에 관한 심판 ⑤ 법률이 정하는 헌법소원에 관한 심판 등이다.

　헌법재판소는 법원과 함께 대한민국 사법부의 양대 축을 이르고 있지만, 주권자인 국민과는 무관하게 임명된다. 헌법재판소의 기능(판결)은 국민의 의사와 매우 밀접한 관련이 있다는 점에서, 헌법재판소가 국민의 의사를 잘 반영하고 있는지 다음 장(4장, 제6공화국, 현재 진행 중)에서 살펴보겠다. 미리 말씀드린다면, 제2공화국의 대법원장과 대법관 선거제를 헌법재판소에도 적용해야 한다는 점이다.

4장
제6공화국, 현재 진행 중

　1987년 6월민주항쟁은 제6공화국의 탄생에 영향을 미쳤다. 1987년 제9차(10월 29일) 제6공화국 헌법이 제정 공포되었고, 1988년 2월 23일부터 새 헌법이 시행되었다. 제6공화국은 노태우 정부로부터 시작하여 윤석열 정부까지 이어지고 있다.

제6공화국 역대 대통령

대통령	재임기간	소속정당	정부별칭	비고
노태우	1988.2.25. ~ 1993.2.24.	민주정의당	노태우정부	
김영삼	1993.2.25. ~ 1998.2.24.	민주자유당	문민정부	
김대중	1998.2.25. ~ 2003.2.24.	새정치국민회의	국민의정부	
노무현	2003.2.25. ~ 2008.2.24.	새천년민주당	참여정부	
이명박	2008.2.25. ~ 2013.2.24.	한나라당	이명박정부	
박근혜	2013.2.25. ~ 2017.3.10.	새누리당	박근혜정부	탄핵
문재인	2017.5.10. ~ 2022.5.9.	더불어민주당	문재인정부	
윤석열	2022.5.10. ~	국민의힘	윤석열정부	

제6공화국 들어서 8명의 대통령을 배출하였다. 놀랍게도 같은 당명의 정당이 연이어서 집권을 이룬 적이 없다. '국민의 힘'의 전신은 새누리당 → 한나라당 → 민주자유당 → 민주정의당에서 시작되었고, 더불어민주당의 전신은 새천년민주당 → 열린우리당 → 새정치국민회의에서 출발하여 연속성은 있다고 할 수 있다. 대한민국 정당은 당내의 어떠한 사유로 인하여 당명을 자주 변경하였다. 더 들여다보면, 중간중간에 더 많은 당명이 탄생하였다가 사라졌다. 현재 보수세력의 '국민의 힘'은 2020년 9월 2일에 미래통합당에서 당명이 변경되었다. 진보세력의 '더불어민주당'은 2015년 12월 28일에 새정치민주연합에서 당명을 변경하였다. 당명 수난의 시대이다.

이러한 배경에는 현행 정부형태인 대통령제도 한몫하고 있다. 우리나라의 대통령제는 내각제적 요소가 가미되어 있는 독특한 내동령제이다. 순수한 미국식 대통령제와 다르다. 이러한 독특한 권력구조는 1948년 정부수립 당시 각 정파 간의 권력 쟁취를 위한 갈등의 유산이다. 대통령제에 내각제 요소를 가미한 대통령제를 수용한 것은 국민의 대표기관인 국회의 영향력을 실질적으로 증대하기 위해 도입되었다. 그런데 독특한 대통령제의 운용은 대통령으로 하여금 입법부의 정치과정까지 적극적으로 개입하게 하고, 따라서 삼권분립 하의 행정부의 수반으로서보다는 삼권 위에 위치하는 국가의 수반으로서의 위상을 강화하는 효과를 낳았다.[141] 이러한 상황에서 대통령의 지지도는 정당에 매우 크게 영향을 미쳤고 작용하였다. 대통령의 지지도가 높을 때는 현상을 유지하지만, 대통령의 지지도가 추락 또는 대통령의 권한에 레임덕lameduck이 왔을 때는 정당의 지지까지 추락한 사례가 부지기수다. 그 과정에서 대통령과의 결별하는 모양새로 대통령의 탈당과 당명 변경을 통해 새로운 모색에 나섰다.

또 한 가지 생각해 볼 것이 대통령의 임기이다. 현행 헌법에서 대통령 임기는 5년이고 단임제이다. 단임제는 재신임의 가능성이 전혀 없기에 대통령은 임기 시작과 함께 곧바로 레임덕이 시작되며, 또한 일방적인 통치를 강행하고도 책임을 지지 않는다. 재신임의 기회는 국민에게 있어서 대통령의 국정운영에 대한 심판의 기회이다. 대의민주주의에서 민주적 책임성을 방기하고 있다. 대통령의 국정운영에 대한 심판의 기회가 박탈되면서 자연스럽게 민주적 책임성은 대통령이 속한 정당으로 이관된다. 정당은 대통령 임기 5년과 함께 새로움을 모색하면서 당명을 변경하였다.

1. 양김 : 김영삼과 김대중

대통령은 제6공화국 헌법에서 정한 임기 5년의 단임제로 보수와 진보가 10년 주기로 집권하였다. 다만, 박근혜 대통령은 임기 1년을 남기고 탄핵 되었다. 제19대 문재인 대통령에서 제20대 윤석열 대통령으로 교체되면서 진보의 집권이 5년 만에 마무리되었다.

1987년 6월민주항쟁으로 제6공화국이 탄생할 때까지만 해도 김영삼과 김대중은 야당의 정치지도자였다. 두 사람은 민주화추진협의회 공동의장이며, 통일민주당의 창당을 주도하였다. 통일민주당은 정통야당으로 부상했고, 6월민주항쟁으로 대통령직선제를 관철하였다. 그와 함께 두 사람의 정치적 행보에 전 국민의 눈과 귀가 쏠렸다. 야권을 대표하여 누가 대통령 후보가 되느냐는 정국을 관통하는 핵심이었다.

두 사람에게 이상한 기류가 시작되었다. 통일민주당의 당내 조직의 주도권을 배경으로 김영삼은 대통령 후보의 조기 선출을 주장한 반면, 뒤늦은 사면복권으로 당내 기반이 취약한 김대중은 재야 민주인사들을 영입하여 범야권 단일후보를 선출하자고 주장하였다. 두 사람의 주장은 팽팽하게 맞섰다. 두 사람은 엄혹한 시절에는 같은 목소리를 내었으나, 화해 분위기가 조성되면서 분열하는 속성을 보였다. 1980년 '서울의 봄' 그리고 1987년 6월민주항쟁에서 두 사람의 말과 행동은 권력에 심취된 욕망 그 이상도 이하도 아니었다.

양측의 치열한 공방 속에서 김영삼이 1987년 10월 10일 통일민주당의 대통령 후보로 출마하겠다고 공식 선언하였다. 김영삼은 이날 출마기자회견에서 "박정희 정권을 타도하고 현 정권의 6·29항복까지 받는데 앞장서서 누가 투쟁했나를 알고 있는 국민들은 누가 후보가 돼야 하나를 이미 작정했을 것이다"면서 자신이 출마하는 게 역사의 순리라고 하였다. 그러면서 "김대중 고문의 양보를 받아내기 위해 총력을 기울일 것이다"고 밝혔다.[142]

김영삼이 출마를 선언한 다음 날(11일) 김대중도 사실상 대통령 후보 출마를 선언하였다. 김대중은 광주사태의 원만한 해결, 안정된 민주화의 추진, 국민생존권 문제의 해결, 남북한 간의 평화정착과 통일 추진에 자신이 적임자라고 주장하며, "출마를 진지하게 고려하고 있다"고 밝혔다. 그러면서 "김영삼 총재와 나는 마지막 단계에서 군사정권 후보의 당선을 막고 민주정부 수립을 위해 필요하다면 어떠한 희생도 해야 하며 그런 희생을 할 용의도 있다"고[143] 밝히면서 막판 단일화 의지를 드러냈다.

통일민주당 내의 중립적인 국회의원과 재야인사들은 강하게 '야권단일화'를 요구하였다. 양측의 팽팽한 공방은 계속되었다. 10월 28일 김대중도 대통령 출마를 공식 선언하고 곧바로 창당작업에 나섰다. 1980년 '서울의 봄'에서 보인 작태를 두 사람은 다시 보였다. 두 사람의 결별은 결국 1987년 12월 16일 제13대 대통령 선거에서 각자 도생이었다.

결별의 표정 : 10월 20일 국회에서 열린 민주당 의원총회에 참석한 김영삼 총재와 김대중 고문
출처 :『경향신문』1987년 10월 20일

제13대 대통령 선거는 1971년 4월 27일 제7대 대통령 선거 이후 무려 16년 7개월 만에 실시된 직선제 선거였다. 대통령 선거에는 8명이 입후보하여, 도중에 3명이 사퇴하고 5명이 선거를 치렀다. 그러나 대체로 언론은 '1노 양김'의 대결로 압축하였다. 민주정의당 노태우, 통일민주당 김영삼, 평화민주당 김대중이다. 선거 결과, 노태우 후보 36.64%, 김영삼 후보 28.03%, 김대중 후보 27.04%를 각각 획득하여 노태우 후보가 제13대 대통령에 당선되었다. 현재까지 가장 낮은 득표율로 당선된 대통령으로 기록되어 있다. 김영삼과 김대중,

두 사람의 분열은 군부 정권의 연장으로 이어졌다.

노태우 대통령이 취임하고 두 달만인 1988년 4월 26일 제13대 국회의원 총선거가 시행되었다. 제13대 총선은 소선구제로 지역구 224석 비례대표 75석으로 합하여 299명을 선출하였다. 선거 결과 민주정의당 125석, 평화민주당 70석, 통일민주당 59석, 신민주공화당 35석, 무소속 기타 10석 등의 당선자를 배출하였다. 제13대 총선은 야당이 의석수나 득표율에서 여당을 크게 앞서면서 '여소야대'의 국회를 구성하였다. 특히 여당인 민정당이 원내의석의 과반수에 미달하는 최초의 선거였으며, 국회가 헌정사상 처음으로 4당 체제로 운영되었다.

집권 여당의 원내의석이 과반수에 미달함으로써 정국은 3김(김대중·김영삼·김종필)으로 일컫는 야권이 주도하였다. 야권은 5공을 청산하는 작업에 착수하였다. 국회에는 5공 특위가 구성되어 가동하였다. 최초 TV 생중계로 진행된 '5공비리', '광주문제', '언론문제' 등의 청문회에서는 상상을 초월하는 비리와 음모가 폭로되었다. 국회의 5공청문회는 국회의 기능을 활성화하는 데 크게 이바지했으며, 동시에 밀실정치를 공개정치로 유도하고 대중의 정치참여를 높였다. 또한, 5공청문회는 많은 정치 스타를 탄생시켰다. 그중에서도 대중에게 각인되는 한 인물이 등장한다. 통일민주당의 노무현 의원이다. 아쉽게도 국민의 여망을 담은 5공 청산 작업은 큰 성과 없이 흐지부지되고 말았다.

2. 3당 합당 : 노태우·김영삼·김종필

1990년 1월 22일 오전 10시 대한민국 정당사에 한 획을 긋는 놀라운 발표가 있었다. "정치가 상상할 수 있는 것 그 이상"이라는 말을 낳았던 초유의 일이었다. 민주정의당 총재 노태우 대통령, 통일민주당 김영삼 총재, 신민주공화당 김종필 총재가 청와대에서 전격 회동하여 3당 통합을 합의하고 신당창당 추진을 위한 창당준비위원회를 구성하였다. 3당은 13대 국회에서 내각제로 개헌을 실현할 방침이라고 밝히면서 '구국의 결단'이라고 발표하였다. 일부에서는 이를 '3당 야합'이라고 비난하기도 한다. 3당 합당은 신군부 중심의 민정당과 보수세력이면서도 신군부에 편입되지 못했던 김종필의 신민주공화당, 그리고 전통적인 야권 세력이면서도 보수성을 지닌 통일민주당의 합당이었다.

통일민주당이 민주화를 추진했던 전통적인 야권 세력이었기에 5공화국의 후신 민정당을 비롯한 신민주공화당과 통합한다는 것은 말 그대로 충격이었다. 3당 통합은 헌정사상 처음으로 여야로 구분되고 정치적 성향이 달랐던 정당의 통합이다. 그러했기에 3당 통합이 결정되고 '통합 반대' 시위가 있었던 것도 보기 드문 사례이다.

3당은 1990년 2월 9일 민주자유당(이하 민자당)으로 공식 창당하였다. 민자당은 국회 의석 299석 중 216석을 확보하여 헌법을 단독으로 개정할 수 있는 거대 여당으로 출범하였다. 1988년 제13대 총선에 국민이 선택한 4당 체제는 인위적으로 민자당과 평민당의 양당 체제로 바꾸어 놓았다. 그리고 여소야대를 단박에 여대야소로 바꾸었다. 대의민주주의의 핵심은 주권자의 뜻을 대의하는 것이다. 주권자가 원하지 않은 인위적인 정계 개편은 지금까지도 크게 영향을 미치고 있다.

통일민주당의 합당은 순탄하지 않았다. 1990년 1월 30일 통일민주당 '3당 합당'을 위한 임시전당대회가 열렸다. 김영삼 총재는 "이것은 위대한 결정이요, 위대한 혁명입니다. 구국의 차원에서 우리의 결단은 내려지는 것입니다"라면서 통합의 정당성을 설파하였다. 임시전당대회의 분위기는 합당을 위한 수임기구 구성에 있어서 총재에게 일임하자는 제안에 찬성하였다. 그러나 김상현 의원과 노무현 의원은 '이의 있습니다'를 외치며 반대 토론을 주장하였다. 5공 청문회에 이어 노무현 의원의 결기를 보여준 당시 장면은 아직도 정치사에서 회자되고 있다. 노무현은 오른손 주먹을 불끈 쥐고 손을 들어 '이의 있습니다'를 외쳤다. 주변이 찬성의원들과 청년 대의원들이 노무현 의원을 감쌌지만, 노무현 의원은 거칠게 항의한다.

이의 있습니다. 무효입니다. 이것이 어찌 회의입니까? 이의가 있습니다. 반대 토론을 해야 합니다. 토론과 설득이 없는 회의가 어디 있습니까? 토론과 설득이 없는 회의도 있습니까?[144]

거친 항의에도 불구하고 3당 합당은 추인되었고, 모든 것을 김영삼 총재에게 위임하였다. 통일민주당의 3당 합당에 반대한 이기택, 김정길, 노무현, 김광일, 장석화 의원은 독재 정부의 후신인 민정당과 함께 할 순 없다며 김영삼과 결별하였다. 이들은 무소속의 박찬종, 홍사덕, 이철 등과 함께 민주당(일명 꼬마민주당)을 결성하였다. 민주 진영의 양대 축이었던 김대중과 김영삼은 숱한 민주화 투쟁사를 남기고 다시는 돌아올 수 없는 다리를 건넜다.

민정당의 노태우 대통령은 36.64%라는 매우 낮은 득표율로 대통령에 당선되었다. 이윽고 치러진 제13대 총선거에서 '야대여소'라는 참패를 맛봤다. 정국을 주도하기에는 역부족이었다. 어떤 형태로든 정국을 주도할 카드가 필요했고, 이에 김영삼과 김종필에게 3당 합당을 제안했고, 이루어졌다.

그렇다면 김영삼은 왜 3당 합당에 나섰던 것일까? '위대한 혁명이고 구국의 결단'이라는 김영삼의 포효는 어느 정도 설득력을 얻을 수 있을까. 김영삼은 제13대 대통령 선거에 나서면서, 직선제 쟁취 등 민주화의 성과에 대해 본인이 김대중보다 더 역할을 했다고 주장하였지만, 낙선하였다. 미묘한 차이지만 그나마 2등으로 낙선하면서 위안을 얻었다. 국민의 열망이었던 정권교체는 실패하였고, 이 화살은 김대중에게 더 쏠렸다. 이윽고 치러진 제13대 총선거에서 김영삼이 이끈 통일민주당은 민정당, 평화민주당에 이어 제3당으로 그 위상이 추락하였다.[145]

중요한 지점은 김대중이 이끈 평화민주당에 밀려 제2의 야당이 되었다는 것이다. 정국의 주도권이 여당과 제1야당인 평화민주당에 더 집중되었고, 정치적 위상도 김대중에게 쏠렸다. 김영삼의 입장에서는 자존심이 많이 상했을 것이다. 이러한 정국 흐름이 계속되고, 현재적 정치 위상이 계속된다면 다음 제14대 대통령 선거에서도 김영삼이 당선된다는 보장이 없었다. 아니 야권을 대표한 후보가 되기도 쉽지 않다고 판단하였을 것이다.

김영삼은 3당 합당의 결과로 1992년 제14대 대통령 선거에서 김대중을 제치고 대통령에 당선되었다. 김대중은 제15대 대통령 선거에 당선되면서 헌정사상 처음으로 정권교체를 이루었다. 1971년 제7대 대통령 선거에서 신민당 후보로 경선을 펼쳤던 두 사람은 때론 동지였고, 때론 경쟁자였다. 그러나 3당 합당으로 인하여 두 사람은 애증을 넘어서는 관계가 되었다. 대한민국 정치사에 한 획을 그었던 두 사람에 대한 냉정한 평가가 필요하다.

민자당은 단시일에 거대 여당으로 탈바꿈했지만, '한지붕 세가족'

이었다. 제13대 국회에서 개헌을 통해 내각제로 권력구조를 개편한다고 했지만, 각 세력 간에 이견으로 개헌은 입도 벙긋하지 못하였다. 그리고 2년 후 치러진 제14대 총선에서 민자당은 299석 중 149석으로 과반 달성에 실패하였다. 민주당 97석, 통일국민당(총재 정주영) 31석 기타와 무소속 22석 등을 획득하였다. 통일국민당의 출현으로 다시 3당 체제로 전환되었다. 제13대와 제14대 국회의원 총선거에서 보여준 민의는 다당제였다.

1987년 제6공화국 헌법이 제정되고 1988년 제13대 대통령 선거와 국회의원 총선거에서 국민은 민주 진영에 손을 들어줬다. 헌정사상 첫 '여소야대'이다. 하지만 주권자의 의견과 전혀 다른 3당 합당이 이루어졌다. 3당 합당은 1988년의 문제로만 국한되지 않는다. 대한민국 현대사의 물줄기를 크게 바꾸어 놓은 엄청난 사건이다.

3당 합당은 호남과 영남으로 양분되는 지역주의 정당의 고착화를 낳았다. 부산·경남 지역은 4·19혁명, 부마민주항쟁, 1987년 6월민주항쟁에 이르기까지 대한민국 민주화운동의 한 축이었다. 3당 합당은 '지역 대연합'을 통한 호남의 고립 구도를 만들어 냈고, 민주 대 반민주의 정치 구도가 주변으로 밀리고 '호남 대 비호남'의 지역주의 구도가 전면에 부상하였다. 그리고 호남 대 영남 중심으로 양당 체제가 강화되면서 지역주의 정당 체제가 유지되고 있다. 제3의 대안으로 제3당이 출현했지만, 결국은 양당 체제로 귀속되었다. 정당정치가 두 개의 커다란 주류적 흐름으로 재편되었고, 이러한 양당 체제를 보수-진보 양면 구도라고 일컫기도 한다.146)

양당 체제를 유지하기 위한 두 정치세력은 소선구제를 선호한다. 소선구제는 지역적 기반이 튼튼한 정당에게 매우 이로운 점이 있는 선거제도이다. 민주주의 핵심은 다양성이다. 특히 지금과 같이 성별,

세대별 계층별 등 다양한 의견이 노출된 시대에는 더욱이나 다양한 의견을 수렴할 정당이 필요하다. 복수정당제를 넘어서 다당제로 전환하여 국민의 작은 목소리도 정치권이 담아낼 수 있어야 한다. 그렇지만, 양당의 입장에서는 굳이 선거구제를 개편할 필요가 없다.

정치제도의 대통령제와 국회의원 소선구제는 정치적 문제로만 남지 않았다. 현행 대통령제와 소선거구제는 단 한 표만 이겨도 모든 것을 쟁취한 승자독식 구조이다. 이러한 구조는 사회·경제에 영향을 미쳤고, 문화로 정착되었다. 문화란 사회구성원에 의해 습득되어 나타난 행동양식이다. 대통령제와 소선구제는 무한 경쟁을 통한 승자독식 구조의 문화를 정착시켰다. 정치란 무릇 대화와 타협이다. 이를 위해서는 정당 간의 연대, 연합, 연립 또는 정책 간의 연대, 연합, 연립도 필요하다. 그러나 현행 정치제도는 대화와 타협은 물론이고 연대, 연합, 연립이 불필요한 구조이다.

승자만이 살아남는 사회에서 각자도생하는 방안이나 방법에만 혈안이 되었다. 방안이나 방법의 과정은 중요하지 않다. 옳고 그름은 더욱이나 문제가 되지 않는다. 어떤 수단과 방법을 가리지 않고 이겼다는 결과만 얻으면 된다. 그래서 '무조건 이겨야 한다', '어떤 경우든 이기고 봐야 한다'는 논리가 사회 전반에 만연했고, 사회구성원의 행동양식으로 굳건하게 자리하였다. 이는 교육에서도 마찬가지로 결과만능주의에 빠졌다는 점에서 그 심각성과 위험성을 자각해야 한다.

정치에서 시작된 잘못된 구조는 지난 37년간 많은 문제를 노정하며 사회 전반에 정착되었다. 승자독식 구조, 무한반복적인 경쟁, 결과만능주의에 대해 많은 국민이 잘못되었다고 인식하고 있다. 이제 그 잘못된 구조를 주권자인 국민이 청산하는 작업을 진행해야 한다. 그것이 진정한 민주주의이다.

3. 위헌법률심판 : 행정수도 이전

2004년 10월 21일은 대한민국 헌정사에 커다란 사건이 있었다. 다름 아닌 '신행정수도건설특별조치법'이 헌법재판소로부터 위헌결정을 받은 날이다. 행정수도 이전은 2002년 대통령 선거에서 노무현 후보의 공약이다. 2002년 9월 30일 새천년민주당의 대통령 후보 노무현은 선거공약으로 "수도권 집중 억제와 낙후된 지역경제를 해결하기 위해 청와대와 정부 부처를 충청권으로 옮기겠다"는[147] 행정수도 이전계획을 발표하였다. 행정수도 이전의 목적은 국토의 균형발전이다.

노무현 대통령이 당선되고 2003년 10월 정부는 '신행정수도의건설을위한특별조치법안'을 제안했고, 2003년 12월 29일 '신행정수도건설특별조치법'(이하 행정수도특별법)이 국회를 통과하였다. 2004년 1월 16일 행정수도특별법은 법률 제7062호로 공포되었고, 부칙 규정에 따라 3개월 후부터 시행되었다.

그런데 '행정수도특별법'이 위헌이라며 서울특별시 공무원, 서울특별시의회 의원, 서울특별시에 주소를 둔 시민을 비롯하여 각지의 168인이 위헌법률심판을 청구하였다. 청구인의 주장에 따르면,

1. 대한민국의 수도가 서울이라는 사실은 불문헌법에 해당하기 때문에, 수도를 이전하기 위해서는 헌법 제130조에서 명시하고 있는 헌법개정을 위한 국민투표가 필요함에도 불구하고 이를 거치지 아니하였으므로 기본권인 국민투표권을 침해하였다.
2. 수도 이전에는 막대한 재정이 소요되는데 이러한 지출은 재정투자의 우선 순위를 도외시한 것으로써 헌법 제37조 제1항에서 도출되는 납세자의 권리를 침해한다.

3. 수도 이전과 같은 중대한 문제의 결정에는 적법절차의 원칙이 존중되어 청문회를 거쳐야 하는데 이를 거치지 않았으므로 국민의 청문권이 침해되었다.

4. 청구인 중 서울특별시의회 의원과 공무원들은 수도 이전으로 기존의 직위와 권리를 박탈당하기 때문에 신행정수도특별법은 공무담임권과 직업수행의 자유를 침해한다.

5. 청구인 중 수도권 주민은 수도 이전으로 인하여 경제 사회생활에서의 불이익을 받을 것으로 예상되므로 청구인들의 직업선택의 자유와 거주이전의 자유 및 행복추구권이 침해된다.

'수도首都'란, 한 국가의 통치기관이 있는 정치적 중심지로서 국가의 중심도시이자 핵심적 기능을 수행하는 도시를 뜻한다. 우리 헌법에는 수도를 명시한 규정이 없다. 반면, 북한은 수도를 규정하고 있다. 즉, 1948년 제정된 북한 헌법 제103조는 "조선민주주의인민공화국의 수부는 서울시다"라고 규정하였다.[148] 북한이 서울을 정치와 행정의 중심지로 삼겠다는 의지의 천명으로 헌법에 명시했지만, 이는 사실명제가 아니다. 당위성을 표방한 당위명제에 불과하다.

청구인의 위헌심판 청구에 대해 2004년 10월 21일 헌법재판소는 "① 서울이 수도라는 것은 관습헌법이 있다. ② 헌법을 개정하려면 헌법 제130조가 정한 국민투표를 거쳐야 한다"면서 행정수도특별법에 대해 헌법재판관 8명(윤영철, 김영일, 권성, 김효종, 김경일, 송인준, 주선회, 이상경)이 위헌결정을 내렸다. 위헌결정한 재판관의 판단은 헌법에 "대한민국의 수도를 서울특별시로 한다"는 규정은 존재하지 않지만, 조선시대 이래 600여 년 동안 우리나라의 국가생활에 관한 당연한 규범적 사실이 되어왔다는 것이다. 따라서 성문헌법에는 수도를 규정하지 않았지만, 관습헌법으로 보면 서울이 수도라고 하였다. 그리고 이 수도를 이전하기 위해서는 관습헌법상으로 되어 있는 '서울이 수도'라는 것을 현행 성문헌법에서 개정해야 한다고 하였다.

이에 대해 전효숙 재판관은 반대의견을 제시하며 위헌법률심판을 '각하'해야 한다는 의견을 제시하였다. 전효숙 재판관은 "수도 문제는 헌법사항이 아니며, 또한 대한민국의 수도가 서울이라는 점이 관습헌법의 내용이 될 수도 없다. 성문헌법이 모든 헌법사항을 빠짐없이 규율할 수 없어 관습헌법의 존재를 부정하지는 않지만, 관습헌법은 성문헌법에 대한 보충적인 효력을 가지며, 관습으로 존재하는 헌법사항은 헌법개정을 통해 비로소 성문헌법의 효력을 갖는다. 국가기관의 권한 배분의 원칙을 기준으로 보면 관습헌법이 존재한다는 이유로 헌법개정이 필요하다면 관습헌법이 국회의 입법권을 변경시키는 결과가 되어 허용될 수 없다"고 판시하면서 행정수도 위헌법률심판을 '각하'해야 한다고 주장하였다.

대한민국은 1948년 7월 17일 헌법을 제정하였다. 헌법 〈전문〉에는 '대한국민은 3·1운동으로 건립된 대한민국임시정부의 법통'을 계승한다고 하였다. 대한민국 헌법 제1조 '대한민국은 민주공화국이다'고 규정하였다. 1919년 대한민국 임시정부의 대한민국 임시헌장 제1조 '대한민국은 민주공화제로 함'으로 명시하였다. 대한민국 임시헌장 그리고 대한민국 헌법은 조선왕조 500년과 전혀 다른 주권재민의 입헌국가로의 선언이다. 대한민국 헌법에 구현된 원리는 국민이 인간이기 때문에 갖는 천부적 권리를 보장하기 위한 것이며, 이러한 인도주의적이며 보편주의적인 원리를 떠나 특정한 이념이나 정파, 정략의 이권을 대변하기 위한 것으로 조작되거나 자의적으로 해석될 수 없다. 그런데 입헌국가이며 성문헌법이 엄연히 존재한 국가에서 조선시대 경국대전의 관습법을 들어 위헌결정을 내렸다.

'특별시, 그리고 특별 시민'

행정수도특별법의 위헌법률심판 청구인 중에는 서울특별시 시의회 의원, 서울특별시 공무원, 서울에서 거주한 사람들이 주류를 이루었다. 대한민국 정부수립 이후 서울은 '수도'였고, '특별시'라고 지칭하였다. 서울특별시에서 사는 사람은 특별시민이다. 이들은 행정수도 이전이 직업 선택 자유와 행복추구권 침해가 우려된다면서 위헌법률심판을 청구하였다.

제6공화국 헌법 제11조 제1항에는 "모든 국민은 법 앞에 평등하다. 누구든지 성별·종교 또는 사회적 신분에 의하여 정치적·경제적·사회적·문화적 생활의 모든 영역에 있어서 차별을 받지 아니한다"고 규정하였다. 그런데 '특별도시'가 있고 '특별시민'이 있다. '특별도시'가 아닌 곳은 '보통도시'이고 '보통시민'이라는 의미가 된다. '보통도시'는 정치·경제·사회·문화 등 모든 영역에 있어 '특별도시'와 차이가 있음을 느낄 수 있다.

또한 제11조 제2항에는 "사회적 특수계급의 제도는 인정되지 아니하며, 어떠한 형태로도 이를 창설할 수 없다"고 규정하였다. 사회적 특수계급이란 신분에 따라 경제·사회적으로 특별한 혜택을 받는 계급이다. 당연히 대한민국에 사회적 계급은 존재하지 않는다. 그렇지만, 행정수도특별법에 위헌법률심판을 청구한 이들은 서울특별시의 특별한 시민으로서의 혜택이 침해될 것을 우려하였다. 우리 사회에 형식적이고 제도적인 특수계급은 없다고 할 수 있지만, 사실상 특별한 계급의식이 존재하였고, 그 존재의식 속에서 '수도'는 매우 중요하고 특별한 함의를 제공하였다. '특별함'이 가져다준 정치·사회·경제·문화적 혜택의 근간에는 '수도'가 있었기에 수도 이전을 용납할 수 없었고, 계속적으로 특별한 지위를 누리고 싶었을 것이다.

헌법 제10조 "모든 국민은 인간으로서의 존엄과 가치를 가지며, 행복을 추구할 권리를 가진다. 국가는 개인이 가지는 불가침의 기본적 인권을 확인하고 이를 보장할 의무를 진다"는 행복추구권은 서울특별시민에게만 해당하는 것이 아니다. 그런데 위헌법률심판 청구인은 행복추구권이 특별시민에게만 부여된 특권으로 인식하고 있다.

해방 이후 서울은 서울, 경성, 한성 등 혼재된 이름을 사용하였다. 언제부터 '특별시'라고 불렀던 것일까? 1946년 8월 15일 『동아일보』는 '서울시를 특별시로'란 기사를 보도하였다. 이는 전날(8월 14일) 미군정장관 러취 소장이 "헌장에 의하여 서울이 경기도 관할에서 이탈하여 완전한 한 개의 도道 수준으로 승격했다"면서 "조선은 유사이래 처음으로 민주주의 지방자치의 도시를 가지게 되었다"고 발표하였다.[149] 러취 소장이 언급한 헌장은 바로 '서울시 헌장'이다.

'서울시 헌장'은 1946년 8월 10일 제정·시행되었다.[150] '서울시 헌장' 제1조에는 "「경성부」를 「서울시」라 칭하고 차를 특별자유시로 함"으로 규정하였다. 이 규정에 따라 "서울시의 관할구역은 현 중구, 종로구, 동대문구, 성동구, 서대문구, 마포구, 용산구, 영등포구로 하되 금후 법률에 의하야 차를 변경함을 득함"이라고 하였다. 경성부가 서울시를 바뀌었고, 서울시를 특별자유시라고 했지만, 도시명은 '서울특별시'가 아닌 '서울시'이다. '특별자유시'라는 것은 지방자치를 실시하기 위한 의미로 해석할 수 있다.

'서울특별시'란 도시명이 법적 효력을 갖게 된 것은 1946년 9월 18일이다. 미군정청이 '서울특별시의 설치'라는 군정법률 제106호를 공포했으며, 10일 후인 그해 9월 28일 법이 발효되면서 서울은 비로

소 '서울특별시'란 새로운 도시명을 얻게 되었다. 영문으로 작성됐던 군정법령을 직역하면 '서울독립시Seoul Independent City'이다. 이를 '서울특별시'로 의역하여 표기하였다.

당시 미군정은 서울시를 경기도에서 분리시킨 뒤 지방자치제를 시행하고자 하였다. '독립시'는 중앙정부에 직속된 독자적인 지방정부로 모나코나 바티칸과 같은 '도시국가'와는 다른 개념이다. 미군정이 독자적인 지방정부 '서울특별시'를 만들고자 했던 것은 미국의 수도 '워싱턴 D.C'를 참조했을 것이라고 보인다. '워싱턴 D.C'는 미국의 메릴랜드주와 버지니아주 사이에 있다. 행정구역 정식명칭은 컬럼비아구District of Columbia이다. 컬럼비아구는 '어느 특정한 주에 속하지 않는, 미국 연방 직속의 특별한 구역'임을 의미한다. 연방제 국가인 미국에서 수도를 특정한 주州에 둘 수는 없었다. 그리하여 연방정부 직속의 독자적인 지방정부 '워싱턴 D.C'라는 도시를 만들었다. 서울시도 수도로써 경기도에 관할을 두는 것은 미국인 입장에서는 생소하고 행정상 어울리지 않는다고 판단한 것으로 보인다. 그리하여 워싱턴 D.C를 참조하여 '서울독립시'로 정하는 군정법령을 제정하였고, 이를 '특별시'로 부르게 되었다. 이는 행정수도를 이전하려고 했던 '세종특별자치시'도 마찬가지이다.

1946년 9월 28일부터 서울은 '특별시'였고, 따라서 특별함을 누렸다. 그러다 보니 최근 '특별자치도'가 탄생하고 있다. 제주특별자치도, 강원특별자치도, 전북특별자치도 등이다. 또한 '특례시'도 곳곳에서 출범하고 있다. '특별시', '특별자치도', '특례시'처럼 특별해지고 싶은 욕망의 분출이다. 어떻게 해석하고 이해해야 할까.

4. 탄핵 심판 : 노무현, 박근혜

1948년 8월 15일 대한민국 정부 수립 이후 현재 제20대 대통령까지 대통령의 '탄핵 심판'은 두 차례 있었다. 12여 년의 시차를 두고 한 차례는 탄핵을 기각했고 또 한 차례는 인용하였다. 제6공화국 들어서서 첫 탄핵의 대상은 제16대 대통령 노무현이다.

노무현 대통령 탄핵은 2004년 3월 9일 한나라당과 새천년민주당 등 야당의원 159명이 탄핵동의안을 국회에 제출하면서 시작되었다. 3월 12일 참석 의원 195명 중 193명의 찬성으로 탄핵안이 가결되었다. 헌정사상 초유의 대통령 탄핵사태에 직면하였다. 이날로 대통령 직무가 정지되고 국무총리 고건이 대통령 권한대행을 맡았다.

탄핵 사유는 첫째, 2004년 3월 중앙선거관리위원회가 같은 해 2월의 노 대통령 발언이 공직선거법상 공무원의 정치적 중립의무를 위반한 것으로 결정했고, 노 대통령은 선관위의 판정과 국회의 인사청문 의견을 무시함으로써 선관위와 국회 등 헌법기관을 경시하여 삼권분립의 정신을 파괴하였다. 둘째, 노무현 대통령은 자신과 안희정·양길승·최도술·이광재·여택수 등 측근들의 권력형 부정부패로 인해 국정을 정상적으로 수행할 수 있는 최소한의 도덕적·법적 정당성을 상실하였다. 셋째, 세계적인 경기호황 속에서도 미국보다 낮은 성장률에 머물러 있는 등은 노무현 대통령이 국민경제와 민생을 도탄에 빠뜨려 국민에게 IMF 위기 때보다 더 극심한 고통을 안겨주고 있다는[151] 것이다.

탄핵 사유를 정리하면, 선거법 위반, 불법 정치자금 수수, 국정 파탄 등 3가지 이유를 들었다. 하지만, 핵심은 선거법 위반이었다. 탄핵

소추 사유 중 선거법 위반으로 일컫는 특정 정당을 지지한 행위 등에 관한 내용을 보면,[152]

① 2004년 2월 18일 경인지역 6개 언론사와의 합동기자회견에서, "개헌저지선까지 무너지면 그 뒤에 어떤 일이 생길지는 나도 정말 말씀드릴 수가 없다"고 발언.

② 2004년 2월 24일 방송기자클럽 초청 기자회견에서, "앞으로 4년 제대로 하게 해 줄 것인지 못 견뎌서 내려오게 할 것인지 국민이 분명하게 해줄 것", "국민들이 총선에서 열린우리당을 압도적으로 지지해 줄 것을 기대한다", "대통령이 뭘 잘해서 우리당이 표를 얻을 수만 있다면 합법적인 모든 것을 다하고 싶다"고 발언.

③ 2003년 12월 19일 노사모가 주최한 '리멤버 1219' 행사에 참석하여 "시민혁명은 계속되고 있다. 다시 한번 나서달라"고 발언.

④ 2004년 2월 5일 강원지역 언론인 간담회에서 "'국참 0415' 같은 사람들의 정치참여를 법적으로나 정치적으로 허용하고 장려해 주어야 한다"고 발언.

⑤ 2004년 1월 14일 연두기자회견에서, "개혁을 지지한 사람과 개혁이 불안해 지지하지 않은 사람들이 있어서 갈라졌고, 대선 때 날 지지한 사람들이 열린우리당을 하고 있어 함께 하고 싶다"고 발언.

⑥ 2003년 12월 24일 측근들과의 회동에서 "민주당[153]을 찍으면 한나라당을 돕는다"고 발언.

노무현 대통령의 이러한 발언이 국민을 협박하여 특정 정당 지지를 유도하고 총선 민심에 영향을 미치는 언행이며, 이를 반복한 것이 공직선거 및 선거부정방지법(이하 '공선법') 상 공무원의 정치적 중립의무를 위반했다는 것이다. 따라서 2004년 4월 15일에 치러진 제17대 국회의원 총선거에 노무현 대통령의 발언이 국민의 의사형성 과정에 영향을 미쳤거나 미칠 가능성이 있었다는 것이다.

한나라당과 새천년민주당은 당시 반대 여론이 70%에 달했지만, 거대 야권의 힘으로 탄핵을 밀어붙였다.[154] 국회에서 노무현 대통령에 대한 탄핵소추가 가결된 후 실시된 긴급 여론조사에 의하면, 찬성보다 반대가 훨씬 많았다. KBS-미디어리서치 조사(3월 12일)에서는 탄핵 반대 여론이 69.6%, 찬성이 28.6%로 나타났다. 같은 날의 MBC-한국리서치 조사에서는 탄핵 반대가 70.0%, 찬성이 22.7%였다. SBS-TNS 조사에는 각각 69.3%, 25.3%, 연합뉴스-월드리서치 조사에서는 각각 74.9%, 24.6%의 수치를 보였다.[155] 2004년 3월 17일 한국갤럽 조사에서 노 대통령은 30.5%의 지지율을 보였다. 대통령의 지지율은 낮았지만, 그 대통령에 대한 탄핵에는 국민들이 단호히 반대하였다.

대통령 탄핵 가결 이후 3월 20일 광화문에서 열린 '대통령 탄핵 반대' 촛불집회에는 무려 시민 25만 명(경찰 추산 약 13만 명)이 참여했으며, 촛불시위는 전국 50여 개 지역으로 확대되었다. 나라 밖 7개국에서도 교포들이 시위를 조직하였다. 탄핵 심판이 기각된 5월 14일까지 시민들은 전국 곳곳에서 '탄핵 무효', '민주 수호'를 외치는 촛불시위를 벌였다. 당시로선 유례를 찾기 어려울 정도로 파격적인 규모였으며, 대한민국 역사에서 '촛불시위'로 저항권을 드러내는 출발점이 되었다. 결과적으로 노무현 대통령의 탄핵 반대운동 촛불시위는 헌법재판소가 탄핵 심판청구를 기각하도록 이끌었으며, 무엇보다도 중도증 시민들이 참여하는 자발적인 대중운동으로 전환하는 계기를 만들었다고 평가할 수 있을 것이다.[156]

헌법재판소는 2004년 3월 12일부터 2004년 5월 14일까지 63일간 대한민국 헌정사상 초유의 탄핵소추 및 심판 사건을 진행하였다. 헌법재판소의 탄핵 심판이 진행되는 중간에 제17대(4월 15일) 총선거가 실시되었다. 총선 결과, 열린우리당157)이 152석을 얻었고, 한나라당은 121석, 민주당은 9석을 획득하였다. 열린우리당은 47석에서 152석으로 원내 다수당이 되었다. 행정부 권력으로 김대중 대통령이 1997년 정권교체를 이룩했다면, 제17대 총선에서 헌정사상 처음으로 국회 권력의 교체가 이루어졌다. 한나라당은 139석에 121석으로 줄어들었으며, 민주당은 59석에 9석으로 몰락하였다. 결과적으로 제17대 총선은 탄핵을 주도했던 한나라당과 민주당을 심판하는 선거가 되었다.

2004년 5월 14일, 국민의 눈과 귀는 헌법재판소로 쏠렸다. 탄핵의 사유 중 불법정치 자금 수수와 국정 파탄은 "그 자체로서 소추 사유가 될 수 없어, 탄핵심판절차의 판단 대상이 되지 않는다"고 하였다. 선거법 위반에 대해서는 "선거에서의 중립의무와 헌법수호 의무를 위반하였다"고 판단하였다. 그러나 "대통령의 법 위반행위가 헌법수호의 관점에서 중대한 의미를 가진다고 볼 수 없고 파면 결정을 정당화하는 사유가 존재하지 않는다"면서 "심판청구를 기각한다"고 밝혔다. 노무현 대통령은 직무 정지 63일 만에 업무에 복귀하였다.

박근혜 대통령 탄핵은 2016년 12월 3일 더불어민주당, 정의당, 국민의당 등 야당 3당 및 무소속 국회의원 6명을 포함한 171명이 '대통령(박근혜)탄핵소추안'을 발의하였다. 2004년 노무현 대통령 탄핵 사건이 일어난 지 12년 만에 다시 탄핵 이슈가 등장하였다. 12월 9일 재적의원 299명 중 234명의 찬성으로 탄핵안이 국회에서 가결되었다. 탄핵소추안을 국회 발의할 때 서명한 의원은 171명이었으나, 투표 결과 234명의 국회의원이 찬성하였다. 당시 여당이었던 새누리당 소속 국회의원 중에서도 상당수가 찬성하였다는 것을 알 수 있다. 박근혜 대통령은 국회로부터 '탄핵소추의결서'를 받으면서 헌법상 대통령 권한이 정지되었고, 황교안 국무총리가 대통령 권한대행을 맡았다.

국회에서 탄핵소추안 발의가 논의되고 있던 2016년 11월 29일 박근혜 대통령은 "국민 여러분께 큰 심려를 끼쳐 드린 점 깊이 사죄드린다. 국가를 위한 공적 사업이라 믿고 추진했던 일들이고 어떤 개인적 이익도 취하지 않았지만, 주변을 제대로 관리하지 못한 것이 큰 잘못이다. 대통령직 임기 단축을 포함한 진퇴 문제를 국회의 결정에 맡기겠다. 여야 정치권이 국정 혼란과 공백을 최소화하고 안정되게 정권을 이양할 수 있는 방안을 만들어 주면 대통령직에서 물러나겠다"고 밝혔다. 그런데도 헌법재판소는 '대통령(박근혜)탄핵' 심판을 계속하여 진행하였다.

국회의 소추의결서에 적시된 탄핵 사유는 5개 유형의 헌법 위배행위와 4개 유형의 법률 위배행위였다. 헌법 위배행위는 ① 최순실에게 공무상 비밀을 누설하고, 그와 친분 있는 주변인 등이 국가정책과 고위 공직 인사에 관여하게 하였다. 또 대통령의 권력을 남용하여 사기업들로 하여금 수백억 원을 갹출하도록 하고 최순실 등에 특혜를 주도록 강요하는 등 국가권력을 사익 추구의 도구로 전락하게 하였다. 이는 국민주권주의 및 대의민주주의의 본질을 훼손하고, 대통령의 헌법수호 및 헌법준수 의무를 위반한 것이다. ② 최순실이 추천하거나 관련된 사람들을 청와대 간부나 문화체육관광부 장·차관으로 임명했고 이들이 최순실 등의 사익 추구를 방조하거나 조장하도록 하였다. 또한 최순실 등의 사익 추구에 방해될 공직자들은 자의적으로 해임시키거나 전보시켰다. 이는 직업공무원제도, 대통령의 공무원 임면권 남용이며 평등원칙을 위배하였다. ③ 사기업에 금품 출연을 강요하여 뇌물을 수수하거나 최순실 등에 특혜를 주도록 강요하고, 사기업 임원 인사에도 간섭하였다. ④ 최순실 등 비선 실세의 전횡을 보도한 언론을 탄압하고 언론 사주에게 압력을 가해 신문사 사장을 퇴임하게 만들었다. ⑤ 세월호 참사가 발생하였을 때 국민의 생명을 보호하고 안전을 도모하기 위한 적극적 조치를 취하지 아니하여 생명권 보호 의무를 위반하였다.

법률 위배 행위는 ① 재단법인 미르와 재단법인 K스포츠의 설립·모금 관련 범죄다. 경제수석 안종범에게 지시하여 전경련을 통하여 기업으로부터 출연금을 받아 미르와 K스포츠를 설립하도록 하였고, 최순실은 대통령을 통해 재단 이사장 등 임원진을 그가 지정하는 사람으로 구성하여 미르와 K스포츠의 인사와 운영을 장악하였다. 안종범을 통하여 기업들로 하여금 미르에 486억 원, K스포츠에 288억 원을 출연하도록 하였다. 재단 출연금을 모으는 과정에서 대통령은 7대 그룹의 회장과 단독면담을 했고, 요청받은 기업들은 직·간접적 불이익을 우려하여 출연금 명목으로 두 재단법인에 돈을 납부하였다. ② 롯데그룹 추가 출연금 관련 범죄다. 최순실이 K스포츠 및 주식회사 더블루케이를 통하여 전국 5대 거점지역에 체육시설 건립 사업에 소요되는 자금을 롯데그룹이 부담하도록 하여 70억 원을 송금하였다. ③ 최순실 등에 대한 특혜 제공 관련 범죄다. 최순실의 요청 등을 받아 현대자동차에게 플레이그라운드에 대한 광고 발주 요구, 포스코에게 대한 펜싱팀 창단 요구 및 이에 대한 더블루케이의 자문계약 요청, KT에게 플레이그라운드에 대한 광고 발주 요구, 한국관광공사의 자회사인 그랜드코리아레저에게 더블루케이와의 업무용역 계약 체결 등을 요구하였다. ④ 문서유출 및 공무상 취득한 비밀누설 관련 범죄다. 공무상 비밀 내용을 담고 있는 문건 47건을 최순실에게 이메일

또는 인편으로 전달하였다.[158]

탄핵소추의 사유를 요약하면, 대통령이 직무집행에 있어서 사인의 국정개입을 용인했고, 대통령의 권한 남용이 있었으며, 언론의 자유 침해, 생명권 보호의무 위반, 뇌물 수수 등 각종 형사법을 위반함으로써 헌법과 법률을 중대하게 위반했다는 것이다.

박근혜 정부는 세월호 참사, 메르스 사태, 국정교과서 논란, 일본 군 위안부 합의 등으로 대중적 신뢰를 많이 잃은 상태에서 '최순실의 국정농단'이 세상에 알려지면서 국민의 분노는 극에 달하였다. 박근혜 대통령의 국정 지지율이 바닥으로 추락하였다.

2016년 12월 6일부터 8일까지 한국갤럽의 여론조사 결과, 탄핵 찬성이 81%, 반대가 14%였다. 이때 박근혜 대통령의 지지율은 5% 였고, '대통령이 잘못하고 있다'는 부정적인 평가가 91%였다.[159] 헌법재판소가 박근혜 대통령에 대한 탄핵심판 선고 기일을 3월 10일 오전 11시로 결정한 가운데, 여론조사 전문기관 리얼미터에서는 2017년 3월 8일 박 대통령 탄핵 여부에 대한 국민 여론을 조사하였다. 그 결과 '헌재가 '탄핵을 인용해야 한다'는 응답이 76.9%로 나타났으며, '탄핵을 기각해야 한다'는 응답은 20.3%로 조사되었다. 12년 전 노무현 대통령 탄핵과는 정반대의 여론이 형성되었다.

노무현 대통령 탄핵과 또 다른 양상을 보인 게 촛불집회이다. 2004년 촛불집회는 탄핵을 반대하는 집회였던 반면에 2017년 촛불집회는 탄핵을 찬성하는 집회였다. 탄핵을 찬성하는 촛불집회는 10월 29일을 시작으로 탄핵심판 다음 날인 2017년 3월 11일까지 총 20회 개최되었다. 이에 맞서는 '탄핵무효 국민총궐기' 대회, 이른바 태극기 집회도 2016년 12월 10일부터 2017년 3월 4일까지 총 16차례 개최되었다. 하지만 그 규모에서 비교가 되기 어려웠다. 탄핵을 찬성하는 촛불집회에는 연인원 1,700만 명이 참석하였다. 2016년 10월 29일 첫 촛불집회의 참여자는 3만여 명이었으나, 점차 증가하여 전국을 기준으로, 11월 5일 30만 명, 12일 110만 명을 거쳐 26일에는 190만 명에 달했고, 국회에서 탄핵소추안 통과를 한 주 앞둔 12월 3일 6차 집회에는 무려 232만 명이 모였다.[160]

2017년 3월 10일 오전 11시, 다시 한번 국민의 눈과 귀는 헌법재판소로 향하였다. 헌법재판소 재판장 이정미 재판관의 낭독이 시작되었다. 그리고 "피청구인 대통령 박근혜를 파면한다"고 판시하였다. 파면을 결정한 이유를 보면,

피청구인의 법 위반행위는 대통령이 국민 모두에 대한 '법치와 준법의 상징적 존재'임에도 헌법과 법률을 중대하게 위반한 행위이다. 이 사건 탄핵심판 청구를 기각한다면 정경유착 등 정치적 폐습은 확대·고착될 우려가 있다. 이는 현재의 헌법질서에 부정적 영향을 주는 것일 뿐만 아니라 우리 헌법이 지향하는 이념적 가치와도 충돌하고 최근 부패방지관련법 제정에서 나타난 '공정하고 청렴한 사회를 구현하려는 국민적 열망'에도 배치된다.

이러한 점을 고려할 때, 이 사건 탄핵심판과 관련하여 소명을 받은 헌법재판관으로서는 피청구인에 대해 파면을 결정할 수밖에 없다. 피청구인에 대한 파면결정은 자유민주적 기본질서를 기반으로 한 헌법질서를 수호하기 위한 것이며, 우리와 우리 자손이 살아가야 할 대한민국에서 정의를 바로 세우고 비선조직의 국정개입, 대통령의 권한남용, 정경유착과 같은 정치적 폐습을 청산하기 위한 것이다.

대한민국 헌정사상 최초로 대통령이 파면 되었다. 그렇다면 2004년 노무현 탄핵 심판과 2017년 박근혜 탄핵 심판은 어떤 차이가 있었고, '기각'과 '파면'을 갈랐던 근본적인 요소는 무엇일까?

대통령의 탄핵 소추권은 국회의 독점적 권한이다. 국회가 대통령의 탄핵 소추권을 발의하지 않은 이상 그 누구도 대통령의 권한을 중지할 수 없는 게 현행 헌법이다. 국회는 정치결사체의 모임이다. 따라서 헌법에서 정한 탄핵 사유는 정치적 해석의 영역이다. 헌법 자체가 법과 정치의 경계에 있다는 의미이다. '헌법과 법률 위반'이라는 탄핵 사유는 추상성과 개방성을 갖고 있다. 정치세력, 여론, 사법부 간의 상호작용에 의해 경중이 정해질 수밖에 없다.[161]

2017년 박근혜 탄핵심판절차는 2004년 노무현 탄핵심판절차의 선례를 따랐다. 대통령 파면을 위해서는 직무집행과 관련된 '헌법 또는 법률 위배'라는 탄핵 사유의 존재뿐만 아니라, 탄핵 사유가 대통령의 파면을 정당화할 만큼 중대하기도 해야 한다는 것이다. '중대한 헌법이나 법률 위배'에서 '중대성'이 탄핵 결정의 기준이 되었다. 탄핵 결정의 '중대성' 기준은 첫째, 파면 결정을 통하여 손상된 헌법 질서를 회복하는 것이 요청될 정도로 대통령의 법 위배행위가 헌법수호의 관점에서 중대한 의미를 갖는 경우이다. 둘째, 대통령에게 부여된 국민의 신임을 임기 중 박탈해야 할 정도로 대통령이 법 위배행위를 통하여 국민의 신임을 배반한 경우이다.[162]

첫째의 헌법수호의 관점은 '자유민주적 기본질서', '법치국가원리와 민주국가원리'를 기본원칙의 판단기준으로 삼았다. 부분적으로 동의할 수 있다. 그런데, 둘째 '국민의 신임 배반'의 판단기준이다. '국민의 신임 배반'이란 개념이 모호하다. 이에 대한 법률가 또는 법학자의 논쟁이 격렬하다. 문제는 '국민의 신임 배반'을 법률적인 규정으로만 놓고 해석할 수 있느냐는 것이다.

노무현 탄핵심판절차 과정에 제17대 총선이 있었고, 총선은 '노무현 탄핵'에 대한 찬반 선거였다. 그리고 신생정당 열린우리당이 152

석의 다수당이 되었다. 헌법재판소는 이 총선 결과를 무시할 수 있었 겠는가. 국회에서 노무현 탄핵소추가 가결된 여론조사에서 탄핵 반대 여론이 70%를 상회하였다. 대통령 탄핵 반대 촛불집회가 전국 곳곳 에서 열렸다. 촛불집회는 시민들이 자발적으로 주도했고 중도층까지 합세하였다. 반면, 박근혜 탄핵에 대한 국민의 반응은 어떠했는가?

'국민의 신임 배반'은 법률적인 해석보다는 민심의 소재를 핵심 지표로 삼을 수밖에 없다. 국가의 주권자인 국민이 드러내는 정치적 요구를 민주적 정당성이 약한 헌법재판소가 무시할 수는 없다. 헌법 자체가 국민의 기본권이면서 정치적 유산의 소산이기 때문이다. 따라 서 헌법재판소가 '중대성'이라는 탄핵의 결정 기준은 주권자인 국민 의 정치적 요구가 반영된 결과물이었다.

5. 정당 해산의 심판 : 통합진보당

제8조

① 정당의 설립은 자유이며, 복수정당제는 보장된다.

② 정당은 그 목적·조직과 활동이 민주적이어야 하며, 국민의 정치적 의사형성에 참여하는데 필요한 조직을 가져야 한다.

③ 정당은 법률이 정하는 바에 의하여 국가의 보호를 받으며, 국가는 법률이 정하는 바에 의하여 정당운영에 필요한 자금을 보조할 수 있다.

④ 정당의 목적이나 활동이 민주적 기본질서에

위배될 때에는 정부는 헌법재판소에 그 해산을
제소할 수 있고, 정당은 헌법재판소의 심판에
의하여 해산된다.

헌법 제8조는 정당과 관련한 규범이다. 정당은 국가기관이 아님에
도 불구하고 헌법이 그 조직과 활동을 보장하고 있다. 대의민주주의
에서 정당의 기능은 민주주의를 위한 불가결한 정치적 결사체이다.
제8조 제1항에 정당 설립은 자유주의이다. 하지만, 정당 설립 요건을
정한 정당법으로 들여다보면 말이 달라진다. 정당법 제3조 정당의 구
성을 보면, "정당은 수도에 소재하는 중앙당과 특별시·광역시·도에 각
각 소재하는 시·도당(이하 '시·두당'이라 한다)으로 구성한다"고 규정되었다.

정당을 설립하기 위해서는 반드시 수도에 중앙당을 두어야 한다.
정당을 국가 정당으로만 제한한 규범이다. 그리고 중앙당을 왜 서울
특별시에만 두어야 하는가. 헌법 제8장은 지방자치에 관한 규범이다.
지방자치는 그 지방이 자율적으로 공동체 업무를 중앙정부 간섭없이
처리하는 것을 말한다. 이는 지방자치 지역민(주민)에게 권한을 돌려줌
으로써 국가·사회의 완전한 민주주의를 구현하기 위함이다. 현행 정
당법은 지방자치의 세계적 흐름이나 지방자치제를 제도화하고 있는
우리의 헌법정신에 부합하지 않는다고 할 수 있다. 선거의 종류에서
도 국가 사무를 위한 대통령 선거, 국회의원 총선거가 있고 그와는
별도로 지방지치 행정구역의 정치·행정에 대한 주체로서 치러진 지방
선거가 있다.

지방분권과 지방자치의 확대·강화는 세계적 추세이다. 우리나라의
중앙집권주의 정당제도는 오히려 지역의 정치·행정을 중앙정치에 철

저히 예속시켜 중앙집권화를 초래함으로써, 헌법이 지향하는 지방자치의 이념과 구현에 역행하고 있다. 진정한 지방자치의 구현을 위해 지역정당Local Party의 설립이 필요한 시기이다. 지역정당이란 "전국가적인 국민의사 형성과정에의 참여는 이차적인 목적에 지나지 않고 주로 지역문제의 해결 내지 지역적 의사형성에 참여하는 것을 주목적으로 하는 정치적 결사체"를 말한다.163) 현행 양당 체제에서 지역주의 정당과는 다른 개념이다.

국가 정당과는 독립된 지역정당의 설립 방해요인은 정당법이다. 정당법 제3조의 중앙당을 수도에 둘 것과 동법 제17조의 5개 이상의 시·도당을 가질 것, 동법 제18조의 시·도당의 법정 당원 수가 1천명 이상일 것 등의 규정이 있다. 이를 개정하여 지방선거 참여를 주목적으로 하는 이른바 '지역정당'의 설립 및 활동의 자유를 보장해야 한다.164)

지역정당의 장점으로는 ① 지역 문제와 사정에 보다 정통할 수 있다. ② 중앙정치의 영향력에서 벗어나 지역문제에 집중할 수 있다. ③ 전국정당보다 탄력적 설립과 활동이 가능하다. 지역정당의 특징으로는 ① 국정차원의 정당 계열화를 지역에 이식하는 집권형·이권배분형 정당을 거부하고, 지역주권과 시민주권의 입장에서 분권을 요구한다. ② 중앙과 지방관계의 종언, 지역시민 정부와 지역자립을 목표로 한다. ③ 지역정당은 국민적 공동성과 정체성보다 개인의 자립과 지역 공동성에 더 가치를 둔다는 점이다.165) 헌법에서 명시한 지방자치의 완전한 실현을 위해서는 지역정당 필요하다는 것을 알 수 있다. 지역정당 설립의 장애요인이 된 정당법 등의 개정이 필요하지만, 아쉽게도 지역주의를 근거로 정착된 양당 체제는 이를 거부하고 있다.

2014년 12월 19일, 헌법재판소는 통합진보당 해산을 판시하였다. 헌법재판소의 주문 결정은 "1. 피청구인 통합진보당을 해산한다. 2. 피청구인 소속 국회의원 김미희, 김재연, 오병윤, 이상규, 이석기는 의원직을 상실한다"였다.

대한민국 헌정사상 최초 헌법적 절차에 의해 위헌 정당을 해산한 놀랄만한 사건이다. 통합진보당 해산은 대한민국 정부(법무부)에서 헌법재판소에 위헌정당해산심판을 청구하면서 시작되었다. 청구일은 2013년 11월 5일이다. 헌법재판소는 헌법 제8조 제4항 "정당의 목적이나 활동이 민주적 기본질서에 위배될 때에는 정부는 헌법재판소에 그 해산을 제소할 수 있고, 정당은 헌법재판소의 심판에 의하여 해산된다"는 규정에 따라 정당해산 심판 절차에 돌입하였다.

대한민국 헌정사에서 진보정당의 시작은 1957년 조봉암의 진보당이다. 진보당은 민주정부를 변란할 목적으로 창당, 북한의 무력재침의 선전, 평화통일 공작에 호응, 친소 용공정책으로 적과 합세하여 정부 전복을 기도하는 등의 국가보안법 위반 혐의로 조봉암과 간부들이 1958년 1월 검거되었고, 이로 인해 진보당은 2월 25일 공보실로부터 정당등록이 취소되었다. 진보당은 서울고등법원에 진보당 등록취소의 행정처분 취소신청을 냈으며, 대법원의 최종 판결에서 기각되었다. 당시 헌법에는 헌법재판소의 규정이 있었지만, 헌법재판소는 어떤 구실도 하지 못하였다. 진보당의 해산 과정은 훗날 통합진보당의 해산과 그 맥락이 비슷하다.

1958년 진보당 해산 이후 진보정당의 맥은 끊겼다. 다시금 불을 지핀 것은 1987년 6월민주항쟁이다. 1990년의 민중당이 그 시발이다. 민중당은 1992년 총선에서 단 한 명의 국회의원도 당선시키지 못하였다. 1석의 의석도 당선되지 않거나 5% 이내 득표시 해산한다는 정당법에 따라 해산되고 말았다.

제6공화국 들어 가장 각인된 진보정당은 민주노동당이다. 2000년 1월 30일 창당한 민주노동당은 2004년 제17대 총선에서 지역구 2석, 비례대표 8석(정당득표율 13.1%)을 획득하며 진보정당 최초로 원내 진출에 성공하였다. 이후 진보정당은 우여곡절을 거치면서 이합집산을 거듭했고, 제19대 총선거를 앞둔 2011년 12월 5일 민주노동당과 국민참여당, 통합연대가 뭉쳐 통합진보당을 창당하였다. 통합진보당은 제19대 총선에서 지역구 7석, 비례대표 6석 등 총 13석을 획득하며 원내 제3당으로 발돋움하였다. 그러나 이질적인 세 주체로 구성된 통합진보당은 국민의 열망과 다르게 내부 분열을 겪었다. 당권파(민주노동당 계열)와 비당권파(국민참여당 계열 및 진보신당 계열)의 내전으로 끝내 일부가 진보정의당으로 분당하였다.

이런 와중에 2013년 9월 6일에 통합진보당 이석기 의원 내란음모 사건이 발표된다. 국가정보원은 통합진보당 이석기 의원 주도의 지하혁명 조직Revolutionary Organization, 'RO'가 대한민국 체제전복을 목적으로 합법과 비합법, 폭력과 비폭력적인 모든 수단을 동원하여 이른바 '남한 좌익 혁명'을 도모했다는 혐의로 고발하였다.

국정원은 2013년 8월 28일 오전 6시 30분 형법상 내란음모 및 국가보안법 찬양·고무 등의 혐의로 이석기 의원의 자택과 국회의원회관 사무실을 비롯해 진보진영 인사 10명 대한 압수수색을 감행하였다. 그리고 다음 날(8월 29일) '이석기 의원 내란음모 사건'이 처음으로 보도되었다. 이날 거의 모든 신문의 1면은 '이석기 의원의 내란음모 사건'으로 장식되었다.

통합진보당 해산 작업의 시작이다. 공교롭게도 이때 국정원은 매우 위기 상황이었다. 2012년 대선을 앞두고 대통령의 지시 아래 대통령 직속 국가기관인 국가정보원과 국군사이버사령부와 국군기무사령부, 그리고 경찰청이 여론을 선동·조작했다는 것이 밝혀졌다. 주도는 국정원이다. 2013년 7월 들어서면서 '국정원 댓글사건', '총체적 관권선거'를 규탄하는 시민의 목소리가 커지면서 촛불집회가 시작되었고 그 규모는 점점 확대되었다.

미 국무부가 2014년 2월 27일(현지시각) 발표한 『국가별 인권보고서』의 「한국」부문에는 "지난 2012년 총선과 대선은 자유롭고 공정한 것으로 여겨졌으나, 국가기관들이 소셜네트워크서비스(SNS)를 이용하여 집권 보수당 후보에게 유리하게 선거에 개입한 광범위한 노력을 보여주는 증거들이 증가했다"고[166] 밝히고 있다. 2012년 제18대 대통령 선거에서 박근혜 후보 51.55%, 문재인 후보 48.02%를 획득하였다. 광범위한 관권선거가 없었다고 한다면, 제18대 대통령 선거는 그 결과가 달라질 수도 있었다.

'이석기 의원 내란음모사건' 이후 가장 발 빠르게 움직인 곳은 법무부이다. 법무부는 이석기 의원 압수수색 시작 8일만인 9월 6일 정당해산 심판청구를 위한 전담팀을 구성하였고, 11월 5일 통합진보당 해산심판청구안이 국무회의를 통과하였다. 이때 법무부 장관이 황교안이다. 그리고, 곧바로 헌법재판소에 통합진보당 위헌정당해산심판을 청구하였다.

위헌정당해산심판의 이유는 '통합진보당의 목적과 활동이 민주적 기본질서에 위배'이다. 따라서 통합진보당의 해산 및 피청구인 소속 국회의원에 대한 의원직 상실을 구하는 심판을 청구하였다.[167]

주요 쟁점은 통합진보당이 민주적 기본질서를 위배했느냐는 것이다. 헌법재판소 재판관 다수의견은 "① 통합진보당의 강령상 '진보적 민주주의'는 북한을 추종하고 있으며 최종적으로 사회주의를 실현하는 것이다. ② 통합진보당의 비례대표 부정경선, 중앙위원회 폭력 사건 및 관악을 지역구 여론조작 사건은 당내 민주적 의사형성을 왜곡하고 선거제도를 형해화(形骸化, 형식만 있고 가치나 의미가 없게 됨을 이르는 말)하여 민주주의 원리를 훼손하였다. ③ 통합진보당이 추구하는 정치노선이 북한식 사회주의 체제, 조선노동당의 특정한 계급노선과 결부된 인민민주주의 독재방식과 수령론에 기초한 1인 독재를 통치의 본질로 추구하는 점에서 민주적 기본질서와 근본적으로 충돌한다. ④ 통합진보당의 목적과 활동이 우리 사회의 민주적 기본질서에 대해 실질적 해악을 끼칠 수 있는 구체적 위험성을 초래하였다고 판단되므로, 민주적 기본질서에 위배된다"고 판시하였다.

김이수 재판관은 다수의견에 낱낱이 반론하며 반대의견을 제시하였다. 그의 반론을 보면 "① '진보적 민주주의'는 특정한 집단의 주권을 배제한다거나 기본적 인권을 부인하고 나아가 북한의 적화통일 전략에 동조하는 내용을 담고 있다고 볼 수 없다. ② 통합진보당의 당내 문제는 다른 정당들과 마찬가지로 일상적인 정당활동이며, 선거부정행위나 정당 관계자의 범죄에 대하여는 행위자에 대한 형사처벌과 정당의 정치적 책임의 문제로 민주적 기본질서에 실질적 해악을 끼칠 구체적 위험이 있다고 보기에는 부족하다. ③ 통합진보당에 대한 해산결정을 통해 얻을 수 있는 이익은 상대적으로 미약한 데 반하여 그로 인해 우리 사회의 민주주의에 야기되는 해악은 매우 심각하다. 그리고 현격한 국력차를 비롯한 오늘날 남북한의 변화된 현실 등을 고려할 때, 피청구인에 대한 해산결정은 비례원칙에 위배된다"면서 통합진보당 해산에 반대하였다.

2014년 12월 19일 헌법재판소의 아홉 명 재판관 중 여덟 명(박한철·이정미·이진성·김창종·안창호·강일원·서기석·조용호)의 재판관이 통합진보당 해산을 결정했고, 김이수 재판관만 반대의견으로 제시하였다. 통합진보당은 대한민국 헌정사상 처음으로 헌법에 따라 해산된 정당으로 역사에 남았다.

앞서 살펴봤던 대통령 탄핵의 핵심은 헌법 위반의 중대성이다. 통합진보당이 해산에 어떤 중대성이 있었는지를 알 수 없다. 특히, 통합진보당을 해산했다고 하여 그 당원이 사라지거나 없어지는 것이 아니다. 여전히 대한민국은 민주적 질서 속에서 살고 있다. 통합진보당 해산을 찬성했던 재판관들은 '우리 사회의 민주적 기본질서에 대해 실질적 해악을 끼칠 수 있는 구체적 위험성을 초래하였다고 판단'된다고 하였다. 대한민국의 민주적 질서 속에 사는 통합진보당의 당원이 어떤 구체적인 위험성을 초래했고 실질적으로 어떤 해악을 끼쳤는지 밝혀지거나 드러난 것이 없다. 민주적 질서 속에서 다른 목소리마저 해악이고 위험성이라고 판단한 재판관의 판결은 대의민주주의와 주권재민의 대한민국 헌법의 정신을 무시한 처사라고 밖에 볼 수 없다.

그렇다면 통합진보당의 해산에 결정적인 역할을 했던 '이석기 의원 내란음모사건'(이하 '내란음모사건')은 어떻게 되었을까? 이석기 등은 내란음모, 내란선동, 국가보안법(찬양·고무) 위반 혐의로 재판에 넘겨졌다. 2014년 2월 17일 수원지방법원 1심 재판부는 혐의를 대부분 유죄로 인정하였다. 동년 8월 11일 서울고등법원의 2심 재판부는 원심을 깨고, 내란음모 혐의는 무죄로 판단하고 내란선동과 국가보안법 위반 혐의만 유죄로 인정하였다. 2015년 1월 22일 대법원 전원합의체는 2심 재판부의 판결을 그대로 확정하였다.

이 사건은 언론이 '내란음모사건'으로 대서특필하였다. 그런데 대법원은 '내란음모' 혐의를 무죄 판결하였다. 주목할 점은 헌법재판소가 통합진보당 해산을 결정한 2014년 12월 19일은 대법원의 사법적 판결이 나오기 전이다. 헌법재판소 판결 시점에 법원의 2심 재판부는 내란음모 혐의는 무죄라고 판결하였다. 헌법 제27조 "형사피고인은 유죄의 판결이 확정될 때까지는 무죄로 추정된다"고 규정하고 있다. 헌법재판소는 대법원의 확정판결을 확인하고 통합진보당의 해산을 결정해도 늦지 않았다. 꼭 서둘러 판결해야 했다면, 2심 재판부의 판례를 적용해야 했다. 선출되지 않은 권력이 주권자인 국민이 선택한 정당을 강제로 해산시키는 헌정사상 초유의 사태에 대해 당시 헌법재판관은 그 판결이 무결하다고 할 수 있을까.

헌법재판소의 통합진보당 해산 결정은 국내뿐만 국외에서도 비판의 목소리가 나왔다. 영국의 BBC는 "당국이 표현과 결사의 자유를 지킬 의지가 있는지에 심각한 의문이 든다"며 "다른 정치적 견해를 표현하는 이들의 권리를 부인하기 위한 핑계로 안보 우려를 이용해서는 안된다"고 전하였다. AP통신은 "한때 군부독재를 겪은 한국에서 또다시 표현의 자유를 제한하려는 움직임이 나온다는 비판과 함께 좌우 진영 간 정치적 대립도 커질 수 있다"고 우려를 표방하였다[168]. '민주사회를 위한 변호사 모임'은 성명서에서 "진보정당 해산을 결정한 헌법재판소는 민주주의 역사에서 용서받기 어려울 것"이라면서 헌법재판소를 통렬하게 비판하였다.

또한, 헌법재판소의 통합진보당 해산 결정문은 후폭풍이 몰아쳤다. 헌법재판소의 결정문에 따르면 윤원석과 신창현은 내란 관련 회합에 참석했다면서 통합진보당 주도세력으로 지목하였다. 두 사람은 모임에 참석하지 않았다며, "결정문에 허위사실을 써서 명예를 훼손했다"며 국가와 헌재 재판관 8명을 상대로 6천만 원의 손해배상 소송을 냈다. 헌법재판소는 두 사람이 법적 대응에 나서자 뒤늦게 관련 항목을 삭제하였다. 이외에도 헌재는 결정문 7개 부분의 오류를 수정하였다.[169] 헌법상 유일한 정치결사체인 정당을 해산하는 위헌심판의 결정문에 오류가 있었고 이를 헌법재판소는 이후 수정하였다.

통합진보당 위헌정당해산심판의 키워드는 '민주적 기본질서'이다. '민주적 기본질서'를 단정적으로 해석하고 그것만이 옳다고 규정할 수 있는 학자 또는 법률가는 존재할 수 없다. '민주적 기본질서'는 정당에만 적용되는 규정이 아니다. 대한민국 헌법의 근본이념이며 척도이다. '민주적 기본질서'는 무엇일까? 헌법재판소의 결정문에는 '민주적 기본질서'를 북한 또는 북한의 체재와 반대급부로 해석하며 언급한다. 대한민국의 민주주의는 북한의 적대적 관계 속에서 반대개념이 되어 버렸다. 민주주의를 외치고 주장하지만, 그 전제에는 '반공'이란 이념이 존재한다. 민주적 기본질서라고 했지만, 반공민주주의의 관념과 인식이 지배하고 있다. 그것은 헌법재판소 재판관도 마찬가지였다.

제7공화국을 위한 헌법개정에 대한 논의 및 주장이 심심치 않게 나오고 있다. 대체로 권력구조를 중심으로 논의된다. 그런데 더 중요한 것은 국민의 기본권은 물론이고, 권력은 국민에게 있다는 주권재민의 헌법정신이 발현되고 우선되어야 한다. 지금까지 9차례 헌법개정처럼 주권자가 소외되었던 방식이 재현되어서는 안 된다는 각성을 말하는 것이다.

또 한 가지 유념해야 할 점은, 우리는 사법부(법원과 헌법재판소)의 통제가 날로 늘어나고 있는 시대에 살고 있다. 국민의 기본권이 보장되고 민주공화국의 다양성이 존중받는 사회를 위해서는 사법부의 독립성과 민주성이 구현되는 헌법개정이 필요하다.

소결
제7공화국은 언제쯤

제6공화국 헌법은 역대 헌법 중에서 최장수 헌법이다. 1948년 7월 17일 헌법이 제정된 이래로 제6공화국 헌법에 제정되기 전까지 39년 동안 무려 9번이나 개정되었다. 국가의 기본법인 헌법을 자주 개정한 것이 꼭 좋은 것만은 아니다. 그렇지만 국제정세와 국내의 정치·경제·사회의 빠른 변화에 1987년 제정된 제6공화국 헌법에 대한 개정의 필요성은 지속해서 표출되고 있다. 예컨대 2003년 2월부터 임기를 시작한 노무현 대통령은 "국민적 합의 수준이 높고 시급한 과제에 집중해 헌법을 개정하는 것이 필요하다는 판단에서 대통령 4년 연임제 개헌을 제안"하였다.[170] 대통령 5년 단임제를 대통령 4년 연임제로 개정하는 이른바 '원포인트 개헌론'이다. 그러나 야당의 반대로 국회에서 논의조차 이루어지지 않았다. 박근혜 대통령은 2016년 10월 대한민국 국회의 예산안 시정연설에서 "정파적 이익이나 정략적 목적이 아닌, 대한민국의 50년, 100년 미래를 이끌어갈 미래지향적인 2017 체제 헌법을 국민과 함께 만들어 가길 기대합니다"라고 말했다. 박근혜 대통령의 개헌안이 제안되고 채 12시간도 지나지 않아 '최순실 게이트'가 언론을 통해 보도되면서, 개헌 제안을 삐딱하게 보면서 흐지부지되었다. 문재인 대통령은 헌법개헌에 대한 로드맵까지 제시하면서 '10차 개헌안'(문재인 대통령 개헌안이라고도 함)을 2018년 3월 26일 대통령공고 제278호(대한민국헌법 개정안 공고)로 관보에 공고하였다. 국회는 이를 60일 이내(동년 5월 24일까지) 의결해야 하나,[171] 여당인 민주당은 개헌안 처리를 주장했지만, 야당인 자유한국당은 "개헌의 국민적 논의와 사회 공론화가 결여했다는 점에서 대통령 개헌안은 현 단계에서 본회의에 부의하지 않고 대통령 스스로 마무리 짓는 정치적 결단을 내리는 것이 차후 국민개헌안의 원활한 논의와 실질적 완성을 위해 바람직할 뿐 아니라 합리적 판단"이라며,[172] 개헌안 철회를 주장하였다. 5월 24일 표결에 부쳤으니, 야당의 전원 불참으로 의결 정족수 미달로 자동 폐기되었다. 이미 국회에 개헌특위가 구성하였지만, 논의는 실종되고 정당 간의 주장만 무성하고 반대를 위한 반대만 하고 있다.

민주주의가 대의민주주의란 틀에 갇혀 정파와 정략만 난무하는 대한민국. 주권자의 권력이 아무런 힘을 얻지 못하는 대한민국. 주권재민의 헌법정신, '대한민국은 민주공화국이다', '대한민국의 주권은 국민에게 있고, 모든 권력은 국민으로부터 나온다'는 헌법 제1조를 다시금 생각게 한다.

제6공화국 출범 이후 8명의 대통령이 선출되었다. 5공 유산을 물려받은 노태우 대통령은 남북기본합의서를 통해 통일방안을 제시했으며, 북방외교를 강화하면서 1991년 9월 17일(한국시간 18일) 제46차 유엔총회에서 남·북한이 동시에 유엔 가입국이 되었다. 제14대 김영삼 대통령은 금융실명제와 부동산실명제를 통해 경제정의 기반을 마련했으며, 군대 내의 사조직이었던 하나회를 척결하였다. 김영삼 대통령은 회고록에서 "하나회를 청산하지 못했다면 김대중이나 노무현이가 훗날 대통령에 안됐을 것이다"고 밝혔다. 제15대 김대중 대통령은 헌정사상 처음으로 정권교체를 이루었다. IMF 외환금융 위기 사태를 조기에 극복했고, 햇볕정책을 통해 남북의 화해와 교류, 협력 증대를 추구했고, 대한민국이 IT 강국으로 자리하는 데 기틀을 마련하였다. 국민 중심의 정책으로 기초생활보장제도와 의료보험조합을 통합하여 국민건강보험공단 설립 등도 눈여겨볼 만하다. 제16대 노무현 대통령의 당선은 민주당의 재집권이었다. 노무현 대통령은 김대중 정부를 계승하여 북한과의 관계 개선으로 개성에 공동경제구역을 설립하는 등 한반도 긴장 완화에 크게 기여했으며, 미국, 중국, 일본과의 관계에서도 균형을 추구하는 자주적인 외교정책을 추구하였다. 지역 균형 발전을 위한 행정도시 건설은 노무현 대통령의 큰 업적이라고 평가할 수 있다. 퇴임 후 그의 안타까운 죽음은 국민에게 큰 충격을 주었다. 전국 분향소에는 5백만 명이 넘는 국민이 참배하였다.

제17대 이명박 대통령은 민주당 정권 10년을 끝내고 보수정권을 재탄생시켰다. 해외자원개발로 일컫는 자원외교와 대운하 건설로 불리는 4대강 사업이 대표적인 업적이다. 4대강 사업은 국민의 반발을 불러일으켰으며, 자원외교는 수십조 원을 날렸다고 알려졌다. 제18대 박근혜 대통령은 네 가지의 기록이 있다. 아버지에 이어 딸도 대통령이 되었다는 것, 여성으로 최초로 대통령이 되었다는 것, 득표율이 과반을 넘었다는 것, 헌정사상 처음으로 탄핵 되었다는 것이다. 제19대 문재인 대통령은 탄핵 이후 선거를 통해 민주당 정권의 재탄생을 가져왔다. 이전 민주당 정권에서 추진했던 남북대화를 재시도하여 북한의 김정은 위원장과 세 차례의 회담을 가졌다. 그러나 뚜렷한 성과를 보여주지 못하였다. 제20대 윤석열 대통령은 역대 대통령 중 유일하게 공직선거와 선출직을 거치지 않고 대통령에 당선된 인물이다. 현재 대한민국의 제6공화국은 계속되고 있다. 그리고 제7공화국을 향하고 있다. 제7공화국은 주권재민의 헌법정신이 발현되는 '민주공화국'이 되기를 갈망한다.

제6공화국 역대 대통령

출처 : 대통령기록관 갈무리

1) 『경향신문』, 1981년 3월 3일

2) 한국정치외교학사학회 편집부, 「10·26과 전두환 군사정권」, 『한국정치외교사논총』제16집, 1997, 260쪽

3) '국풍81'과 관련해서는 김지연, 「전두환 정부의 국풍81 : 권위주의 정부의 문화적 자원동원 과정」(이화여자대학교 석사학위논문, 2014) 참조

4) 『경향신문』, 1981년 5월 16일 ; 『조선일보』, 1981년 5월 27일

5) 국풍81이 낳은 스타는 가수 이용이다. 이용은 가요제에서 「바람이려오」로 금상을 차지했고, 후속곡 「잊혀진 계절」로 스타 가수 반열에 올랐다.

6) 한국민족문화대백과사전, 「국풍81」

7) 김학선, 「전두환 정권의 가속 통치와 '3S 정책」, 『사회와역사』136, 2022 참조

8) "모든 국민은 참여 스포츠시대를 결별하고 프로 관람 스포츠시대에 살고 있다 해도 과언이 아닙니다. 성패에 격앙된 흥분으로 자신을 위한 자기개발과 생산노력은 잊은 채 시간과 인력을 프로경기장에서 낭비하면서 마치 요순 이후의 태평성대인 것처럼 허송세월을 보내고 있습니다. 이는 정치적 무관심을 조성하려는 전형적인 3S 우민정책을 펴고 있는 것은 아닌지."(김정수 의원(국회회의록, 제119회 제14호(1983년 11월 1일))

9) 이문원, 「전두환 정권은 우민화 목적으로 '3S 정책'을 펼쳤다?」, 『자유기업원(www.cfe.org)』, 2020년 3월 31일 ; 월간조선 뉴스룸, 「이문원의 대중문화 속으로 '3S 정책'이라는 전설」, 2022년 2월 2일

10) 「세 번은 짧게 세 번은 길게」(1981 개봉), 「앵무새는 몸으로 울었다」(1981 개봉), 「애마부인」(1982 개봉), 「산딸기」(1982 개봉), 「무릎과 무릎사이」(1984 개봉), 「화녀촌」(1985 개봉), 「뽕」(1986 개봉), 「씨받이」(1987 개봉), 「매춘」(1988 개봉) 등이 있다.

11) 신향숙, 「제5공화국의 과학기술 정책과 박정희 시대 유산의 변용: 기술 드라이브 정책과 기술진흥확대회의를 중심으로」, 『한국과학사학회지』37(3), 2015, 540쪽

12) 한국개발연구원, 『2015 경제발전경험모듈화사업: 1980년대 경제정책 전환기의 재정안정화 정책』, 2015, 58~59쪽

13) 가속 통치란, 국가의 속도 통치 중에서 인접한 과거와 현재로부터 정통성을 취할 수 없는 지배세력이 미래를 정당성의 근거로 삼아 신속하게 국민을 창출하고 동원할 목적으로 사회 가속을 유도하고 조직하는 통치행위를 가리킨다.

14) 한국일보 정치부, 『빼앗긴 서울의 봄』, 한국문원, 1994, 286쪽

15) 1985년 당시 민주한국당과 한국국민당이 야당으로 존재하긴 했지만, 한국국민당은 민주공화당 출신 인사들이 주류였기 때문에 야당으로 보기도 애매했고 그나마 민주한국당에 기존 야당 인사들이 많이 포함되었다. 민주한국당조차도 국가안전기획부(현 국정원)에 의해 만들어진 관제 야당이라 사실상 정통 야당이 없던 시점이었다. 민주한국당 부총재였던 신상우가 훗날 회고한 바에 의하면, 안기부에서 넘겨준 명단대로 공천했다고 증언했다.

16) 『경향신문』, 1986년 1월 22일

17) 『동아일보』, 1986년 1월 22일

18) 『동아일보』, 1986년 2월 5일

19) 『동아일보』, 1986년 2월 12일

20) 『경향신문』, 1986년 2월 10일

21) 『조선일보』, 1986년 5월 1일

22) 이경재, 「민중의 승리:5·17에서 6·29까지」, 『신동아』1987년 8월호, 197쪽

23) 『동아일보』, 1986년 5월 5일

24) 최형우, 『더 넓은 가슴으로 내일을』, 깊은사랑, 1993, 285쪽

25) 『동아일보』, 1986년 8월 18일

26) 김태호 외, 『박종철 평전』, 박종철출판사, 1998 참조

27) 『중앙일보』, 1987년 1월 15일 석간

28) 『중앙일보』, 2018년 1월 8일

29) 민주화운동기념사업회, 『남영동 대공분식 고문실태 조사연구』, 2018, 14쪽

30) 신성호, 「박종철 탐사보도와 한국의 민주화 정책변화」, 고려대학교 대학원 박사학위논문, 56쪽

31) 대법원 1995. 12. 26 선고 93도904 판결 ; 대법원 1993. 7. 17 선고 93도1209 판결.(신성호, 앞의 논문 재인용)

32) 『동아일보』, 1987년 1월 17일

33) 민주화운동기념사업회, 앞의 책 참조

34) 『동아일보』, 1987년 4월 13일

35) 유시춘, 『6월민주항쟁』, 민주화운동기념사업회, 2003, 38쪽

36) 『동아일보』, 1987년 5월 19일

37) 『동아일보』, 1987년 5월 22일

38) 황정웅은 1990년 12월 24일 법무부의 성탄절 가석방 대상자에서 '모범수'로 포함되어 형기만료 1년 5개월 앞두고 풀려났다. 반금곤은 1991년 12월, 강진규는 1992년 7월, 조한경은 1994년 4월에 가석방되었다. 강진규는 1990년 5월에 만기출소 하였다.

39) 『조선일보』, 1988년 2월 24일

40) 『경향신문』, 1998년 6월 9일

41) 『동아일보』, 1987년 9월 21일

42) 한겨레신문, 1990년 8월 18일

43) 1927년 평안남도 진남포에서 태어나 해방 직후 단신으로 월남, 1947년 5월 약관 20세에 종로경찰서 사찰계 대공형사(순사)로 경찰관을 시작했다. 경찰 생활 40년 동안 대공관련 직무를 수행했다.(민주화기념사업회, 앞의 책, 15~20쪽)

44) 『조선일보』, 1988년 7월 1일

45) 장영수, 『대한민국 헌법의 역사』, 고려대학교출판문화원, 2018, 265쪽

46) 유시춘, 앞의 책, 49쪽

47) 『동아일보』, 1987년 6월 1일

48) 유시춘, 앞의 책, 72쪽

49) 『농아일보』, 1987년 6월 10일

50) 유시춘, 앞의 책, 65~66쪽

51) 『조선일보』, 1987년 6월 21일

52) 서울 부산 광주 인천 대전 전주 이리 수원 청주 군산 춘천 태백 안동 포항 원주 마산 천안 진주 울산 서귀포 제주 목포 여수 순천 정주 영천 공주 창원 부천 김천 성남 안양(이상 33개

시), 무안 완도 거창 광양(4개 군)

53) 『동아일보』, 1987년 6월 27일

54) 『조선일보』, 1987년 6월 28일

55) 김종철, 「헌법전문과 6월민주항쟁의 헌법적 의미」, 『헌법학연구』제24권 제2호, 2018, 226~
228쪽을 정리

56) 국방부 과거사진상규명위원회, 『과거사진상규명위원회 종합보고서』제2권 상, 2007 참조

57) 국무총리 기획조정실, 「대통령각하 지시사항(128-267)」중 133번 (1980년 10월 28일)

58) 보안사, 「학변자 특변정훈교육 관련 진상(소위 녹화사업)」, 『녹화사업의 진상』, 1989년 3월

59) 1980년 9월 4일 이 사례로 64명이 첫 강제징집 되었다.

60) 국방부 과거사진상규명위원회, 『과거사진상규명위원회 종합보고서』제1권, 2007, 38쪽

61) 한희철을 제외한 5명이 강제 징집되었다.

62) 민주화기념사업회(https://www.kdemo.or.kr/)의 「열사정보」의 소개를 정리함

63) 『광주일보』, 2021년 6월 7일

64) 강준만, 『한국현대사 산책:1980년대』3권, 인물과사상사, 2003, 172쪽

65) 노재현, 『청와대 비서실2』, 중앙일보사, 1994, 391쪽(강준만, 앞의 책, 172쪽 재인용)

66) 김지형, 「1987년 헌법 개정과 이후 개헌 논의의 정치적 상관성」, 『인문사회21』제8권 제5호,
1377~1378쪽 참조

67) 『동아일보』, 1987년 7월 1일

68) 박찬종, 홍영기, 허경만, 육효상, 김봉호, 김완태

69) 『동아일보』, 1987년 7월 2일

70) 대한민국국회사무처, 『헌법개정특별위원회 회의록』, 제130회 제1호, 1986년 7월 30일

71) 대한민국국회사무처, 『헌법개정특별위원회 회의록』, 제130회 제2호, 1986년 8월 1일

72) 민정당 23명, 통일민주당 13명, 신한민주당 4명, 한국국민당 4명, 무소속 1명

73) 대한민국국회사무처, 『헌법개정특별위원회 회의록』, 제135회 제6호, 1987년 8월 17일

74) 8인 정치회담 민정당 4명(권익현, 윤길중, 최영철, 이한동), 통일민주당 4명(이중재, 이용희, 김
동영, 박용만)이 참여했고, 4인 정치회담은 민정당 2명(윤길중, 최영철), 신한민주당 임종기,
한국국민당 김옥선이 참여하였다.

75) 8인 정치회담의 진행 결과에 대해서는 비공개로 진행되었기에 정확한 내용을 알 수 없다.

76) 김대중의 회고에 의하면, 자신의 부통령제 주장에 대해 민정당이 격렬하게 반대했는데 그 이유
는 김대중, 김영삼이 각각 정·부통령 후보로 나설 것을 우려했기 때문이라는 것이었다.(김대중,
앞의 책, 524쪽)

77) 김지형, 앞의 논문, 137쪽

78) 이로써 제13대 국회의원 총선거가 1988년 4월 26일 실시되면서, 제12대 국회의원은 임기
(1985년 2월 12일~1989년 2월 11일)가 1년 정도 단축되었다.

79) 「대통령공고 제94호(헌법 개정안공고)」, 『관보』제10744호(1987년 9월 21일)

80) 차병직·윤재왕·윤지영, 『지금 다시, 헌법』, 로고폴리스, 2016, 245쪽

81) 정종섭, 『헌법학원론』, 박영사, 2018, 217쪽

82) 윤화우, 「대한민국헌정사에 관한 고찰(Ⅲ)」, 『평화통일연구』제7집, 53~54쪽

83) 김철수, 『학설판례 헌법학(상)』,박영사, 2009, 209쪽; 정종섭, 『헌법학원론』, 박영사, 2018,

73쪽; 허영, 『한국헌법론』,박영사, 2020, 88쪽; 성낙인, 『헌법학』, 법문사, 2020, 73쪽

84) 법철학연구회, 「시민불복종에 대한 법철학적 고찰」, 『법정논총』39, 2004, 266쪽

85) 『경향신문』, 1987년 7월 11일

86) 『경향신문』, 1987년 7월 13일

87) 『동아일보』, 1987년 7월 7일

88) 『조선일보』, 1987년 7월 16일

89) 『경향신문』, 1987년 7월 16일

90) 대법원 1975년 4월 8일 선고, 74도3323 판결

91) 대법원 1980년 5월 20일 선고, 80도306 판결

92) 헌법재판소 1997년 9월 25일 선고, 97헌가4 결정

93) 헌법재판소 2005년 6월 30일 선고, 2004헌마859

94) 독일은 나치 패망 이후 저항권을 초실정법적 권리로 재판규범으로 인용되어 오다가 1968년 제17차 기본법 제20조 제4항에 저항권을 헌법적 권리로 명문화하였다.

95) 윤화우, 앞의 논문, 54쪽

96) 차병직·윤재왕·윤지영, 앞의 책, 45쪽

97) 김민수, 「헌법의 평화원리 실현에 관한 고찰」, 『통일과평화』8집 1호, 2016, 5쪽

98) 김승조, 「독일 통일과 동독의 체제전환 : 통화·경제 및 사회통합을 위한 국가조약을 중심으로」, 『법제』제436호, 1994, 101~102쪽

99) 유지호, 「예멘 통일의 국제적 성격」, 『통일정책연구』Vol.11 No.1, 2002, 33쪽

100) 북한 헌법 '제1조 조선민주주의인민공화국은 전체 조선인민의 리익을 대표하는 자주적인 사회주의국가이다.'

101) 최대권, 「장차 전개될 남북관계의 형성과 통일의 법적문제」, 『한반도 통일과 법적 문제』, 한국공법학회, 1993, 14쪽

102) 차병직·윤재왕·윤지영, 앞의 책, 52쪽.

103) 대한민국 정부 이후 통일과 관련하여 이승만 정부는 북진통일론 및 유엔 감시 하의 총선거 통일 주장하였다. 민주당의 장면 정부는 유엔 감시 하의 총선거 통일론, 박정희 정부의 '선건설 후통일'론, 전두환 정부의 민족화합민주통일론 등 통일의 정책기조는 언급했지만, 구체적인 통일방안을 내놓지 않았다.

104) 국토통일원, 『남북한 통일정책 비교』, 1990, 14쪽

105) 통일부, 『2023 통일문제의 이해』, 2023 참조.

106) 고유환, 「북한의 대남통일정책의 전개과정」, 『21세기의 남북한정치: 새로운 남북관계와 통일 한국의 미래』, 한울아카데미, 2000, 316~317쪽

107) 연방제 통일방안은 1960년 8월 14일 김일성의 "8·15해방 15주년 경축대회 연설"에서 처음으로 제시되었고, 당시 연방제는 '과도적 대책으로 남북의 현 정치제도를 그대로 두고 양 정부의 독자적인 활동을 보장하는 방식이었으며, 1973년 6월 23일 김일성이 '조국통일 5대방침'을 제시하면서 '고려연방공화국'이라는 단일국호에 의한 남북연방제 실시를 주장했으며, 이후 1980년 10월 제6차 당대회를 통해 '고려연방공화국'에 민주라는 수식어를 붙인 후 최종 정리된 통일방안으로서 '고려민주연방공화국 창립방안'을 제시하였다.

108) 조선민주주의인민공화국은 160번째, 대한민국은 161번째 가입국가이다. 조선민주주의인민공화국(Democratic People's Republic Of Korea), 대한민국(Republic Of Korea)의 영문 순

서에 따라 결정되었다.

109) 이석범, 「남북기본합의서의 법적 성격과 헌법상 지위에 관한 연구」, 『통일인문학』제89집, 2022, 87쪽

110) 『한겨레신문』, 1993년 2월 26일

111) 『동아일보』, 1993년 5월 26일

112) 북한은 IAEA의 특별사찰을 앞둔 1993년 3월 12일 중앙인민위원회 9기 7차 회의에서 "나라의 최고 이익을 수호하기 위한 조치로 NPT(Nuclear Nonproliferation Treaty, 핵확산금지조약)에서 탈퇴한다"는 특별성명을 채택했고, 중앙방송이 이 사실을 발표하였다. 이를 1차 북핵 위기이다. 미국을 포함한 국제사회는 북한이 핵무기 개발을 추진할 것을 우려하여, 북한이 NPT 탈퇴를 철회하고 NPT에서 규정된 IAEA(International Atomic Energy Agency, 국제 원자력 기구) 사찰에 응할 것을 강력히 촉구하였다.

113) 『동아일보』, 1994년 6월 10일

114) 『경향신문』, 1994년 6월 12일

115) 김종갑, 「햇볕정책의 정치적 의미와 남남갈등의 극복방안」, 『통일정책연구』Vol.12 No.2, 2003, 45쪽

116) 『한겨레신문』, 1998년 2월 26일

117) 빌리 브란트 서독 총리는 1969년 집권하여 동독을 포함한 동유럽 공산국가와 적극적인 화해·공존 정책, 이른바 동방정책을 추진하였다. 그는 야당인 기민당과 보수언론으로부터 큰 저항과 비난을 받았으며, 불신임 투표에서 두 표 차이로 위기를 벗어난 적도 있었다. 그러나 브란트를 더욱 어렵게 만든 것은 동독 지도부의 배신이었다. 동독은 동방정책으로 많은 혜택을 보면서 다른 한편으로 서독 총리실에 스파이를 침투시켰다. 동독 '스파이사건'이 밝혀지면서 브란트는 결국 총리직을 사임했으며, 동방정책은 한동안 조소의 대상이 되었다. 그러나 동독의 배신에 분노하면서도 서독인들은 곧바로 냉정을 되찾았다. 브란트의 뒤를 이은 사민당의 슈미트 정부는 물론이고, 1982년 정권을 인수한 기민당의 콜 정부마저 동방정책의 기조를 그대로 이어갔다. 1990년 동서독이 통일되었을 때 독일 국민과 역사가들은 브란트의 동방정책이 있었기에 평화적인 통일이 가능했다는 평가를 내렸다.(『한겨레 21』, 2006년 7월 26일)

118) 더불어민주당, 『더불어민주당 60년사』, 2016, 601쪽

119) 김종갑, 앞의 논문, 46쪽

120) 더불어민주당, 앞의 책, 606쪽

121) 고유환, 「6·15 남북공동선언의 이행과 과제」, 『통일연구』Vol.8 No.2, 2004, 86쪽

122) 민주평화통일자문회의사무처, 「평화 번영의 동북아시대:정책과제와 추진전략」, 『민주평통정책 연구자료』제35호, 2003, 6쪽

123) 조민, 「노무현 정부의 평화번영정책: 전망 및 과제」, 『통일정책연구』12 No.1, 2003, 4~5쪽

124) 공무원 정치운동의 금지에 따르면, 공무원은 정당이나 그 밖의 정치단체 결성에 관여하거나 이에 가입할 수 없다. 또한, 공무원은 선거에서 특정 정당 또는 특정인을 지지 또는 반대하기 위한 행위를 할 수 없다고 규정하고 있다.(국가공무원법 제65조(정치 운동의 금지))

125) 제33조(정치 운동의 금지) ① 군인은 정당이나 그 밖의 정치단체의 결성에 관여하거나 이에 가입할 수 없다.
② 군인은 선거에서 특정 정당 또는 특정인을 지지 또는 반대하기 위한 다음 각 호의 행위를 하여서는 아니 된다.
1. 투표를 하거나 하지 아니하도록 권유 운동을 하는 것

2. 서명 운동을 기도 · 주재하거나 권유하는 것
3. 문서나 도서를 공공시설 등에 게시하거나 게시하게 하는 것
4. 기부금을 모집 또는 모집하게 하거나, 공공자금을 이용 또는 이용하게 하는 것
5. 타인에게 정당이나 그 밖의 정치단체에 가입하게 하거나 가입하지 아니하도록 권유 운동을 하는 것
③ 군인은 다른 군인에게 제1항과 제2항에 위배되는 행위를 하도록 요구하거나, 정치적 행위에 대한 보상 또는 보복으로서 이익 또는 불이익을 약속하여서는 아니 된다.

126) 『동아일보』, 1987년 7월 28일

127) 『조선일보』, 1987년 7월 2일

128) 박은규, 「임금의 개념에 관한 연구」, 한양대학교 대학원 박사학위논문, 2013, 31쪽

129) 이종만, 「최저임금제도 개선방안에 관한 연구」, 『인권법연구』제2권, 2016, 284쪽

130) 제34조 (최저임금) ① 사회부는 필요에 의하여 일정한 사업 또는 직업에 종사하는 근로자를 위하여 최저임금을 정할 수 있다. ② 전항의 규정에 의하여 사회부가 최저임금을 정하고자 할 경우에는 노동위원회의 동의를 얻어야 한다.

131) 『동아일보』, 1986년 9월 2일

132) 이현우, 「한국 최저임금제의 실태와 과제에 관한 연구」, 동아대학교 석사논문, 1995, 29쪽

133) 이종만, 앞의 논문, 281~283쪽

134) 차병직·윤재왕·윤지영, 앞의 책, 314쪽

135) 제67조 ①대통령은 국민의 보통·평등·직접·비밀선거에 의하여 선출한다.

136) 제5공화국 제70조 대통령의 임기는 5년으로 하며, 중임할 수 없다.

137) 제5공화국 제57조 ①대통령은 국가의 안정 또는 국민전체의 이익을 위하여 필요하다고 판단할 상당한 이유가 있을 때에는 국회의장의 자문 및 국무회의의 심의를 거친 후 그 사유를 명시하여 국회를 해산할 수 있다. 다만, 국회가 구성된 후 1년이내에는 해산할 수 없다.

138) 차병직 윤재왕 윤지영, 앞의 책, 323쪽

139) 프랑스는 과반 득표율을 기준으로 정하고 있고, 아르헨티나와 에콰도르는 1위 득표자와 2위 득표자의 득표율이 10% 이상 차이가 난 경우에만 결선투표를 실시한다.

140) 한상범, 『헌법이야기』, 현암사, 1998, 341쪽

141) 윤후덕, 「헌법개정과 민주주의 논쟁에 관한 연구」, 경기대학교 정치전문대학원 박사논문, 2008, 48쪽

142) 『동아일보』, 1987년 10월 10일

143) 『동아일보』, 1987년 10월 12일

144) 『조선일보』, 1990년 1월 31일 ; 「노무현 사료관」

145) 민정당 125석(41.80%), 평화민주당 70석(23.41%), 통일민주당 59석(19.73%), 신민주공화당 35석(11.70%), 기탁 10석(3.34%) 등이다.

146) 진덕규, 「노태우 정부의 권력구조와 정치체제」, 『전환기의 한국 민주주의 1987-1992』, 법문사, 1994, 53쪽

147) 새천년민주당 정책선거특별본부, 『16대 대통령 선거 핵심공약 4대비전 기본정책 150대 핵심과제』, 2002

148) 이 규정은 1972년 조선민주주의인민공화국 사회주의헌법 제149조에서 "조선민주주의인민공화국의 수부는 평양이다"로 개정되었다.

149) 『동아일보』 1946년 8월 15일

150) 우리나라 최초 국어대사전인 문세영(文世榮)의 『조선어사전』(1938년 7월)에는 '서울'을 '왕도 (王都)', '경성(京城)'이라고 해석하고 있다. 즉, 수도의 의미도 있고, 경성이란 지명도 있다고 해석하였다. 1920년 조선총독부가 펴낸 『조선어사전』에는 서울을 '경성과 동일하다(京城に同い)고 해석했다. 그러면서 별칭으로 장안(長安)·팔만장안(八萬長安)이라고 소개하고 있다.

151) 이철희, 「대통령 탄핵 결정요인 분석 : 노무현 대통령과 박근혜 대통령 탄핵 과정 비교」, 한신대학교 대학원 박사학위논문, 2020, 90쪽

152) 헌법재판소, 대통령(노무현)탄핵, 2004헌나1

153) 당시 노무현 대통령은 열린우리당을 지지하였고, 민주당은 노무현 탄핵에 앞장섰던 새천년민주당이다.

154) 2004년 3월 9일 한나라당과 새천년민주당의 159명 의원은 노무현의 '정치적 중립성'을 이유로 탄핵소추안을 국회에 발의했고, 3월 12일에 국회에서 새천년민주당과 한나라당, 자유민주연합의 주도하에 찬성 193표, 반대 2표로 대통령을 대상으로 탄핵소추안을 통과시켰다. 당시 박관용 국회의장은 열린우리당 의원들의 반발에 경호권을 발동한 가운데 투표가 이루어졌다.

155) 이철희, 앞의 논문, 110쪽

156) 김민영, 「탄핵무효운동은 우리에게 무엇이었나」, 『시민과 세계』6, 2004, 157쪽

157) 열린우리당은 새천년민주당에서 분당하여 2003년 11월 11일에 창당한 정당이다. 헌정사상 처음으로 순한글 정당명을 채택하였다.

158) 헌법재판소, 대통령(박근혜)탄핵, 2016헌나1

159) 『조선일보』, 2016년 12월 6일

160) 이철희, 앞의 논문, 145쪽

161) 이철희, 앞의 논문, 147쪽

162) 김진욱, 「대통령 탄핵사유에 대한 소고」, 『법학논총』제44집, 2019, 17쪽

163) 장영수, 「지방자치와 정당」, 『정당과 헌법질서』, 박영사, 1995, 351쪽

164) 강재규, 「지방자치구현과 지역정당」, 『지방자치법연구』제11권 제2호, 2011, 255쪽

165) 지역정당과 관련해서는 하세헌, 「지방분권 실현과 지역정당의 육성」(『한국지방자치연구』제9권 제2호, 2007)과 장영수, 앞의 논문 참조

166) 『오마이뉴스』, 2014년 3월 1일

167) 통합진보당 해산 탄핵심판은 헌법재판소(전원재판부 2013헌다1, 2014. 12. 19) 참조

168) 은희송, 「통합진보당 해산에 관한 연구」, 목포대학교 대학원 석사학위논문, 2016, 50쪽

169) 은희송, 위의 논문, 51~52쪽

170) 2007년 1월 9일 대국민특별담화

171) 제130조 ①국회는 헌법 개정안이 공고된 날로부터 60일 이내에 의결하여야 하며, 국회의 의결은 재적의원 3분의 2 이상의 찬성을 얻어야 한다. ② 헌법 개정안은 국회가 의결한 후 30일 이내에 국민투표에 붙여 국회의원선거권자 과반수의 투표와 투표자 과반수의 찬성을 얻어야 한다.
③ 헌법 개정안이 제2항의 찬성을 얻은 때에는 헌법개정은 확정되며, 대통령은 즉시 이를 공포하여야 한다.

172) 『뉴스21』, 『서울경제』, 2018년 5월 23일

맺으면서

민주주의를 기억하고 기록한다

1.

1945년 8월 15일 해방, 민중은 '자주독립국가 건설', '반민족행위자 처벌', '토지개혁(무상몰수 무상분배)' 염원으로 거리에 나왔다. 북쪽에는 소련군 남쪽에는 미군이 점령하면서 민중의 염원과 다른 방향으로 전개되었다. 모스크바삼상회의를 두고 치열한 갈등은 끝내 조선의 문제를 유엔에 상정하게 이르렀고, 남한만의 단독선거가 결정되었다.

1948년 5월 10일 국회의원 총선거를 통해 제헌의원 198명을 선출하였고, 5월 31일 제헌의회 개원식이 열렸다. 7월 17일 대한민국 헌법이 공포되었다. 대한민국 헌법은 〈전문〉을 비롯하여 제1장 총강부터 제10장 부칙까지 총 103조로 구성되었다. 대한민국은 입헌주의를 바탕으로 공화제를 채택하였으며, 주권이 국민에게 있고 주권자인 국민이 대표를 뽑아 위임하는 '민주공화국' 체제를 선포하였다.

헌법 제정 이후 제1공화국에서는 2차례 헌법개정이 있었다. 1차 개헌은 1952년 7월 4일 밤 국회를 헌병대가 포위한 상태에서 개정안이 의결되었다. 헌법에 대통령은 국회의원의 간접선거로 선출하도록 규정되었다. 국회에서 당선이 어렵다고 판단한 이승만은 대통령 직선제 개헌을 발의하였고, 헌병대에 둘러싸인 국회는 개정안을 의결하였다. 1952년 8월 5일을 헌정사상 처음으로 시행된 직선제 대통령선거에서 이승만은 당선되었다. 이승만은 1차 중임에 성공하여 1956년 7월까지 대통령직을 수행할 수 있었다, 1954년에 이르러 임기가 2년밖에 남지 않으면서 임기연장에 골몰하였다. 초대 대통령에 한하여 임기를 면제하는 개헌안을 마련하였다. 제2차 개헌이다. 1954년 11월 27일 헌법 개정안이 국회에 상정되고, 표결 결과 개헌에 필요한 136표에서 단 1표가 부족하였다. 이승만은 '사사오입'이라는 논리를 앞세워 헌법 개정안을 의결하였다. 명백히 헌정질서를 문란케 한 행위이다.

'대한민국은 민주공화국이다'의 헌법 제1조 핵심은 공화제이다. 군주제가 아닌 공화제를 채택한 민주공화국에서 이승만은 영원한 군주가 되기를 갈망하였다. 권력자의 자의적 권력 행사를 막고자 헌법을 제정하였고, 이를 입헌주의라고 한다. 입헌주의 핵심은 주권자인 국민이 제정한 헌법에 따라 국가권력이 작용하는 통치원리이다. 제1공화국은 '민주공화국'을 선포한 것이 민망할 정도로 이승만의, 이승만에 의한, 이승만을 위한 공화국이었다.

인류사에서 공통적인 진리가 '고인 물은 썩는다'는 것이다. 정치학에서는 "권력은 부패하는 경향이 있으며 절대 권력은 절대 부패한다Power tends to corrupt and absolute power corrupts absolutely"라는 것이다. 민주공화국에서 절대 권력은 존재할 수 없으며, 존재해서도 안 된다. 절대 권력은 권력을 유지하기 위해 수단과 방법을 가리지 않는다. 비리와 부패는 당연한 절차처럼 행해진다. 절대 권력을 위한 야욕은 3·15부정선거로 이어졌고, 국민의 철퇴를 맞았다. 4·19혁명은 국가의 주권이 국민에게 있음을 알린 청년·학생이 완성한 시민혁명이다.

　이승만은 헌정사상 처음으로 하야한 대통령이다. 국회는 헌법 개정에 나섰다. 1인 장기독재 대안으로 대통령제에서 내각책임제로 전환한다. 3차 헌법개정은 1960년 6월 15일 국회에서 의결되었고 곧바로 공포되었다. 제2공화국은 1년 남짓 짧은 역사를 남겼다. 대체로 제2공화국에 대한 평가는 부정적이다. 민주당의 파쟁과 무능력으로 정리한다. 그러나 제2공화국 헌법은 제7공화국으로 전환하기 위한 헌법개정이 논의되고 있는 현시점에서 생각할 바가 많다. 국민의 기본권리로써 자유 및 권리의 본질적 내용 침해 금지조항을 신설하였다. 의원내각제의 권력구조를 채택하였으며, 국회는 양원제로 운영하였고, 정당은 복수정당제로 규정하였다. 사법부의 민주화를 위해 대법원장 및 대법관 선거제도를 처음으로 도입하였으며, 헌법재판소를 설치, 선거의 공정한 관리를 위한 중앙선거위원회를 헌법기관으로 격상하였다. 또한 공무원의 정치적 중립을 헌법에 명시하였다.

　제2공화국은 김주열·강명희·진영숙·김용호·박순화·김재복 등 수많은 청년·학생의 숭고한 땀과 피로 탄생하였다. 그러나 군인의 총과 탱크에 의해 짓밟혔다. 5·16쿠데타이다. 쿠데타가 성공하면 혁명이라고 한다. 대한민국은 헌정질서를 파괴한 범죄에 대해서는 공소시효를 배제하고 있다. 지금이라도 5·16쿠데타의 헌정질서 파괴에 관한 범죄를 물어야 한다. 인류사에서 쿠데타를 자행한 정부가 민주주의를 수호한 적이 없다. 인권을 옹호한 적이 없다. 제2공화국의 평가는 5·16쿠데타로 헌법 질서를 파괴한 범죄를 처벌한 이후에 해도 늦지 않다.

제3공화국의 시작은 5·16쿠데타이다. 5·16쿠데타는 시민혁명으로 탄생한 합법적인 민주 정부를 총칼로써 불법적인 정부로 만들어 버린 반역 행위였다. 헌법 질서 파괴이다. 쿠데타 세력은 민주당의 장면 정권이 무능하고 부패하여 불가피하게 군인이 혁명을 일으킬 수밖에 없었다고 밝혔다. 그리고 빠른 시기에 민정 이양하겠다고 하였다. 박정희는 전역하면서 "다시는 이 나라에 본인과 같은 불운한 군인이 없도록 합시다"라고 말하였다. 18년의 독재 통치는 박정희가 불운한 것이 아니라 국민이 불운하였다.

제3공화국의 헌법개정 초안이 1962년 11월 5일 공고되었다. 12월 17일 헌법 개정안 국민투표에 부쳐졌고, 78.8%의 찬성으로 통과되었다. 제3공화국 헌법은 〈전문〉을 비롯하여 제1장 총강부터 제5장 헌법개정까지 총 121조와 부칙으로 구성되었다. 10월 26일 제3공화국 헌법 선포식이 거행되었다.

제3공화국의 헌법의 〈전문〉에는 '4·19의거와 5·16혁명의 이념'을 새 헌법의 정신적 기반으로 삼았다. 국민의 기본권을 상당 부분 제약했으며, 권력구조는 임기 4년의 중임제 대통령제로 정했다. 국회는 양원제에서 단원제로 환원되었고 국회의원 후보는 정당의 추천을 받도록 하였다. 제2공화국 헌법의 주요한 특징이었던 헌법재판소는 폐지하였으며, 대법원장과 대법관을 법관추천회의 추천으로 대통령이 임명하였다. 사법부를 권력에 종속화하였다.

1969년 10월 박정희는 3선을 위한 헌법개정을 서둘렀다(5차 개헌). 5·16쿠데타부터 그가 집권한 8년 동안 민주공화국은 존재하지 않았다. 1971년 4월 제7대 대통령 선거에서 박정희는 "다시는 국민에게 표를 달라고 하지 않겠습니다"고 공언하였다. 박정희의 공언은 곧장 실천되었다. 영구집권을 위해 유신체제를 선포하였다. 대한민국 현대사 특히 정치사 빠질 수 없는 인물이 등장한다. 김대중이다. 1971년 대통령선거를 통해 박정희는 국민의 직접 선출로는 계속 권력을 유지할 수 없다고 보았다.

1972년 10월 17일 박정희는 '10월 유신'을 선포하면서 또다시 헌정질서를 파괴하였다. 유신헌법(6차 개헌)으로 대통령 선거는 체육관(통일주체국민회의)으로 옮겨졌다. 체육관에서 치러진 제8대와 제9대 대통령 선거에는 박정희 단독으로 출마하여 100%에 근접한 득표율로 당선되었다. 국회는 대통령이 추천한 국회의원이 딘생하였다. 무려 국회의원 정수의 3분의 1을 차지하였다. 행정부, 사법부, 입법부가 대통령 한 사람의 손에 의해 좌지우지되는 절대 권력이었다. 절대 권력의 유신체제는 반민주적이었고, 반인권이었고, 반노동적이었고, 반통일적인 체제였다. 박정희의, 박정희에 의한, 박정희를 위한 유신체제는 영원할 것만 같았다. 그러나 종말을 고했다. 자기 부하의 손에 의해서.

제5공화국의 시작은 1979년 10월 27일이다. 당시 육군 보안사령관 전두환은 계엄사령부 합동수사본부에 임명되면서 세상에 얼굴을 알렸다. 그는 권력의 공백과 혼란스러운 국정을 이용하여 군내 사조직인 하나회를 중심으로 12·12쿠데타를 통해 군부 권력을 장악하였다. '대한민국에는 군의 영도력이 필요하다'는 신념은 5·17 비상계엄령 확대 조치로 신군부 독재시대의 서막을 열었다. 전두환의 압박에 1980년 8월 16일 최규하 대통령은 하야를 발표하였다. 전두환의 실권이 완성된 날이다. 체육관 선거를 통해 전두환은 제11대 대통령에 당선되었다.

전두환은 시민과 정치권의 끊임없는 민주화 요구에도 불구하고 강력한 대통령제를 채택하고 임기 7년 단임제의 간선제를 골자로 한 헌법 개정안을, 국민투표를 거쳐 8차 헌법개정을 공포하였다. 대통령선거인단의 체육관 선거를 통해 전두환은 제12대 대통령에 당선되었다. 사회정화 사업의 일환으로 폭력배·범죄자들을 색출하여 재교육한다는 악명 높은 삼청교육대는 제5공화국의 반인권 행위 표본이다. 언론의 정부에 대한 감시 및 견제 기능을 축소하고, 언론사를 통폐합하였다. 유신체제와 차별화를 꾀하였지만, 별반 다르지 않았다. 제5공화국의 헌법이 유신헌법에 비해 기본권을 강화했다고 하지만, 그것은 겉으로 표출된 민주주의였다. 실상은 독재를 추구하는 양면성을 보여줬다.

전두환은 통치의 영광은 짧았고, 치욕은 오래갔다. 전두환은 2021년 11월 23일 향년 90세로 사망하였다. 그리고 그의 유해는 아직도 묻힐 곳을 찾지 못하고 연희동 자택에 임시 안치되어 있다. 헌정질서 파괴행위에 대한 역사의 준엄한 심판이다. 전두환만이 헌정질서 파괴한 것은 아니다. 박정희도 그랬고, 이승만도 그랬다.

제6공화국 헌법은 1987년 6월민주항쟁으로 10월 27일 국민투표를 실시하여, 10월 29일 공포하면서 탄생하였다(9차 개헌). 제6공화국 헌법은 〈전문〉을 비롯하여 〈본문〉 10장 130조, 부칙 6조로 구성되었다. 우리는 제6공화국의 헌법 체제에 살고 있다. 제6공화국 헌법은 역대 헌법 중에서 최장수 헌법이다. 제6공화국은 노태우 대통령을 시작으로 윤석열 대통령까지 8명의 대통령을 거쳤다. 8명의 대통령 중 과반수 득표율을 넘긴 대통령은 박근혜 대통령이 유일하다. 그러나 그는 탄핵당하였다. 김영삼 대통령은 신군부의 주축이었던 군대 사조직 하나회를 척결하였다. 1997년 12월 제15대 대통령선거에서 헌정사상 처음으로 정권교체가 이루어졌다. 김대중 대통령이다. 김대중 대통령은 남북관계를 개선하고자 햇볕정책을 수행하는 등 현대사의 한 획을 그었다. 노무현 대통령은 국민 참여정치를 이끌었다. 그리고 이명박, 박근혜의 보수정권에 이어 문재인 대통령을 거쳤다. 제20대 윤석열 대통령은 공직선거와 선출직을 거치지 않고 대통령에 당선되었다.

2.

헌법 제정과 개정의 과정에는 대한민국의 역사가 담겨 있다. 대한민국의 민주주의가 고스란히 녹아있다. 대한민국 헌법과 현대사와 민주주의는 순탄하지 않았다. 헌정을 제멋대로 좌지우지한 권력자가 너무 많았다. 국민은 이들과 맞섰고, 그렇게 민주주의를 지켰다. 성공한 쿠데타는 처벌할 수 없다는 자신감과 그의 추종세력에 의해 헌정질서를 문란케 한 행위자를 처벌한 사례는 전두환을 비롯한 신군부에 불과하다. 지금이라도 청산해야 할 역사이다.

지난날의 순탄하지 않았던 역사는 현재를 사는 우리에게 그리고 미래에 다가올 대한민국의 민주주의에 많은 이야기를 전하고 있다. 민주주의는 대한민국 최고의 가치이다. 그 가치를 지키고 남기기 위해 많은 청년·학생이 피를 흘렸다. 민주주의는 결코 그냥 얻어지는 결과물이 아니다. 우리는 민주주의가 얼마나 취약한지도 경험하였다. 민주주의 취약성을 보완할 보완재는 무엇일까.

'민주공화국'이란 국체에서 민주주의 취약성을 보완할 답이 있다고 본다. 바로 공화주의이다. 공화주의는 공공선과 공공성을 바탕으로 공동체의 가치와 공동의 이익을 추구하는 이른바 공존의 개념이다. 공존을 위해서는 개인의 자유를 공적으로 보장하지만, 평등의 가치를 보다 우선시하고 어우러져야 한다.

국제정세와 국내의 정치·경제·사회적 변화에 따라 제6공화국 헌법에 대한 개정이 지속해서 논의되고 있다. 10차 개헌으로 제7공화국 체제로의 전환이다. 개헌의 필요성에 대해 국민이 공감하고 있고, 정치권에서도 개헌의 필요성을 인정하고 있다. 현행 헌법에 따르면 헌법개정은 '국회 재적의원 과반수 또는 대통령의 발의로 제안된다'고 규정되어 있다. 제19대 문재인 대통령은 2018년 3월 헌법 개정안을 국회에 제출했으나, 동년 5월 24일 국회 본회의에서 헌법 개정안은 의결 정족수인 국회의원 재적 3분의 2에 미치지 못하여 폐기되었다. 개헌의 필요성을 인정하면서도 정파적 이익이나 정략적 목적으로 인하여 합의까지 이루지 못하고 있다. 국민의 대의기구인 국회가 주권자인 국민과는 다른 길을 걷고 있다.

3.

이 책을 쓰는 데 많은 시간이 소요되었다. 기획부터 시작하여 글을 마무리하는 데까지 꼬박 5년이 걸렸다. 헌법, 민주주의, 역사를 접목한 글 작업은 처음 기획했을 때보다 복잡다단하고 훨씬 어려웠다. 헌법은 법률이다. 법률가 또는 법학자가 아니기에 봐야 할 연구물이 너무 많았다. 민주주의에 대한 고찰을 위해서는 정치학과 사회학의 많은 서적을 뒤적거려야 하였다. 그리고 법학·정치학·사회학에서 언급하는 역사적 사건의 사실관계를 확인하기 위해 원자료를 반드시 확인하고 또 확인하였다. 고단하고 힘든 작업이었다. 그러면서 처음 가졌던 생각이 옳았다는 것을 확인하였다. 헌법을 법률적인 규범으로만 이해하는 경향이 강하다는 것이다. 아울러 법학자나 법률가의 법률적 규범의 해석과는 달리 역사의 사실관계에서는 상당 부분 오류를 발견하였다. 이는 정치학이나 사회학에서도 마찬가지였다. 하물며 한민족대백과사전에도 오류가 있었다.

기존의 틀에서 벗어나 새로운 관점으로 현대사(역사)를 해석하고 정리하는 역사가의 길은 힘들고 어려웠다. 특히 헌법과 현대사를 접목하여 조명하는 작업은 녹록하지 않나. 그러나 누군가는 해야 하기에 기꺼이 나섰다. 그만큼 부담감도 크다. 꼼꼼히 챙긴다고 했지만, 사실관계의 오류가 있을 수 있으며, 인용 자료를 표기하지 못한 부분이 있을 수 있다. 질정을 부탁한다.

대한민국 헌법과 민주주의는 순탄하지 않았다. 숱한 사연과 곡절로 점철되었고 이를 대한민국의 역사라고 한다. 대한민국의 역사가 지금에 이르는 과정에는 수많은 사람의 투쟁과 죽음이 있었다. 그 투쟁과 죽음으로 오늘날 대한민국의 민주주의는 우리 곁에서 뜨겁게 뜨겁게 숨 쉬고 있다. 그들을 기억하고 기록한다.

2024년 3월 사담재에서